隧道及地下工程
结构设计计算方法与应用

CALCULATION METHOD AND APPLICATION
OF TUNNEL AND UNDERGROUND ENGINEERING
STRUCTURE DESIGN

赵晓勇　王　飞　刘建红　主　编
雷升祥　高新强　主　审

人民交通出版社股份有限公司
北　京

内 容 提 要

本书以隧道及地下工程结构设计计算为主线，系统总结了隧道支护结构、拱形明洞结构、洞门墙结构、盾构法隧道、基坑支护结构、地下箱形结构等的计算方法，以及隧道及地下工程的抗震和人防计算方法，推导了隧道及地下工程的抗浮计算公式，并结合相关计算问题进行了探讨。本书内容丰富，注重工程应用，给出了具体的计算过程及方法，明确了计算过程中的参数取值，实用性强，对铁路隧道、公路隧道、地铁及市政地下工程等的设计计算具有指导作用。

本书可供从事隧道及地下工程设计、施工的有关工程技术人员使用，也可作为高等院校师生的参考用书。

图书在版编目(CIP)数据

隧道及地下工程结构设计计算方法与应用 / 赵晓勇等主编. — 北京 ：人民交通出版社股份有限公司，2025. 3. — ISBN 978-7-114-20164-6

Ⅰ. U452;TU93

中国国家版本馆 CIP 数据核字第 20254BC429 号

Suidao ji Dixia Gongcheng Jiegou Sheji Jisuan Fangfa yu Yingyong

书　　名：隧道及地下工程结构设计计算方法与应用
著 作 者：赵晓勇　王　飞　刘建红
责任编辑：李学会
责任校对：赵媛媛
责任印制：张　凯
出版发行：人民交通出版社股份有限公司
地　　址：(100011)北京市朝阳区安定门外外馆斜街 3 号
网　　址：http://www.ccpcl.com.cn
销售电话：(010)85285857
总 经 销：人民交通出版社股份有限公司发行部
经　　销：各地新华书店
印　　刷：北京建宏印刷有限公司
开　　本：787×1092　1/16
印　　张：18.5
字　　数：434 千
版　　次：2025 年 3 月　第 1 版
印　　次：2025 年 3 月　第 1 次印刷
书　　号：ISBN 978-7-114-20164-6
定　　价：96.00 元
(有印刷、装订质量问题的图书，由本公司负责调换)

前言

在隧道及地下工程领域，工程经验很重要，结构计算也是必不可少的。特别是采用特殊结构时，计算的必要性、重要性不言而喻。随着计算机技术的发展、技术手段的进步，计算方法也有了更多的选择。不同的计算方法、计算软件都有其适用范围，如何快速地选择合适的计算方法，有针对性地进行设计计算，是工程技术人员面临的一个重要问题。采用软件计算时，存在计算输入条件准确性和参数转换的问题，计算结果是否准确，也需要工程技术人员进一步判断。

隧道及地下工程计算涉及的内容体系庞杂、细节琐碎，熟悉相关知识往往需要耗费大量的时间和精力，而设计周期往往又比较紧张，这就要求工程技术人员熟练地掌握设计计算方法，快速获得准确的计算结果。本书基于作者十余年的工程实践经验，对隧道及地下工程方面的设计计算进行了系统地归纳、分析、提炼、总结，并引入近年来最新的计算和研究成果，希望能为工程设计、施工等技术人员提供有价值的计算参考资料，为广大工程技术人员提供一个平台、一把梯子，在较短的时间里掌握相应的计算方法和过程，或从本书中得到启发，有所思悟。

本书的编写特色主要有以下几点：

(1)总结了计算采用的常用公式及其适用条件，并对部分公式的计算结果进行了对比分析，便于读者根据工程条件进行选择。

(2)结合不同的计算软件，较为详细地给出了相应模块的计算过程，便于实践操作。

(3)给出了一些常用的计算参数取值及参考值，方便读者计算时核对，确保输入条件的准确性。

(4)给出了部分计算的推导过程，以便读者知其然又知其所以然，做到有的放矢，更好地把控计算过程。

(5)引入了以往工程中的典型应用，以实例的形式给出了具体的操作流程和结果，读者可快速掌握并进行重复性操作。

(6)将隧道及地下工程中常用的结构构件的计算归类，并在不同的输入条件或者参数下，将计算结果汇总成表，便于工程设计时参考选用。

(7)探讨了一些简化计算方法，既降低了计算的复杂程度，又能满足工程精度要求，便于读者领会参数选择对计算结果的影响。

(8)全书内容基于隧道及地下工程方面的现行标准、规范进行编写。

本书由中铁第一勘察设计院集团有限公司赵晓勇、王飞、刘建红编写，由中国铁建股份有限公司雷升祥总工程师、石家庄铁道大学高新强教授主审。

在本书编写过程中，中铁第一勘察设计院集团有限公司隧道专业王利宝工程师给予了热情的帮助，通读了全稿，并给出了诸多宝贵的意见；北京工业大学李鹏飞教授，中铁第一勘察设计院集团有限公司韩赟、罗勇、严文翔、徐冲、王煦霖等同志提供了部分资料。同时，本书还参考了大量公开发表的著作和论文。在此一并表示感谢！

本书的出版得到了中国铁建股份有限公司科研课题（课题编号2019-A01-5）、陕西省科学技术厅（项目编号：2022SF-198）的资金资助。

隧道及地下工程计算的方法和手段多种多样，本书不可能做到面面俱到，限于作者知识局限，书中难免有不当或者争议之处，衷心希望得到专家、读者的批评指正，敬请读者在使用过程中将遇到的问题及时发送给作者，我们将在随后的工作中逐步修改完善。

联系邮箱：317346233@ qq.com。

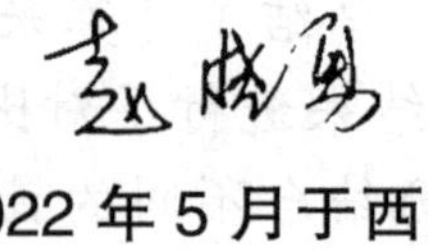

2022 年 5 月于西安

目录

第1章

绪论

近二十年来,社会经济的快速发展促进了铁路、高速公路、城市地铁、引水隧洞、地下空间等工程的发展,尤其是隧道及地下工程建造数量快速增加、建造技术水平大幅度提升,在设计计算方面也已达到了一定的水平。目前,经过大量的工程实践,我国已发布了很多隧道及地下工程领域的国家、行业标准。这些标准的出现,为我国隧道及地下工程的设计、施工和工程技术的发展奠定了良好的基础,并推动了我国隧道及地下工程技术水平快速向前发展。

随着人类对建筑功能要求的提升,一些复杂特殊结构不断出现,使得隧道及地下工程的设计、施工难度增大,对工程的设计计算也提出了更高的要求。

隧道及地下工程的设计要考虑三个方面:一是要保证结构整体的安全性;二是在满足建筑功能要求的同时结构体系要合理;三是要考虑经济性。这三个方面是相辅相成的,合理的结构设计,更容易满足计算要求,结构也更安全,同时还能节省造价、方便施工。而要实现这些要求,除了要获取相对准确的工程、水文地质参数,选择合理的结构体系,具有丰富的工程设计经验外,还需要选择合适的计算方法,进行准确的计算。隧道及地下工程结构和地面建筑结构的一个很大不同点,就在于荷载和结构抗力体系具有不确定性,不像地面建筑荷载和结构抗力体系非常明确。隧道及地下工程外部荷载的主要来源是围岩,同时围岩又为结构提供抗力,荷载与抗力相互影响。隧道及地下工程进行工程级的计算,既要能保证隧道及地下工程结构的安全,又不致使结构设计过于保守,造成过度浪费,选择合理的荷载和抗力大小及形式进行计算,就显得尤为重要。当然,工程的实现过程,即施工阶段的控制也是非常重要的。本书主要是针对结构设计方面的分析和应用,因此,不对施工等其他因素进行阐述。

1.1 隧道及地下工程的结构类型

隧道及地下工程结构从用途上划分,主要包括交通隧道、水工隧洞、市政工程隧道、地下空间开发等。其中交通隧道包括铁路隧道、公路隧道、城市地铁隧道、人行通道等;市政工程隧道主要包括用于城市供水、排水的隧道,用于煤气、暖气、电缆通信等的城市地下廊道,以及将多种管线集于一体的综合管廊等;地下空间开发主要包括地下车站、地下人防工程及其他特殊用途的地下空间开发等。

隧道及地下工程从断面几何形状和结构形式上划分，主要包括马蹄形结构（图1-1）、圆形结构（图1-2）、拱形结构（图1-3）、双层拱形结构（图1-4）、穹顶形结构（图1-5）、箱形结构（图1-6）和其他异形结构形式，如马蹄形连拱结构（图1-7）、多圆结构等。从跨数和层数上分，包括单层单跨、单层多跨、双层单跨、双层多跨及多层多跨等形式，中间分隔根据设计需要可以为墙或梁柱结构。

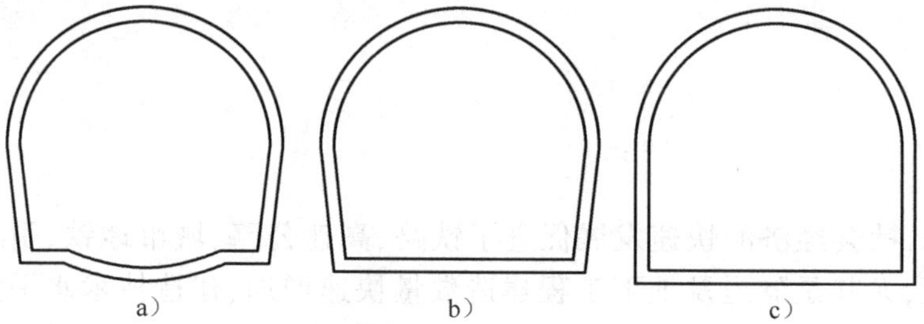

a） b） c）

图1-1 马蹄形结构

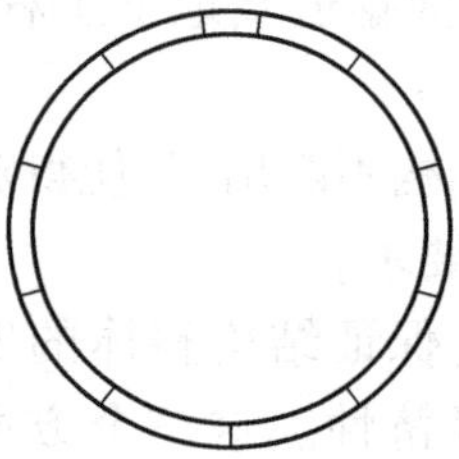

图1-2 圆形结构

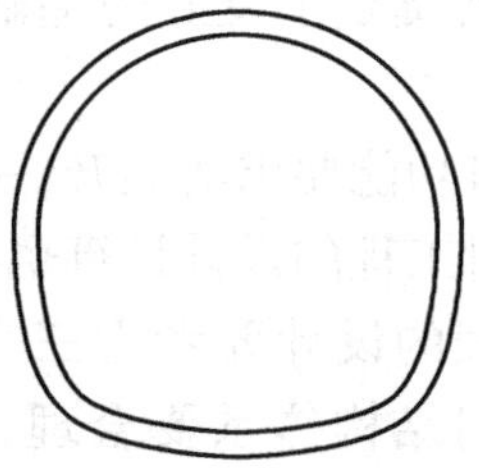

图1-3 拱形结构

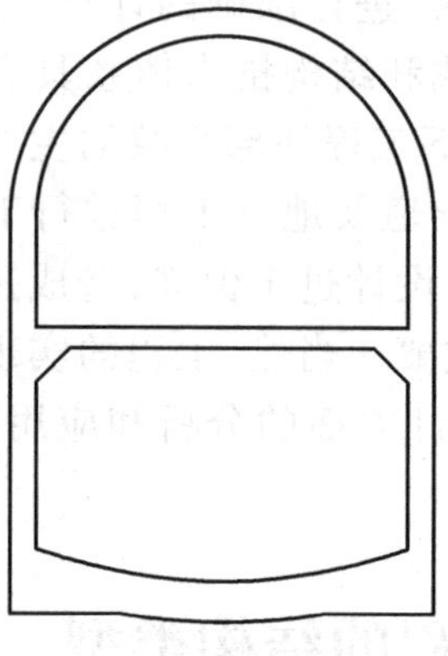

图1-4 双层拱形结构

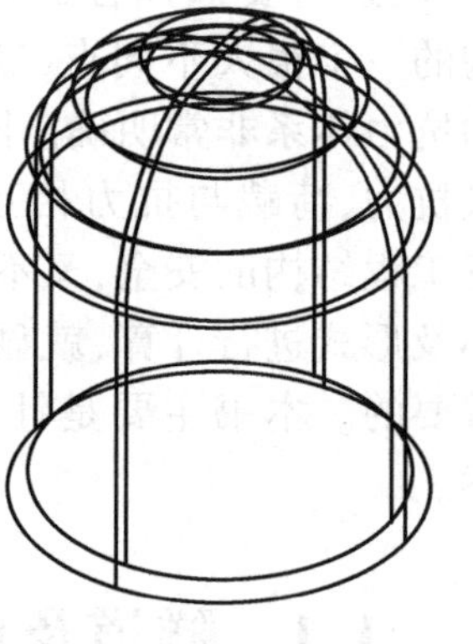

图1-5 穹顶形结构

以上为隧道及地下工程的断面结构形式，其纵向段落长度一般比较长，可以视为平面应变结构形式。实际工程中，还有一些交叉等异形结构形式，如Y形、X形、十字形等，其在纵向长度上与横向范围相比，比例较小，不能将其视为平面结构，需要进行三维补充计算，以确定其结构受力。

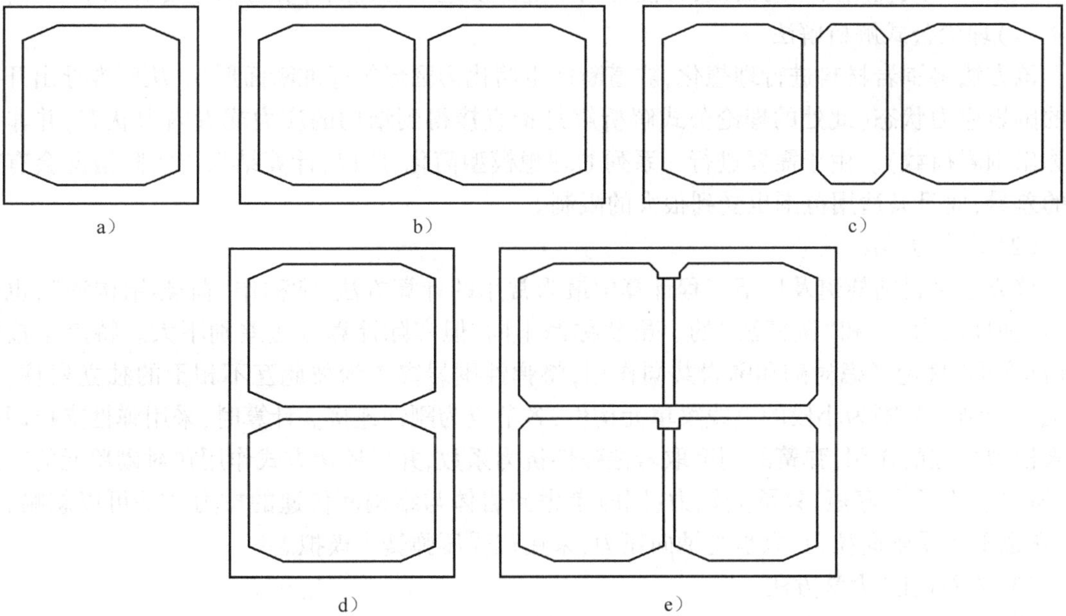

a） b） c）

d） e）

图 1-6 箱形结构

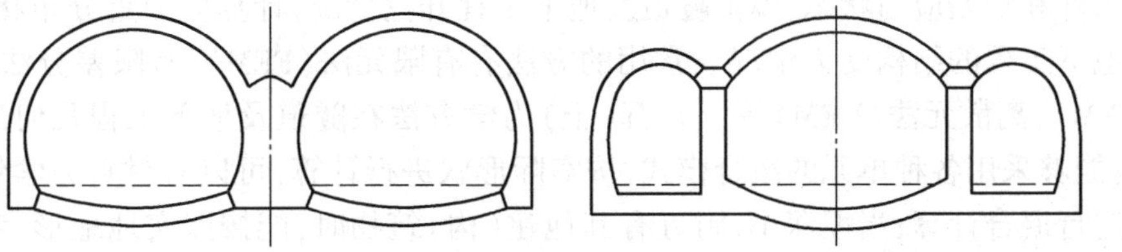

a） b）

图 1-7 马蹄形连拱结构

1.2 隧道及地下工程的设计计算方法

地上结构的受力体系较为明确，计算出荷载，将荷载施加在结构上，整个结构作为抵抗体系参与受力。而隧道及地下工程的外部荷载主体是围岩（不考虑内部结构受力），其承载结构是由围岩、初期支护和衬砌组成的一个结构整体。围岩既是荷载的来源，也是抵抗荷载的结构体系中的一部分。初期支护和衬砌的受力与围岩的特性、实际施工接触条件及其自身的特性等一系列因素有关，同时，隧道及地下工程的结构受力与时间有很大关系，在隧道及地下工程开挖和支护后一定时间，才会重新形成一个稳定的受力状态，结构受力具有时效性。因此，隧道及地下工程结构的结构体系划分和荷载计算是高度复杂的，完全获得实际的结构受力状态几乎是不可能的。实际的结构设计计算都必须经过一定的假设和简化，只要在一定程度上能够反映围岩的实际状态及围岩与支护结构的接触状态、与实际工作状态基本一致、能够充分表达隧道及地下工程结构特点和力学状态的计算方法、满足工程计算需要，都是可以接受的。

从工程实践应用的角度出发，目前常用于隧道及地下工程的计算方法主要有以下三种：

(1)理论公式解析解法

该方法将围岩材料进行理想化，隧道断面也简化为圆形等标准断面形式，从而推导出开挖后的围岩应力状态(此处的理论公式解析解是指直接得到结构的应力或者内力状态，并非仅计算出围岩荷载)。由于需要进行一系列的理想模型简化，所以，计算结果与实际情况会有较大的差异，而且其适用范围也受到很大的限制。

(2)结构力学法

该方法是目前隧道及地下工程计算中最为常用的计算方法，常称作“荷载-结构法”，也有称为“弹性反力法”和“链杆法”的。虽然称谓不同，但实际计算方法差别不大。特点是按照“局部变形”理论考虑衬砌和围岩共同作用，将弹性围岩离散为彼此互不相干的独立岩柱，进而把支护结构分割为小段的直线梁单元构件，各节点为刚性连接。计算时，采用弹性支撑即弹簧来模拟岩柱的作用，弹簧的刚度取岩柱弹性抗力系数，并以铰接方式作用在衬砌单元的节点上，所以它不承受弯矩，只承受轴力；同时考虑到岩体与结构间传递的拉力几乎可以忽略，因此，它也不承受轴向拉力，只承受轴向压力，采用仅受压弹簧来模拟。

(3)岩石(土)力学方法

该方法是在计算机技术发展的基础上发展而来的，从岩石(土)的力学观点出发，解决围岩的各向异性、非均质性、不连续性等力学上的问题。采用围岩与隧道支护结构一同建模，设定好边界条件和初始应力状态，模拟隧道及地下工程开挖情况，计算应力重分布状态，从而获取隧道及地下工程的结构受力情况。常用的方法有有限元法(FEM)、有限差分法(FDM)、边界元法(BEM)、离散元法(DEM)等。岩石(土)力学方法在隧道及地下工程几何形状复杂的情况下，也能够采用各种单元的组合模式，按实际形状进行计算；可以对材料力学性质不同的各种单元进行混合计算；当埋深小、附近有其他建(构)筑物时，能按照实地地形、考虑既有建(构)筑物进行建模；可以进行非线性、弹性和弹塑性等分析。

对以上三种常用结构计算方法进行对比，见表1-1。

三种计算方法对比 表1-1

项目	理论公式解析解法	结构力学法	岩石(土)力学方法
对隧道及地下工程结构形状的适应能力	差	好	好
地层情况	单一地层条件，或等效为单一地层	间接考虑多种地层的影响	多种地层
计算参数及转化	多，需要进行转换	少，地质勘察报告一般都会给出，通常可直接采用	一般，地质勘察报告一般会给出，通常需要修正后采用
环境影响关系	满足特殊条件时可得到	×	○
地层的初始应力状态	○	○	√
结构自身变形	√	√	√
围岩变形	×	×	√

$$h = 0.45 \times 2^{S-1}\omega \tag{2-2}$$

式中：γ——隧道顶部计算范围内围岩平均重度（kN/m^3）；

h——深埋隧道围岩压力计算高度（m）；

S——围岩级别；

ω——宽度影响系数，$\omega = 1 + i(B - 5)$；

B——隧道开挖宽度（m）；

i——每增减 1m 时围岩压力的增减率，当 $B < 5$m 时取 $i = 0.2$，当 $B > 5$m 时取 $i = 0.1$。

上式的适用条件：

①不产生显著偏压力及膨胀力的一般围岩；

②采用钻爆法施工的隧道；

③$H/B<1.7$，其中 H 为隧道开挖高度、B 为隧道开挖宽度。

为便于估算使用，将不同开挖宽度隧道的围岩压力计算高度进行计算汇总，如图 2-1 所示。

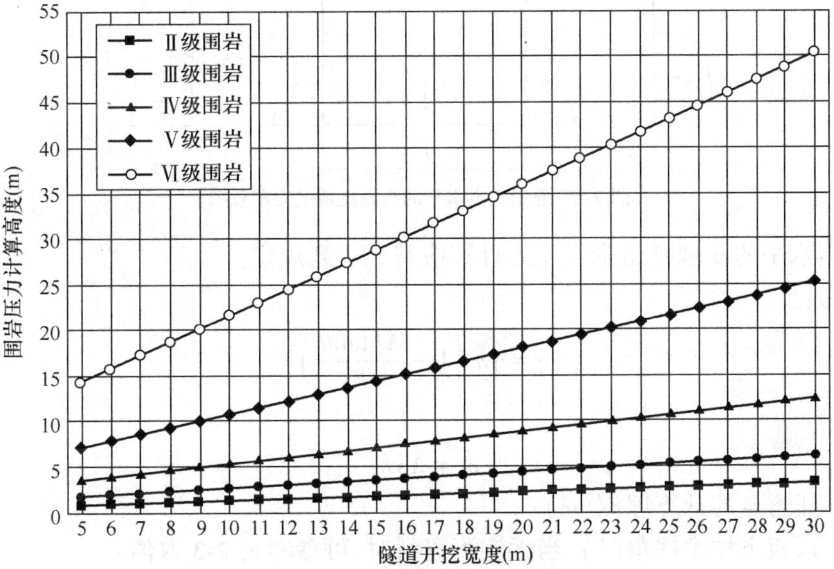

图 2-1　Ⅱ～Ⅵ级围岩不同开挖宽度对应围岩压力计算高度值

从图 2-1 中可以看出，《铁路隧规》给出的荷载计算有以下特点：

①同一围岩等级下，随着开挖宽度的增加，围岩压力计算高度成正比增加；

②同一开挖宽度时，围岩等级每增大一级，围岩压力计算高度增大为上一级的 2 倍；

③不同等级围岩，围岩压力计算高度呈跳跃性变化，不具连续性。

水平均布压力 e 计算：

$$e = \lambda q \tag{2-3}$$

式中：λ——水平均布压力系数，当有实测值时，采用实测值；无实测值时，可参考表 2-2 取值。

q——拱顶垂直压力（kPa）。

围岩水平均布压力经验值　　表 2-2

围岩级别	Ⅰ~Ⅱ	Ⅲ	Ⅳ	Ⅴ	Ⅵ
水平均布压力	0	$<0.15q$	$(0.15\sim0.30)q$	$(0.30\sim0.50)q$	$(0.50\sim1.00)q$

注：适用条件一般为 $H/B<1.7$，H 为隧道开挖高度，B 为隧道开挖宽度。不同时速铁路隧道、常规公路隧道标准断面均在上述值范围内。

(2)地面基本水平的浅埋隧道围岩压力计算

地面基本水平时，所受的围岩压力具有对称性，如图 2-2 所示。

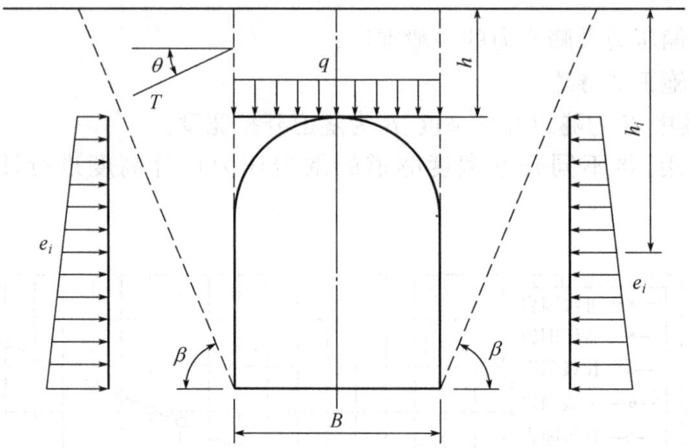

图 2-2　地面基本水平的浅埋隧道受力示意图

地面基本水平的浅埋隧道围岩压力计算应符合下列规定：

垂直压力：

$$q=\gamma h\left(1-\frac{\lambda h\tan\theta}{B}\right) \tag{2-4}$$

水平压力：

$$e_i=\lambda\gamma h_i \tag{2-5}$$

式中：h_i ——任意点的计算埋深(m)；

θ ——顶板土柱摩擦角(°)，当无实测资料时，可参考表 2-3 取值；

其余符号意义同前。

摩擦角 θ 经验值　　表 2-3

围岩级别	Ⅰ~Ⅲ	Ⅳ	Ⅴ	Ⅵ
θ 值	$0.9\varphi_c$	$(0.7\sim0.9)\varphi_c$	$(0.5\sim0.7)\varphi_c$	$(0.3\sim0.5)\varphi_c$

注：φ_c 为计算摩擦角(°)。

$$\lambda=\frac{\tan\beta-\tan\varphi_c}{\tan\beta[1+\tan\beta(\tan\varphi_c-\tan\theta)+\tan\varphi_c\tan\theta]} \tag{2-6}$$

$$\tan\beta=\tan\varphi_c+\sqrt{\frac{(\tan^2\varphi_c+1)\tan\varphi_c}{\tan\varphi_c-\tan\theta}} \tag{2-7}$$

深浅埋隧道分界：取 h_a 为按深埋隧道垂直荷载的计算高度，深浅埋分界埋深 $h_{cr} = 2.5h_a$。

隧道荷载计算分为以下三种情况：

①当实际埋深 $h > h_{cr}$ 时，为深埋隧道，采用深埋隧道荷载计算公式进行计算。

②当实际埋深 $h < h_{cr}$ 时，为浅埋隧道，浅埋隧道计算时应考虑地面荷载、破坏棱体范围内建筑物和施工机械等引起的附加荷载的影响。此时又细分为以下两种情况：

第一种情况，$h_a < h < h_{cr}$，称浅埋隧道，荷载计算考虑土柱两侧摩擦角作用（考虑卸载拱作用的影响）；

第二种情况，$h < h_a$，称超浅埋隧道，荷载计算不考虑土柱两侧摩擦角作用，按全土柱荷载计算，即计算时取 $\theta = 0°$。

（3）浅埋偏压隧道围岩压力计算

①垂直压力计算

$$Q = \frac{\gamma}{2}[(h + h')B - (\lambda h^2 + \lambda' h'^2)\tan\theta] \tag{2-8}$$

式中：h、h' ——内、外侧由拱顶水平至地面的高度（m）；

λ、λ' ——内、外侧的侧压力系数；

其余符号意义同前。

②水平侧压力计算

内侧：

$$e_i = \lambda \gamma h_i \tag{2-9}$$

外侧：

$$e_i = \lambda \gamma h_i' \tag{2-10}$$

式中符号意义同前。

2）公路隧道设计规范中的计算方法

公路隧道围岩压力计算公式与铁路隧道围岩压力计算公式基本相同，但也有一些细部的不同之处。

（1）深浅埋隧道的分界

根据《公路隧道设计规范　第一册　土建工程》（JTG 3370.1—2018）附录D，深浅埋隧道的埋深判定公式如下：

$$h_{cr} = (2.0 \sim 2.5)h_a \tag{2-11}$$

矿山法（钻爆法）或浅埋暗挖法施工时，Ⅳ~Ⅵ级围岩取 $h_{cr} = 2.5h_a$；Ⅰ~Ⅲ级围岩取 $h_{cr} = 2.0h_a$。

（2）计算公式

①深埋隧道计算公式完全相同。

②浅埋隧道计算公式（$h_a < h < h_{cr}$）完全相同。

③超浅埋隧道计算公式（$h < h_{cr}$），垂直压力计算相同，但侧向压力 e 按均布压力考虑时其值为：

$$e = \gamma \left(H + \frac{1}{2}H_t\right)\tan^2\left(45 - \frac{\varphi_c}{2}\right) \tag{2-12}$$

式中：H——隧道覆土厚度(m)；

H_t——隧道高度(m)；

φ_c——围岩计算摩擦角(°)。

3)地下铁道设计与施工中的计算方法

地层压力是地下铁道结构物承受的主要荷载。由于影响地层压力分布、大小和性质的因素很多,要准确地确定地层压力很困难,应根据结构所赋存的具体环境,结合已有的试验、测试和研究资料慎重确定。

(1)深埋石质隧道

深埋石质隧道采用荷载-结构模型时,以承受岩体松动、崩塌而产生的竖向和侧向主动压力为主要特征,围岩的松动压力仅是隧道周围某一定破坏范围(天然拱或称承载拱)内岩体的重力,而与隧道埋深无直接联系。围岩的松动压力可按《铁路隧规》所建议的公式进行计算。同时还应注意,围岩松动压力的分布通常是非均匀的。所以,在进行结构计算时,一般以竖向和侧向均布荷载为主,特殊区段还要用可能出现的非均布荷载进行校核。

(2)土质隧道

①竖向压力

填土隧道和浅埋暗挖隧道,因其上方无法形成承载拱,竖向压力一般应按计算截面以上全部土柱重力计算。由于围岩条件不同,有时作用于明挖法施工的填土隧道上的竖向土压力会出现类似于埋管现象,使其值大于隧道上方土柱的重力。《给排水工程管道结构设计规范》(GB 50332—2002)规定埋管的竖向土压力较全土柱重20%~40%,与管道的施工方法有关。

深埋暗挖隧道或覆盖厚度大于$1D$~$2D$(D为开挖等效宽度)的砂性土层中的暗挖隧道,其竖向均布土压力可按太沙基(Terzaghi)公式或普氏理论计算。

②侧向压力

根据结构受力过程中墙体位移与地层间的相互关系,侧向压力分别按主动、被动和静止土压力计算。在地下铁道结构计算中,主动或被动土压力计算习惯上采用朗肯(Rankine)土压力理论。对于黏性土尚需考虑黏聚力的影响,即：

$$\begin{cases} e_i = \lambda_a q_i - 2c\sqrt{\lambda_a} \\ e_i' = \lambda_p q_i + 2c\sqrt{\lambda_p} \end{cases} \tag{2-13}$$

式中：e_i、e_i'——计算截面i处的主动、被动土压力(kPa)；

λ_a、λ_p——朗肯主动、被动侧压力系数；

c——土的黏聚力(kPa)。

考虑到上部主动土压力将出现负值的不合理性,故在计算总压力时可不计临界深度$h_0 = \dfrac{2c}{\gamma\sqrt{\lambda_a}}$以上的负压力。

4)太沙基公式

在土质地层中,荷载主要取决于土壤特性、是否含水、隧道尺寸和施工方法,很少取决于衬砌特性。在许多使用的公式中,太沙基公式应用较广：

$$P_{\mathrm{V}}=\frac{B\left(\gamma-2\dfrac{c}{B}\right)}{2\tan\varphi}\left(1-\mathrm{e}^{\frac{-2H}{b}\tan\varphi}\right) \tag{2-14}$$

式中：φ——土的摩擦角(°)；

其余符号含义同前。

浅埋隧道，考虑地面超载后的修正公式为：

$$P_{\mathrm{V}}=\frac{B\left(\gamma-2\dfrac{c}{B}\right)}{2K\tan\varphi}\left(1-\mathrm{e}^{\frac{-2H}{b}\tan\varphi}\right)+q\mathrm{e}^{\frac{-2H}{b}\tan\varphi} \tag{2-15}$$

$$B=b+2h\times\tan\left(45°-\frac{\varphi}{2}\right) \tag{2-16}$$

注：本公式非原始文献中的公式，为局部修正公式。

当 $\varphi=0$ 时：

$$P_{\mathrm{V}}=H\left(\gamma-2\frac{c}{B}\right) \tag{2-17}$$

对于矩形或马蹄形的断面(图 2-3)：

$$B=b+2h\times\tan\left(\frac{\pi}{4}-\frac{\varphi}{2}\right) \tag{2-18}$$

对于圆形隧道(图 2-4)：

$$B=2R\times\tan\left(\frac{3\pi}{8}-\frac{\varphi}{4}\right)=2R\times\cot\left(\frac{\pi}{8}+\frac{\varphi}{4}\right) \tag{2-19}$$

上述式中：B——包含在两个滑动面之间的隧道拱顶处的宽度(m)。

b——滑动面底面处的宽度，圆形断面时可近似取开挖直径(m)。

γ——土体重度(kN/m^3)。

K——土层中水平应力 σ_v 与垂直应力 σ_h 之比，即 $K=\sigma_v/\sigma_h$。经验结果为 1.1~1.5，通常取 1.0。当取 1.0 时，与修正公式一致。

q——为地面附加荷载(kPa)。

c——围岩土体黏聚力(MPa)。

H——隧道拱顶以上埋深(m)。

R——隧道半径(m)。

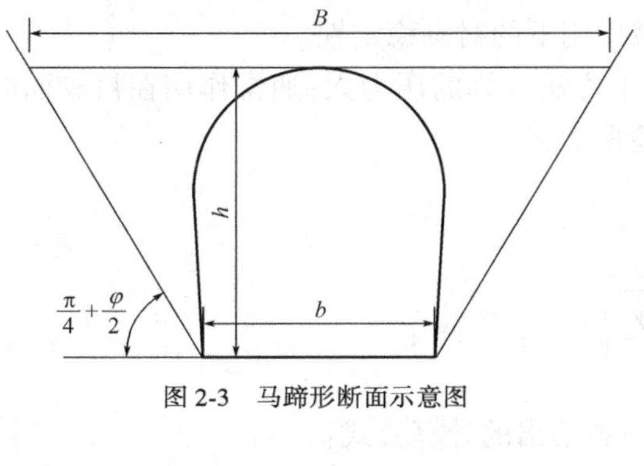

图 2-3 马蹄形断面示意图

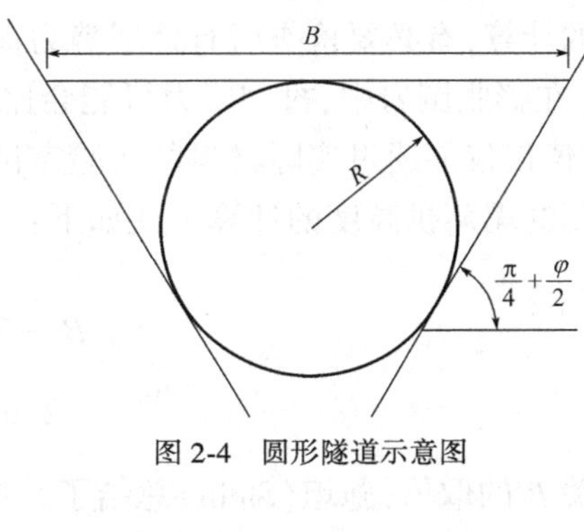

图 2-4 圆形隧道示意图

(1)其他一些公式,如卡柯公式,给出的 P_v 值一般较太沙基公式小。

(2)当满足式(2-20)时,对任意覆盖层厚度,计算荷载都取 0。

$$c > \gamma \cdot \frac{B}{2} \tag{2-20}$$

当 $\varphi = 30°$,$\gamma = 20\text{kN/m}^3$ 时,式(2-20)为 $c>0.035R$。对于一般尺寸的隧道($R=2\sim5\text{m}$),在相对较低的黏聚力(0.07~0.175MPa)下,计算荷载降低至 0。

综上所述,黏聚力的取值应慎重。

黏聚力和摩擦角必须在不同的湿度和排水条件下,通过大量的试验实测得到,以获得这些参数合适的极限值的统计结果。分析中必须采用原位测试获得最不利值,这是因为通过原位测试获得的数值是较为可信的。

现场如果由具有不同地质特性的地层组成,从隧道仰拱至 2 倍隧道高度范围内的地层结构,其黏聚力和摩擦角产生的最大 P_V 值,在设计时必须予以考虑。

(3)当隧道拱顶覆盖层埋深小时($H < B$)时,由隧道施工引起的减压和位移可能会影响到隧道上方整个地层,导致地质特性的严重破坏。由拱效应而引起的荷载减少可能仅仅是暂时的。

也就是说,虽然设计临时支护时,可以采用太沙基公式计算出的低值,但是,当隧道拱顶覆盖层厚度小于 B 时,分析永久衬砌应当考虑所有的土荷载,而不应考虑拱效应。

(4)当隧道埋深满足 $B < H < 2.5B$ 时,作用在永久衬砌上的荷载必须大于埋深 $H=B$ 时的荷载。在整个地质静力荷载作用下,也必须对稳定性进行检测,即使安全系数比较低也可以接受。

(5)对于 $H > 2.5B$ 的深埋隧道,计算荷载(如果 $\varphi \neq 0°$)达到了上限。

$$P_V = \frac{B\gamma - 2c}{2K\tan\varphi} \tag{2-21}$$

即使黏聚力 c 的取值非常保守,上式仍可使用。计算荷载不能小于埋深 $H= B$ 时的荷载,埋深 $H=2.5B$ 时的荷载也应进行计算,衬砌破坏时安全系数比较小也是可以接受的。

(6)围岩为高塑性泥灰土和黏土时,对既有存在结构的应力数值的测定显示,随时间的推移,荷载会逐渐增加,直到它们或多或少恢复到最初的地质静力荷载。在这种情况下,基于上述假定的计算,有必要检查所有地层静力荷载作用下的衬砌稳定性。

(7)在膨胀围岩中,衬砌压力可能会比以上方法计算的压力大,通常作用在衬砌面的法向上,其数值仅仅能通过实际材料的实验室试验来估算。

常用的塌落拱高度的计算公式如下:

$$h_0 = \frac{B - 2\dfrac{c}{\gamma}}{2\tan\varphi}\left(1 - \mathrm{e}^{-\frac{2H}{b}\tan\varphi}\right) \tag{2-22}$$

有关 B 的取值,施坦(Stein)总结了几位学者给出的计算公式:

$$\begin{cases}霍斯卡(Houska):B = D(1 + \sec\alpha + \tan\alpha) \\ 太沙基(Terzaghi)/霍斯卡(Houska):B = D(\sec\alpha + \tan\alpha) \\ 太沙基(Terzaghi):B = D(1 + 2\tan\alpha) \\ 施莱尔(Scherle):B = D(1 + \tan\alpha) \\ 科莫(Komer):B = D\end{cases} \tag{2-23}$$

图 2-5 为土压力计算宽度 B 的示意图。

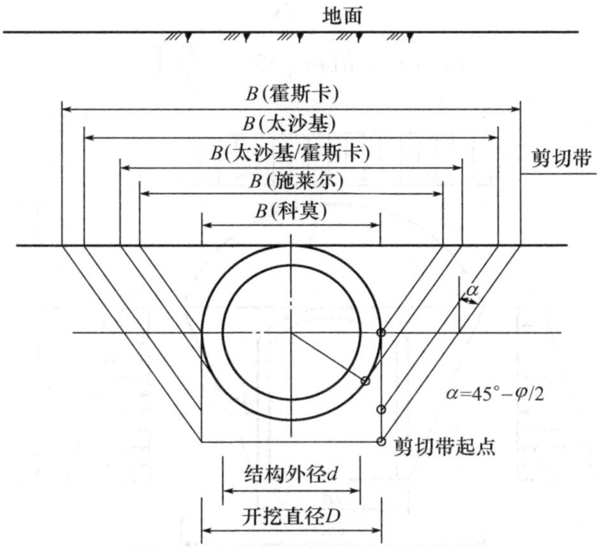

图 2-5　土压力计算宽度 B 的示意图

5)普氏理论

普氏理论是由俄国学者普罗托奇雅阔诺夫(Протолъяконов)提出的地层荷载计算理论。

(1)地层为岩石类时

岩石中主动荷载主要取决于节理、开挖和支护方法以及它们之间的时间延迟。如果考虑岩石材料、填充的不连续性、弹性或塑性的岩石变形,黏聚力和摩擦角的值有不同的解释,太沙基公式明显是不合适的。

通过假定隧道上方的拱效应,也提出了另外一些公式。在各向同性岩石中,有时采用普氏理论方法计算,公式如下:

$$P_V = \frac{B}{0.10R_c} \tag{2-24}$$

式中:R_c ——岩石单轴饱和抗压强度(MPa)。

巴顿(Barton)也推断出了太沙基系数,用于计算节理的和完整岩石的衬砌压力,依靠推荐的岩石质量设计体系。

更普遍的情况,直接根据围岩的特性进行计算,即使用地层模型、塑性区和经验方法。

(2)地层为土质时

埋深较大时,在土质很好情况下,地下洞室上方的土体形成一个承力的压力拱,可以将洞室上方土体自重的大部分卸载到周围的地层中去。有些情况下,即使不施作衬砌,地下洞室也不会坍塌,这样如果仍用土柱理论计算竖向土压力显然是不合理的。

深埋地下结构竖向土压力计算的经典理论为普氏压力拱理论,假定土层为松散体,并认为在深埋情况下,洞室上方形成一个抛物线压力拱。压力拱能够承受自身自重,而压力拱以下为一个塌落拱,塌落拱的土体重力就是作用在地下结构顶盖上的竖向地层压力。普氏理论计算简图如图 2-6 所示。

$$h_0 = \frac{a_0}{f_k} \tag{2-25}$$

$$a_1 = a + h\tan\left(45° - \frac{\varphi}{2}\right) \tag{2-26}$$

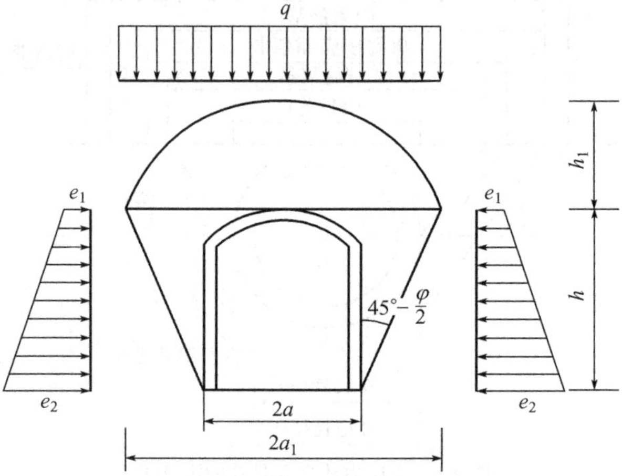

图 2-6　普氏理论计算简图

竖向土层压力为塌落拱的自重,分为均布部分 q 和近似三角形部分 Δq。

$$q = \gamma h_0 \tag{2-27}$$

$$\Delta q = (h' + f')\gamma - \gamma h_0 \tag{2-28}$$

上述式中:a_1——压力拱的半跨宽度(m);

a——地下结构宽度之半(m);

h——地下结构的高度(m);

h_0——自然拱高度(m);

φ——土层的内摩擦角(°);

f'——拱外缘高度(m);

h'——拱脚外边缘的压力拱高度(m)。

$$h' = h_0\left(1 - \frac{a^2}{a_1^2}\right) \tag{2-29}$$

f_k 为土层坚固系数,又称普氏摩擦系数;f_k 反映了土层的坚硬程度。土层越好,f_k 值越大,塌落拱高度越小,相应竖向土压力也越小。对于软土地层,土层坚固系数可按下式计算:

$$f_k = \tan\varphi \tag{2-30}$$

水平压力计算公式:

$$e_i = \gamma(h_0 + l)\tan^2\left(45° - \frac{\varphi}{2}\right) \tag{2-31}$$

式中：l——隧道侧壁任意点至隧道拱顶的垂直距离(m)；

其余符号意义同前。

普氏拱理论要求土体经开挖后能形成一个自然平衡拱，所以一般适用于深埋隧道。

6)比尔鲍曼计算公式

比尔鲍曼认为在松散岩层中修筑浅埋隧道时，岩层中理想的滑动面可用与两条水平线成 $45° + \varphi/2$ 夹角的直线来代替，并考虑了两侧土体的挟持作用。计算简图如图2-7所示。

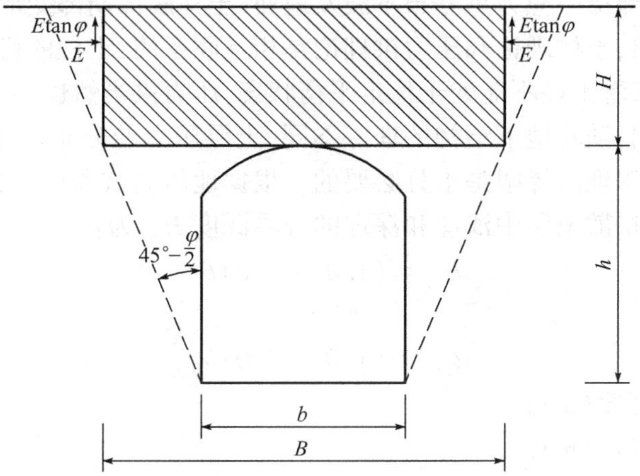

图2-7 比尔鲍曼公式计算简图

H-隧道埋深(m)；B-包含在隧道拱顶两个滑动面之间的隧道拱顶处的宽度(m)；b-隧道地面宽度(m)

垂直压力计算公式为：

$$P_V = \gamma H\left[1 - \frac{H}{B}k_1 - \frac{2c}{B\gamma}(1 - 2k_2)\right] \tag{2-32}$$

水平压力的计算公式为：

$$e_i = (P + \gamma l)\left(45° - \frac{\varphi}{2}\right) \tag{2-33}$$

$$k_1 = \tan\varphi\tan^2\left(45° - \frac{\varphi}{2}\right) \tag{2-34}$$

$$k_2 = \tan\varphi\tan\left(45° - \frac{\varphi}{2}\right) \tag{2-35}$$

式中符号意义同前。

当隧道埋深很大时，实际上两侧的滑动面不会延伸到地表，因而当埋置深度超过一定值后，洞顶压力应保持为一常数。因此，本公式的计算范围有一定的局限性。

7)其他计算方法

国内外还出现过一些围岩压力计算方法，如卡柯公式、芬纳公式、修正芬纳公式、卡斯特纳公式、利特计算方法等,实际应用都存在一定的局限性,不便于工程技术人员掌握,限制了在工程中的应用,此处不再一一介绍。

8)地层压力计算的关键问题探讨

(1)关于深浅埋界限问题探讨

从松散体理论分析浅埋和深埋的土层压力计算公式可以看出,产生土压力的根本原因在于两种不同的土体塌落。当埋深较浅时,土柱重力(作用力)大于土柱两侧的摩擦力和黏聚力(反作用力),地层不能形成拱作用,开挖隧道所引起的应力重分布会波及地表面,这时土体塌落是整体的塌落;当埋深较大时,土柱两侧的摩擦力和黏聚力迅速增大,并大于土柱的重力,这时地层能形成拱作用,地层中应力重分布不波及地面,土柱底部局部变形或塌落便是土层压力的来源。由此可以看出,土柱理论和压力拱理论是相互联系的,土柱的稳定是压力拱存在的必要条件。如果从整体来看土柱不能处于稳定平衡状态,压力拱当然也不可能形成。

理论和实践都证明,随着地下结构的埋深不同,土层压力的分布规律和数值大小也不同。因此,确定划分浅埋和深埋的界限是十分必要的。根据地压测试和理论分析,结合工程实践经验,有些设计部门提出松散土层中浅埋和深埋的分界深度 H_{cr} 为:

$$H_{cr} = (1.0 \sim 2.0)B \tag{2-36}$$

同时还规定:

$$H_{cr} > (1.0 \sim 2.0)h_0 \tag{2-37}$$

式中:B——隧道开挖宽度(m);

h_0——塌落拱的高度(m)。

(2)荷载释放率问题

荷载释放率问题,也可称为荷载分担比例的问题。一般Ⅳ级以下围岩呈现塑性和流变特性,洞室开挖后变形的发展往往会持续较长时间。采用模筑混凝土支护围岩代替原有临时支护时,扰动围岩以及衬砌与周围岩体不密贴都可导致松散压力,而当坍塌发展到一定程度时,衬砌将与围岩密贴,随着围岩变形的持续发展,衬砌将受到挤压,从而经受形变压力。因此,通常围岩的压力是由围岩和衬砌共同承担的。

(3)主要围岩压力计算公式结果的比较

分别对《铁路隧规》公式、太沙基公式、普氏公式、全土柱理论和比尔鲍曼公式计算考虑的工程因素进行总结,见表2-4。

各种围岩压力计算方法特征比较 表2-4

计 算 方 法	考虑的影响因素	计 算 类 型
《铁路隧规》公式	H、B、φ、S	理论解析和经验公式
太沙基公式	H、B、L、φ、c	理论解析
普氏公式	B、L、φ	理论解析
全土柱理论	H	理论解析
比尔鲍曼公式	H、B、L、φ、c	理论解析

注:H 为隧道埋深;B 为隧道开挖宽度;L 为隧道高度;c 为围岩黏聚力;φ 为围岩内摩擦角;S 为围岩分级。

以时速350km客运专线隧道-双线断面为例，采取上述公式5种方法分别计算不同隧道埋深时的围岩压力。根据《铁路隧规》中建议的Ⅳ级围岩和Ⅴ级围岩的计算参数取值，见表2-5。

Ⅳ、Ⅴ级围岩压力计算参数取值　　表2-5

χ	B(m)	L(m)	γ(kN/m³)	c(kPa)	φ(°)	φ_c(°)	θ(°)	h_0(m)	h_q(m)
Ⅳ	14.7	12.2	22	200	33	55	44	7.1	17.8
Ⅴ	14.9	12.5	19	130	24	45	27	14.3	35.7

注：φ为计算内摩擦角；φ_c为计算摩擦角；θ为顶板土柱两侧摩擦角；h_0为荷载计算高度；h_q为深浅埋分界值。

隧道埋深取值为0~100m，计算得到的围岩压力与隧道埋深的关系曲线，如图2-8、图2-9所示。

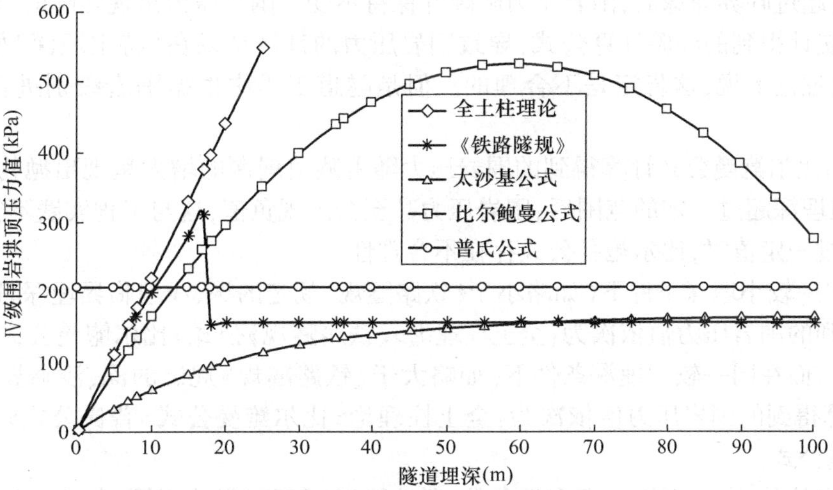

图2-8　Ⅳ级围岩隧道拱顶压力计算结果

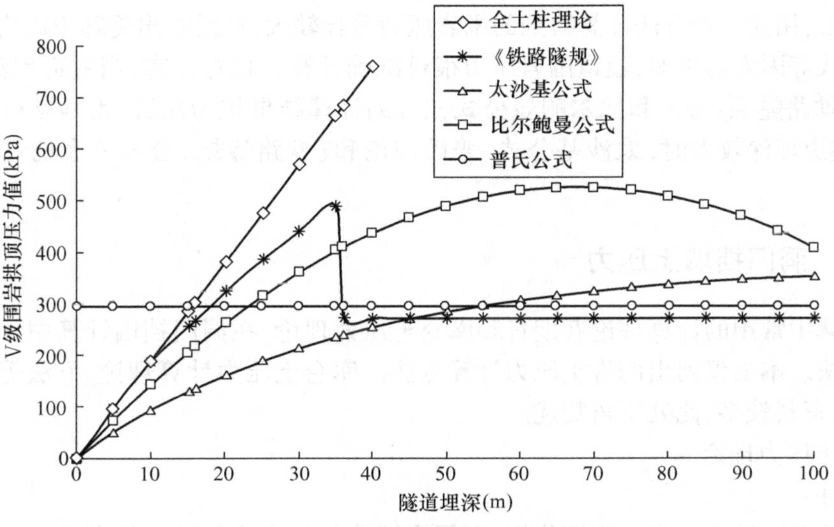

图2-9　Ⅴ级围岩隧道拱顶压力计算结果

由图 2-8、图 2-9 可以得出如下结论：

(1)普氏公式计算隧道围岩压力时没有考虑隧道埋深的影响，得到的围岩压力计算结果不随隧道埋深的变化而改变。其中，普氏公式要求岩土体经开挖后洞顶能形成一个自然平衡拱，因此适用于有一定自承载能力的深埋隧道。

(2)采用全土柱理论和太沙基公式计算得到的围岩压力随着隧道埋深的增大而增大，隧道埋深越大，围岩压力越大。不同的是后者不断趋于稳定，而前者保持线性增大。对于全土柱计算理论，虽然其计算公式简便，物理意义明确，但由于其未能合理反映隧道围岩压力的产生机理，计算结果最为保守，埋深超过一定数值后，采用全土柱理论与工程实际不相符，故应有一定的适用范围。全土柱理论一般应用于超浅埋隧道或围岩条件较差而环境影响要求高的城市隧道工程。

(3)采用《铁路隧规》公式计算得到的围岩压力，起始随着隧道埋深的增大而快速增加，然后增速放缓；超过临界埋深后，围岩压力陡降并保持不变。围岩压力出现陡降的原因是在深浅埋时采用了统计得到的经验计算公式，导致围岩压力的计算结果在"特定埋深"处变化大，出现了不连续，理论上说，这肯定是不合理的。但是隧道工程中根据围岩级别进行计算，方便使用。

(4)采用比尔鲍曼公式计算得到的围岩压力随着隧道埋深的增大呈现出抛物线的变化形式，且当隧道埋深超过一定的范围后，围岩压力甚至会出现负值，这与工程实践不符。因此，当隧道埋深超过一定值时，比尔鲍曼公式存在不合理性。

(5)在同一较小埋深条件下(如略小于《铁路隧规》规定的深、浅埋临界埋深时)，用这 5 种方法计算得到的围岩压力值依次为：全土柱理论>《铁路隧规》公式>比尔鲍曼公式>普氏公式>太沙基公式。而在同一较大埋深条件下(如略大于《铁路隧规》规定的深、浅临界埋深时)，这 5 种方法计算得到的围岩压力值依次为：全土柱理论>比尔鲍曼公式>普氏公式>《铁路隧规》公式>太沙基公式。

应该指出的是，由于围岩物理力学参数、所选隧道断面宽度的不同，各公式计算出的围岩压力值大小会有一定的变化。

总体而言，用这 5 种方法计算得到的围岩压力差异较大，这反映出受隧道围岩条件和不断改进支护形式等因素的影响，隧道围岩压力很难准确计算。相对而言，当隧道埋深较小时，全土柱理论、《铁路隧规》公式和比尔鲍曼公式三者的计算结果较为接近，太沙基公式计算结果略小；而当隧道埋深较大时，太沙基公式、普氏理论和《铁路隧规》公式三者的计算结果较为接近。

2.2.2 洞门挡墙土压力

目前计算中常用的计算理论有朗肯和库仑土压力理论，在洞门挡墙计算中常用到的是朗肯土压力方法。本书仅列出朗肯土压力计算方法。库仑土压力计算理论、方法等可参考土力学相关书籍，资料较多，此处不再赘述。

1)朗肯土压力理论

适用条件：

①忽略墙背与填土之间的摩擦作用，即假定墙背与填土之间的摩擦角 $\delta = 0$，同时墙背垂

直、光滑、墙厚填土面水平，即 $\alpha = 0, \beta \neq 0$。

②墙背垂直，填土面为倾斜平面，即 $\alpha = 0, \beta \neq 0$，但 $\beta < \varphi$，且 $\delta > \beta$。

③L 形钢筋混凝土挡墙，墙后填土面水平。

土质为黏性土与砂性土均可采用。

(1)静止土压力

从土的半无限空间土体中取出一个单元土体进行分析推导，得到静止土压力系数 K_0：

$$K_0 = \frac{\sigma_h}{\sigma_v} = \frac{\mu}{1 - \mu} \tag{2-38}$$

式中：μ——泊松比，取值见表 2-6。

常见 μ 与 K_0 对应值表 表 2-6

μ	K_0	μ	K_0	μ	K_0
0.50	1.00	0.40	0.67	0.30	0.43
0.45	0.82	0.35	0.54	0.25	0.33

还有一些学者根据其经验分析的结果，提出了确定静止土压力系数 K_0 的取值，其中较为著名的有下列公式：

①罗威(P. W. Rowe)根据其研究，认为静止土压力系数可按下式确定：

$$K_0 = \tan^2\left(45° - \frac{\varphi}{2}\right) \tag{2-39}$$

式中：φ——土的内摩擦角(°)。

实际上罗威建议确定的静止土压力的计算公式与主动土压力的计算公式是一致的。

②一些学者提出了确定砂和黏性土的静止土压力系数计算公式：

$$K_0 = \frac{1 - \sin\varphi}{\cos\varphi} \tag{2-40}$$

式中：φ——土的总应力内摩擦角(°)。

③1994 年雅克(J. Jaky)通过试验研究，得到侧压力系数经验公式如下：

$$K_0 = 1 - \sin\varphi' \tag{2-41}$$

式中：φ'——土的有效应力内摩擦角(°)。

某些试验资料表明，对于砂土，按上式计算得到的结果一般较实际值略微偏小。

作为近似估算值，也有人建议采用主动土压力和被动土压力系数的平均值。

(2)主动土压力

①无黏性土

挡墙主动土压力计算简图如图 2-10 所示。

$$P_z = \gamma z \tan^2\left(45° - \frac{\varphi}{2}\right) = \gamma z K_d \tag{2-42}$$

式中：K_d ——朗肯主动土压力系数；

z——计算高度处与地面的距离(m)。

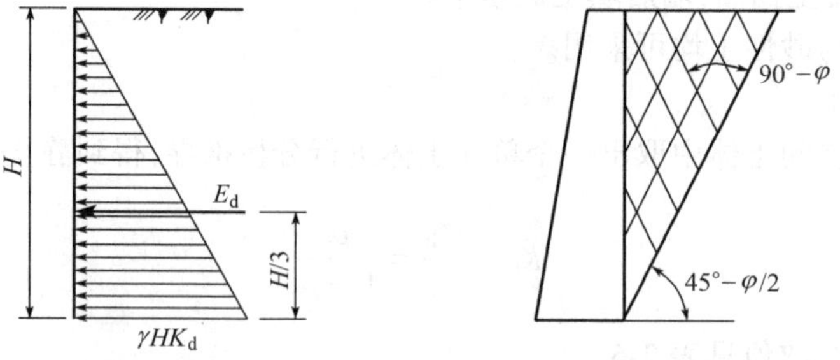

a)主动土压力分布 b)墙后破裂面形状

图 2-10 无黏性土主动土压力计算简图

$$K_d = \tan^2\left(45° - \frac{\varphi}{2}\right) \tag{2-43}$$

P_z 的作用方向垂直于墙背，沿墙高呈三角形分布。若墙高度为 H，则作用于单位墙长度上的总土压力 E_a 为：

$$E_a = \frac{\gamma H^2}{2} K_a \tag{2-44}$$

E_a 垂直于墙背，作用点在距墙底 $H/3$ 处。

②黏性土

$$P_z = \gamma z \tan^2\left(45° - \frac{\varphi}{2}\right) - 2c\tan\left(45° - \frac{\varphi}{2}\right) = \gamma z K_d - 2c\sqrt{K_d} \tag{2-45}$$

上式表明，黏性土的主动土压力由两部分组成：第一项为土重产生的土压力，是正值，随深度呈三角形分布；第二项为黏聚力引起的土压力，是负值，起减少土压力的作用，其值是常量，不随深度变化。两项之和使得墙后土压力在 z_f 深度以上出现负值，即拉应力，但实际上墙和填土之间没有抗拉强度，故拉应力会使填土和墙背脱开，出现 z_0 深度的裂缝，如图 2-11 所示。

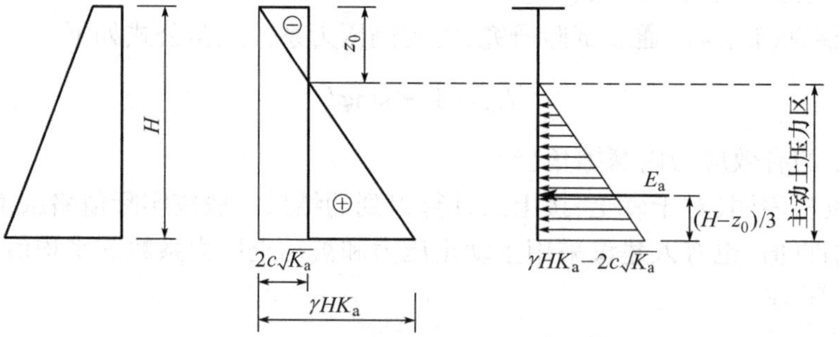

图 2-11 黏性土主动土压力计算简图

z_0 以上可认为土压力为零；z_0 以下土压力强度按三角形分布，z_0 位置可令 $P_z = 0$ 求出。即：

$$\begin{cases} \gamma z_0 K_a - 2c\sqrt{K_a} = 0 \\ z_0 = \dfrac{2c}{\gamma\sqrt{K_a}} \end{cases} \tag{2-46}$$

总主动土压力 E_a 应为三角形的面积,即:

$$E_a = \frac{1}{2}\gamma H^2 K_a - 2cH\sqrt{K_a} + \frac{2c^2}{\gamma} \tag{2-47}$$

E_a 作用点位于墙底以上 $(H - z_0)/3$ 处。

(3)被动土压力

当墙推土,使墙厚土体达到被动极限平衡状态时,水平压力比竖向压力大,故此时竖直应力应为 $\sigma_v = \gamma Z$,最小主应力 σ_3,作用在墙背的水平土压力 P_p,则为最大主应力 σ_1。

①无黏性土

根据极限平衡条件:

$$P_p = \gamma z \tan^2\left(45° + \frac{\varphi}{2}\right) = \gamma z K_p \tag{2-48}$$

式中:K_p——朗肯被动土压力系数;

P_p——墙高的分布及单位长度墙体上土压力合力,E_p 作用点位置与主动土压力相同。

$$E_p = \frac{1}{2}\gamma H^2 K_p \tag{2-49}$$

到达极限平衡状态时,墙后土体破坏,形成滑动楔体。如图 2-12 所示,滑动面与小主应力作用面(水平面)之间的夹角 $\alpha = 45° - \dfrac{\varphi}{2}$,两组破裂面之间的夹角则为 $90° + \varphi$。

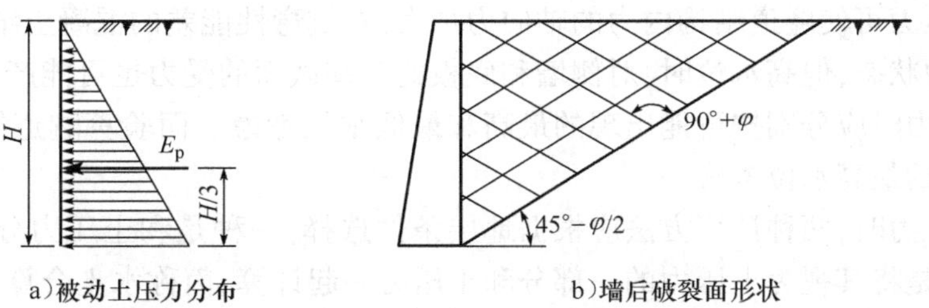

a)被动土压力分布 b)墙后破裂面形状

图 2-12 无黏性土被动土压力计算简图

②黏性土

$$p_p = \gamma z \tan^2\left(45° + \frac{\varphi}{2}\right) + 2c\tan\left(45° + \frac{\varphi}{2}\right) = \gamma z K_p + 2c\sqrt{K_p} \tag{2-50}$$

由上式可知,黏性填土的被动土压力也由两部分组成,叠加后,其压力强度 P_p 沿墙高呈梯形分布,如图 2-13 所示。总被动土压力为:

$$E_p = \frac{1}{2}\gamma H^2 K_p + 2cH\sqrt{K_p} \tag{2-51}$$

E_p 的作用方向垂直于墙背,作用点位于梯形面积重心上。

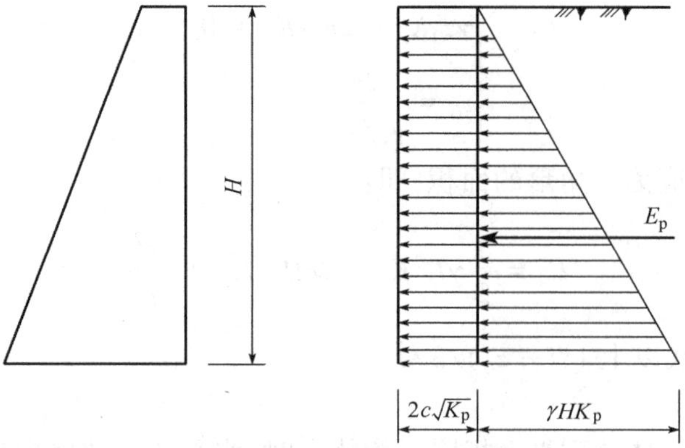

图 2-13　黏性土被动土压力分布图示

2）静止土压力、主动土压力、被动土压力之间的关系

（1）静止土压力：当挡墙静止不动，土体处于弹性平衡状态时，土对墙的压力。简单地说，就是墙没动（土没有推动墙，墙也没有推动土），这时墙所受到的土压力。

（2）主动土压力：当挡墙向离开土体方向偏移至土体达到极限平衡状态时，作用在墙上的土压力。简单地说，就是墙后的土体推动了挡墙，这时挡墙所受的土压力。

（3）被动土压力：当挡墙向土体方向偏移至土体达到极限平衡状态时，作用在挡墙上的土压力。简单地说，就是墙后作用力推动墙，从而把墙前的土推动了，这时墙所受的土压力。

在相同的墙高和填土条件下，主动土压力 E_a ≤静止土压力 E_0≤被动土压力 E_p 。

2.2.3　水压（浮）力

1）水土分算与合算

一般静水压力可使隧道结构内力的轴向力加大，对抗弯性能差的混凝土结构来说，相当于改善了它的受力状态；但高水位时，对侧墙和底板的某些截面的受力也可能产生不利影响。因此，计算静水压力时应分别按可能出现的最高和最低水位考虑。而验算隧道结构的抗浮能力时，按可能出现的最高水位考虑。

计算静水压力时，两种计算方法应根据地层条件选择：一种是和土压力分开计算，简称水土分算；另一种是将其视为土压力的一部分和土压力一起计算，简称水土合算。使用阶段偏于安全考虑，对于砂性土、黏性土地层（含粉质黏性土）均采用水土分算。施工阶段砂性土采用水土分算，黏性土可采用水土合算。

水土分算时，地下水位以上的土采用天然重度 γ ，水位以下的土采用有效重度 γ' 计算土压力，另外再计算静水压力的作用。水土合算时，地下水位以上的土与水土分算时相同，水位以下的土采用饱和重度 γ_{sat} 计算土压力，不计算静水压力。其中土的有效重度 γ' 按下式计算：

$$\gamma' = \gamma_{sat} - \gamma_w \tag{2-52}$$

式中：γ_w ——水的重度（kN/m^3），取 $10kN/m^3$。

两种计算静水压力方法的差异如图 2-14 所示。

压力。

注:本部分内容仅作为对地下水压力的探讨,实际工程设计时,应进行可靠的水压力试验。

2.2.4 铁路列车车辆荷载

目前,铁路行业采用的活载为1975年制定的中-活载,一直沿用至今,如图2-17所示。

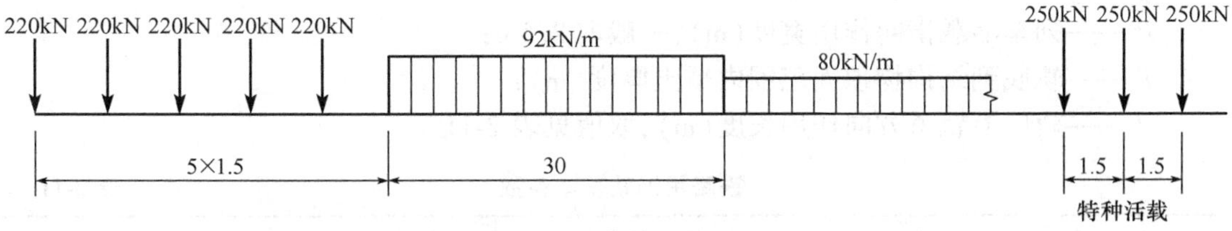

图2-17 中-活载图示(尺寸单位:m)

中-活载的机车原型是当时的蒸汽机车,它集中体现了蒸汽机车的主动轮轴重和轴距以及与煤水关系的基本特征。我国的蒸汽机车基本于1990年停产,因此,制定中-活载的基本原型已经基本不存在,但中-活载依然使用至今。

国际铁路联盟(UIC)规定的铁路列车活载如图2-18所示。它是在电力机车和内燃机车为牵引动力以及轴重为250kN的基础上制定的,它所涵盖的6种列车和我国列车发展要求相同,符合国内外机车车辆及运输发展情况。这一活载图示是由UIC建议其铁路成员国在各自的国际干线上应用。目前英国、法国和德国铁路均已采用。

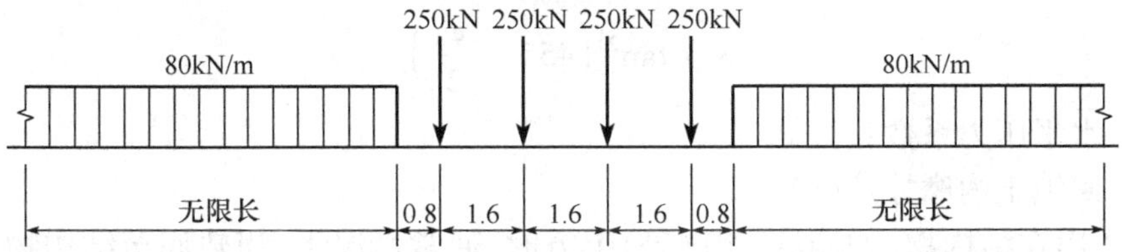

图2-18 UIC铁路列车活载图示(尺寸单位:m)

2013年12月12日,UIC第83次全体会议在法国巴黎召开,会议确认国家铁路局为UIC正式成员。采用这一活载图示,既符合我国铁路技术政策,又能与国际标准接轨,有利于技术标准的统一,在技术和经济上具有优越性。

隧道及地下工程现场实测表明,当轨道直接铺设在隧道仰拱或底板上时,列车活载对衬砌应力的影响较小,一般仅产生不大于0.5MPa的拉应力,而且列车活载抵消一定的仰拱底反力,属于有利活载,故一般不考虑列车活载的作用,略去不计。

实际计算中,当铁路列车作用在隧道或地下工程的仰拱或底板上时,与铁路路基结构受力相似,可根据《铁路路基设计规范》(TB 10001—2016)要求进行计算。

当轨道铺设在中层楼板或者隧道等结构物顶部时(覆土埋深不大的情况),则必须计算列车活载。

列车在路基内的活载扩散角度一般取30°,产生的垂直压力标准值可按下式进行计算:

$$q_k = \frac{P_k}{(B+h) \times l} \tag{2-54}$$

$$l = a + 2h_R \tag{2-55}$$

式中：P_k——列车最大轴压标准值(kN)；

a——钢轨轮压作用的支撑长度(mm)，一般取 50mm；

h_R——钢轨的高度(mm)，取值见表 2-11；

B——列车活载横向作用宽度(m)，一般取 2.5m；

h——轨底到结构物顶面范围内覆土厚度(m)；

l——轨底沿轨道方向作用长度(m)，取值见表 2-11。

铁路用钢轨基本参数　　表 2-11

钢轨规格	h_R(mm)	轨底宽度(mm)	轨顶宽度(mm)	l(m)
38kg/m	134	114	68	0.318
43kg/m	140	114	70	0.330
50kg/m	152	132	70	0.354
60kg/m	176	150	73	0.402
75kg/m	192	150	75	0.434

当计算轨底沿轨道方向作用长度 l 大于列车轴距时，取列车轴距进行计算。

列车活载产生的水平压力标准值 e 可按下式进行计算：

$$e = \lambda q_k \tag{2-56}$$

$$\lambda = \tan^2\left(45° - \frac{\varphi}{2}\right) \tag{2-57}$$

式中：λ——水平压力系数；

φ——回填土内摩擦角(°)。

当列车作用在结构物(如涵洞、明洞等)上方时，通常情况下，当轨底至结构物顶面填土厚度 $h<1.0$m 时，应考虑列车活载的冲击力和制动力。

冲击系数 μ 可按下式进行计算：

$$\mu = a\left(\frac{6}{30+L}\right) \tag{2-58}$$

$$a = 4(1-h) \leqslant 2.0 \tag{2-59}$$

式中：L——计算跨度(m)。

制动力或牵引力按竖向静活载的 10%计算；但与冲击力同时计算时，按竖向静活载的 7%计算。制动力或牵引力的作用点在轨顶以上 2m 处。

曲线地段列车活载产生的离心率 C 按下式进行计算：

$$C = \frac{v^2}{127R} \leqslant 15\% \tag{2-60}$$

式中：v——最大行车速度(km/h)；

R——曲线半径(m)。

离心力的大小等于竖向净活载乘以离心率 C。

2.2.5 地面车辆荷载及其冲击力

当浅埋隧道或地下工程上方有车辆通行时,应考虑地面车辆荷载(整体计算时,采用车道荷载,此处不再赘述)。

1)竖向压力

一般情况下,地面车辆荷载在土体中的扩散角取30°。当地层条件较好时,有可靠数据时,扩散角可适当增加,但最大不宜超过45°。

按下述方法简化为均布荷载,下文中计算扩散角均取30°,单个轮压传递的竖向压力,如图2-19所示。

$$p_{0Z}=\frac{\mu_0 P_0}{(a+1.154Z)(b+1.154Z)} \tag{2-61}$$

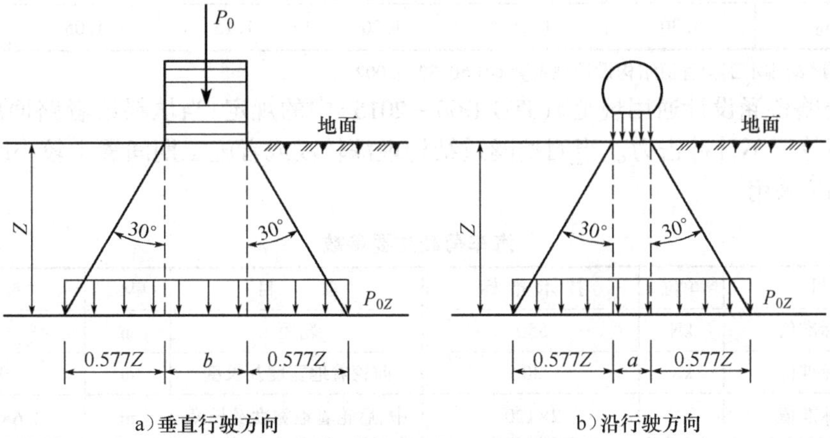

图2-19 车辆荷载单轮压力计算图示

当垂直车辆行驶方向的轮压传递荷载重合时(即 $1.4\text{m} \leqslant b+1.154Z \leqslant 1.8\text{m}$),两个及以上的轮压传递的竖向压力如图2-20所示。

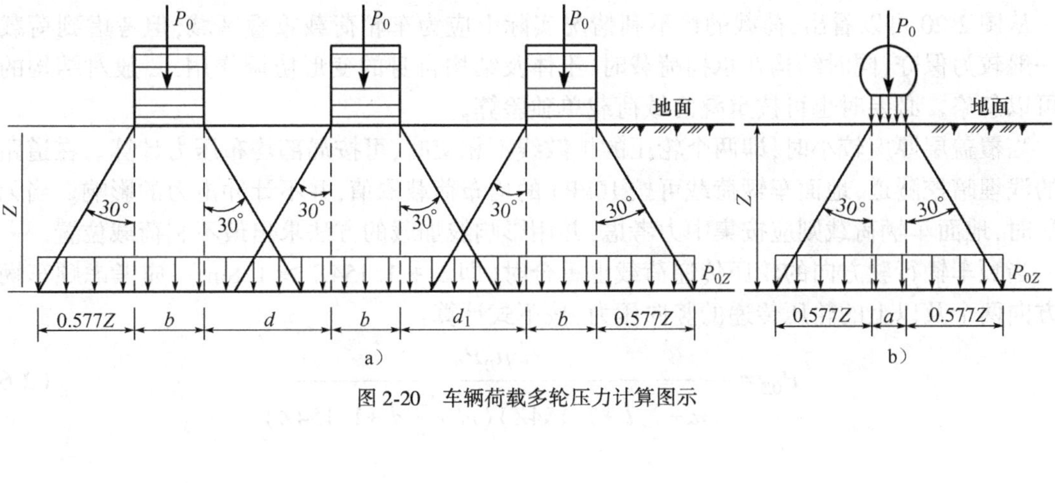

图2-20 车辆荷载多轮压力计算图示

计算公式如下：

$$p_{0Z}=\frac{n\mu_0 P_0}{(a+1.154Z)(nb+\sum_0^{n-1}d_i+1.154Z)} \tag{2-62}$$

式中：P_{0Z}——地面车辆轮压传递到计算深度 Z 处的竖向压力(kPa)；

P_0——车辆单个轮压(kN)，取轴压的一半，按通行的汽车等级采用；

a、b——地面单个轮压的分布长度和宽度(m)，取 $a=0.2$m 或 $a=0.25$m，$b=0.6$m；

Z——计算位置处距地面的高度(m)；

d——垂直车辆行驶方向地面相邻两个轮压的净距(m)；

n——垂直车辆行驶方向轮压的数量；

μ_0——车辆荷载的动力系数，可参照地面车辆荷载的动力系数表 2-12 选用。

地面车辆荷载的动力系数 表 2-12

覆盖层厚度(m)	≤0.25	0.3	0.4	0.5	0.6	≥0.7
动力系数 μ_0	1.30	1.25	1.20	1.15	1.05	1.00

注：本表取自《给排水工程管道结构设计规范》(GB 50332—2002)。

根据《公路桥涵设计通用规范》(JTG D60—2015)中的规定，当填料或者路面厚度≥0.5m时，下方涵洞等可不计冲击力。当明挖隧道结构埋深较浅或者施工期间覆土较小时，车辆荷载可参考表 2-13 采用。

汽车荷载主要参数 表 2-13

项目	单位	技术指标	项目	单位	技术指标
车辆重力标准值	kN	550	轮距	m	1.8
前轴重力标准值	kN	30	前轮着地宽度及长度	m	0.3×0.2
中轴重力标准值	kN	2×120	中、后轮着地宽度及长度	m	0.6×0.2/0.25*
后轴重力标准值	kN	2×140	车辆外形尺寸(长×宽)	m×m	15×2.5
轴距	m	3+1.4+7+1.4			

注：表中数值摘自《公路桥涵设计通用规范》(JTG D60—2015)；* 表示《城市桥梁设计规范(2019 年版)》(CJJ 11—2011)中的取值。

从图 2-20 可以看出，荷载的最不利情况实际上应为车轮荷载重叠区域，但考虑到荷载传递一般较为保守，同时结构在承担荷载时，土体及结构自身的变形协调作用，一般对结构的影响可以忽略。必要时也可按重叠区域荷载单独验算。

当覆盖层厚度较小时，即两个轮压的扩散线不相交时，可按局部均布压力计算。在道路下方的浅埋暗挖隧道，地面车辆荷载可按 10kPa 的均布荷载取值，并不计冲击力的影响。当无覆盖层时，地面车辆荷载则应按集中力考虑，并用影响线加载的方法求出最不利荷载位置。

当顺车辆行驶方向的轮压传递荷载也重合时(即 $a+1.154Z\geq 1.8$m)，应考虑顺车辆行驶方向两个及以上的轮压传递的竖向压力，按下式计算：

$$P_{0Z}=\frac{mn\mu_0 P_0}{(ma+\sum_0^{m-1}l_i+1.154Z)(nb+\sum_0^{n-1}d_i+1.154Z)} \tag{2-63}$$

式中：l——顺车辆行驶方向地面相邻两个轮压的净距(m)；

m——顺车辆行驶方向轮压的数量。

当给出车辆的实际轮压时，可按车辆的实际轮压计算。

2)侧向压力

地面车辆荷载传递到地下结构上的侧压力，可按下式计算：

$$P_{0X} = \lambda_a P_{0Z} \tag{2-64}$$

式中：P_{0X}——地下结构承担的土侧压力(kPa)；

λ_a——车辆荷载的侧压力系数；

P_{0Z}——地面车辆传递的竖向压力(kPa)。

2.2.6 地震荷载

地震对地下结构的影响有两个方面：剪切错位和振动。剪切错位通常都是基岩的剪切位移所引起的，一般都发生在地质构造带附近。另外错位还包括其他原因，例如液化、滑坡或地震诱发的土体失稳引起的较大土体位移。用结构来约束较大的土体位移几乎是不可能的，有效的办法是尽量避开这些敏感部位，如果做不到这一点，则应把震害限制在一定的范围内，使得震后容易修复。因此，地下结构的地震作用分析是在假定土体不会丧失完整性的前提下，局限于考虑其振动的效应。根据大量调查研究发现，地震的破坏作用是自地表深入地下而迅速衰减，所以，地震一般对深埋隧道影响较小，而对浅埋隧道，尤其是对松软地层中的浅埋隧道影响较为严重。详细研究地震对地下结构的振动作用可采用两种方法：地震动力响应分析和动力模型试验。通过进行分析和试验可以弄清楚隧道横、纵断面应力的响应，以及动土压力和各种接头的抗震性。但此时必须要详细掌握隧址处地层的动力特性参数，如地层的动杨氏弹性模量、阻尼系数、动强度(c、φ 及地震时地层运动信息，如地震加速度等)，同时还要求有容量足够的计算机和较长的计算时间，故只有那些埋设于松软地层中的重要地下结构物才有必要并可能进行地震响应分析和动力模型试验。而对于一般性地下结构采用静力法或拟静力法。

静力法或拟静力法就是将随时间变化的地震力或地层位移用等代的静地震荷载或静地层位移代替，然后再用静力计算模型分析地震荷载或强迫地层位移作用下的结构内力，其量值略大于动力响应分析值。

目前我国工程设计中较为通用的地震计算方法是地震系数法，其他方法还有反应位移法、反应加速度法、振型分解反应谱法和时程分析法等。本节内容基于隧道及地下工程结构，对地震系数法的计算进行详细说明，其他计算方法详见后续章节。

地震系数法的主要思路是将结构自身和周围土体对结构的作用等效为静荷载，施加到结构上计算结构受力，等代的静地震荷载包括：结构本身和洞顶上方土柱的惯性力以及主动侧向土压力增量。由于地震垂直加速度峰值一般为水平加速度的1/2~2/3(但在震级较大的震中附近，这一比值则在0.5~2.4之间)，而且也缺乏足够的地震记录，目前尚不清楚一些重要因素(如震级、震源距和场地条件)对垂直地震动频谱的影响，因此，对震级较小和对垂直振动不敏感的结构，可不考虑垂直地震荷载的作用，一般情况下，只有在验算结构的抗浮能力时才要计及垂直惯性力。

水平地震荷载可分为垂直和沿着隧道纵轴两个方向进行计算。

1)隧道横截而上的地震荷载(垂直隧道纵轴)

(1)结构的水平惯性力

作用在构件或结构重心处的地震惯性力一般可表示为:

$$F = \frac{\tau}{g}Q = K_c Q \tag{2-65}$$

式中:τ——作用于结构的地震加速度(m/s^2);

g——重力加速度($9.8m/s^2$);

Q——构件或结构的重力(kN);

K_c——与地震加速度有关的地震系数。

由于隧道及地下结构实际上从结构顶部至结构底部质量并非均匀分布,而且结构均布受力与结构重心处集中力往往对计算结果有较大影响,为避免引起较大的计算偏差,可按如下公式计算结构的水平惯性力。

$$F_{ihE} = \eta_c K_h g m_i = \eta_c A_g m_i \tag{2-66}$$

式中:F_{ihE}——结构的水平惯性力(kN);

η_c——地层综合影响系数,与工程重要性、隧道埋深、地层特性等有关,岩石地基采用0.2,其他采用0.25;

K_h——水平地震系数(参考值:7度地区,$K_h=0.1$;8度地区,$K_h=0.2$;9度地区,$K_h=0.4$);

A_g——地震动峰值加速度(m/s^2)(7度地区,$A_g=0.1g$;8度地区,$A_g=0.2g$;9度地区,$A_g=0.4g$);

m_i——结构水平惯性力计算支点处对应的结构质量或者计算土柱质量(t)。

对于隧道及地下工程结构,由于结构形状又往往不是规则结构,将惯性力与隧道或地下工程结构对应位置质量完全对应起来,计算工作量往往比较大,而其对结果的影响又有限,为便于工程实际应用,可以将其简化。

①马蹄形曲墙式衬砌

地震荷载如图2-21所示。由于拱墙圆弧半径一般较小,为便于计算,将拱墙根据高度进行简化,简化后由于其惯性力下移,对结构计算来说偏于安全。仰拱一般半径较大,并且较为扁平,同时要考虑其仰拱填充作用,可作为一个惯性力计算单元进行计算,其均布的水平惯性力按以下公式进行简化计算。

$$F_1^1 = \eta_c K_h \frac{m_1 g}{H} = \eta_c K_h g \frac{m_1}{H} \tag{2-67}$$

$$F_1^2 = \eta_c K_h \frac{m_2 g}{H} = \eta_c K_h g \frac{m_2}{H} \tag{2-68}$$

式中:m_1——上部衬砌质量(t);

H——衬砌的高度(m);

m_2——仰拱质量(t);

其余符号意义同前。

②圆形衬砌

地震荷载如图 2-22 所示。按整个高度质量平均进行简化计算,其均布的水平惯性力为:

$$F_1 = \eta_c K_h \frac{mg}{D} = \eta_c K_h g \frac{m}{D} \tag{2-69}$$

式中:m ——衬砌质量(kg);

D ——衬砌外直径(m);

其余符号意义同前。

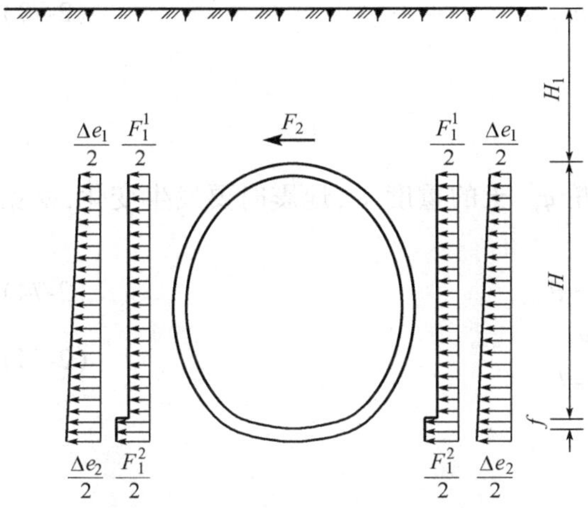

图 2-21 马蹄形衬砌的地震荷载计算示意图

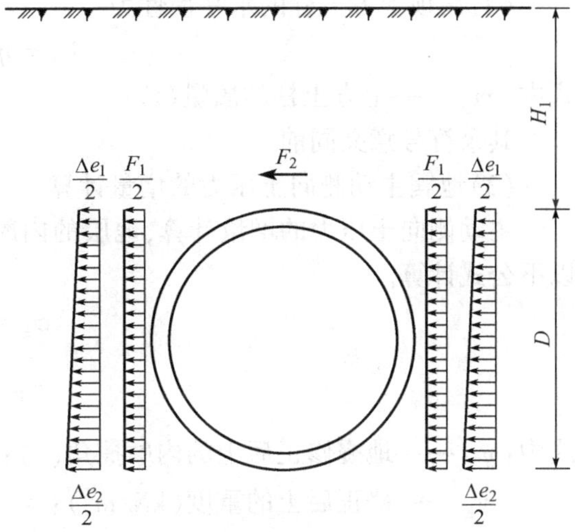

图 2-22 圆形衬砌的地震荷载计算示意图

③矩形衬砌

地震荷载如图 2-23 所示。其水平惯性力分为三部分计算。

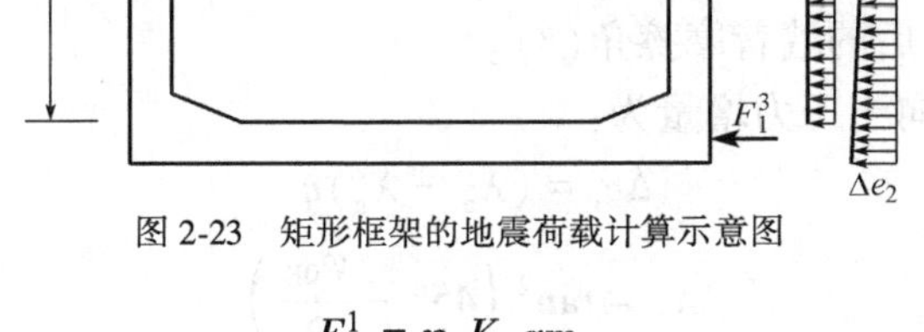

图 2-23 矩形框架的地震荷载计算示意图

$$F_1^1 = \eta_c K_h g m_t \tag{2-70}$$

$$F_1^2 = \eta_c K_h g \frac{m_w}{h} \tag{2-71}$$

$$F_1^3 = \eta_c K_h g m_b \tag{2-72}$$

式中：F_1^1、F_1^3——顶板、底板的水平惯性力（kN），作为集中力考虑，作用在顶板、底板的轴线处；

F_1^2——边墙和中墙的水平惯性力（kN），按作用在边墙上的均布力考虑；

m_t、m_b——顶板、底板的质量（t）；

m_w——边墙和中墙的质量（t）；

h——边墙净高度（m）；

其余符号意义同前。

（2）洞顶上方土柱的水平惯性力

$$F_2 = \eta_c K_A m_{上} g \tag{2-73}$$

式中：$m_{上}$——上方土柱的质量（t）；

其余符号意义同前。

（3）地震主动侧向土压力的增量计算

主动侧向土压力的增量计算，地层的内摩擦角 φ、土的重度 γ，地震时要发生变化，根据以下公式计算。

$$\varphi_E = \varphi - \theta \tag{2-74}$$

$$\gamma_E = \frac{\gamma}{\cos\theta} \tag{2-75}$$

式中：φ_E——地震修正后土的内摩擦角（°）；

γ_E——修正后土的重度（kN/m^3）；

θ——地震角（°），取值见表 2-14。

地震角 θ 值 表 2-14

地震烈度		7 度（0.1g、0.15g）	8 度（0.2g）	8 度（0.3g）	9 度（0.4g）
地震角 θ	水上	1°30′	3°	4°30′	6°
	水下	2°30′	5°	7°30′	10°

土的计算内摩擦角 φ_0、土的重度 γ 受地震作用的影响，根据地震角修正如下：

$$\varphi_{0E} = \varphi_0 - \theta \tag{2-76}$$

$$\delta_E = \delta + \theta \tag{2-77}$$

式中：φ_{0E}——地震修正后土的计算内摩擦角（°）；

δ_E——地震修正后的墙背摩擦角（°）。

结构一侧的主动侧向土压力增量为：

$$\Delta e_i = (\lambda_a - \lambda_a')q_i \tag{2-78}$$

$$\lambda_a = \tan^2\left(45° - \frac{\varphi_{0E}}{2}\right) \tag{2-79}$$

$$\lambda_a' = \tan^2\left(45° - \frac{\varphi_{0E} - \theta}{2}\right) \tag{2-80}$$

式中：Δe_i——地震主动侧向土压力的增量（kPa）；

6)软件计算法

RockFall 模型是由瑞士苏黎世联邦理工学院力学中心和 WSL(联邦森林、雪与景观研究所)雪地、雪崩研究所开发的。RockFall 模块可用于研究下落的岩石的刚体运动,它可以模拟岩石和地面相互的摩擦(耗散)作用,而不是简单的回弹作用,可预测一般三维地形中的岩石轨迹,包含落石的 3 个平移速度和 3 个旋转速度,计算出运行轨迹,得出跳跃高度、跳动距离、速度、旋转速度、总动能和接触冲击力。可更接近于模拟岩石坠落的运行行为的真实性质,整合岩石形状和现场特定岩石坠落危险的释放运动学特征。

以某隧道工程洞口仰坡落石计算为例,采用 RockFall 软件进行建模计算,图 2-27 是某平面模型模拟的落石运动轨迹,可以得到落石落点位置和冲击能量分布,分别如图 2-28、图 2-29 所示。从而可进行隧道结构长度设计和结构落石冲击力荷载计算。

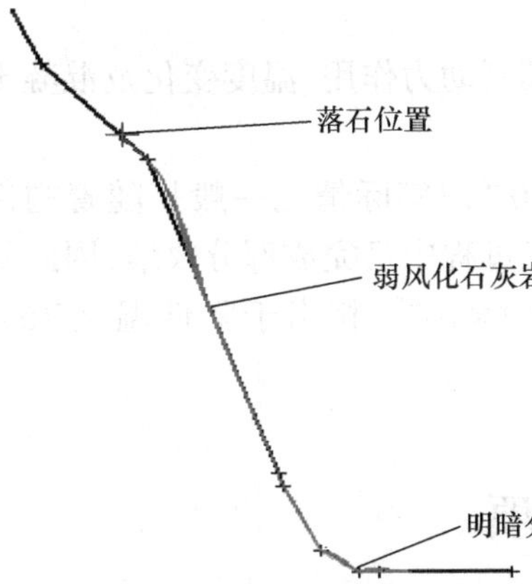

图 2-27 落石运动轨迹

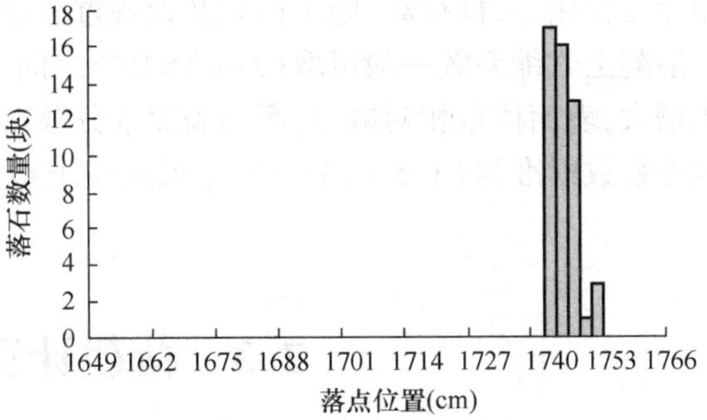

图 2-28 落石落点分布位置

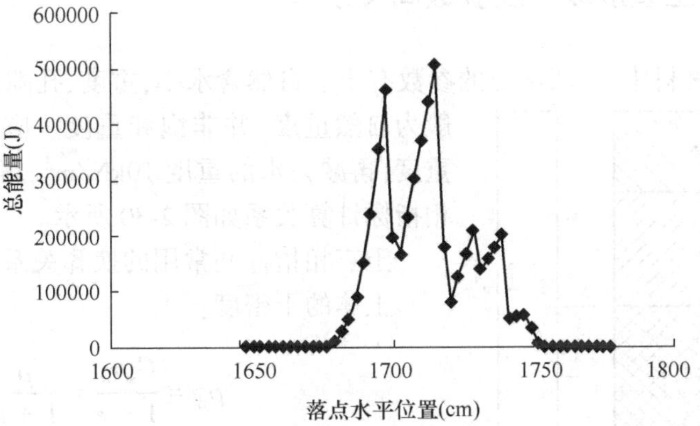

图 2-29 落石冲击能量

2.2.10 膨胀力

膨胀性岩层具有吸水膨胀软化、失水收缩硬化、湿胀干缩往复变化的特征。矿物成分一般以蒙脱石、高岭石、伊利石为主,常见于软岩中的泥岩、页岩和土质地层中。岩石的强度低,空隙率大,吸水膨胀。

膨胀力的产生与隧道开挖后围岩含水率的变化密切相关,施工后最重要的是防止围岩的风化潮解,一方面要尽量减小围岩的吸水膨胀性变形压力,另一方面要尽量保持围岩的强度不丧失。通常情况下,对于地下水位比较稳定的地下工程,在控制好施工期间用水的情况下,施工后岩层中含水率会降低,在衬砌施工后,岩层中含水率逐渐恢复至自然状态。因此,膨胀力对隧道的影响不大,主要是要控制施工期间对岩层含水率的影响,避免由于开挖后含水率丧失导致的干缩,衬砌施工后含水率恢复导致的膨胀力,特别是一些防水型隧道。

地下工程结构施工后,岩层含水率如有较大变化时,应对膨胀力进行分析计算后确定膨胀力的具体数值。

2.2.11 其他荷载

正常施工条件下,区间隧道结构可忽略地铁车辆荷载及其制动力作用、温度变化及混凝土收缩徐变作用、人群荷载、施工荷载及设备重力作用。

混凝土收缩系数一般可取$(2 \sim 4) \times 10^{-4}$之间,平均取$3 \times 10^{-4}$。实际情况一般是随着构件体积增大,表面模量相对减小,影响表面水分散发,另考虑施工过程中已完成部分收缩,因此采用收缩系数标准为$(1.5 \sim 2) \times 10^{-4}$,而混凝土线膨胀系数为$1 \times 10^{-5}$,相当于降低温度15~20℃。

2.3 荷载计算注意事项

2.3.1 饱和土重度取值及参数间关系

地质详细勘察资料中,一般给出的参数有土层自然含水率,重度、孔隙比等,给出的重度一般为自然重度,并非饱和重度。应先计算出土的饱和重度,再减去水的重度$10 kN/m^3$,得到浮重度。土的三相指标计算关系如图2-30所示。

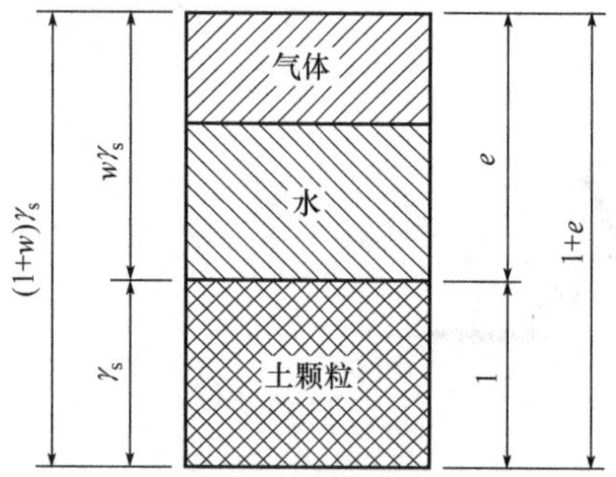

图2-30 土的三相指标计算简图

土三相指标间常用的换算关系如下:

土体的干密度:

$$\rho_d = \frac{G_s \rho_w}{1+e} = \frac{\rho}{1+w} \tag{2-98}$$

土体的孔隙比:

$$e = \frac{\rho_s}{\rho_d} - 1 = \frac{\rho_s(1+w)}{\rho} - 1 \tag{2-99}$$

土体的孔隙率:

$$n = 1 - \frac{\rho_s}{\rho_d} = 1 - \frac{\rho_s(1 + w)}{\rho} \tag{2-100}$$

$$n = \frac{e}{1 + e} \tag{2-101}$$

饱和密度：

$$\rho_{sat} = \frac{G_s + e}{1 + e}\rho \tag{2-102}$$

土粒的相对密度：

$$G_s = \frac{\gamma_s}{\gamma_w} \tag{2-103}$$

浮重度：

$$\gamma' = \frac{G_s - 1}{1 + e}\gamma_w \tag{2-104}$$

$$\gamma' = \gamma_{sat} - \gamma_w \tag{2-105}$$

饱和度：

$$S_r = \frac{wG_s}{e} \tag{2-106}$$

土体的孔隙比计算如下：

$$e = \frac{\gamma_s(1 + w)}{\gamma} - 1 \Rightarrow \gamma_s = \frac{\gamma(1 + e)}{1 + w} \tag{2-107}$$

饱和重度计算如下：

$$\gamma_{sat} = \frac{\gamma_s + e\gamma_w}{1 + e} = \frac{\gamma_s}{1 + e} + \frac{e\gamma_w}{1 + e} = \frac{\gamma}{1 + w} + \frac{9.81e}{1 + e} \tag{2-108}$$

浮重度计算如下：

$$\gamma' = \gamma_{sat} - 10 \tag{2-109}$$

上述式中：e——孔隙比；

γ_s——土体干重度(kN/m^3)；

γ_w——水的重度(kN/m^3)；

w——土体含水率(%)；

γ——土体自然重度(kN/m^3)；

γ'——浮重度(kN/m^3)。

2.3.2 常见地层参数参考值

静止侧压力系数 K_0、泊松比 μ、土类弹性模量 E、岩石的弹性模量 E 和泊松比 μ 参考值分别见表 2-19～表 2-22。

静止侧压力系数K_0参考值 表 2-19

土类	液限 W_L	塑性指数	静止侧压力系数 K_0
饱和松砂	—	—	0.46
饱和紧砂	—	—	0.34
干紧砂(e=0.6)	—	—	0.49
干松砂(e=0.6)	—	—	0.64
压实残积黏土	—	9	0.42
压实残积黏土	74%	31	0.66
原状有机质土	61%	45	0.57
原状高岭土	37%	23	0.64~0.70
原状海相黏土	34%	16	0.48
灵敏性黏土	—	10	0.52

泊松比μ的参考值 表 2-20

土类	泊松比μ	土类	泊松比μ
饱和黏土	0.40~0.50	黄土	0.44
非饱和黏土	0.35~0.42,坚硬取小值,软塑取大值	砂质土	0.15~0.25
含砂和粉土的黏土	0.25~0.40,坚硬取小值,软塑取大值	砂土	0.20~0.35
碎石土	0.15~0.20	粉土	0.25

注:土的泊松比很难精确得到,上表数值仅供参考,实际计算取值应以地质勘察报告为主。

土类弹性模量E的参考值 表 2-21

土类	弹性模量(kN/m^2)	土类	弹性模量(kN/m^2)
很软的黏土	0.35~0.30	粉质砂土	7~20
软黏土	2~5	松砂	10~25
中硬黏土	4~8	紧砂	50~80
硬黏土	7~18	紧密砂、卵石	100~200
砂纸黏土	30~40	—	—

岩石的弹性模量E和泊松比μ参考值 表 2-22

岩石种类	E(10^4MPa)	μ	岩石种类	E(10^4MPa)	μ
闪长岩	10.1~11.8	0.26~0.37	板状页岩	1.7~2.1	—
细粒花岗岩	8.1~8.2	0.24~0.29	细砂岩	2.7~4.8	0.15~0.52

续上表

岩石种类	$E(10^4\text{MPa})$	μ	岩石种类	$E(10^4\text{MPa})$	μ
斜长花岗岩	6.1~7.4	0.19~0.22	中砂岩	2.5~4.0	0.10~0.22
斑状花岗岩	5.5~5.8	0.13~0.23	中灰岩	2.4~3.8	0.18~0.35
片麻花岗岩	5.1~5.4	0.16~0.18	石英岩	1.7~6.9	0.12~0.27
花岗岩	3.0~6.1	0.17~0.36	粗砂岩	1.6~4.0	0.10~0.45
花岗闪长岩	5.5~5.8	0.20~0.23	片麻岩	1.4~5.5	0.20~0.34
石英砂岩	5.3~5.9	0.12~0.14	页岩	1.2~4.1	0.09~0.35
正长岩	4.8~5.3	0.18~0.26	大理岩	0.9~7.5	0.06~0.35
片岩	4.3~7.0	0.12~0.25	炭质砂岩	0.55~2.08	0.08~0.25
玄武岩	4.1~9.6	0.23~0.32	泥灰岩	0.36~0.73	0.30~0.40
安山岩	3.8~7.7	0.21~0.32	石膏	0.12~0.77	0.30
绢云母页岩	3.36	—	—	—	—

注：在岩石的弹性工作范围内，μ 一般为常数；但超越弹性范围以后，μ 随应力的增大而增大，直至 $\mu = 0.5$。

2.3.3 土体弹性模量、变形模量、压缩模量

根据高大钊主编的《土质学与土力学（第三版）》，提到了压缩模量和变形模量的关系，但是此关系是建立在弹性阶段的，而土体并非理想的弹性体，所以此公式只能根据实际情况适当参考。

土体中弹性模量 E、变形模量 E_0、压缩模量 E_S 三者的关系如下：

$$E_0 = E_S(1 - 2\mu K_0) = E_S\left(1 - \frac{2\mu^2}{1-\mu}\right) \tag{2-110}$$

式中：K_0——静止土压力系数，$K_0 = \dfrac{\mu}{1-\mu}$；

μ——泊松比。

令 $\beta = 1 - \dfrac{2\mu^2}{1-\mu} = 1 - 2\mu K_0$，则：

$$E_0 = \beta E_S \tag{2-111}$$

式(2-111)即为 E_0 和 E_S 之间的理论关系，由于 $0 \leqslant \mu \leqslant 0.5$，所以 $0 \leqslant \beta \leqslant 1.0$。

E_0 和 E_S 之间的理论关系是基于线弹性得到的。但土体不完全是弹性体，由于现场荷载试验和室内侧限压缩试验测定相应指标时，各有无法考虑的因素，如压缩试验的土体受扰动性较大，荷载试验与压缩试验的加荷速率、压缩稳定标准均不一样、μ 值不宜精确测定等，使得理论计算结果和实际结果有一定差距。实测资料表明，E_0 和 E_S 的比值并不像理论得到的在 0~1 之间变化，如我国 20 世纪 60 年代初期总结出的 E_0/E_S 平均值都超过 1，土压缩性越小，比值越大。

土的弹性模量要比变形模量、压缩模量大得多，可能是其十几倍或者更大，见表 2-23。

不同土类型的变形模量参考值　　表 2-23

土的类型	变形模量(kN/m²)	土的类型	变形模量(kN/m²)
泥炭	100~500	塑性黏土	500~4000
硬塑黏土	4000~8000	较硬黏土	8000~15000
松砂	10000~20000	密实砂	50000~80000
密实砂砾、砾石	100000~200000		

实际计算过程中,当地质勘察报告中给出相应的参数时,应按实际测出的值进行计算;当地质勘察报告未给出相应的参数时,可根据式(2-111)估算。根据经验,地形压缩变形计算时,采用的土体模量值不同,结果可能相差较大,应对结果进一步判断,核实其计算结果的合理性。

拱中点的水平位移为零。

(2)弹性支承链杆计算图式

如图 3-5 所示,它与图 3-4 不同之处在于:

①将折线拱的全部杆件均视为普通等直梁单元。

②将脱离区以外的分布的弹性抗力用一些离散的弹性支承链杆来代替,并作用在折线的节点处,其方向为沿结构轴线的法向,如需考虑切向弹性抗力,尚需在节点处设置切向弹性支承链杆。采用矩阵位移法时,弹性支承链杆在整体坐标系下的单元刚度矩阵为:

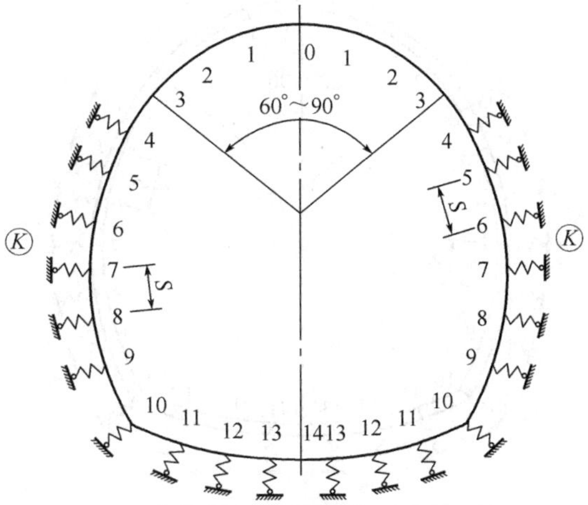

图 3-5 弹性支承链杆法计算图式

$$[\boldsymbol{K}]^C = [\boldsymbol{T}]^C[\boldsymbol{k}][\boldsymbol{T}] \tag{3-4}$$

$$[\boldsymbol{T}] = \begin{bmatrix} \cos\theta & \sin\theta & 0 \\ -\sin\theta & \cos\theta & 0 \\ 0 & 0 & 1 \end{bmatrix} \tag{3-5}$$

$$[\boldsymbol{k}] = \begin{bmatrix} \dfrac{1}{K_n d_t} & 0 & 0 \\ 0 & \dfrac{1}{K_t d_t} & 0 \\ 0 & 0 & 0 \end{bmatrix} \tag{3-6}$$

式中:θ ——法向弹性支承链杆与整体坐标系 X 轴的夹角(°),逆时针方向为正;

K_n ——地层法向弹性抗力系数;

K_t ——地层切向弹性抗力系数;

d_t ——弹性支承链杆所代表的分布弹性抗力的长度(m)。

其他关于分布荷载的离散、总刚度矩阵的组集和求解、结构内力和地层弹性抗力的计算等均与前述相同,不再赘述。

若浅埋暗挖隧道的二次衬砌在初期支护变形稳定前施作,则二次衬砌将参与受力作用,初期支护独立作用时所承受的荷载值也必然小于 100%的计算荷载。为了对处于这种工作状况的复合式衬砌进行内力分析,建议采用以下方法:

①根据二次衬砌的施作时间,利用初期支护的位移-时间曲线估算出初期支护独立作用时所承受的荷载比例,例如 70%。然后,根据 70%的计算荷载值,按前述方法对初期支护进行内力分析,求出初期支护中的内力值 $\{S_1^1\}$。

②根据剩余的计算荷载值,采用矩阵位移法对复合式衬砌进行内力分析,求出初期支护中的内力值 $\{S_1^2\}$ 和二次衬砌中的内力值 $\{S_1\}$。则初期支护中的最终内力值为:

$$\{S_1\} = \{S_1^1\} + \{S_1^2\} \tag{3-7}$$

进行复合式衬砌内力分析时可采用如图 3-6 所示的计算图式,外圈单元为初期支护,内圈

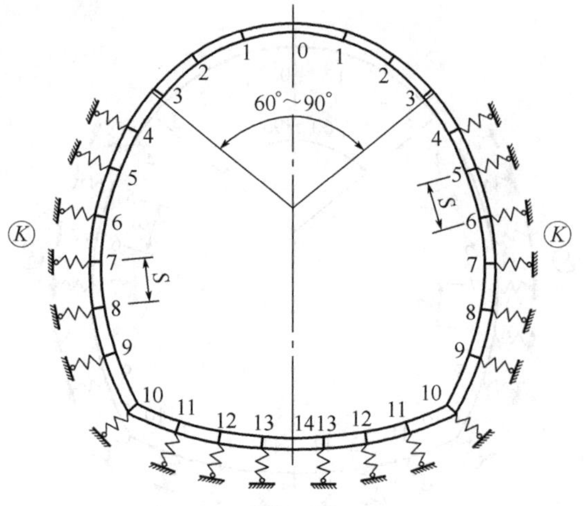

图 3-6　复合式衬砌计算图式

单元为二次衬砌,内外圈之间的二力杆单元模拟防水隔离层(因其不能抗剪),其整体坐标下单元刚度矩阵为:

$$[\boldsymbol{k}]^{C}=\frac{E_{\mathrm{P}}d_{i}}{t}\begin{bmatrix} l^2 & lm & -l^2 & -lm \\ 0 & m^2 & -lm & -m^2 \\ 0 & 0 & l^2 & lm \\ 0 & 0 & 0 & m^2 \end{bmatrix} \tag{3-8}$$

$$l=\cos\alpha;m=\sin\alpha$$

式中:α ——二力杆与整体坐标系 X 轴的夹角(°);

E_{p} ——防水隔离层的弹性模量(MPa);

t ——防水隔离层的厚度(mm);

d_i ——二力杆的间距,亦即它所代表的防水隔离层宽度(mm)。

由于防水隔离层厚度 t 较小,有可能使:

$$\frac{E_{\mathrm{p}}d_{i}}{t}>\frac{E_{\mathrm{c}}d_{i}}{h} \tag{3-9}$$

式中:E_{c} ——混凝土弹性模量(MPa);

h ——初期支护轴线与二次衬砌轴线之间的距离(mm)。

这显然是不合理的,此时,可令:

$$\frac{E_{\mathrm{p}}d_{i}}{t}=\frac{E_{\mathrm{c}}d_{i}}{h} \tag{3-10}$$

从以上的计算过程可知,即使是将隧道衬砌简化为少量的等直梁单元,进行迭代计算,在满足计算精度要求情况下,计算过程较为烦琐,计算量也非常大,耗时比较长。在目前计算机技术下,采用程序计算非常方便,采用公式计算是完全没有必要的。

3.2 初期支护计算

3.2.1 一般规定

(1)矿山法隧道初期支护设计参数可采用工程类比法确定,施工中通过监测进行修正,并应通过理论验算。

(2)矿山法隧道在预设计和施工阶段,应对初期支护的稳定性进行判别。初期支护施工阶段的稳定性,可按支护结构实际总位移 U 与极限位移 U_0 比较,并结合位移发展趋势进行判别。

当 $U \leqslant U_0$ 时，隧道稳定；当 $U > U_0$ 时，隧道不稳定。

极限位移 U_0 应根据地层条件、断面特征及施工方法等因素分析确定。

(3)矿山法隧道初期支护应考虑能承受施工期间的全部荷载，并对控制地层变形起主要作用。

(4)计算复合式衬砌时，初期支护应按主要承载结构计算。

3.2.2 初期支护结构计算模型

1)模型选择

矿山法隧道，初期支护施工后需要独立承受上覆地层压力作用，常用的荷载-结构法和地层-结构法两种计算模式均可采用。但要模拟隧道开挖过程中初期支护结构的受力与变形影响时，只能采用地层-结构法计算模式。

根据以往的工程计算经验，检算初期支护强度时，计算模型的选择见表 3-1。

初期支护计算模型选择 表 3-1

类型	推荐模型	说明
(1)Ⅳ～Ⅵ级围岩浅埋、深埋地层； (2)需要考虑地面车辆荷载等的特殊情况	荷载-结构法	
(1)Ⅳ～Ⅵ级围岩深埋地层； (2)模拟隧道开挖过程中的初期； (3)支护结构受力和变形时； (4)检算地层变形及支护刚度时； (5)计算锚杆受力及作用时； (6)计算地层加固对初期支护结构的影响时	地层-结构法	采用荷载-结构法结算结果往往不能满足检算要求。且施工期间，围岩释放率也决定了初期支护并非承担全部围岩压力
Ⅰ～Ⅲ级围岩		按经验设计支护措施，可不计算

采用荷载-结构法计算时，垂直基床系数的取值对计算结果的影响比较大，常见土质地层垂直基床系数参考值见表 3-2。

垂直基床系数参考值 表 3-2

地层名称	垂直基床系数(MPa/m)	地层名称	垂直基床系数(MPa/m)
填土	1～10	粉细砂	28～42
粉土、粉质黏土	20～38～52	黏土、粉质黏土	35～50
粉细砂	25～35	细中砂	37～40
中粗砂	35～46	卵石、圆砾	30～85

注：不同地区的测试数值可能差别较大，当有实测值时应按实测值采用，没有实测值时可采用表中数值。

在分析施工过程中的地层变形情况时，可适当考虑超前支护和超前加固的作用。

2)计算图式

对于不同形状的隧道结构断面形式，应采用相应的建模形式，通常可分为以下三种。

(1)初期支护结构按弹性支承链杆图式计算，将计算断面按等间距划分为一定的直梁等分单元,拱部 90°~120°(自动试算确定)范围不设弹性链杆,侧边加水平链杆,底边加竖直链杆。对于墙脚为圆角形支护的断面形式,圆角处各节点同时采用水平链杆和竖直链杆的道路断面,计算图式如图 3-7所示。

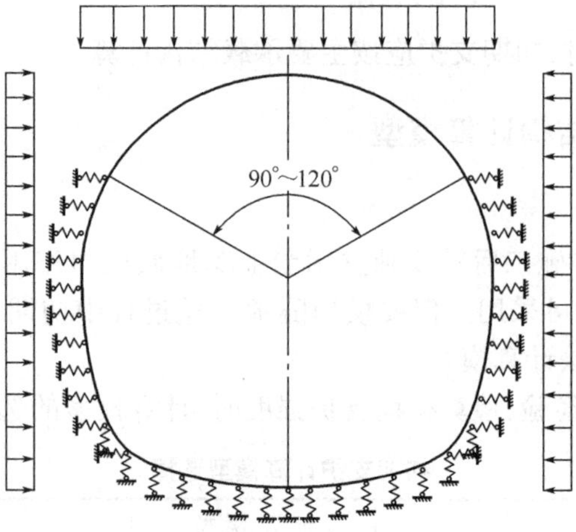

图 3-7　圆角形断面计算图式

注:图中垂直压力和侧压力仅为示意,下同。

(2)对于底部为直角形的断面形式,拱部 90°~120°(自动试算确定)范围不设弹性链杆,侧边加水平链杆,底边加竖直链杆,计算图式如图 3-8 所示。

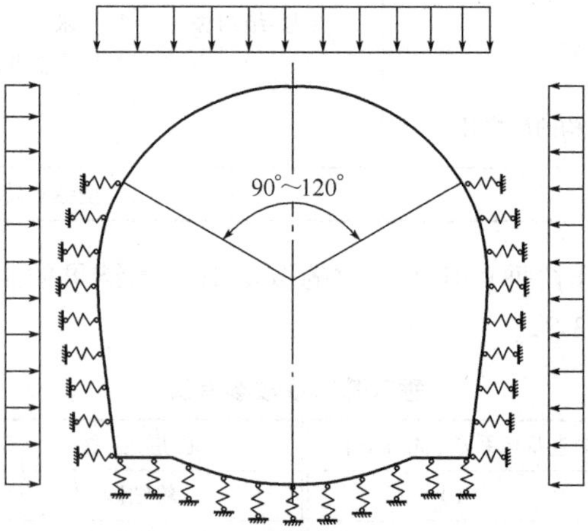

图 3-8　直角形断面计算图式

(3)对于 TBM 等圆形(现浇衬砌)的断面形式,拱部 90°~120°(自动试算确定)范围不设弹性链杆,侧边加水平链杆,底边加竖直链杆,荷载计算根据深浅埋对应计算,计算图式如图 3-9所示。

3.2.3　初期支护强度检算方法

根据初期支护格栅钢架网喷混凝土或无钢架喷混凝土结构情况,参照《铁路隧规》进行检算。

$$\lambda = \frac{l_0}{i} \tag{3-15}$$

$$i = \sqrt{\frac{I_m}{A_m}} \tag{3-16}$$

(1)矩形截面时：

$$i = \sqrt{\frac{\frac{bh^3}{12}}{bh}} = \frac{h}{\sqrt{12}} \tag{3-17}$$

(2)原木截面时：

$$i = \sqrt{\frac{\frac{\pi d^4}{64}}{\frac{\pi d^2}{4}}} = \frac{d}{4} \tag{3-18}$$

(3)受压构件强度检算：

$$\frac{\gamma_0 N}{A_n} \leqslant f_c \tag{3-19}$$

(4)受压构件强度检算：

$$\frac{N}{\varphi A_0} \leqslant f_c \tag{3-20}$$

上述式中：N——轴心压力设计值(N)；

l_0——受压构件计算长度(m)；

i——构件截面的回转半径(m)；

d——原木截面的中央截面直径(m)；

b、h——矩形截面的宽度和高度(m)；

φ——纵向弯曲系数；

I_m——受压构件惯性矩(m^4)；

A_m——受压构件截面面积(m^2)；

γ_0——安全系数，取值详见表3-6；

A_n——受压构件净截面面积(m^2)；

A_0——受压构件截面的计算面积(m^2)，原木时取中央截面，详见《木结构设计标准》(GB 50005—2017)；

f_c——调整后的抗压强度设计值。

γ_0取值表 表3-6

安全等级	一级	二级	三级	*
设计使用年限	≥100年	50年	5年(临时)	25年
γ_0	1.1	1.0	0.9	0.95

(5)构件长细比：$\lambda \leqslant 80$ 时，$\varphi = 1.02 - 0.55\left(\frac{\lambda+20}{100}\right)^2$。

例：采用尺寸0.15m×0.15m的方木，长度为3.4m，承受N=39.5kN的轴心压力，两端按铰接考虑，经强度调整后的轴心抗压强度值f_c = 11.0MPa。

代入数值计算：

$$i = h/\sqrt{12} = 0.0433\text{m}$$

$$\lambda = l_0/i = 3.4/0.0433 = 78.5 \leqslant 80$$

$$\varphi = 1.02 - 0.55\left(\frac{\lambda+20}{100}\right)^2 = 0.486$$

稳定性检算：

$$\frac{39.5}{0.15 \times 0.15 \times 0.486} = 3612.3\text{kPa} \leqslant f_c = 11.0\text{MPa}$$

稳定性系数为：11.0/3.612=3.05

满足稳定要求。

当木材品种明确时，可根据《木结构设计标准》(GB 50005—2017)进行准确计算。

3.2.7 喷射混凝土与钢架受力分担比例探讨

荷载-结构法对初期支护结构进行计算时，只能计算出喷射混凝土和钢架组合结构的内力。为了准确地反映初期支护中喷射混凝土和钢架两种材料分担的内力，或者说是两种材料组合结构分担的内力比例，是一个重要的问题。

采用“等刚度转化”的方法，解决了由于初期支护设置钢架导致刚度增大，内力增加的问题。计算出内力后，如何检算喷射混凝土和钢架的受力强度是否满足要求，也是一个重要问题由于两者的强度不同，理论上讲，需要对喷射混凝土和钢架的内力进行分别检算，才能确定两者是否能满足要求。而为了检算两者强度是否满足要求，就需要获得两者各自的受力，以下对喷射混凝土与钢架内力的分担比例进行探讨。

第1假定：假定喷射混凝土和钢架在破坏前，均处于弹性受力状态。

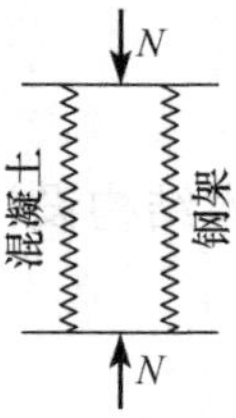

图3-11 喷射混凝土和钢架并联关系图示

1)轴力

喷射混凝土和钢架为并联关系，如图3-11所示。

第2假定：假定喷射混凝土与钢架紧密结合，共同变形。

喷射混凝土和钢架为并联的关系(以下参数中，混凝土用下角c表示，钢架用下角s表示)：

$$\Delta l = \Delta l_s = \Delta l_c \tag{3-21}$$

式中：Δl ——变形量；

Δl_s——钢架变形量；

Δl_c——混凝土变形量。

喷射混凝土和钢架均换算为纵向间距1.0m计算，混凝土和钢架并联后EA等价$E_{eq}A_{eq}$：

$$\begin{cases}\Delta l = \dfrac{N \cdot l}{E_{eq}A_{eq}} \\ \Delta l_s = \dfrac{N_s \cdot l \cdot e}{E_sA_s} \\ \Delta l_c = \dfrac{N_c \cdot l}{E_cA_c} \\ \Delta l = \Delta l_s = \Delta l_c \\ N_c + N_s = N\end{cases} \Rightarrow \begin{cases} E_{eq}A_{eq} = \dfrac{E_sA_s}{e} + E_cA_c \\ \dfrac{\Delta l}{l} = \dfrac{N}{E_{eq}A_{eq}} = \dfrac{N}{\dfrac{E_sA_s}{e} + E_cA_c} \\ N_c = \dfrac{\Delta l}{l}E_cA_c = \dfrac{NE_cA_c}{\dfrac{E_sA_s}{e} + E_cA_c} \\ N_s = \dfrac{\Delta l}{l}\dfrac{E_sA_s}{e} = \dfrac{N\dfrac{E_sA_s}{e}}{\dfrac{E_sA_s}{e} + E_cA_c}\end{cases} \tag{3-22}$$

式中：e——钢架间距，换算为纵向每米的数值；

l——计算单元长度；

其余符号意义同前。

第3假定：截面厚度不变。采用喷射混凝土的截面面积，即 $A_{eq} = A_c$，只对弹性模量进行等效转化，得到：

$$E_{eq} = \frac{E_sA_s}{eA_c} + E_c \tag{3-23}$$

喷射混凝土和钢架的轴力分担计算结论如下：

$$N_c = \frac{E_c}{E_{eq}} \times N \tag{3-24}$$

$$N_s = \frac{E_sA_se}{E_{eq}A_c} \times N \tag{3-25}$$

2）剪力

初期支护如果局部变形大，或者与围岩支点形成点接触时，可能导致局部存在较大的剪切力，剪切力一般由钢架和喷射混凝土共同承担。发生剪切破坏时，认为钢架和喷射混凝土同时达到承载能力。当然，实际情况下，因为在钢架局部位置由于钢架的刚度增大，导致钢架局部应力集中，实际受力可能较理论计算值大，可通过现场测试，得出相应围岩地质条件下的调整系数，进行更准确地计算。

剪力分配按两者的抗剪强度进行分担，计算如下：

$$V_c = \frac{[V_c]}{[V_c] + [V_s]} \times V \tag{3-26}$$

$$V_s = \frac{[V_s]}{[V_c] + [V_s]} \times V \tag{3-27}$$

$$[V_c] = 0.07R_abh_0 \tag{3-28}$$

$$[V_s] = \frac{f_vIt_w}{S} \tag{3-29}$$

$$
\begin{cases} V_s = \dfrac{\tau_s \cdot A_s}{e} \\ V_c = \tau_c \cdot A_c \\ V = V_c + V_s \end{cases} \Rightarrow \begin{cases} V_c = \dfrac{\tau_c A_c}{\tau_s \cdot \dfrac{A_s}{e} + \tau_c A_c} \\ V_s = \dfrac{\tau_s \cdot \dfrac{A_s}{e}}{\tau_s \cdot \dfrac{A_s}{e} + \tau_c A_c} \end{cases} \tag{3-30}
$$

上述式中：$[V_c]$——喷射混凝土的抗剪强度；

$[V_s]$——钢架的抗剪强度；

f_v——钢材的抗剪强度设计值，当钢材厚度 $t \leqslant 16$mm 时，Q235 钢取 125N/mm^2，Q345 钢取 175N/mm^2，其他参数详见《钢结构设计标准》(GB 50017—2017)；

τ_s——钢架受到的剪应力(MPa)；

τ_c——初期支护混凝土受到的剪应力(MPa)；

I——钢架的毛截面惯性矩(mm^2)；

t_w——构件的腹板厚度(mm)；

S——毛截面对中和轴的面积矩(mm^3)。

3)弯矩

第 4 假定：对计算中的单元两端约束简化为铰约束。因此，$M \propto 1/EI$。

假设其弯矩产生的挠变形为 ω，比例系数为 η，混凝土和钢架并联后 EI 等价 $E_{eq}I_{eq}$。

注：实际初期支护设计时，钢架与喷混凝土中线并不在同一位置，一般情况下，钢架稍微偏内侧。

$$
\begin{cases} \omega = \eta \dfrac{M}{E_{eq}J_{eq}} \\ \omega_s = \eta \dfrac{M_s e}{E_s J_s} \\ \omega_c = \eta \dfrac{M_c}{E_c J_c} \\ M = M_s + M_c \\ \omega = \omega_s = \omega_c \end{cases} \Rightarrow \begin{cases} E_{eq}J_{eq} = \dfrac{E_s J_s}{e} + E_c J_c \\ \dfrac{\omega}{\eta} = \dfrac{M}{E_{eq}J_{eq}} \\ M_s = \dfrac{\omega_s}{\eta} E_s J_s e = \dfrac{M}{\dfrac{E_s J_s}{e} + E_c J_c} \dfrac{E_s J_s}{e} \\ M_c = \dfrac{\omega_c}{\eta} E_c J_c = \dfrac{M}{\dfrac{E_s J_s}{e} + E_c J_c} E_c J_c \end{cases} \tag{3-31}
$$

式中：ω——梁单元由弯矩引起的挠度变形；

ω_s、ω_c——梁单元中钢架和混凝土的挠度变形；

J——考虑中心偏移后的惯性矩。

但在实际施工，如果偏移量不大时，在这里进行简化，按在中线位置考虑，实际上，这个影响非常小，可以忽略。将上式中的 J 变成 I(惯性矩均按中线对称位置进行计算)，因此上式转化为：

$$E_{eq}I_{eq}=\frac{E_sI_s}{e}+E_cI_c \tag{3-32}$$

$$M_s=\frac{\omega_s}{\eta}E_sI_se=\frac{M}{\frac{E_sI_s}{e}+E_cI_c}\frac{E_sI_s}{e} \tag{3-33}$$

$$M_c=\frac{\omega_c}{\eta}E_cI_c=\frac{M}{\frac{E_sI_s}{e}+E_cI_c}E_cI_c \tag{3-34}$$

按照截面厚度不变假定,采用喷混凝土的截面面积,则 $I_{eq}=I_c$,对弹性模量进行等效转化:

$$E_{eq}=\frac{E_sI_s}{eI_c}+E_c \tag{3-35}$$

计算中,可按喷混凝土截面面积进行计算,但在刚度上进行相应的转化,同时,计算出的内力为喷混凝土和钢架共同作用的结果。如需分别计算喷混凝土和钢架的内力时,可按上式推导其结果。

采用截面厚度不变假定,即 $I_{eq}=I_c$ 时,喷混凝土和钢架的弯矩分担计算结论如下:

$$M_s=\frac{E_s\frac{I_s}{e}}{I_cE_{eq}}M \tag{3-36}$$

$$M_c=\frac{E_cI_c}{I_cE_{eq}}M \tag{3-37}$$

根据喷混凝土和钢架的弯矩分担比例,可分别计算出混凝土和钢架的弯矩,从而检算能否满足自身材料要求。

3.3 二次衬砌计算

3.3.1 一般规定

(1)复合式衬砌的二次衬砌应按主要承载结构设计,其设计参数可采用工程类比法确定,并应通过理论验算。

(2)在不良地质条件下,初期支护未基本稳定就施作的二次衬砌尚应考虑承受大部分土压力及后期形变压力。二次衬砌设计应考虑在长期使用过程中,因初期支护材料性能退化和刚度下降时,外部荷载向二次衬砌的转移产生的内力重分布。

(3)计算中考虑复合式衬砌背后回填密实,考虑仰拱与衬砌共同作用,计算均假定衬砌背后围岩能提供径向弹性抗力。

3.3.2 深埋隧道二次衬砌荷载分担比例

复合式衬砌结构二次衬砌计算的荷载分担比例，对计算结果的影响比较大，是二次衬砌计算时一个非常重要的问题。

关于围岩二次衬砌结构承担荷载比例的问题，有着不同的看法，难于准确定量。有观点认为初期支护仅作为临时支护，耐久性差，时间长了以后，其作用完全丧失，故二次衬砌应承担全部荷载。也有观点认为，地下结构本身的设计理论就是靠围岩和支护结构共同承担荷载，即使完全不考虑初期支护的作用，二次衬砌也不应该承担全部的围岩压力。

铁路隧道相关规范中对不同围岩等级未明确说明二次衬砌的荷载分担比例，但是在参考图编制说明中有相关的规定：Ⅰ～Ⅲ级围岩二次衬砌作为安全储备，通常按承受荷载的30%检算；Ⅳ～Ⅵ级围岩二次衬砌，按承载结构设计，按承受荷载的50%～70%检算，得出荷载与结构安全系数。

《公路隧道设计规范　第一册　土建工程》（JTG 3370.1—2018）中对不同围岩等级有着明确的二次衬砌的荷载分担比例。第9.2.5条及条文说明中规定：对于两车道、三车道隧道，Ⅰ～Ⅲ级围岩具有较强的自稳能力，二次衬砌作为安全储备；Ⅳ～Ⅵ级围岩为承载结构，可采用地层结构模型计算内力和变形。

初期支护验算采用地层结构模型有限元法计算时，可通过对释放荷载设置释放系数控制初期支护的受力，以使初期支护和二次衬砌能按较为合理的分担比例共同承受荷载释放的作用，具体分担比例可参考表3-7选定。

两车道公路隧道规范释放荷载初期支护与二次衬砌的分担比例表　　表3-7

围岩级别	围岩+初期支护	二次衬砌
Ⅳ	60%～80%	40%～20%
Ⅴ	20%～40%	80%～60%

围岩地质条件较好时，初期支护取大值，二次衬砌取小值；围岩地质条件差时，反之。

施工阶段二次衬砌未施作，对围岩及初期支护共同承受释放荷载作用的验算，其分担比例比表3-7中值大，最大可达100%。

综合以上各种规定，计算时建议：

（1）公路隧道工程应用计算时：两车道、三车道隧道，Ⅰ～Ⅲ级围岩二次衬砌作为安全储备，厚度满足构造要求，可不计算，如特别有计算要求时，可采用围岩压力的30%进行加载；Ⅳ～Ⅴ级围岩二次衬砌按承担围岩压力的70%进行加载计算；Ⅵ级围岩条件非常差，建议不考虑围岩自身的承载作用，围岩压力按100%加载。

（2）铁路隧道工程应用计算时：Ⅰ～Ⅲ级围岩二次衬砌作为安全储备，厚度满足构造要求的同时，可采用围岩压力的30%进行加载；Ⅳ～Ⅴ级围岩二次衬砌按承担围岩压力的50%～70%进行加载计算（石质隧道取小值，土质隧道取大值，也可根据实际情况按100%加载计算）；Ⅵ级围岩二次衬砌建议不考虑围岩自身的承载作用，围岩压力按100%加载。

（3）特殊地层条件如膨胀性围岩、挤压大变形围岩地质条件下，应根据膨胀力等荷载计算情况进行加载。特殊大跨度隧道宜根据实际地质情况,必要时围岩压力按100%加载。隧道跨度较大时,需要根据隧道实际地质情况计算围岩压力。

(4)地铁隧道工程应用计算时:由于埋深一般比较小,地层也以土质地层为主,一般为Ⅳ、Ⅴ级围岩,二次衬砌计算时,浅埋情况下可按浅埋荷载公式进行计算,深埋情况下,可参考铁路隧道荷载分担比例进行加载。

(5)锚杆作用在计算中如何考虑:荷载-结构法计算无法考虑锚杆的作用。采用地层模型法计算时,鉴于现状,并参照以往的经验,计算时一般令内摩擦角 φ 保持不变,将黏聚力 c 值提高20%~30%,来体现锚杆的作用。实际计算时,对Ⅳ级围岩取小值,Ⅴ级围岩取大值。

3.3.3 二次衬砌计算中应注意的问题

(1)二次衬砌结构计算时一般直接采用地层的弹性抗力系数,不考虑支护垫层的作用,往往将其作为安全储备。

(2)地层通过支护层将其约束作用于二次衬砌上,其作用效果显然与洞室大小、形状、支护混凝土厚度与强度等因素有关,但难以找到某种解析表达式或者处理方法,初期支护对二次衬砌计算时的抗力增加程度也没有一个标准的说法,详细计算时有待进一步研究,或者直接作为安全储备,不考虑其有利的作用。

3.3.4 纯弯构件截面强度检算

二次衬砌计算得到内力以后,需要对截面进行检算,以确定截面的配筋,或者根据配筋计算安全系数。本节主要对受弯构件截面强度的计算公式的用法进行推导,便于应用。

1)受压区为矩形截面的双筋受弯构件正截面强度计算

图3-12为矩形截面受弯构件截面强度计算简图。

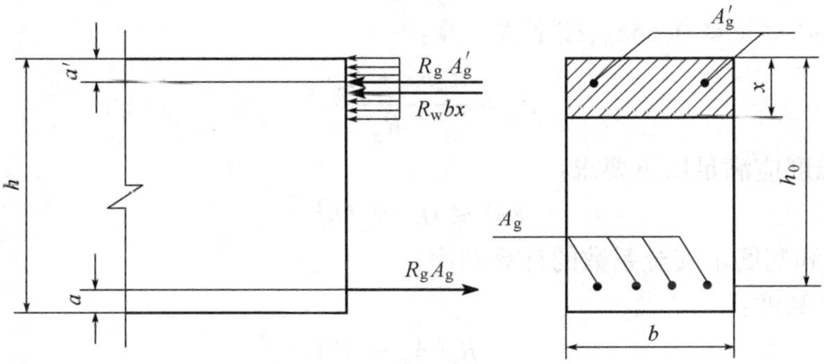

图3-12 矩形截面受弯构件截面强度计算简图

(1)基本计算公式

$$KM \leqslant R_w bx\left(h_0 - \frac{x}{2}\right) + R_g A_g'(h_0 - a') \tag{3-38}$$

中性轴位置按下式计算。

$$R_w bx = R_g(A_g - A'_g) \tag{3-39}$$

采用上式计算时,混凝土受压区高度应符合下式的要求:

$$x \leqslant 0.55h_0 \tag{3-40}$$

$$x \geqslant 2a' \tag{3-41}$$

考虑受压钢筋时,截面强度同时应符合下式的要求:

$$KM \leqslant 0.5R_w bh_0^2 \tag{3-42}$$

上述式中:K——安全系数;

M——弯矩设计值(kN·m);

R_w——混凝土弯曲抗压极限强度(MPa),$R_w = 1.25R_a$,R_a为混凝土抗压强度;

R_g——钢筋抗拉或抗压强度(MPa);

A_g、A'_g——受拉、受压钢筋的截面面积(mm^2);

h_0——截面的有效高度(mm),$h_0 = h - a$;

a、a'——受拉、受压钢筋的重心分别至截面最近边缘的距离(mm);

h——截面高度(mm);

b——矩形截面的宽度(mm)。

(2)由弯矩和受压区配筋求受拉区配筋的计算顺序

$$x = h_0 - \sqrt{h_0^2 - \frac{2[KM - R_g A'_g(h_0 - a')]}{R_w b}} \tag{3-43}$$

如果求得的$x > 0.55h_0$,说明截面高度偏小,则应加大h_0,或增加受压钢筋。

如果求得$x < 2a'$,则按下式求解:

$$A_g = \frac{KM}{R_g(h_0 - a')} \tag{3-44}$$

当求得的$2a' \leqslant x \leqslant 0.55h_0$,按下式计算:

$$A_g = \frac{R_w bx + R_g A'_g}{R_g} \tag{3-45}$$

同时截面强度应满足以下要求:

$$KM \leqslant 0.5R_w bh_0^2 \tag{3-46}$$

(3)由弯矩和配筋求安全系数的计算顺序

计算受压区高度:

$$x = \frac{R_g(A_g - A'_g)}{R_w b} \tag{3-47}$$

如果求得的$x > 0.55h_0$,说明截面高度偏小,则应加大h_0,或增加受压钢筋。

如果求得$x < 2a'$,则(同不考虑受压钢筋计算结果):

$$K = \frac{R_g A_g(h_0 - a')}{M} \tag{3-48}$$

当求得的$2a' \leqslant x \leqslant 0.55h_0$,按下式计算:

$$K=\frac{R_{w}bx\left(h_{0}-\frac{x}{2}\right)+R_{g}A'_{g}(h_{0}-a')}{M} \tag{3-49}$$

以上公式中符号意义同前。

截面受剪计算及最小截面要求可参考相应行业的设计规范进行,后文不再赘述。

2)受压区为矩形截面的单筋受弯构件正截面强度计算

(1)基本计算公式

$$KM \leqslant R_{W}bx\left(h_{0}-\frac{x}{2}\right) \tag{3-50}$$

式中符号意义同前,以下同。

中性轴位置按下式计算:

$$R_{w}bx=R_{g}A_{g} \tag{3-51}$$

采用上式计算时,混凝土受压区高度应符合下式的要求:

$$x \leqslant 0.55h_{0} \tag{3-52}$$

(2)由弯矩求受拉区配筋的计算顺序

$$x=h_{0}-\sqrt{h_{0}^{2}-\frac{2KM}{R_{w}b}} \tag{3-53}$$

如果求得的 $x>0.55h_{0}$,说明截面高度偏小,则应加大 h_{0}。

当求得的 $x\leqslant 0.55h_{0}$,按下式计算:

$$A_{g}=\frac{R_{w}bx}{R_{g}} \tag{3-54}$$

(3)由弯矩和配筋求安全系数的计算顺序

计算受压区高度:

$$x=\frac{R_{g}A_{g}}{R_{w}b} \tag{3-55}$$

如果求得的 $x>0.55h_{0}$,说明截面高度偏小,则应加大 h_{0}。

当求得的 $x\leqslant 0.55h_{0}$,按下式计算:

$$K=R_{w}bx\frac{h_{0}-\frac{x}{2}}{M} \tag{3-56}$$

3)受压区为T形截面的双筋受弯构件正截面强度计算

图3-13为T形截面受弯构件截面强度计算简图。

(1)基本计算公式

$$KM \leqslant R_{w}\left[bx\left(h_{0}-\frac{x}{2}\right)+0.8(b'_{f}-b)h'_{f}\left(h_{0}-\frac{h'_{f}}{2}\right)\right]+R_{g}A'_{g}(h_{0}-a') \tag{3-57}$$

中性轴位置按下式计算:

$$R_{w}[bx+0.8(b'_{f}-b)h'_{f}]=R_{g}(A_{g}-A'_{g}) \tag{3-58}$$

采用上式计算时,混凝土受压区高度应符合下式的要求:

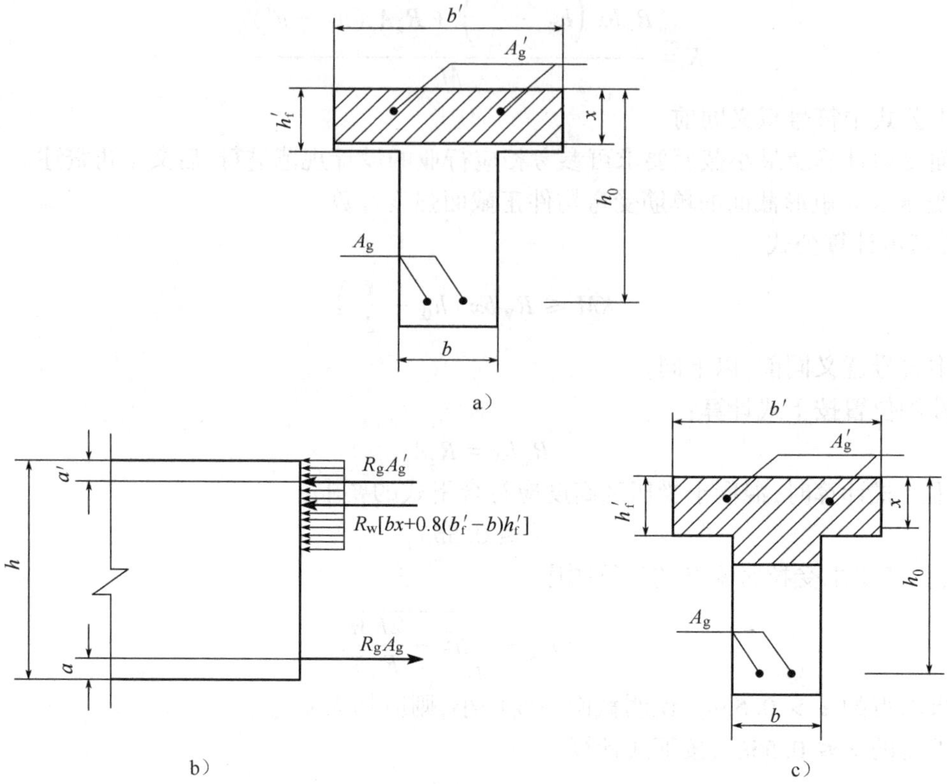

图 3-13　T 形截面受弯构件截面强度计算简图

$$x \leqslant 0.55h_0 \tag{3-59}$$

$$x \geqslant 2a' \tag{3-60}$$

考虑受压钢筋时，截面强度同时应符合下式的要求：

$$KM \leqslant 0.5R_w bh_0^2 \tag{3-61}$$

以上式中：h_f' ——T 形截面受压区翼缘高度(mm)，按表 3-8 中的最小值选取；

b_f' ——T 形截面受压区翼缘计算宽度(mm)；

其余符号意义同前。

T 形截面受压翼缘宽度取值　　表 3-8

序号	考虑情况	肋形梁	独立梁
1	按跨度 l	$l/3$	$l/3$
2	按梁肋净距 l	$b+s$	—
3	按翼缘高度 $h_f'(h_f'/h_0 \geqslant 0.1)$	—	$b+12h_f'$

注：隧道结构中 T 形截面极少采用。

(2)由弯矩和受压区配筋求受拉区配筋的计算顺序

令：

$$M_1 = R_w 0.8(b_f' - b)h_f'\left(h_0 - \frac{h_f'}{2}\right) \tag{3-62}$$

当 $R_w bh'_f + 0.8R_w(b'_f - b)h'_f + R_g A'_g > R_g A_g$，应按宽度为 b'_f 的矩形截面计算。

当 $R_w bh'_f + 0.8R_w(b'_f - b)h'_f + R_g A'_g \leqslant R_g A_g$，应按 T 形截面计算。

$$x = \frac{R_g A_g - R_w h h'_f + 0.8R_w(b'_f - b)h'_f + R_g A'_g}{R_w b} \tag{3-63}$$

如果求得的 $x > 0.55h_0$，说明截面高度偏小，则应加大 h_0，或增加受压钢筋。

如果求得 $x < 2a'$，则按下式求解：

$$A_g = \frac{R_w bx + 0.8R_w(b'_f - b)h'_f}{R_g} \tag{3-64}$$

当求得的 $2a' \leqslant x \leqslant 0.55h_0$，按下式计算：

$$A_g = \frac{R_w bx + 0.8R_w(b'_f - b)h'_f}{R_g} + A'_g \tag{3-65}$$

同时截面强度应满足以下要求：

$$KM \leqslant 0.5R_w bh_0^2 \tag{3-66}$$

(3)由弯矩和配筋求安全系数的计算顺序

计算受压区高度：

$$x = \frac{R_g(A_g - A'_g) - 0.8R_w(b'_f - b)h'_f}{R_w b} \tag{3-67}$$

如果求得 $x > 0.55h_0$，则应加大 h_0，或增加受压钢筋。

如果求得 $x < 2a'$，则(同不考虑受压钢筋计算结果)：

$$KM = R_w\left[bx\left(h_0 - \frac{x}{2}\right) + 0.8(b'_f - b)h'_f\left(h_0 - \frac{h'_f}{2}\right)\right] \tag{3-68}$$

当求得的 $2a' \leqslant x \leqslant 0.55h_0$，按下式计算：

$$KM = R_w\left[bx\left(h_0 - \frac{x}{2}\right) + 0.8(b'_f - b)h'_f\left(h_0 - \frac{h'_f}{2}\right)\right] + R_g A'_g(h_0 - a') \tag{3-69}$$

4)受压区为 T 形截面的单筋受弯构件正截面强度计算

(1)基本计算公式

$$KM \leqslant R_w\left[bx\left(h_0 - \frac{x}{2}\right) + 0.8(b'_f - b)h'_f\left(h_0 - \frac{h'_f}{2}\right)\right] \tag{3-70}$$

式中符号意义同前。

中性轴位置按下式计算：

$$R_w[bx + 0.8(b'_f - b)h'_f] = R_g A_g \tag{3-71}$$

采用上式计算时，混凝土受压区高度应符合下式的要求：

$$x \leqslant 0.55h_0 \tag{3-72}$$

$$x \geqslant 2a' \tag{3-73}$$

(2)由弯矩求受拉区配筋的计算顺序

令：

$$M_1 = R_w 0.8(b'_f - b)h'_f\left(h_0 - \frac{h'_f}{2}\right) \tag{3-74}$$

当 $R_w bh'_f + 0.8R_w(b'_f - b)h'_f > R_g A_g$，应按宽度为 b'_f 的矩形截面计算。

当 $R_w bh'_f + 0.8R_w(b'_f - b)h'_f \leqslant R_g A_g$，应按T形截面计算。

$$x = h_0 - \sqrt{h_0^2 - \frac{2[KM - M_1]}{R_w b}} \tag{3-75}$$

如果求得的 $x > 0.55h_0$，说明截面高度偏小，则应加大 h_0，或增加受压钢筋。

当求得的 $x \leqslant 0.55h_0$，按下式计算：

$$A_g = \frac{R_w bx + 0.8R_w(b'_f - b)h'_f}{R_g} \tag{3-76}$$

(3)由弯矩和配筋求安全系数的计算顺序

计算受压区高度：

$$x = \frac{R_g A_g - 0.8R_w(b'_f - b)h'_f}{R_w b} \tag{3-77}$$

如果求得 $x > 0.55h_0$，说明截面偏小，应加大 h_0。

当求得的 $x \leqslant 0.55h_0$，按下式计算：

$$KM = R_w\left[bx\left(h_0 - \frac{x}{2}\right) + 0.8(b'_f - b)h'_f\left(h_0 - \frac{h'_f}{2}\right)\right] \tag{3-78}$$

5)矩形及T形截面斜截面强度计算

当符合下式要求时，可不进行斜截面抗剪强度计算，而仅需要按照构造要求配置箍筋。

$$KQ \leqslant 0.07R_a bh \tag{3-79}$$

(1)不配置箍筋

$$KQ \leqslant 0.3R_a bh_0 \tag{3-80}$$

式中：Q ——剪力设计值(N)；

b ——矩形截面宽度或T形截面的肋宽(mm)。

(2)仅配置箍筋时

$$KQ \leqslant 0.07R_a bh_0 + \alpha_{kh} R_g \frac{A_k}{s} h_0 \tag{3-81}$$

式中：α_{kh} ——抗剪强度影响系数，应按下列规定选取；当 $KQ/bh_0 \leqslant 0.2R_a$ 时，$\alpha_{kh} = 2.0$；当 $KQ/bh_0 \leqslant 0.3R_a$ 时，$\alpha_{kh} = 1.5$；中间内插取值。

b ——矩形截面宽度或T形截面的肋宽(mm)。

A_k ——配置在同一截面内箍筋各肢的截面面积(mm^2)，$A_k = na_k$，n 为同一截面内箍筋的肢数，a_k 为单肢箍筋的截面面积(mm^2)。

s ——箍筋肢距(mm)。

R_g ——箍筋抗拉设计强度(MPa)。

(3)同时设置箍筋和弯起钢筋时

$$KQ \leqslant 0.07R_a bh_0 + \alpha_{kh} R_g \frac{A_k}{s} h_0 + 0.8R_g A_w \sin\theta \tag{3-82}$$

式中：Q——配置弯起钢筋处的剪力(N)；

A_w——配置在同一弯起平面内的弯起钢筋的截面面积(mm^2)；

θ——弯起钢筋与构件纵向轴线的夹角(°)。

3.3.5 矩形截面压弯构件强度检算

1)矩形双筋截面受压构件计算

$$e_0 = \eta \frac{M}{N} \tag{3-83}$$

$$e_a = \max\left[20, \frac{\max(b,h)}{30}\right] \tag{3-84}$$

$$e_i = e_0 + e_a \tag{3-85}$$

$$\eta = \frac{1}{1 - \frac{KN}{10\alpha E_h I_0}H^2} \tag{3-86}$$

$$\alpha = \begin{cases} 0.26 & (e_0/h \geq 1.0) \\ 0.12/(0.3 + e_0/h) + 0.17 & (e_0/h < 1.0) \end{cases} \tag{3-87}$$

式中：η——考虑 P-δ 挠曲二阶效应的偏心距增大系数；

E_h——混凝土受压弹性模量(MPa)；

I_0——混凝土全截面(包括钢筋)的换算截面惯性矩(mm^4)；

e_0——检算截面偏心距(mm)；

e_a——附加偏心距(mm)；

e_i——初始偏心距(mm)；

α——与偏心距有关的系数。

对于隧道衬砌、明洞拱圈和墙背紧密回填的明洞边墙，以及当构件高度与弯矩平面内的截面边长之比 $H/h \leq 8$ 时，可取 $\eta = 1.0$。

偏心受压矩形构件，除应计算弯矩平面的强度外，尚应按照轴心受压构件检算垂直于弯矩平面的强度。此时，可不考虑弯矩的作用，但应按表 3-9 考虑纵向弯曲系数的影响。

钢筋混凝土构件的纵向弯曲系数 表 3-9

H/h	≤8	10	12	14	16	18	20	22	24	26	28	30
纵向弯曲系数 η	1.00	0.98	0.95	0.92	0.87	0.81	0.75	0.70	0.65	0.60	0.56	0.52

(1)大偏心受压构件($x \leq 0.55h_0$)的计算

图 3-14 所示为大偏心受压构件计算简图。

$$KN \leq R_w bx + R_g(A'_g - A_g) \tag{3-88}$$

或

$$KNe \leq R_w bx\left(h_0 - \frac{x}{2}\right) + R_g A'_g(h_0 - a') \tag{3-89}$$

此时，中性轴的位置按下式确定：

$$R_g(A_g e \mp A'_g e') = R_w bx\left(e - h_0 + \frac{x}{2}\right) \tag{3-90}$$

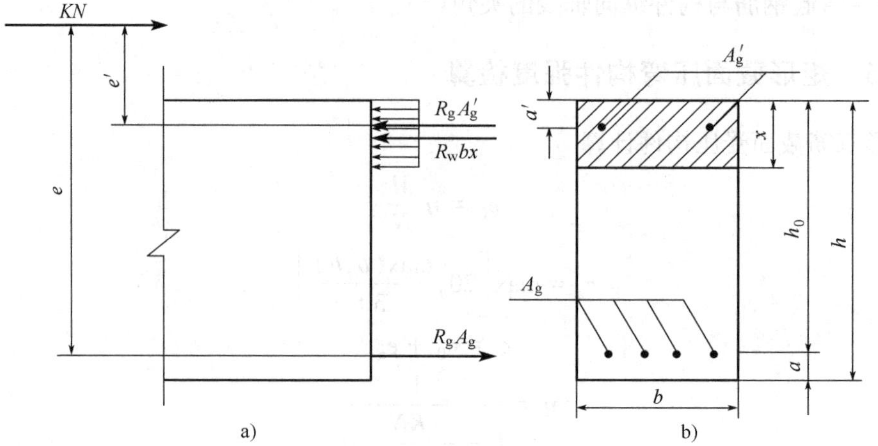

图 3-14　大偏心受压构件强度计算简图

当轴向力 N 作用于钢筋 A_g 和 A'_g 的重心之间时，上式中的左边第二项取正号；当轴向力 N 作用于钢筋 A_g 和 A'_g 的重心之外时，则取负号。

如果计算中考虑受压钢筋时，则混凝土受压区的高度应符合 $x \geqslant 2a'$ 的要求。如不符合，则按下式计算：

$$KNe' \leqslant R_w A_g(h_0 - a') \tag{3-91}$$

当按上式计算求得的构件截面强度比不考虑受压钢筋更小时，则计算中不应考虑受压钢筋作用。

(2)小偏心受压构件($x > 0.55h_0$)的计算

图 3-15 所示为小偏心受压构件的强度计算简图。

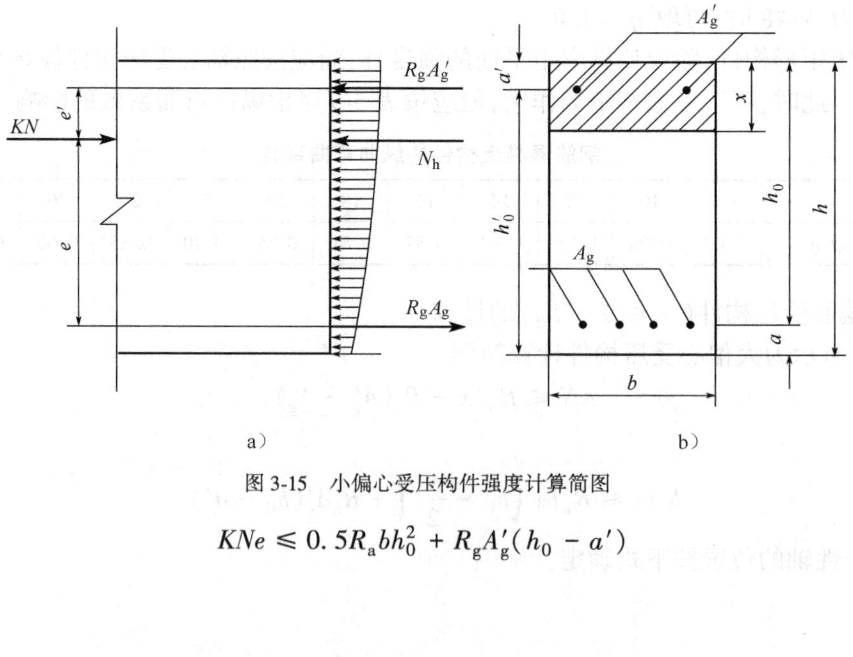

图 3-15　小偏心受压构件强度计算简图

$$KNe \leqslant 0.5R_a bh_0^2 + R_g A'_g(h_0 - a') \tag{3-92}$$

当轴向力作用于钢筋的重心之间，尚应符合下列要求：

$$KNe' \leqslant 0.5R_a bh_0'^2 + R_g A_g(h_0' - a) \tag{3-93}$$

上述式中：K——安全系数。

N——轴向力(N)。

b——截面的宽度(mm)。

h_0——截面的有效高度(mm)，$h_0 = h - a$。

h_0'——截面的有效高度(mm)，$h_0' = h - a'$。

h——截面的厚度(mm)。

e、e'——轴向力作用点到钢筋 A_g、A_g' 重心的距离(mm)，$e = e_i + 0.5h - a$。当 KN 作用在钢筋 A_g 和 A_g' 的重心之外时，$e' = e_i - 0.5h + a'$；当 KN 作用在钢筋 A_g 和 A'_g 的重心之间时，$e' = 0.5h - e_i - a'$。

a、a'——自 A_g 和 A_g' 钢筋的重心分别至截面最近边缘的距离(mm)。

R_w——混凝土的弯曲抗压极限强度(MPa)。

R_a——混凝土的抗压极限强度(MPa)。

R_g——钢筋的抗拉或抗压计算强度(MPa)。

A_g——纵向受拉钢筋的截面积(mm^2)，在小偏心受压构件中，为距轴力较远一边钢筋的截面积，在偏心受拉构件中，为距轴力较近一边钢筋的截面积。

A_g'——纵向受压钢筋的截面积(mm^2)，在小偏心受压构件中，为距轴力较近一边钢筋的截面积，在偏心受拉构件中，为距轴力较远一边钢筋的截面积。

2）配筋的计算

(1)大小偏压判断。

根据隧道规范相关规定，目前设计中主筋一般采用HRB400级钢筋。

当混凝土强度等级≤C50，主筋为HRB400钢筋时，$\xi_b = 0.518$；当混凝土强度等级≤C50，主筋为HRB335钢筋时，$\xi_b = 0.550$。

①当满足下式条件时，为大偏压；反之为小偏压。

$$KN \leqslant R_w b\xi_b h_0 + R_g(A_g' - A_g) \text{ 或 } KNe \leqslant R_w b\xi_b h_0^2(1 - 0.5\xi_b) + R_g A_g'(h_0 - a')$$

②采用 e_{0b} 判定：

$$N_b = R_w b\xi_b h_0 + R_g(A_g' - A_g) \tag{3-94}$$

$$M_b = 0.5R_w b\xi_b h_0(h - \xi_b h_0) + R_g A_g'(h_0 - a')(0.5h - a) \tag{3-95}$$

$$e_{0b} = \frac{M_b}{N_b} \tag{3-96}$$

$$e_i = e_0 + e_a \tag{3-97}$$

大偏压：$e_i > e_{0b,min}$ 且 $N \leqslant N_b$；

小偏压：$e_i < e_{0b,min}$，或 $e_i > e_{0b,min}$ 且 $N > N_b$。

③近似判断：$e_i > 0.3h_0$ 时：先按大偏压，计算 $\xi \leqslant \xi_b$ 时，为大偏压。

$e_i \leqslant 0.3h_0$ 时：先按小偏压，计算 $\xi > \xi_b$ 时，为小偏压。

④试算法：先假设大偏压，计算 ξ，当 $\xi \leqslant \xi_b$ 时，为大偏压；当 $\xi > \xi_b$ 时，为小偏压。

(2)大偏心受压，非对称配筋，已知 N、M、A_g' 时求 A_g 的方法。

此时得到：

$$x = h_0 - \sqrt{h_0^2 - \frac{2[KNe - R_g A_g'(h_0 - a')]}{R_w b}} \tag{3-98}$$

当 $x > 2a'$ 时，可按下式计算：

$$A_g = \frac{R_w bx - KN}{R_g} + A_g' \tag{3-99}$$

当 $x \leqslant 2a'$ 时，按下式计算：

$$A_g = \frac{KNe'}{R_g(h_0 - a')} \tag{3-100}$$

其中 A_g' 可先按最小配筋率确定，根据需要适当调整。

(3)小偏心受压，非对称配筋，已知 N、M 时求 A_g、A_g' 的方法。

①当 KN 作用在钢筋 A_g 和 A_g' 的重心之外时：

$$A_g' = \frac{KNe - 0.5R_a bh_0^2}{R_g(h_0 - a')} \tag{3-101}$$

此时 A_g 根据经验配筋即可。

②当 KN 作用在钢筋 A_g 和 A_g' 的重心之间时：

$$A_g' = \frac{KNe - 0.5R_a bh_0^2}{R_g(h_0 - a')} \tag{3-102}$$

$$A_g = \frac{KNe' - 0.5R_a bh_0'^2}{R_g(h_0' - a')} \tag{3-103}$$

(4)大偏心受压，对称配筋，已知 N、M 时求 A_g、A_g' 的方法。

$$x = \frac{KN}{R_w b} \tag{3-104}$$

当 $x > 2a'$ 时，可按下式计算：

$$A_g = A_g' = \frac{KNe - R_w bx\left(h_0 - \dfrac{x}{2}\right)}{R_g(h_0 - a')} \tag{3-105}$$

当 $x \leqslant 2a'$ 时，按下式计算：

$$A_g = A_g' = \frac{KNe'}{R_g(h_0 - a')} \tag{3-106}$$

(5)小偏心受压，对称配筋，已知 N、M 时求 A_g、A_g' 的方法。

①当 KN 作用在钢筋 A_g 和 A_g' 的重心之外时：

$$A_g = A'_g = \frac{KNe' - 0.5R_a bh_0^2}{R_g(h_0 - a')} \tag{3-107}$$

②当 KN 作用在钢筋 A_g 和 A'_g 的重心之间时，取以下两式的大值。

$$A_g = A'_g = \frac{KNe - 0.5R_a bh_0^2}{R_g(h_0 - a')} \tag{3-108}$$

$$A_g = A'_g = \frac{KNe' - 0.5R_a bh'^2_0}{R_g(h'_0 - a)} \tag{3-109}$$

3)安全系数的计算步骤

(1)大偏心受压，非对称配筋，已知 N、M、A_g、A'_g 时安全系数计算。

根据大偏心中性轴位置 $R_g(A_g e \mp A'_g e') = R_w bx(e - h_0 + x/2)$ 公式，求解一元二次方程得：

$$x = \frac{-R_w b(e - h_0) \pm \sqrt{[R_w b(e - h_0)]^2 - 4\frac{R_w b}{2}[-R_g(A_g e \mp A'_g e')]}}{R_w b}$$

$$= (h_0 - e) \pm \sqrt{(h_0 - e)^2 + \frac{2R_g(A_g e \mp A'_g e')}{R_w b}}$$

由于大偏心受压计算时，$e > h_0$、$x > 0$，故理论公式中的“ ± ”，实际工程计算时，应取“+”进行计算，即：

$$x = (h_0 - e) + \sqrt{(h_0 - e)^2 + \frac{2R_g(A_g e \mp A'_g e')}{R_w b}} \tag{3-110}$$

当 $x > 2a'$ 时，可按以下公式计算：

当 KN 作用在钢筋 A_g 和 A'_g 的重心之外时，“ ∓ ”取负号，当 KN 作用在钢筋 A_g 和 A'_g 的重心之间时，“ ∓ ”取正号。

代入求得：

$$K = \frac{R_w bx\left(h_0 - \frac{x}{2}\right) + R_g A'_g(h_0 - a')}{Ne} \tag{3-111}$$

或

$$K = \frac{R_w bx + R_g(A'_g - A_g)}{N} \tag{3-112}$$

当 $x \leqslant 2a'$ 时，应按下式计算：

$$K = \frac{R_g A_g(h_0 - a')}{Ne'} \tag{3-113}$$

(2)小偏心受压，非对称配筋，已知 N、M、A_g、A'_g 时安全系数计算。

当 KN 作用在钢筋 A_g 和 A'_g 的重心之间时，取以下两式的小值。

$$K_1=\frac{R_g A'_g(h_0-a')+0.5R_a bh_0^2}{Ne} \tag{3-114}$$

$$K_2=\frac{0.5R_a bh_0'^2+R_g A_g(h'_0-a)}{Ne'} \tag{3-115}$$

$$K=\min\{K_1,K_2\} \tag{3-116}$$

当 KN 作用在钢筋 A_g 和 A'_g 的重心之外时：

$$K=\frac{R_g A'_g(h_0-a')+0.5R_a bh'^2_0}{Ne} \tag{3-117}$$

(3)大偏心受压，对称配筋，已知 N、M、A_g、A'_g 时的安全系数计算。

$$x=\frac{KN}{R_w b} \tag{3-118}$$

当 $x>2a'$ 时，可按下式计算：

$$K=\frac{R_w bx}{N} \tag{3-119}$$

当 $x\leqslant 2a'$ 时，按下式计算：

$$K=\frac{R_g A_g(h'_0-a)}{Ne'} \tag{3-120}$$

(4)小偏心受压，对称配筋，已知 N、M、A_g、A'_g 时安全系数计算。

当 KN 作用在钢筋 A_g 和 A'_g 的重心之间时，取以下两式的小值。

$$K_1=\frac{0.5R_a bh_0^2+R_g A'_g(h_0-a')}{Ne} \tag{3-121}$$

$$K_2=\frac{0.5R_a bh'^2_0+R_g A_g(h'_0-a)}{Ne'} \tag{3-122}$$

$$K=\min(K_1,K_2) \tag{3-123}$$

当 KN 作用在钢筋 A_g 和 A'_g 的重心之外时：

$$K=\frac{0.5R_a bh_0^2+R_g A'_g(h_0-a')}{Ne} \tag{3-124}$$

计算时通常先假定隧道衬砌配筋，再根据配筋求安全系数。这种计算方法试算过程可控，计算较为简单，结果较为直观。

3.3.6 安全系数取值

隧道衬砌按破损阶段检算构件截面强度时，根据所受的不同荷载组合，在计算中应分别选用不同的安全系数，并不应小于表 3-10 所列数值。

钢筋混凝土衬砌结构的强度安全系数　　表 3-10

破坏原因	荷载组合	
	主要荷载	主要荷载+附加荷载
钢筋达到计算强度或混凝土达到抗压或抗剪极限强度	2.0	1.7
混凝土达到抗拉极限强度(主拉应力)	2.4	2.0

3.3.7 裂缝宽度验算

根据《铁路隧规》钢筋混凝土受弯和偏心受压构件,在长期荷载作用下,最大裂缝宽度 ω_{max} 计算步骤如下:

(1)对于偏心受压构件,当 $e_0 \leq 0.55h_0$ 时,可不验算裂缝宽度。

$$e_0 = \frac{M}{N} \tag{3-125}$$

式中:e_0——初始偏心距(mm);

M——计算弯矩值(N·mm);

N——计算轴力值(N)。

(2)按有效受拉混凝土截面面积计算纵向受拉钢筋配筋率 ρ_{te}

$$\rho_{te} = \frac{A_s}{A_{te}} \tag{3-126}$$

式中:A_s——受拉区纵筋截面面积(mm);

A_{te}——有效受拉混凝土截面面积(mm^2),对受弯、偏心受压和偏心受拉构件取 $A_{te} = 0.5bh + (b_f - b)h_f$,$b_f$、$h_f$ 为受拉翼缘的宽度、高度。

当 $\rho_{te} < 0.01$ 时,取 $\rho_{te} = 0.01$。

(3)计算受拉区纵向钢筋的等效直径 d。

$$d = \frac{\sum n_i d_i^2}{\sum n_i v_i d_i} \quad (mm) \tag{3-127}$$

式中:d_i——受拉区第 i 种纵向钢筋的等效直径(mm);

n_i——受拉区第 i 种纵向钢筋的根数;

v_i——受拉区第 i 种纵向钢筋的相对黏结特性系数,光圆钢筋取 0.7,带肋钢筋取 1.0。

(4)计算截面有效高度 h_0。

$$h_0 = h - a_s \quad (mm) \tag{3-128}$$

式中:h——截面高度(mm);

a_s——纵向受拉钢筋合力点至截面近边的距离(mm)。

(5)计算构件受拉钢筋应力。

对于受弯构件:

$$\sigma_s = \frac{M}{0.87h_0A_s} \tag{3-129}$$

对于偏心受压构件：

$$\sigma_s = \frac{N(e-z)}{A_sz} \tag{3-130}$$

$$z = \left[0.87 - 0.12(1-\gamma_f')\left(\frac{h_0}{e}\right)^2\right]h_0 \tag{3-131}$$

$$e = \eta_se_0 + y_s \tag{3-132}$$

$$\gamma_f' = \frac{(b_f'-b)h_f'}{bh_0} \tag{3-133}$$

当 $h_f' > 0.2h_0$ 时，取 $h_f' = 0.2h_0$；

$$\eta_s = 1 + \frac{1}{4000\dfrac{e_0}{h_0}}\left(\frac{l_0}{h}\right)^2 \tag{3-134}$$

上述式中：e——轴向压力作用点至纵向受拉钢筋合力点之间的距离(mm)；

z——纵向受拉钢筋合力点至截面受压区合力点的距离(mm)，且 $z \leqslant 0.87h_0$；

η_s——考虑挠度影响的轴向力偏心距增大系数；

y_s——截面重心至 A_s 合力点的距离(mm)；

γ_f'——受压翼缘截面面积与腹板有效截面面积的比值；

b_f'——受压翼缘的宽度(mm)；

h_f'——受压翼缘的高度(mm)；

l_0——构件的计算长度(mm)。

当 $l_0/h \leqslant 14$ 时，$\eta_s = 1.0$。

(6)计算纵向受拉钢筋应变不均匀系数。

$$\varphi = 1.1 - 0.65\frac{f_{tk}}{\rho_{te}\sigma_s} \tag{3-135}$$

式中：f_{tk}——混凝土抗拉强度标准值(MPa)。

当 $\varphi < 0.2$ 时，取 $\varphi = 0.2$；当 $\varphi > 1.0$ 时，取 $\varphi = 1.0$；对直接承受重复荷载的构件，取 $\varphi = 1.0$。

(7)计算最外层纵向受拉钢筋外边缘至受拉区底边的距离 c_s。

当 $c_s < 20$mm 时，取 $c_s = 20$mm；当 $c_s > 65$mm 时，取 $c_s = 65$mm；

(8)计算构件最大裂缝 ω_{max}。

$$\omega_{max} = \alpha\varphi\frac{\sigma_s}{E_s}\left(1.9c_s + 0.08\frac{d}{\rho_{te}}\right) \tag{3-136}$$

式中：α——构件受力特征值系数，对受弯和偏心受压构件取 1.9；

E_s——钢筋的弹性模量。

隧道及地下工程中，受拉及偏心受拉构件实际工程中极少碰到，此处不再赘述。

3.3.8 钢筋混凝土受弯构件挠度计算

长期荷载作用下,钢筋混凝土受弯构件的挠度,可根据给定的刚度按材料力学的方法计算,挠度允许值见表3-11。

受弯构件的挠度允许值　　表3-11

梁、板类构件	挠度允许值
当 l_0 < 7.0m 时	$l_0/250$
当 7.0m ≤ l_0 ≤ 9.0m 时	$l_0/300$
当 l_0 > 9.0m 时	$l_0/400$

注:l_0 为受弯构件的计算跨度;计算悬臂构件时,l_0 按实际悬臂长度的2倍取用。

3.4 初期支护和二次衬砌共同受力计算

根据隧道由初期支护和二次衬砌共同作用的实际情况,采用"荷载-结构"复合模型,支护与二次衬砌间以受压弹簧模拟,支护与地层间的地层水土压力荷载以弹性链杆模拟,计算复合式结构的二次衬砌内力,选取计算模型如图3-16所示。

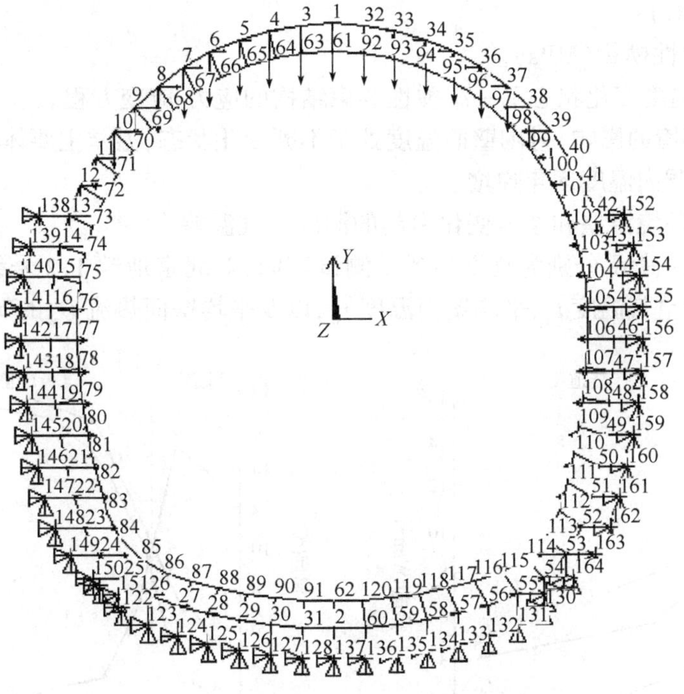

图3-16 初期支护和二次衬砌的复合计算模型

初期支护与地层间的支护地层作用,在荷载-结构法计算模型中,表现为对初期支护变形的约束,即弹性抗力。通过初期支护和二次衬砌弹性链杆进行分析两者之间的受力,通过对初期支护和二次衬砌受力分析，对两者结构截面分别计算安全系数，使其均能满足要求。

初期支护+双层衬砌或双层支护+衬砌等结构支护形式的计算可参照执行。

3.5 二次衬砌结构温度伸缩缝

1）温度应力基本方程

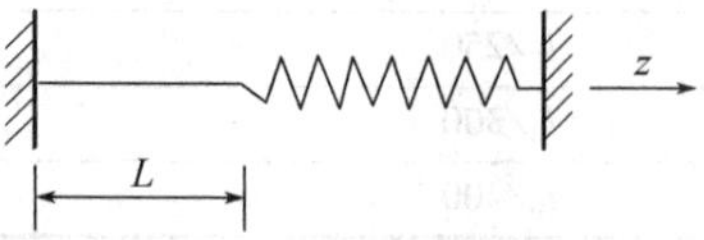

图 3-17 一维结构模型

计算简化为如图 3-17 所示的一维线形结构模型，左端固定，右端受弹性约束，在温差 T 的作用下，其一端产生的变位为其自由变位与弹性约束变位之代数和，即：

$$\Delta u = \alpha TL + \sigma_z \frac{L}{E} \tag{3-137}$$

$$\varepsilon = \alpha T + \frac{\sigma_z}{E} \tag{3-138}$$

式中：Δu——结构端部变位（mm）；

α——材料线膨胀系数（℃$^{-1}$），混凝土材料取 1×10^{-5}℃$^{-1}$；

σ_z——结构温度应力（MPa）；

ε——结构应变；

T——温差（℃）；

E——材料弹性模量（MPa）。

式（3-137）为温度变化状态下一维弹性约束结构的应力-应变方程。

隧道受内热环境的影响，衬砌壁面温度处于不断变化状态，温差主要体现在：

（1）长期运营洞内温度逐年递增。

（2）昼夜洞内环境温差和季节变化引起的洞内空气温差。

图 3-18、图 3-19 所示分别为夏季和冬季测试期间，对北京地铁 1、2 号线地铁区间隧道内各测试断面的平均空气温度 t_a、平均壁面温度 t_w，以及平均壁面热流 Q_w 的实测结果。

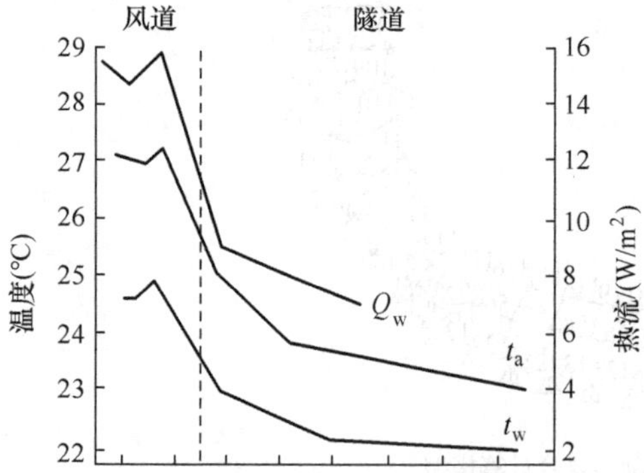

图 3-18 夏季平均温度及热流实测结果

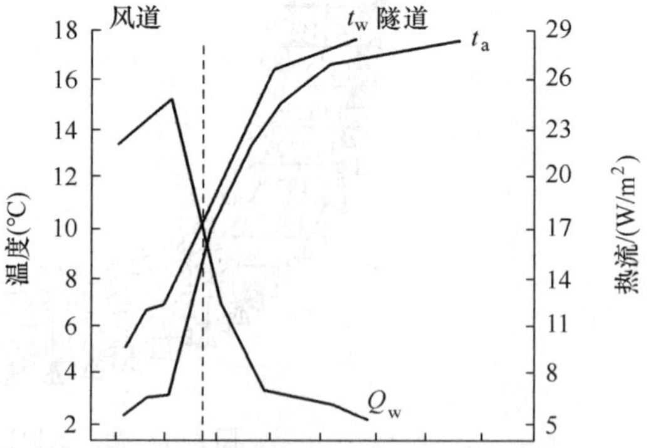

图 3-19 冬季平均温度及热流实测结果

从图3-18、图3-19中可以看出，实测区段壁面的季节平均温差约4℃。考虑长期运营洞内温度积累递增，季节平均温差可取4~10℃。

2)外部约束应力方程

当两种面接触的物体产生相对位移时，在接触面上必然产生剪切应力，此时剪切应力可表示为：

$$\tau = -C_z u \tag{3-139}$$

式中：τ——接触面上的剪切应力(kPa)；

u——结构水平位移(m)；

C_z——地基水平阻力系数。

二次衬砌在温度变化引起的变形过程中，外约束主要是混凝土外壁与防水层之间的摩擦作用。外约束越强，结构产生的温度应力越大。

根据《工程结构裂缝控制》(王铁梦著，1997年)的研究成果，几种典型地层条件下的水平阻力系数见表3-12。

混凝土与地层的水平阻力系数 表3-12

地 层 类 型	水平阻力系数 C_z(N/mm^3)
软黏土	$(1\sim3)\times10^{-2}$
一般砂质土	$(3\sim6)\times10^{-2}$
坚硬黏土	$(6\sim10)\times10^{-2}$
风化岩、低强度等级混凝土	$(60\sim100)\times10^{-2}$

在隧道正常运营中，若防水层结构工作状态良好，则C_z较小，若隧道使用过程中，防水层发生破裂或其他形式的破坏，则相应的C_z将有所增大。

3)区间隧道衬砌结构温度应力方程的建立

假定区间长度为L，二次衬砌结构壁厚为t，初期支护与二次衬砌之间水平阻力系数为C_z，若坐标原点设在长度为一半处，则隧道结构约束作用分布如图3-20所示。沿纵向在任意点z处截取一段dz长的微元体，其温度引起的轴向力为N，约束剪切力为Q，在忽略地层压力的条件下，结构纵向温度应力可表示为：

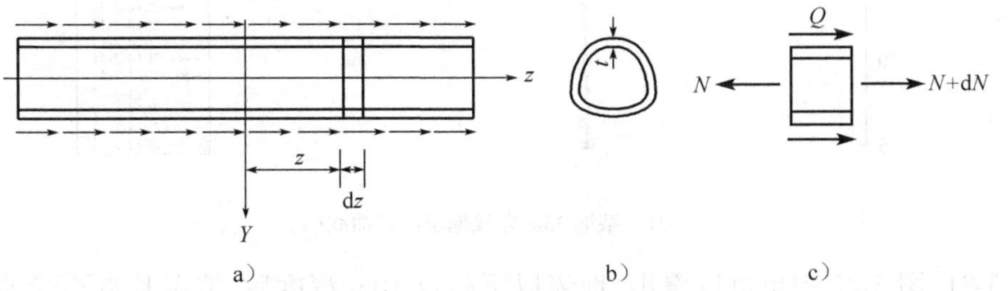

图3-20 计算模型示意图

$$\sigma_z = -E\alpha T\left[1 - \frac{\mathrm{ch}(\eta z)}{\mathrm{ch}\left(\eta \dfrac{L}{2}\right)}\right] \tag{3-140}$$

当 $z=0$ 时，σ_z 达最大，即：

$$\sigma_{zmax} = -E\alpha T\left[1 - \frac{1}{\mathrm{ch}\left(\eta \dfrac{L}{2}\right)}\right] \tag{3-141}$$

$$\eta = \sqrt{\frac{S_1 C_z}{tSE}} \tag{3-142}$$

式中：S——横断面内外轮廓的平均周长(mm)；

S_1——横断面外轮廓周长(mm)；

t——二次衬砌结构厚度(m)。

隧道结构最大温度应力与温度荷载、混凝土弹模、线膨胀系数成正比，同时还与周边约束条件以及结构形状、厚度等因素有关。

4)设置温度伸缩缝的结构长度计算

根据以往对地层温度的研究成果，当隧道埋深在 10m 以上时，岩层温度基本稳定，图 3-21、图 3-22 所示为我国南方某地区 2013 年 7 月 25—2014 年 3 月 31 日实测 35m 以浅范围的地温曲线。

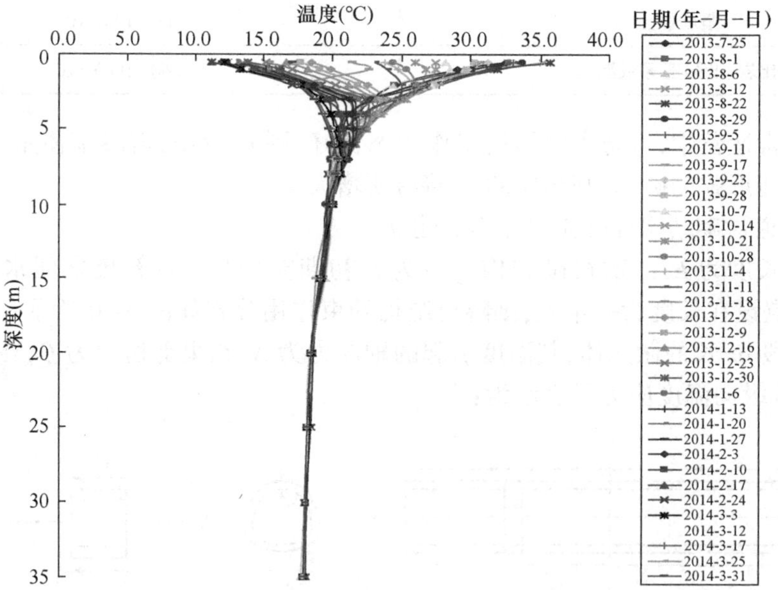

图 3-21　某地 35m 以浅地温测试曲线(1)

从图 3-21、图 3-22 中也可以看出，地表以下超过 10m 深度后，地温基本不受地表温度影响，地温呈现恒定状态。

因此，除明挖隧道、隧道洞口段等覆土埋深较浅时需要设置温度伸缩缝外，大埋深隧道洞身段一般可以不再设置专门的伸缩缝。另外,从隧道通风模式和空调技术角度出发,优化通风方案和空调手段,尽量保持洞内环境温度稳定。设置伸缩缝,可以降低结构温度应力的量值,可以有效防止结构温度应力危害的发生,确保隧道结构在长期运营过程中的安全与使用功能。

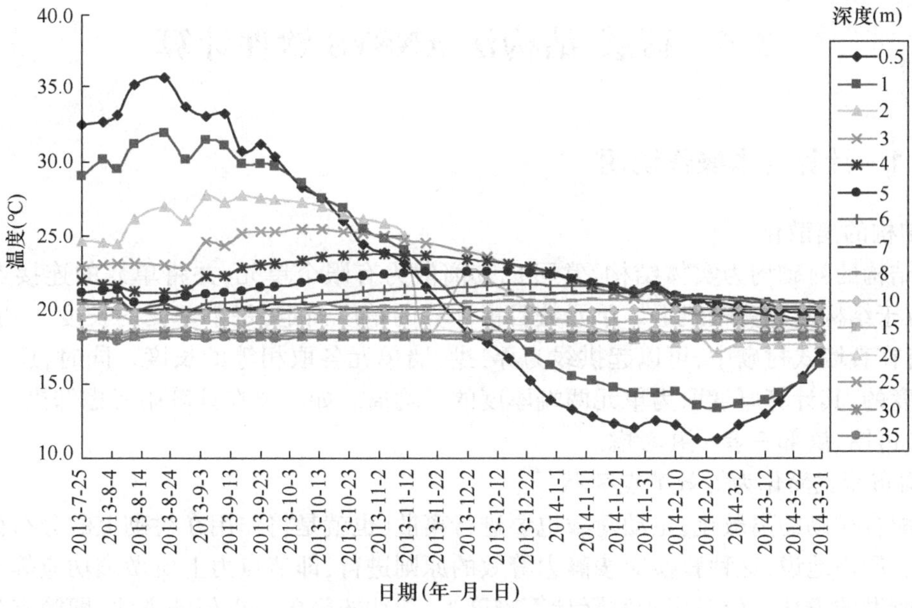

图 3-22 某地 35m 以浅地温测试曲线(2)

以荷载温度超过 8℃、10℃、12℃为例,根据设防季节温差和衬砌与防水板间摩阻系数,按前述方法计算确定。不同设防温差和水平阻力系数条件下的伸缩缝间距参考值见表 3-13。

衬砌结构极限长度计算结果 表 3-13

温度(℃)	水平阻力系数 $C_z(\times10^{-2}N/mm^3)$				
	10	25	50	75	100
8	128 m	80 m	56 m	48 m	40 m
10	92 m	60 m	40 m	32 m	28 m
12	76 m	48 m	32 m	24 m	24 m

5)伸缩缝合理缝宽

伸缩缝的设置宽度与伸缩缝两端(自由端)的位移有关,一般取自由端水平位移值的 2 倍。

若伸缩缝设置宽度取端部计算位移的 2 倍,则在 8~12℃温差时,伸缩缝的设置宽度一般应在 5mm 以下。考虑到施工误差等其他因素,建议实际伸缩缝缝宽取计算值的 2~5 倍,即 20~30mm。实际工程设计中,变形缝宽多取 20mm。

通常情况下，温升引起的隧道衬砌结构纵向增加应力占混凝土的抗压强度很小，实际工程中可不予考虑；而温降引起的为缩缝，导致衬砌结构为拉应力，缩缝处的防水措施等易受影响，但由于一般隧道衬砌结构施工缝间距 6～12m，纵向整体长度比较短，施工缝能起到一定的分散作用。

3.6 荷载-结构法 ANSYS 软件计算

3.6.1 计算基本操作说明

(1)结构的离散化

地下结构的衬砌均为实体结构，常可把其离散为有限个单元，并将单元的连接点称为节点，节点位于结构的计算轴线上。单元数目视计算的精度而定，每个单元的长度，一般均取为相等，只有在直墙式衬砌中，可以起拱线为界，拱、墙单元各取相等的长度。同时，还可假定单元是等厚度的，其计算厚度取为单元两端厚度的平均值。如需要在计算中考虑仰拱的作用，则可将仰拱、边墙、拱部三者一并考虑。

(2)均布荷载简化为等效节点荷载

为了配合衬砌的离散化，主动荷载也要进行离散，也就是将作用在衬砌上的分布荷载置换为节点力。严格地说，这种置换应按静力等效的原则进行，即节点力上所做虚功应等于单元上分布荷载所做的虚功。但考虑到实际计算难度大，往往按简单二近似的方法，即简支分配原则进行置换，而不计作用力迁移位置时引起的力矩的影响，对于竖向或水平的分布荷载，其等效节点力分别近似地取为节点相邻单元水平或垂直投影长度的 1/2 乘纵向计算宽度这一面积范围内的分布荷载的总和，如图 3-23 所示。

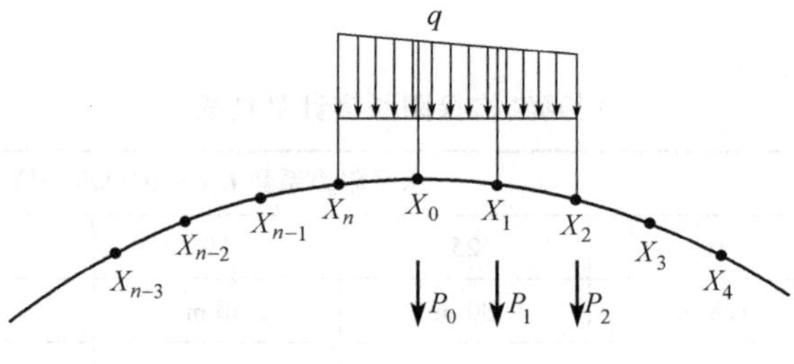

图 3-23　节点力计算示意图

例如，各节点的竖向节点力为：

0 节点：$P_0 = q[(X_0 - X_n)/2 + (X_1 - X_0)/2] = q(X_1 - X_n)/2$；

1 节点：$P_1 = q[(X_1 - X_0)/2 + (X_2 - X_1)/2] = q(X_2 - X_1)/2$；

……

其中，q 取节点范围内平均值。

以此类推，可求得相应各节点的节点荷载，对于水平荷载只需将水平坐标替换成竖向坐标即可，但要注意 0 节点的水平类中每一侧只作用有 1/2 个单元长度上的荷载。

对于衬砌自重，可通过程序施加，或等效节点力可近似地取为节点 2 相邻单元重力的 1/2。

隧道衬砌的荷载与结构对称时，在外界主动荷载作用下，衬砌结构将发生变形，一般在拱顶 90°~120°范围内向衬砌内变形，形成脱离区，在拱腰及边墙部位将产生朝向地层的变形而产生弹性反力，在衬砌与围岩相互作用的范围内，以只能承受压力的弹性支承代替围岩的约束（弹性反力）作用；在脱离区域内，由于衬砌向内变形而不再受到弹性约束，可以在该范围内不设置弹性支撑。

弹性支撑的方向应该和弹性反力的方向一致，可以是径向的，不计衬砌与围岩间的摩擦力，且只传递轴向压力（由于围岩与衬砌间存在黏结力，也可能传递少量轴向拉力，但影响较小，一般以忽略不计）；也可以和径向偏转一个角度。考虑上述摩擦力，为了简化计算也可将链杆水平设置；若衬砌与围岩之间充填密实，接触良好，此时除设置径向链杆外还可设置切向链杆。

弹性支撑法的适用范围很广，基本可以适应各种结构形状，适应任意变化的地质条件，对于非均匀地质，可以选用不同的弹性反力系数，也常常用于隧道的纵向计算，并且特别适应于将有规律的计算过程，编制成有限元程序，因此，其计算原理得到了广泛的应用。

3.6.2 荷载-结构模式 ANSYS 软件计算步骤

（1）得到衬砌单元节点和弹簧支点。

根据隧道衬砌结构形状，取隧道衬砌中线，采用 CAD 建模。建模时建议将拱顶或仰拱对称点位置放在坐标（0,0）点位置，按等间距进行分段，为了提取衬砌单元节点和弹簧支点坐标，划分完成后用多段线连接，利用查询命令，提取节点坐标，得到衬砌单元节点和弹簧支点的坐标位置。

（2）编写 ANSYS 命令流文件。

①设置衬砌厚度；

②设置弹簧间距；

③设置弹性抗力系数；

④根据计算的围岩压力，转化为单元节点力（可利用编制好的表格计算）；

⑤设置弹性抗力系数。

围岩压力计算时应注意以下内容：

①设置围岩级别及隧道跨度以及围岩重度；

②设置围岩的侧压力系数；

③注意按深浅埋计算上的区别；

④设置围岩的实际计算埋深。

（3）提取需要结果并计算安全系数。

3.6.3 计算实例

某双线线路隧道位于Ⅴ级围岩地段，地层主要物理力学参数见表 3-14。

围 岩 参 数 表　　表 3-14

围岩级别	重度 γ (kN/m^3)	弹性反力系数 K (MPa/m)	内摩擦角 φ (°)	黏聚力 c (kPa)	侧压力系数 λ
V	17	70	25	21	0.5

隧道净埋深为 10m，为浅埋隧道，隧道的结构受力计算模型如图 3-24 所示。

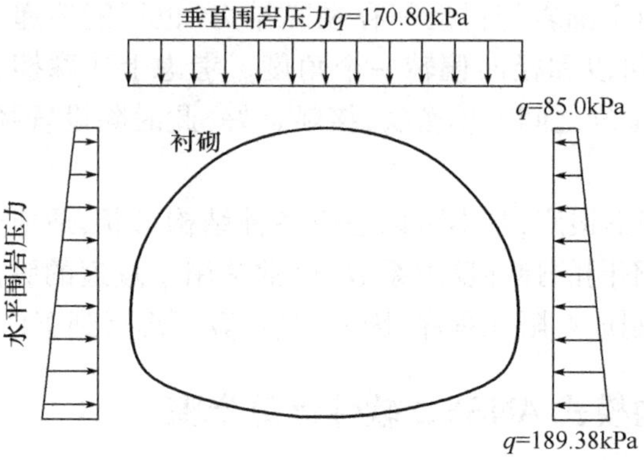

图 3-24　ANSYS 模型图

衬砌模型取中线，采用梁单元 BEAM3 建模，衬砌与围岩的接触采用弹簧单元 LINK10 模拟，弹簧为仅受压弹簧，共划分 78 个梁单元。弹簧单元编号如图 3-25 所示。

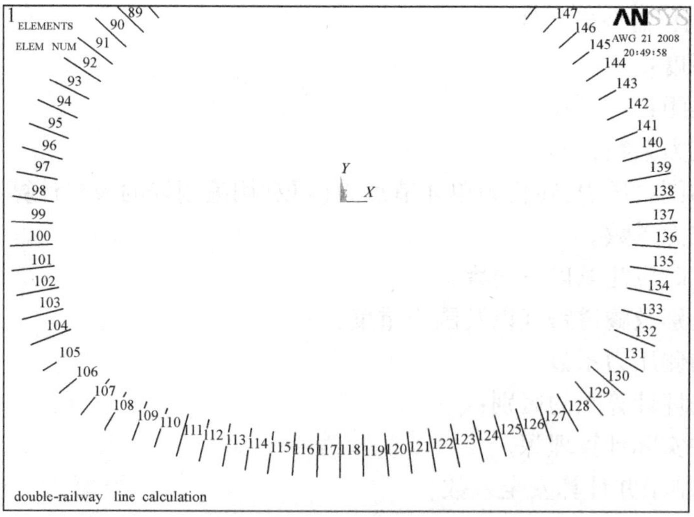

图 3-25　弹簧单元编号

弹簧轴向应力计算结果如图 3-26 所示，详细数据见表 3-15。

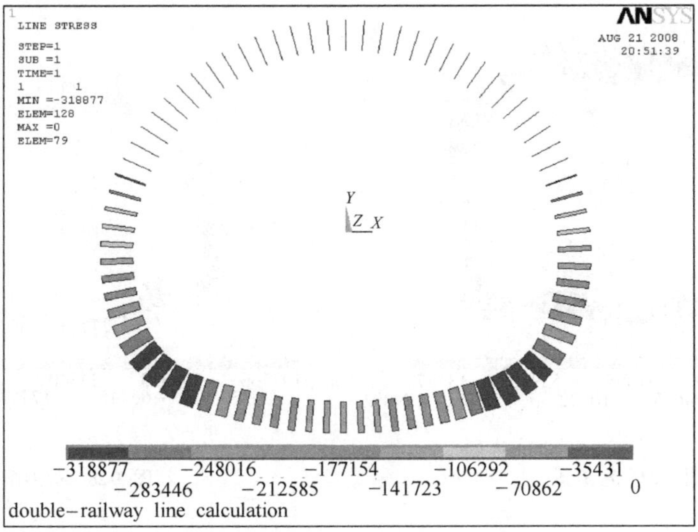

图 3-26 弹簧受力图

弹 簧 轴 力 表 表 3-15

单 元 号	弹簧轴力(kN)	单 元 号	弹簧轴力(kN)
106	-301	120	-133
107	-316	121	-143
108	-314	122	-158
109	-296	123	-179
110	-263	124	-204
111	-231	125	-234
112	-202	126	-269
113	-178	127	-305
114	-158	128	-319
115	-144	129	-318
116	-134	130	-300
117	-128	131	-265
118	-126	132	-216
119	-127	—	—

注:“ -”号表示弹簧受压,与图 3-25 弹簧单元编号图对应。

分析:弹簧受力最大值位于 107 号和 128 号弹簧单元处,即衬砌结构的拱脚处,压力为 319kN。

此时衬砌结构的弯矩、剪力、轴力情况如图 3-27~图 3-29 所示。ANSYS 计算命令流可扫描二维码查看。

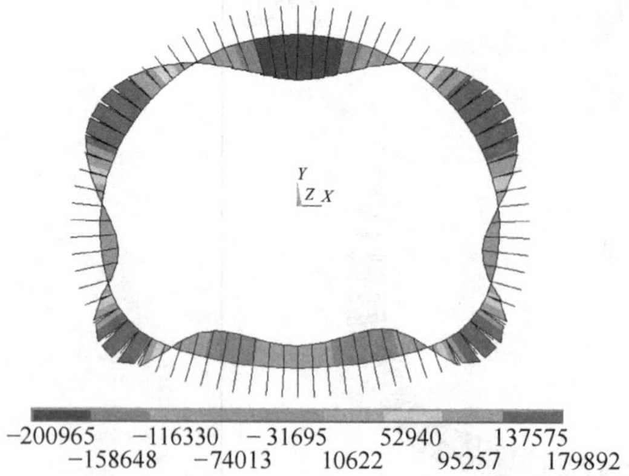

图 3-27　弯矩图

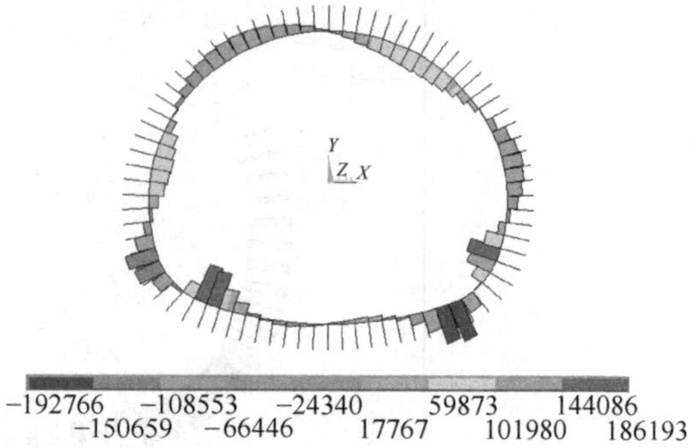

图 3-28　剪力图

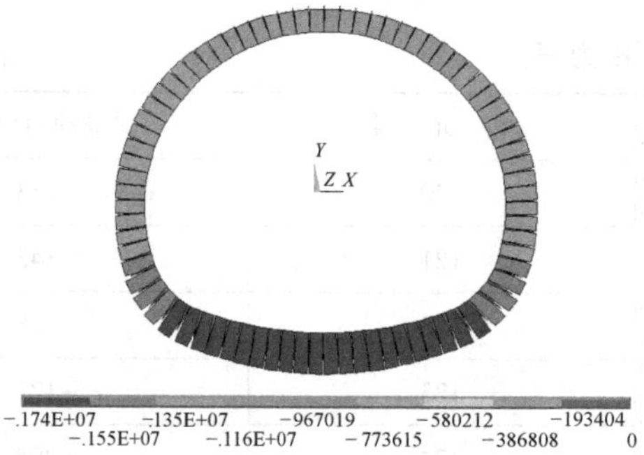

图 3-29　轴力图

ANSYS 计算命令流

第4章

拱形明洞结构计算

隧道明洞结构是采用明挖法修建的隧道,是在露天的路堑地面上或敞口的基坑内先修筑衬砌,再分层回填土石。当顶部结构为拱形时,称为拱式明洞;当顶部为梁板式结构时,则称为棚式明洞,或者棚洞。棚洞结构顶部主要承受竖向荷载,荷载计算和结构受力较为明确,本章主要针对拱形明洞进行说明。明洞主要用于塌方、落石、泥石流危害的隧道洞口、洞身浅埋或路堑地段。我国在早期修建明洞时,受当时的经济条件影响,边墙一般采用浆砌片石+拱部采用混凝土或钢筋混凝土结构的形式,地质条件较好时边墙采用直边墙的形式,此时拱部受力一般需要单独验算。而在近20年,隧道明洞的修建大部分采用拱墙一次成形,特别是在隧道接长明洞段,明洞内轮廓与隧道内轮廓相同,衬砌厚度大,边墙一般采用拱形或直墙形式,一般情况下,拱墙并没有明确的分界位置,因此,计算时往往将拱墙作为一个结构整体进行计算。由于隧道洞顶回填土按土体全部自重荷载计算,同时,明洞两侧回填土很难密实,土体的抗力作用比较弱,一般计算时不考虑,因此,隧道明洞结构的尺寸较大,同时明挖施工,开挖土体范围大,导致同等断面隧道明洞的造价一般较暗挖隧道高。

4.1 荷载种类

(1)主要荷载

明洞的主要荷载包括结构自重、回填土石(含规定的塌方、落石储备)压力。

立交明洞应计算汽车活载、列车活载或渡槽流水的垂直活载;与公路(铁路)立交,拱顶填土厚度不足1.0m时,应计算列车冲击力;拱顶无填土时,应计算制动力;深基础明洞外墙计算列车活载时,不考虑列车的冲击力、制动力。

设计抗滑明洞,滑体作用于明洞的下滑力为主要荷载。

(2)附加荷载

明洞的附加荷载包括落石冲击力、温度变化的影响力。

考虑落石冲击力时,只计洞顶实际回填土石重力,不计塌方、落石的堆积土重力。

计算汽车(列车)活载的冲击力时,不同时计算落石冲击力。

(3)特殊荷载

明洞的特殊荷载包括地震力和施工荷载。

地震力可按本书第 2 章内容进行计算，施工荷载按具体施工设备确定。

4.2 荷载计算

4.2.1 拱圈回填土石垂直压力

拱圈顶部回填土石的垂直压力计算图式如图 4-1 所示。

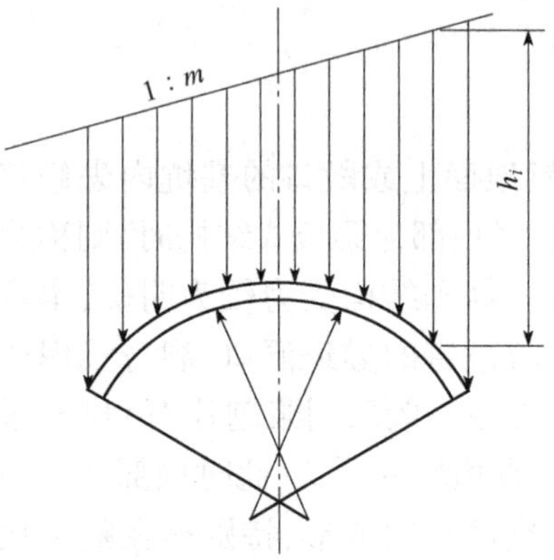

图 4-1 拱圈土石垂直压力计算图式

$$p_i = \gamma h_i \tag{4-1}$$

式中：p_i——明洞拱圈上任意点处的回填土石垂直压力值(Pa)；

γ——回填土石重度(N/m^3)；

h_i——明洞拱圈上任意点的土柱高(m)。

4.2.2 拱圈回填土石侧压力

拱圈回填土石侧压力与垂直压力密切相关，计算公式如下：

$$e_i = \gamma h_i \lambda \tag{4-2}$$

式中：e_i——任意点处的侧压力(Pa)；

h_i——侧压力 e_i 处相应的计算土柱高(m)；

λ——侧压力系数；

其余符号意义同前。

拱圈回填土石侧压力的计算，应根据开挖边坡的实际情况，分别采用有限土体法或无限土体法进行计算。

在开挖边坡稳定的情况下，若开挖边坡坡率陡于按有限土体法得出的最大侧压力开挖边坡坡率，回填土体对拱圈的侧压力，按有限土体法计算；若开挖边坡坡率缓于或等于按有限土体法得出的最大侧压力开挖边坡坡率，回填土体对拱圈的侧压力，按无限土体法计算。

首先确定是否按无限土体或有限土体法计算。

回填土坡面向上倾斜的土体产生最大侧压力时的边坡坡率为：

$$n' = \frac{\mu m(\mu + \tan\delta) - \sqrt{m(\mu + \tan\delta)(\mu^2 + 1)(\mu m - 1)}}{1 + \mu^2 - \mu m + m\mu^2\tan\delta} \tag{4-3}$$

式中：n'——产生最大侧压力之开挖边坡坡率；

δ——侧压力作用方向与水平线的夹角(°)；

m——回填土坡面坡率；

μ——回填土石与开挖边坡坡面之间的摩擦系数。

回填土坡面向下倾斜的土体产生最大侧压力时的边坡坡率为:

$$n' = \frac{\mu m(\mu + \tan\delta)}{m\mu^2\tan\delta - \mu m - \mu^2 - 1} - \frac{\sqrt{m(\mu + \tan\delta)(\mu^2 + 1)(\mu m + 1)}}{m\mu^2\tan\delta - \mu m - \mu^2 - 1} \tag{4-4}$$

式中符号意义同前。

当实际开挖边坡坡率 $n > n'$,按有限土体法计算;

当实际开挖边坡坡率 $n \leq n'$,按无限土体法计算。

1)按无限土体法计算

计算拱脚外侧垂直假想面与回填土体中破裂面间的回填土体对拱圈的侧压力。

(1)回填土坡面向上倾斜的侧压力系数

侧压力系数计算图式如图 4-2 所示,计算式为:

$$\lambda = \cos\varepsilon \frac{\cos\varepsilon - \sqrt{\cos^2\varepsilon - \cos^2\varphi}}{\cos\varepsilon + \sqrt{\cos^2\varepsilon - \cos^2\varphi}} \tag{4-5}$$

式中:ε ——设计回填土坡面与水平方向的夹角(°);

φ ——回填土内摩擦角(°)。

(2)回填土坡面向下倾斜的侧压力系数

侧压力系数计算图式如图 4-3 所示,计算式为:

$$\lambda = \frac{\tan\theta}{\tan(\theta + \phi)(1 + \tan\varepsilon\tan\theta)} \tag{4-6}$$

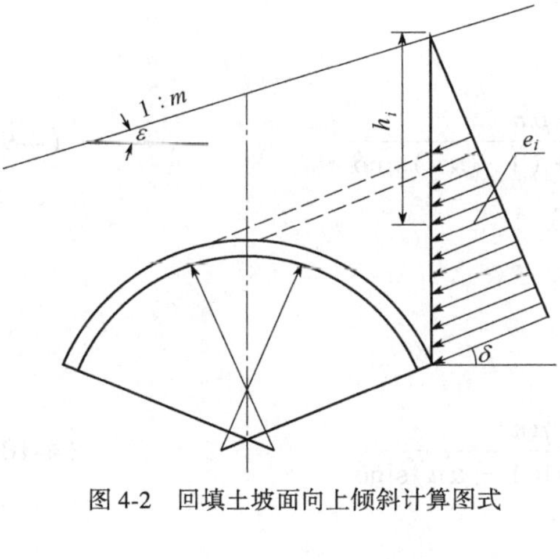

图 4-2 回填土坡面向上倾斜计算图式

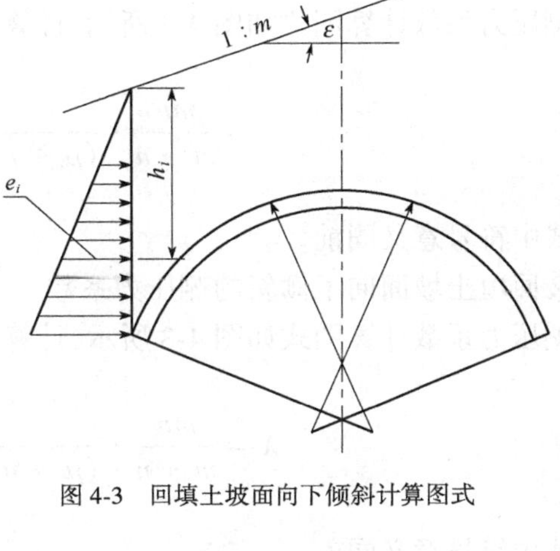

图 4-3 回填土坡面向下倾斜计算图式

$$\tan\theta = \frac{-\tan\phi + \sqrt{(1 + \tan^2\phi)\left(1 + \frac{\tan\varepsilon}{\tan\phi}\right)}}{1 + (1 + \tan^2\phi)\frac{\tan\varepsilon}{\tan\phi}} \tag{4-7}$$

式中：θ——拱背回填两侧土柱摩擦角（°）；

ϕ——拱背回填土石计算摩擦角（°）；

其余符号意义同前。

（3）回填土坡面水平的侧压力系数

其计算图式如图 4-4 所示。侧压力系数计算式为：

$$\lambda = \tan^2\left(45° - \frac{\phi}{2}\right) \tag{4-8}$$

式中符号意义同前。

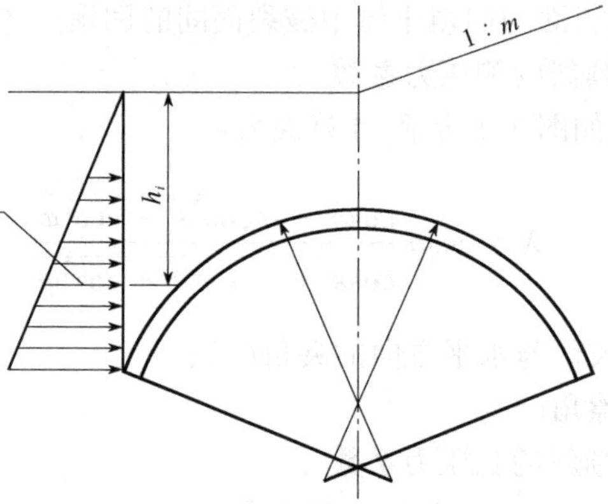

图 4-4　回填土坡面水平计算图式

2）按有限土体法计算

计算拱脚外侧垂直假想面与边坡开挖面间回填土体对拱圈的侧压力。

①回填土坡面向上倾斜的侧压力系数

侧压力系数计算图式如图 4-2 所示，计算式为：

$$\lambda = \frac{mn}{m-n}\cdot\frac{1-\mu n}{(\mu+n)\cos\delta+(1-\mu n)\sin\delta} \tag{4-9}$$

式中符号意义同前。

②回填土坡面向下倾斜的侧压力系数

侧压力系数计算图式如图 4-3 所示，计算式为：

$$\lambda = \frac{mn}{m+n}\cdot\frac{1-\mu n}{(\mu+n)\cos\delta+(1-\mu n)\sin\delta} \tag{4-10}$$

式中符号意义同前。

4.2.3　边墙墙背回填土石侧压力

边墙背回填土石侧压力计算图式如图 4-5、图 4-6 所示。

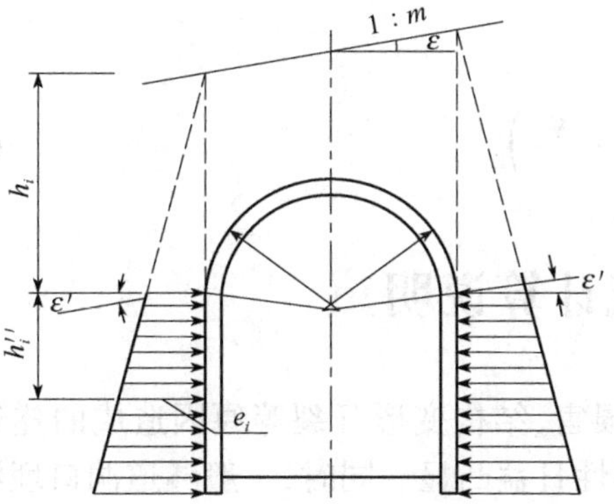

图 4-5 回填土坡面向下倾斜计算图式

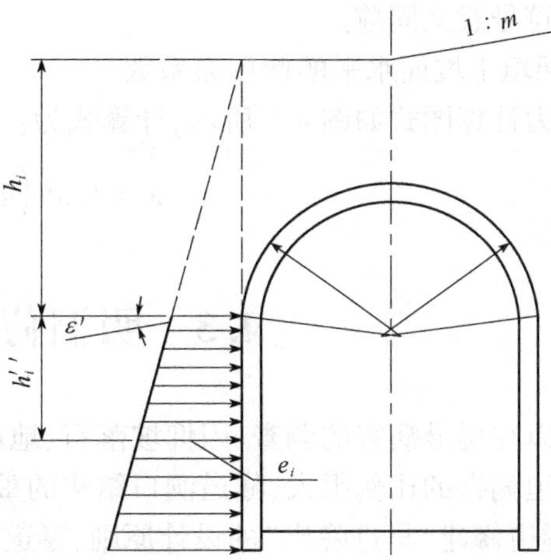

图 4-6 回填土坡面水平计算图式

1)边墙墙背回填土石侧压力计算

计算式为：

$$e_i = \gamma_c h'_i \lambda \tag{4-11}$$

$$h'_i = h''_i + \frac{\gamma}{\gamma_c} h_i \tag{4-12}$$

式中：γ_c ——墙背回填土石或原状土重度（kN/m^3）；

h'_i ——边墙计算点换算高度（m）；

h''_i ——墙顶至计算位置高度（m）；

h_i ——拱脚外缘处填土高（m）。

2)侧压力系数计算

(1)回填土坡面向上倾斜的侧压力系数

侧压力系数计算图式如图 4-5 所示，计算式为：

$$\lambda = \frac{\cos^2\varphi_c}{\left[1 + \sqrt{\frac{\sin\varphi_c \cdot \sin(\varphi_c - \varepsilon')}{\cos\varepsilon'}}\right]^2} \tag{4-13}$$

式中：φ_c ——回填土石内摩擦角（°）；

ε' ——换算回填坡度角（°），计算公式见式（4-14）。

$$\varepsilon' = \tan^{-1}\left(\frac{\gamma}{\gamma_c}\tan\varepsilon\right) \tag{4-14}$$

(2)回填土坡面向下倾斜的侧压力系数

侧压力系数计算图式如图 4-5 所示，计算式为：

$$\lambda = \frac{\cos^2\varphi_c}{\left[1 + \sqrt{\frac{\sin\varphi_c \cdot \sin(\varphi_c + \varepsilon')}{\cos\varepsilon'}}\right]^2} \tag{4-15}$$

式中符号意义同前。

(3)回填土坡面水平的侧压力系数

侧压力计算图式如图4-6所示,计算式为:

$$\lambda = \tan^2\left(45° - \frac{\varphi}{2}\right) \tag{4-16}$$

4.3 明洞荷载计算说明

根据以往隧道病害的调查,因仰坡落石、地震损害、结构变形开裂等原因造成的隧道洞口病害占隧道病害的比例很大,隧道洞口结构的重要性日益凸显。同时,一般隧道洞口埋深比较浅,根据隧道修建"早进晚出"的设计原则,隧道洞口大多需要接长明洞。

21世纪以来,随着我国经济水平的快速提高以及技术水平的提升,材料成本与人工成本的比例呈下降态势,人工成本越来越高。隧道明洞结构的设计施工,基本上都采用钢筋混凝土结构,而且一般要求明洞段拱墙整体一次成形。鉴于现状,明洞计算时,考虑到软件加载方便,往往将拱圈荷载统一简化为水平荷载进行加载。由于明洞上方覆土一般不大,计算结果误差一般不超过5%,在可接受的范围内,但软件计算会方便很多。同时在明洞结构配筋时,一般会有一定的富余量,能够保证结构的安全。

第5章

洞门墙结构计算

目前隧道洞门墙计算通常采用“条带法”。本章主要对该方法进行归纳总结,并对部分计算公式进行推导,以便于工程实践应用。

5.1 洞门墙检算要求

作用于隧道洞门结构上的土压力荷载均按库仑理论采用主动土压力进行计算。无论墙背仰斜或直立,土压力的作用方向均假定为水平。墙前部的被动土压力一般不予考虑。

当洞门正面基本尺寸拟定后,在端墙的控制部位一般截取宽度为1m的条带(简称“条带法”),进行洞门结构强度及稳定性计算。

洞门端墙及挡墙视作挡土墙,按容许应力法进行结构强度设计和检算,并检算其绕墙趾倾覆及沿基底滑动的稳定性。

洞门端墙与挡墙上的荷载主要包括土压力和结构自重,其洞门端墙墙身截面土压力按库仑理论计算。检算项目应符合《铁路隧规》中的相关规定主要检算规定见表5-1。

洞门端墙及挡(翼)墙主要检算规定 表5-1

检 算 项 目	规 定
墙身截面压应力 σ	≤容许压应力
墙身截面拉应力 σ	≤容许拉应力
墙身截面偏心距 e	≤0.3倍截面厚度
基底应力 σ	≤地基容许承载力
基底偏心距 e	岩石地基≤$B/4$,土质地基≤$B/6$(B为墙底宽度)
滑动稳定系数 K_c	≥1.3(抗震验算时≥1.1)
倾覆稳定系数 K_0	≥1.6(抗震验算时≥1.3)

注:1.墙身截面偏心距规定仅适用于素混凝土结构。

2.地震区洞门设防时,应按地震及非地震两种工况进行结构检算。

5.2 洞门墙设计参数

计算洞门时,设计所需的地质参数应按现场试验资料采用。当缺乏试验资料时,可采用《铁路隧规》洞门设计计算参考值,见表5-2。

洞门设计计算参数 表5-2

坡率 1∶m	计算摩擦角 φ_c(°)	基底摩擦系数 f	基底控制压应力 σ(MPa)	基底弹簧系数 K(MPa/m)	重度 γ(kN/m³)		
					围岩	混凝土	钢筋混凝土
1∶0.5	70	0.6	0.8	1200	25	23	25
1∶0.75	60	0.5	0.6	500	24	23	25
1∶1	50	0.4	0.4~0.35	200	20	23	25
1∶1.25	43~45	0.4	0.3~0.25	150	18	23	25

洞门结构通常采用C30、C35混凝土,其物理力学参数见表5-3。

洞门结构物理力学参数 表5-3

混凝土力学参数	对应强度项	C30	C35
强度标准值(MPa)	轴心抗压f_{ck}	20.1	23.4
	弯曲抗压f_{cmk}	22	
	轴心抗拉f_{ctk}	2.01	2.20
强度设计值(MPa)	轴心抗压f_{cd}	14.3	16.7
	弯曲抗压f_{cmd}	16.5	19.0
	轴心抗拉f_{ctd}	1.43	1.57
容许应力(MPa)	弯曲及偏心受压应力[σ_w]	11.2	13.0
	弯曲拉应力[σ_{wl}]	0.55	0.60
	剪应力[τ]	1.10	1.20
重度(kN/m³)	—	23	
弹性模量E_c(GPa)	—	30	
泊松比	—	0.2	

5.3 “条带法”洞门墙结构计算方法及步骤

“条带法”是将复杂的洞门结构简化为二维悬臂梁或简支梁结构,对不同的洞门形式采用不同的条带,分别检算其强度和稳定性。

5.3.1 墙体受力计算

作用于洞门端墙及挡(翼)墙墙背的主动土压力按库仑理论计算。无论墙背倾斜或直立，土压力的作用方向均假定为水平;墙前部的土压力一般不予考虑。

土压力分布如图 5-1 所示。

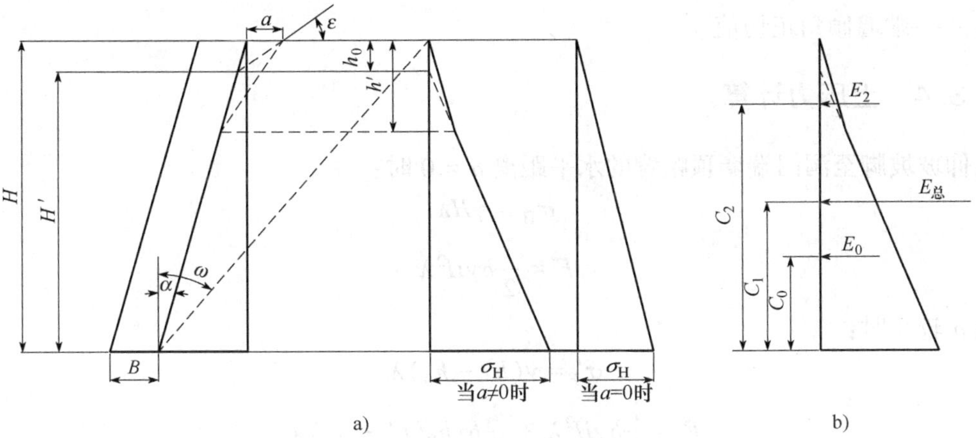

图 5-1 土压力分布示意图

5.3.2 最危险破裂面与垂直面之间夹角的计算

$$\tan\omega = \frac{\tan^2\varphi + \tan\varepsilon\tan\alpha - A\dfrac{\tan\varepsilon}{1-\tan\varepsilon\tan\alpha}(1+\tan^2\varphi)}{\tan\varepsilon\left(1 - A\dfrac{\tan\varepsilon}{1-\tan\varepsilon\tan\alpha}\right)(1+\tan^2\varphi) - \tan\varphi(1-\tan\alpha\tan\varepsilon)} - \frac{\sqrt{(1+\tan^2\varphi)(\tan\varphi - \tan\varepsilon)[(1-\tan\varepsilon\tan\alpha)(\tan\varphi+\tan\alpha) - A(1+\tan\varphi\tan\varepsilon)]}}{\tan\varepsilon\left(1 - A\dfrac{\tan\varepsilon}{1-\tan\varepsilon\tan\alpha}\right)(1+\tan^2\varphi) - \tan\varphi(1-\tan\alpha\tan\varepsilon)} \tag{5-1}$$

$$A = \frac{h_0 a}{H^2} \tag{5-2}$$

$$h_0 = \frac{\alpha\tan\varepsilon}{1-\tan\varepsilon\tan\alpha} \tag{5-3}$$

式中：φ ——地层的计算摩擦角(°)；

ε ——地面坡角(°)；

α ——墙背倾角(°)。

5.3.3 侧压力系数 λ 的计算

$$\lambda=\frac{(\tan\omega-\tan\alpha)(1-\tan\varepsilon\tan\alpha)}{\tan(\omega+\varphi)(1-\tan\omega\tan\varepsilon)} \tag{5-4}$$

式中：ω——最危险破裂面角度(°)；

$\tan\varepsilon$——仰坡坡度正切值；

$\tan\alpha$——端墙倾角正切值。

5.3.4 土压力计算

当仰坡坡脚至洞门端墙顶帽背的水平距离 $a=0$ 时：

$$\sigma_H=\gamma H\lambda \tag{5-5}$$

$$E=\frac{1}{2}b\gamma H^2\lambda \tag{5-6}$$

当 a 较小时：

$$\sigma'_h=\gamma(h'-h_0)\lambda \tag{5-7}$$

$$E=\frac{1}{2}b\gamma H^2\lambda+\frac{1}{2}b\gamma h_0(h'-h_0)\lambda \tag{5-8}$$

$$h'=\frac{\alpha}{\tan\omega-\tan\alpha} \tag{5-9}$$

当 a 较大，且破裂面交于斜坡面时：

$$\sigma'_h=\gamma h'\lambda' \tag{5-10}$$

$$\sigma_H=\gamma H\lambda \tag{5-11}$$

$$E=\frac{1}{2}b\gamma\,(H-h_0)^2\lambda'' \tag{5-12}$$

$$\lambda'=\frac{\tan\omega-\tan\alpha}{\tan(\omega+\varphi)} \tag{5-13}$$

$$\lambda''=\left[\frac{(\tan\omega-\tan\alpha)(1+\tan\alpha\tan\varepsilon)}{1-\tan\omega\tan\varepsilon}+A\right]\frac{1}{\tan(\omega+\varphi)} \tag{5-14}$$

上述式中：E——土压力(kN)；

γ——地层重度(kN/m^3)；

H——墙后的填土高度(m)；

b——洞门墙计算条带宽度(m)；

其余符号意义同前。

土压力作用点偏离墙趾距离：

$$C_1=\frac{E_0C_0+E_2C_2}{E_{总}} \tag{5-15}$$

式中：E_0——挡墙顶填土水平时产生的土压力(kN)；

E_2——挡墙顶填土除水平外坡面产生的土压力(kN)；

$E_{总}$——作用在挡墙上总的土压力(kN),$E_{总}=E_0+E_2$;
C_0——E_0 作用点距离挡墙底的距离(m);
C_2——E_2 作用点距离挡墙底的距离(m)。

5.3.5 竖向力计算

墙体重力:

$$G=\gamma SB \tag{5-16}$$

$$\Sigma N=N=G \tag{5-17}$$

式中:S——条带正视面积(m^2);
B——墙体厚度(m);
其余符号意义同前。

5.4 洞门墙检算条带的截取及计算要点

5.4.1 端墙式洞门

端墙式洞门端墙偏心、强度及稳定性检算条带,如图 5-2 所示。

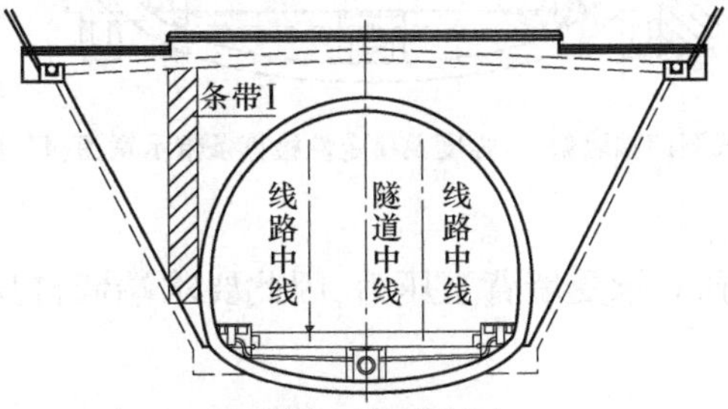

a)类型一(基础较窄)

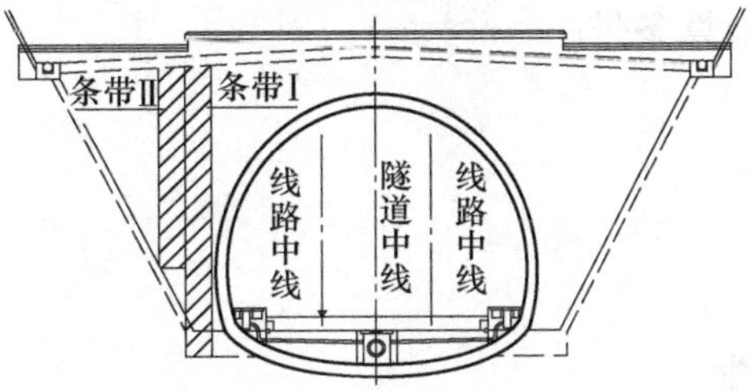

b)类型二(基础较宽)

图 5-2 端墙式洞门端墙偏心、强度及稳定性检算条带示意图

1)特点

对端墙式洞门,端墙独立承受墙背土压力,因此要求端墙自身应有足够的强度和整体稳定性。

2)检算条带

根据端墙的宽度,分别取条带Ⅰ、Ⅱ作为检算条带。

3)检算内容

(1)墙身截面强度、偏心。

(2)基底偏心、应力。

(3)沿基底滑动稳定性。

(4)绕墙趾倾覆的稳定性。

5.4.2 柱式洞门

柱式洞门端墙偏心、强度及稳定性检算条带如图 5-3 所示。

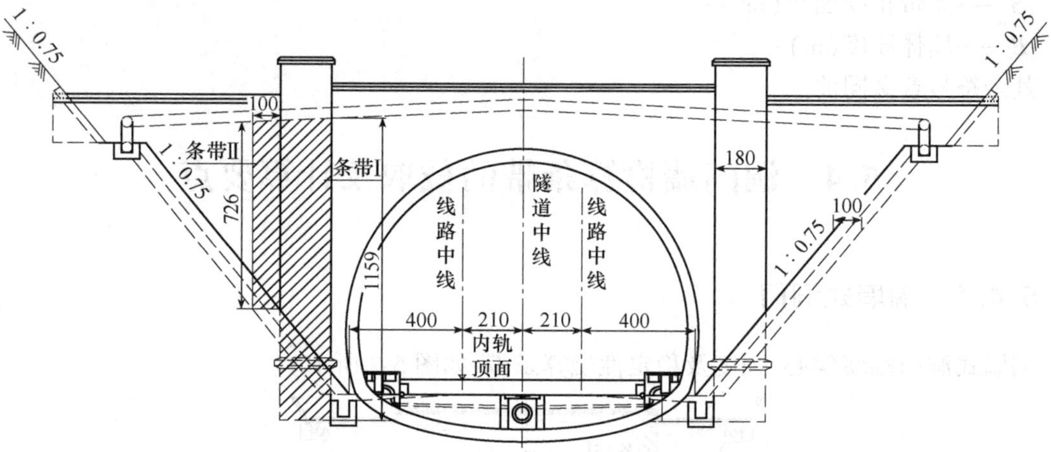

图 5-3　柱式洞门端墙偏心、强度及稳定性检算条带示意图(尺寸单位:cm)

1)特点

对柱式洞门,端墙及柱独立承受墙背土压力,因此要求端墙自身应有足够的强度和整体稳定性。

2)检算条带

分别取条带Ⅰ、Ⅱ作为检算条带。

3)检算内容

(1)墙身截面强度、偏心。

(2)基底偏心、应力。

(3)沿基底滑动稳定性。

(4)绕墙趾倾覆的稳定性。

5.4.3 耳翼墙式洞门(挡墙式洞门)

耳翼墙式洞门偏心、强度及稳定性检算条带如图 5-4 所示。

1)特点

此类洞门的端墙是在其与翼墙(挡墙)的共同作用下承受端墙背的土压力,端墙墙身截面应满足偏心和强度要求,并应满足与挡墙共同作用时的整体稳定性。

2)耳墙式洞门检算条带及检算内容

分别取条带Ⅰ、Ⅱ、Ⅲ作为检验条带。

(1)检算条带Ⅰ:检算翼墙身偏心、强度及稳定性。

(2)检算条带Ⅱ:取最不利部分,检算端墙身截面强度及偏心。

(3)检算条带Ⅲ:检算端墙与翼墙共同作用部分的滑动稳定性。

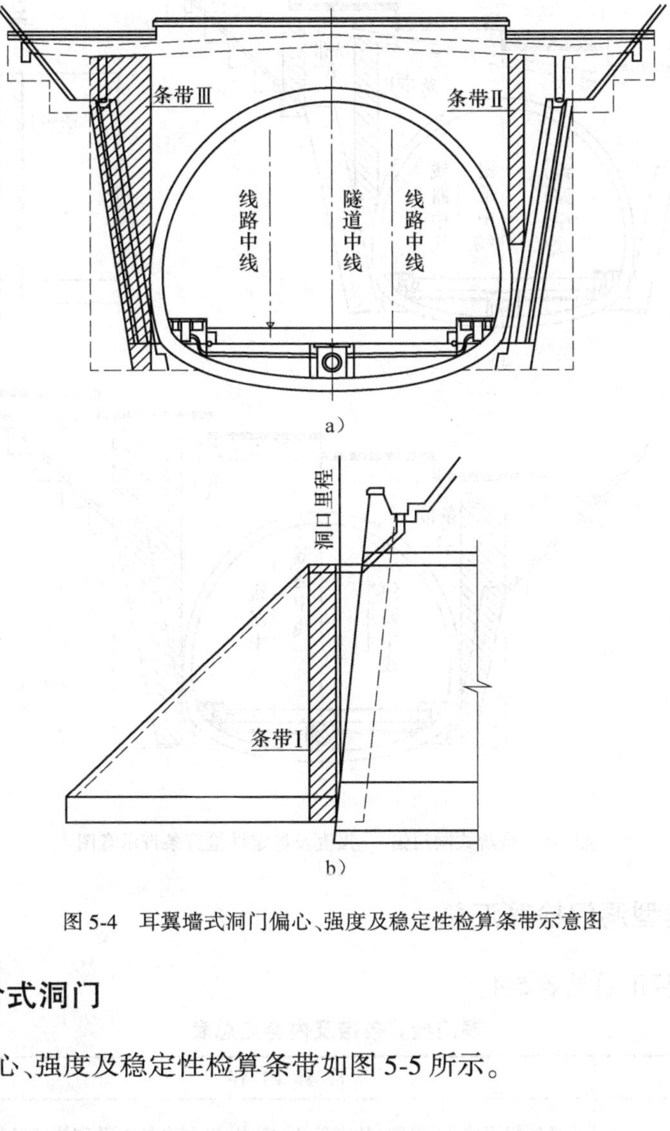

图 5-4 耳翼墙式洞门偏心、强度及稳定性检算条带示意图

5.4.4 台阶式洞门

台阶式洞门偏心、强度及稳定性检算条带如图 5-5 所示。

1)特点

此类洞门的端墙是在其与翼墙(挡墙)的共同作用下承受端墙背的土压力,端墙墙身截面应满足偏心和强度要求,并应满足与挡墙共同作用时的整体稳定性。

2)台阶式洞门检算条带及检算内容

分别取条带Ⅰ~Ⅴ作为检算条带。

(1)检算条带Ⅰ:检算端墙身偏心、强度及稳定性、沿基底的滑动和绕墙趾倾覆的稳定性;

(2)检算条带Ⅱ:取最不利部分,检算端墙身截面强度及偏心。

(3)检算条带Ⅲ、Ⅳ:检算其偏心、强度及稳定性。

(4)检算条带Ⅴ:检算其挡墙与端墙共同作用的稳定性。

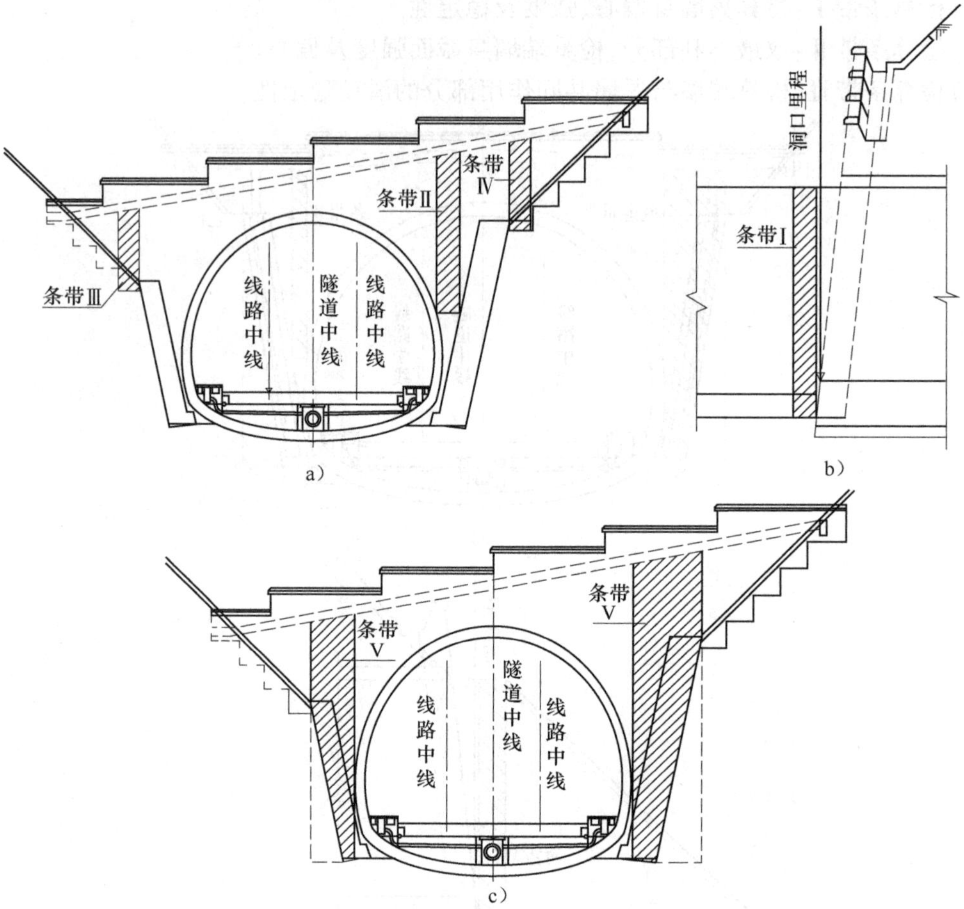

图 5-5　台阶式洞门偏心、强度及稳定性检算条带示意图

5.4.5　各类型洞门检算汇总

各类型洞门检算汇总见表 5-4。

洞门检算条带及内容汇总表　　表 5-4

洞门类型	检算条带	检 算 内 容	备　注
端墙式	Ⅰ、Ⅱ	墙身截面偏心、强度,基底偏心、应力,沿基底的滑动和绕墙趾倾覆的稳定性	端墙独立承受墙背压力
柱式	Ⅰ、Ⅱ	墙身截面偏心、强度,基底偏心、应力,沿基底的滑动和绕墙趾倾覆的稳定性	端墙独立承受墙背压力

续上表

洞门类型	检算条带	检 算 内 容	备 注
耳翼墙式	Ⅰ、Ⅱ、Ⅲ	(1)检算翼墙时,取洞门端墙墙趾前之翼墙宽1m的条带Ⅰ,按挡墙检算偏心、强度及稳定性; (2)检算端墙与翼墙共同作用部分Ⅲ的滑动稳定性; (3)检算端墙时,取最不利部分条带Ⅱ,检算其截面强度及偏心	端墙在翼墙(挡墙)和端墙的共同作用下承受墙背土压力
台阶式	Ⅰ、Ⅱ、Ⅲ、Ⅳ、Ⅴ	(1)取条带Ⅰ检算墙身截面偏心、强度,基底偏心、应力,沿基底的滑动和绕墙趾倾覆的稳定性; (2)取条带Ⅱ检算截面偏心及强度; (3)取条带Ⅲ、Ⅳ检算其偏心、强度及稳定性; (4)取条带Ⅴ检算其挡墙与端墙共同作用的稳定性	端墙在翼墙(挡墙)和端墙的共同作用下承受墙背土压力

5.5 稳定性和强度检算

5.5.1 辅助参数计算

计算图式如图5-6所示。

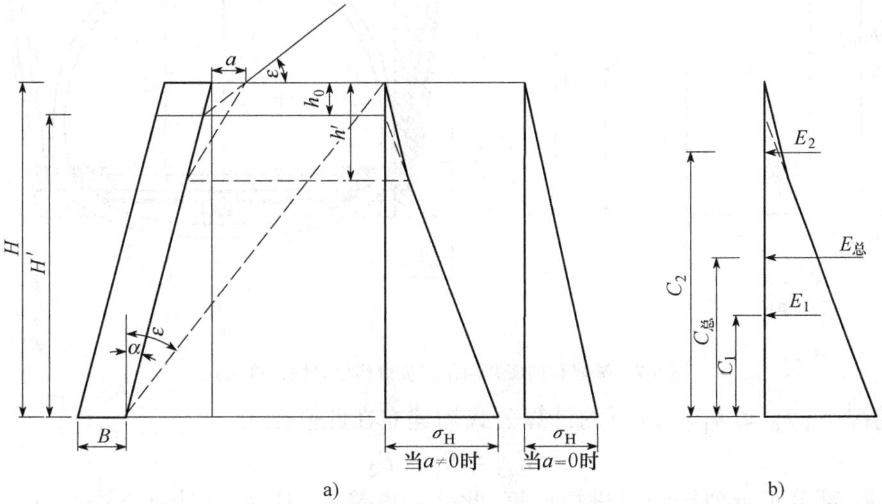

图5-6 计算图式

(1)当 $a \neq 0$ 时,各辅助参数计算如下:

$$E_1 = \frac{1}{2}\gamma H'^2\lambda \tag{5-18}$$

$$E_2 = E_{21} - E_{22} = \frac{1}{2}\gamma(h' - h_0)h'\lambda - \frac{1}{2}\gamma(h' - h_0)^2\lambda \tag{5-19}$$

$$E_{总} = E_1 + E_2 \tag{5-20}$$

$$C_1 = \frac{1}{3}H' \tag{5-21}$$

$$C_2 = C_{21} - C_{22} = (H - h') + \frac{1}{3}\frac{E_{21}h' - E_{22}(h' - h_0)}{E_{21} - E_{22}} \tag{5-22}$$

$$C_{总} = \frac{E_1C_1 + E_2C_2}{E_1 + E_2} \tag{5-23}$$

洞门端墙、翼墙和挡墙的竖向压力合力：

$$\sum N = G = BHb\gamma_1 \tag{5-24}$$

洞门端墙、翼墙和挡墙的竖向压力作用力矩：

$$C_G = \frac{B}{2} + \frac{H\tan\alpha}{2} \tag{5-25}$$

注：以上式中的 γ 、γ_1 分别取对应的地层或挡墙的重度。

（2）计算端墙和挡墙共同作用抗滑移稳定性时，计算图式如图 5-7 所示。

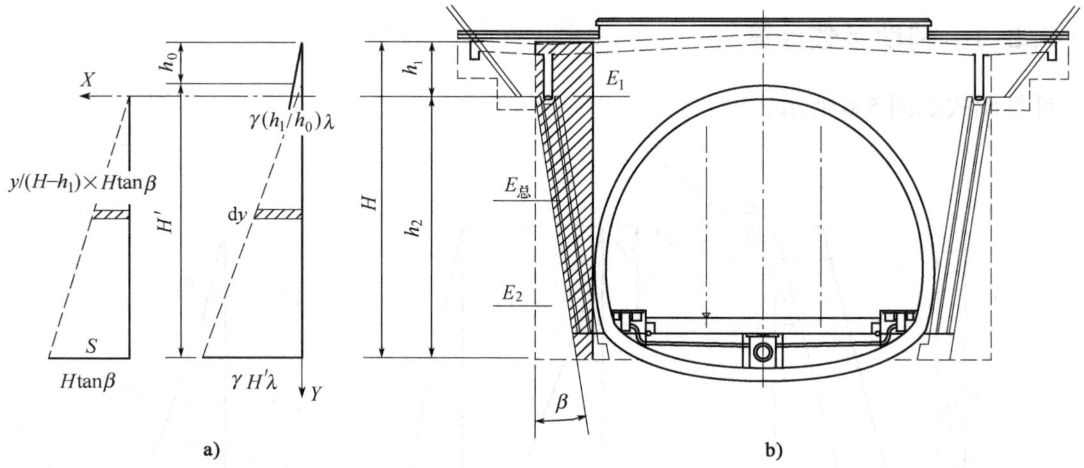

图 5-7　端墙和挡墙共同作用抗滑移稳定性计算图式

一般情况下，$h_0 \leq h_1$。以下的计算公式均建立在此基础上。

$$E_{总} = E_1 - E_2 \tag{5-26}$$

其中，E_1 部分可近似按矩形进行计算，此处不再赘述。E_2 部分计算方法如下：

E_2 部分自重：

$$G_{E2} = \frac{1}{2}h_2 \cdot \tan\beta \cdot h_2 \cdot B \tag{5-27}$$

E_2 部分水平力：

$$\sigma = \lambda\gamma(h_1 - h_0 + y) \tag{5-28}$$

$$ds = dy \cdot \frac{y}{H - h_1}H\tan\beta \tag{5-29}$$

$$
\begin{aligned}
E_2 &= \int_0^{H-h_1} \sigma \cdot \mathrm{d}s = \int_0^{H-h_1} \lambda\gamma(h_1 - h_0 + y) \cdot \frac{y}{H-h_1} H\tan\beta \cdot \mathrm{d}y \\
&= \frac{\lambda\gamma H\tan\beta}{H-h_1}\int_0^{H-h_1}[y^2 + (h_1 - h_0)y] \cdot \mathrm{d}y \\
&= \frac{\lambda\gamma H\tan\beta}{H-h_1}\left[\frac{(H-h_1)^3}{3} + (h_1-h_0)\frac{(H-h_1)^2}{2}\right] \\
&= \lambda\gamma H\tan\beta\left[\frac{(H-h_1)^2}{3} + (h_1-h_0)\frac{H-h_1}{2}\right]
\end{aligned}
\tag{5-30}
$$

5.5.2 抗倾覆稳定性计算

$$
K_0 = \frac{\sum M_y}{\sum M_0} = \frac{\sum N \cdot C_y}{E_1 \cdot C_1 + E_2 \cdot C_2} \tag{5-31}
$$

式中：K_0——倾覆稳定系数；

$\sum M_0$——全部水平力对墙趾的倾覆力矩(kN·m)；

$\sum M_y$——全部垂直力对墙趾的稳定力矩(kN·m)；

其余符号意义同前。

5.5.3 抗滑稳定性计算

$$
K_C = \frac{(\sum N + \sum E\tan\alpha)f}{\sum E - \sum E\tan\alpha'} \tag{5-32}
$$

当基底水平时，上式可简化为：

$$
K_C = \frac{\sum Nf}{\sum E} \tag{5-33}
$$

式中：K_C——滑动稳定系数；

$\sum N$——作用于基底上的垂直力之和(kN)；

$\sum E$——墙后主动土压力的水平分力之和(kN)；

f——基底摩擦系数；

α'——基底倾斜角，即基底与水平面的夹角(°)；

其余符号意义同前。

5.5.4 基底合力偏心距

(1)水平基底

$$
e = \frac{B}{2} - c \tag{5-34}
$$

$$
c = \frac{\sum M_y - \sum M_0}{\sum N} \tag{5-35}
$$

(2)倾斜基底

$$B' = \frac{B\cos\alpha}{\cos(\alpha' - \alpha)} \tag{5-36}$$

$$e' = \frac{B'}{2} - c' \tag{5-37}$$

$$c' = \frac{\sum M_y - \sum M_0}{\sum N'} \tag{5-38}$$

$$N' = \sum N\cos\alpha' + \sum E\sin\alpha' \tag{5-39}$$

式中:e——水平基底偏心距(m);

e'——倾斜基底偏心距(m);

B——水平基底宽度(m);

B'——倾斜基底宽度(m);

其余符号意义同前。

5.5.5 基底应力

(1)水平基底

$e \leqslant \frac{B}{6}$时:

$$\sigma_{\substack{\max\\ \min}} = \frac{\sum N}{Bb}\left(1 \pm \frac{6e}{B}\right) \tag{5-40}$$

$e > \frac{B}{6}$时:

$$\sigma_{\max} = \frac{2\sum N}{3c} \tag{5-41}$$

式中:b——条带宽度(m);

其余符号意义同前。

(2)倾斜基底

$e' \leqslant \frac{B'}{6}$时:

$$\sigma_{\substack{\max\\ \min}} = \frac{\sum N'}{B'b}\left(1 \pm \frac{6e}{B'}\right) \tag{5-42}$$

$e > \frac{B'}{6}$时:

$$\sigma_{\max} = \frac{2\sum N'}{3c'} \tag{5-43}$$

式中: b——条带宽度(m);

$\sigma_{\max}$、$\sigma_{\min}$——基底最大压应力和基底最小压应力(kPa);

其余符号意义同前。

5.5.6 墙身截面偏心距及强度

(1)偏心距 e_b

$$e_b = \frac{M}{N} \tag{5-44}$$

式中:M——计算截面以上各力对截面形心力矩的代数和;

N——作用于截面以上垂直力之和。

(2)应力 σ

$$\sigma = \frac{N}{F} \pm \frac{M}{W} = \frac{N}{Bb}\left(1 \pm \frac{6e_b}{B}\right) \tag{5-45}$$

当 σ 出现负值时,除其绝对值应满足要求外,尚应检算不考虑圬工承受拉力时,受压区应力重分布的最大压应力,其值不得大于容许值。

$$\sigma = \frac{2\sum N}{3b(0.5B-e)} \tag{5-46}$$

以上式中符号意义同前。

5.6 条带法计算说明

5.6.1 条带法归类

对条带需要检算的内容汇总归类,可以分成四种类型,见表5-5。

洞门检算条带及内容汇总表 表5-5

检算条带	检算内容	检算位置	备注
检算类型一	(1)墙身截面偏心、强度; (2)基底偏心; (3)基底应力; (4)沿基底的滑动稳定性; (5)绕墙趾倾覆的稳定性	端墙式、柱式洞门均属于此类情况	端墙、翼墙和挡墙独立承受墙背压力
检算类型二	(1)墙身截面偏心、强度; (2)沿基底的滑动稳定性; (3)绕墙趾倾覆的稳定性	初砌与挡墙之间夹的端墙计算条带,条带顶部高度取挡墙顶以下一定的距离,如台阶式洞门低侧的端墙	
检算类型三	墙身截面偏心、强度	初砌与挡墙之间夹的端墙计算条带,条带顶部高度取挡墙顶以下一定的距离,如台阶式洞门高侧的端墙	
检算类型四	基底的滑动稳定性	用于台阶式洞门或挡墙式洞门	端墙与挡墙的共同作用部分

5.6.2 条带高度取值注意事项

(1)有挡墙时洞门端墙某条带高度取值

计算图式如图5-8所示。

根据挡墙与隧道衬砌的相对关系,条带高度 H 的取值可能受挡墙坡率(1∶n)的影响。通常情况下 n 取值为0.15、0.20、0.25。n 取值越大,条带的高度 H 相对会越大。建议实际取值时,挡墙的坡率统一按1∶0.25取值,条带宽度取1.0m。此时取条带高度 H 的最大值进行计算,这样可使洞门端墙的厚度值统一便于设计计算,而且也完全可以满足工程需要。

(2)端墙条带高度和背后平台 a 的取值

如图5-9所示,端墙条带高度顶部应取至水沟顶,端墙背面与水沟顶面的交点为 A 点,a 为 A 点至仰坡的起坡点的水平距离。

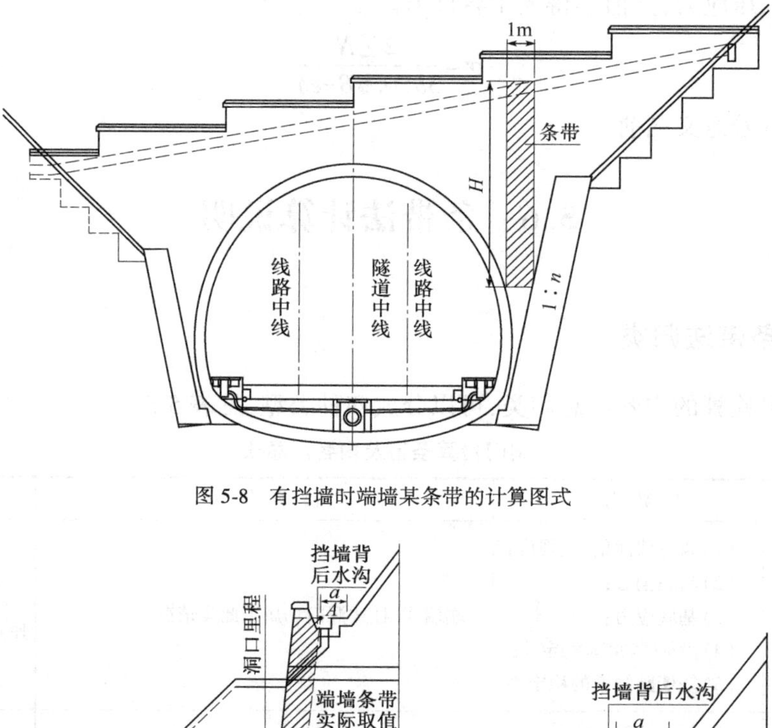

图5-8 有挡墙时端墙某条带的计算图式

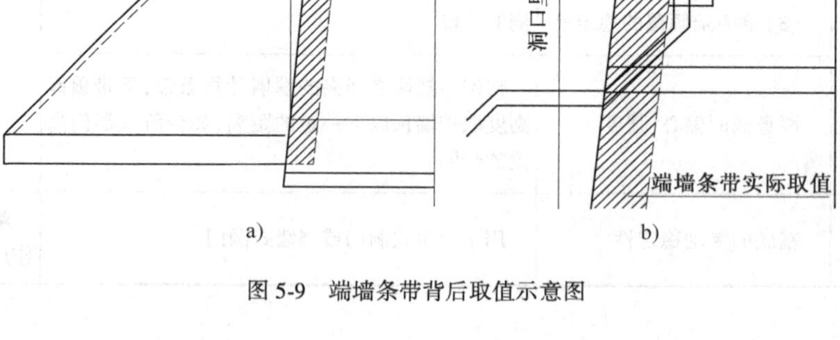

图5-9 端墙条带背后取值示意图

5.7 某典型隧道洞门挡墙计算

挡墙计算各主要参数如图5-10所示，计算过程及各参数详见本章相关内容。

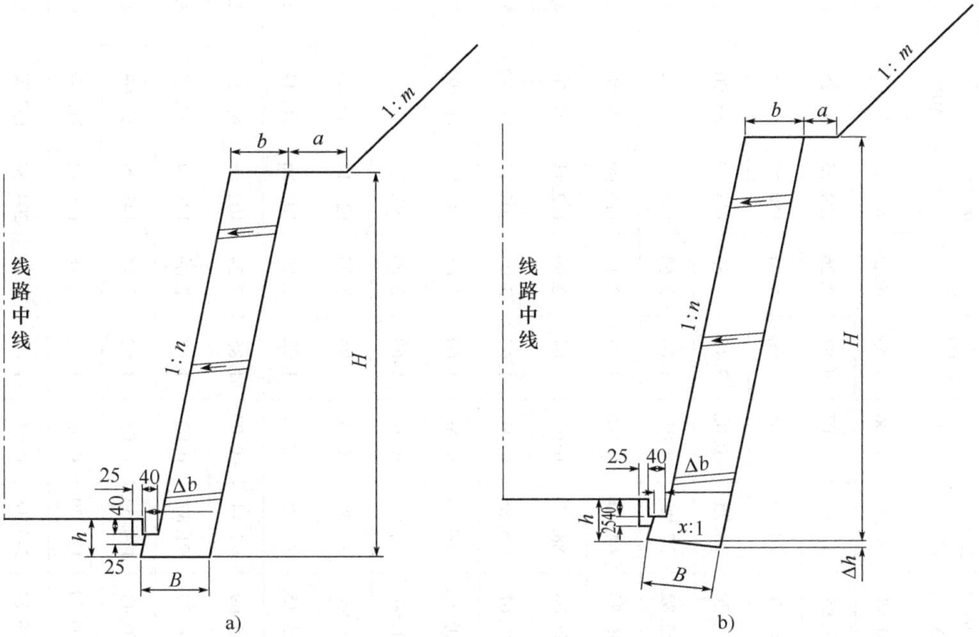

图5-10 隧道洞门外挡墙计算主要参数示意图(尺寸单位:cm)

常用挡墙计算参数见表5-6。根据以上计算方法，对表5-6中的各项参数值分别进行计算汇总，详见表5-7。工程设计时可参考引用。

常用挡墙计算参数表 表5-6

φ(°)	m	f	γ (kN/m³)	a (m)	[σ] (MPa)	n	h (m)	x	对应表格
70°	0.5	0.6	25	0.0	0.80	0.10	1.0	0.0	表格一
65°	0.5	0.6	25	0.0	0.70	0.15	1.0	0.0	表格二
60°	0.75	0.5	24	0.0	0.60	0.15	1.0	0.0	表格三
55°	0.75	0.5	22	0.0	0.50	0.20	1.0	0.0	表格四
55°	0.75	0.5	22	0.0	0.50	0.25	1.0	0.0	表格五
50°	1.0	0.4	20	0.0	0.35	0.20	1.0	0.1	表格六
50°	1.0	0.4	20	0.0	0.35	0.25	1.0	0.1	表格七
45°	1.25	0.4	18	0.0	0.30	0.25	1.0	0.2	表格八
40°	1.5	0.35	17	0.0	0.25	0.25	1.0	0.2	表格九

Δb 的取值说明：

考虑到 Δb 对墙厚的计算结果影响很大，为尽量节约墙体厚度考虑，建议均按设置考虑(除部分按构造厚度即可的，对计算无影响之外)，且设置厚度按不小于0.2m计算。

挡墙厚度构造要求按不小于50cm考虑。

挡墙计算结果汇总表

表 5-7

表格	H (m)	b (m)	Δb (m)	B (m)	B' (m)	Δh (m)	ΣE (kN)	ΣN (kN)	$\Sigma N'$ (kN)	$\Sigma M[O]$ (kN·m)	$\Sigma M[y]$ (kN·m)	E (m)	$k[O]$	$k[C]$	σ[趾] (MPa)	σ[踵] (MPa)	墙身断面 (m^2)	沟身断面 (m^2)
表格一	2	0.50	0.00	0.50	0.50	0.00	1.27	23.00	23.00	0.85	8.05	−0.06	9.53	10.89	80.92	11.08	1.00	0.26
	3	0.50	0.00	0.50	0.50	0.00	2.85	34.50	34.50	2.85	13.80	−0.07	4.84	7.26	124.75	13.25	1.50	0.26
	4	0.50	0.00	0.50	0.50	0.00	5.07	46.00	46.00	6.76	20.70	−0.05	3.06	5.44	150.55	33.45	2.00	0.26
	5	0.50	0.00	0.50	0.50	0.00	7.92	57.50	57.50	13.20	28.75	−0.02	2.18	4.35	143.10	86.90	2.50	0.26
	6	0.50	0.00	0.50	0.50	0.00	11.41	69.00	69.00	22.82	37.95	0.03	1.66	3.63	188.81	87.19	3.00	0.26
	7	0.50	0.20	0.70	0.70	0.00	15.53	80.50	80.50	36.23	64.40	0.00	1.78	3.11	115.09	114.91	3.62	0.21
	8	0.55	0.20	0.75	0.75	0.00	20.28	101.20	101.20	54.08	88.55	0.03	1.64	2.99	172.11	97.76	4.52	0.21
	9	0.63	0.20	0.83	0.83	0.00	25.67	130.41	130.41	77.01	125.85	0.04	1.63	3.05	203.12	111.12	5.79	0.21
	10	0.70	0.20	0.90	0.90	0.00	31.69	161.00	161.00	105.63	169.05	0.06	1.60	3.05	245.81	111.97	7.12	0.21
表格二	2	0.50	0.00	0.50	0.50	0.00	2.47	23.00	23.00	1.64	9.20	−0.08	5.60	5.60	89.35	2.65	1.00	0.26
	3	0.50	0.00	0.50	0.50	0.00	5.55	34.50	34.50	5.55	16.39	−0.06	2.95	3.73	122.14	15.86	1.50	0.26
	4	0.50	0.00	0.50	0.50	0.00	9.86	46.00	46.00	13.15	25.30	−0.01	1.92	2.80	107.56	76.44	2.00	0.26
	5	0.50	0.20	0.70	0.70	0.00	15.41	57.50	57.50	25.69	47.44	−0.03	1.85	2.24	102.05	62.24	2.62	0.21
	6	0.56	0.20	0.76	0.76	0.00	22.19	77.28	77.28	44.39	71.87	0.02	1.62	2.09	121.24	82.13	3.48	0.21
	7	0.67	0.20	0.87	0.87	0.00	30.21	107.87	107.87	70.48	114.34	0.03	1.62	2.14	148.29	99.69	4.81	0.21
	8	0.78	0.20	0.98	0.98	0.00	39.45	143.52	143.52	105.21	170.79	0.03	1.62	2.18	176.12	116.78	6.36	0.21
	9	0.89	0.20	1.09	1.09	0.00	49.94	184.23	184.23	149.81	243.18	0.04	1.62	2.21	204.50	133.53	8.13	0.21
	10	0.99	0.20	1.19	1.19	0.00	61.65	227.70	227.70	205.49	329.03	0.05	1.60	2.22	241.97	140.72	10.02	0.21

续上表

表格	H (m)	b (m)	Δb (m)	B (m)	B′ (m)	Δh (m)	ΣE (kN)	ΣN (kN)	ΣN′ (kN)	ΣM[O] (kN·m)	ΣM[y] (kN·m)	E (m)	k[O]	k[C]	σ[趾] (MPa)	σ[踵] (MPa)	墙身断面 (m^2)	沟身断面 (m^2)
表格三	2	0.50	0.00	0.50	0.50	0.00	2.98	23.00	23.00	1.99	9.20	-0.06	4.62	3.85	81.05	10.95	1.00	0.26
	3	0.50	0.00	0.50	0.50	0.00	6.71	34.50	34.50	6.71	16.39	-0.03	2.44	2.57	94.14	43.86	1.50	0.26
	4	0.50	0.20	0.70	0.70	0.00	11.94	46.00	46.00	15.92	34.50	-0.05	2.17	1.93	96.12	35.31	2.12	0.21
	5	0.52	0.20	0.72	0.72	0.00	18.65	59.80	59.80	31.09	49.93	0.04	1.61	1.60	114.10	52.01	2.72	0.21
	6	0.65	0.20	0.85	0.85	0.00	26.86	89.70	89.70	53.72	87.46	0.05	1.63	1.67	141.93	69.12	4.02	0.21
	7	0.77	0.20	0.97	0.97	0.00	36.56	123.97	123.97	85.30	137.61	0.06	1.61	1.70	177.69	77.92	5.51	0.21
	8	0.84	0.30	1.14	1.14	0.00	47.75	154.56	154.56	127.33	204.02	0.07	1.60	1.62	188.27	82.89	6.90	0.18
	9	0.97	0.30	1.27	1.27	0.00	60.43	200.79	200.79	181.30	293.15	0.08	1.62	1.66	216.32	99.89	8.91	0.18
	10	1.09	0.30	1.39	1.39	0.00	74.61	250.70	250.70	248.70	399.87	0.09	1.61	1.68	252.00	108.72	11.08	0.18
表格四	2	0.50	0.00	0.50	0.50	0.00	4.84	23.00	23.00	3.23	10.35	-0.06	3.21	2.38	78.96	13.04	1.00	0.26
	3	0.50	0.00	0.50	0.50	0.00	10.89	34.50	34.50	10.89	18.98	0.02	1.74	1.58	81.97	56.03	1.50	0.26
	4	0.55	0.30	0.85	0.85	0.00	19.36	50.60	50.60	25.81	49.34	-0.04	1.91	1.31	76.27	42.79	2.38	0.18
	5	0.69	0.30	0.99	0.99	0.00	30.25	79.35	79.35	50.42	90.86	-0.01	1.80	1.31	87.24	73.06	3.63	0.18
	6	0.83	0.30	1.13	1.13	0.00	43.56	114.54	114.54	87.12	150.62	0.01	1.73	1.31	107.09	95.63	5.16	0.18
	7	0.96	0.30	1.26	1.26	0.00	59.29	154.56	154.56	138.35	228.75	0.05	1.65	1.30	149.03	96.31	6.90	0.18
	8	1.10	0.30	1.40	1.40	0.00	77.44	202.40	202.40	206.52	333.96	0.07	1.62	1.31	188.16	100.99	8.98	0.18
	9	1.25	0.30	1.55	1.55	0.00	98.02	258.75	258.75	294.05	472.22	0.09	1.61	1.32	222.77	111.10	11.43	0.18
	10	1.41	0.30	1.71	1.71	0.00	121.01	324.30	324.30	403.35	650.22	0.09	1.61	1.34	252.05	127.25	14.28	0.18

续上表

表格	H (m)	b (m)	Δb (m)	B (m)	B' (m)	Δh (m)	ΣE (kN)	ΣN (kN)	$\Sigma N'$ (kN)	$\Sigma M[O]$ (kN·m)	$\Sigma M[y]$ (kN·m)	E (m)	$k[O]$	$k[C]$	σ[趾] (MPa)	σ[踵] (MPa)	墙身断面 (m^2)	沟身断面 (m^2)
表格五	2	0.50	0.00	0.50	0.50	0.00	3.82	23.00	23.00	2.54	11.50	−0.14	4.52	3.01	138.58		1.00	0.25
	3	0.50	0.00	0.50	0.50	0.00	8.59	34.50	34.50	8.59	21.56	−0.13	2.51	2.01	185.56		1.50	0.25
	4	0.50	0.20	0.70	0.70	0.00	15.27	46.00	46.00	20.36	43.70	−0.16	2.15	1.51	331.26		2.12	0.20
	5	0.54	0.30	0.84	0.84	0.00	23.86	62.10	62.10	39.76	74.21	−0.13	1.87	1.30	145.06	2.80	2.88	0.18
	6	0.65	0.30	0.95	0.95	0.00	34.35	89.70	89.70	68.71	123.34	−0.13	1.80	1.31	174.33	14.51	4.08	0.18
	7	0.76	0.30	1.06	1.06	0.00	46.76	122.36	122.36	109.11	190.27	−0.13	1.74	1.31	202.53	28.34	5.50	0.18
	8	0.87	0.30	1.17	1.17	0.00	61.08	160.08	160.08	162.87	277.74	−0.13	1.71	1.31	229.85	43.79	7.14	0.18
	9	0.98	0.30	1.28	1.28	0.00	77.30	202.86	202.86	231.90	388.48	−0.13	1.68	1.31	256.45	60.52	9.00	0.18
	10	1.08	0.35	1.43	1.43	0.00	95.43	248.40	248.40	318.10	531.58	−0.14	1.67	1.30	278.95	68.46	11.01	0.17
表格六	2	0.50	0.00	0.50	0.49	0.05	5.10	23.00	23.39	3.40	10.35	−0.05	3.04	3.36	77.17	17.80	1.01	0.26
	3	0.50	0.00	0.50	0.49	0.05	11.47	34.50	35.47	11.47	18.98	0.03	1.65	1.78	99.75	44.26	1.51	0.26
	4	0.55	0.20	0.75	0.74	0.07	20.40	50.60	52.38	27.19	44.28	0.04	1.63	1.37	91.69	50.08	2.35	0.21
	5	0.66	0.30	0.96	0.95	0.09	31.87	75.90	78.69	53.11	85.77	0.06	1.61	1.30	108.53	57.87	3.53	0.18
	6	0.82	0.30	1.12	1.10	0.11	45.89	113.16	117.16	91.78	148.24	0.07	1.62	1.36	140.21	72.14	5.16	0.18
	7	0.98	0.30	1.28	1.26	0.13	62.46	157.78	163.21	145.74	235.09	0.08	1.61	1.41	173.28	85.55	7.12	0.18
	8	1.14	0.30	1.44	1.42	0.14	81.58	209.76	216.84	217.55	350.30	0.10	1.61	1.44	207.30	98.36	9.40	0.18
	9	1.30	0.30	1.60	1.58	0.16	103.25	269.10	278.04	309.75	497.84	0.11	1.61	1.46	242.03	110.71	12.01	0.18
	10	1.46	0.30	1.76	1.73	0.17	127.47	335.80	346.82	424.90	681.67	0.13	1.60	1.48	277.27	122.72	14.93	0.18

续上表

表格	H (m)	b (m)	Δb (m)	B (m)	B' (m)	Δh (m)	ΣE (kN)	ΣN (kN)	$\Sigma N'$ (kN)	$\Sigma M[O]$ (kN·m)	$\Sigma M[y]$ (kN·m)	E (m)	$k[O]$	$k[C]$	σ[趾] (MPa)	σ[踵] (MPa)	墙身断面 (m^2)	沟身断面 (m^2)
表格七	2	0.50	0.00	0.50	0.49	0.05	4.21	23.00	23.31	2.81	11.50	-0.13	4.09	4.89	125.46		1.01	0.25
	3	0.50	0.00	0.50	0.49	0.05	9.48	34.50	35.27	9.48	21.56	-0.10	2.27	2.35	154.65		1.51	0.25
	4	0.55	0.20	0.75	0.74	0.07	16.86	50.60	52.03	22.48	49.34	-0.15	2.19	1.77	280.86		2.35	0.20
	5	0.56	0.20	0.76	0.75	0.07	26.34	64.40	66.70	43.90	71.16	-0.04	1.62	1.35	119.64	59.38	2.95	0.20
	6	0.66	0.30	0.96	0.94	0.09	37.93	91.08	94.40	75.86	125.69	-0.06	1.66	1.32	141.67	58.92	4.18	0.18
	7	0.77	0.30	1.07	1.05	0.10	51.63	123.97	128.49	120.47	193.39	-0.04	1.61	1.32	158.47	86.48	5.63	0.18
	8	0.90	0.30	1.20	1.18	0.12	67.43	165.60	171.49	179.82	289.80	-0.05	1.61	1.36	191.78	99.73	7.45	0.18
	9	1.03	0.30	1.33	1.30	0.13	85.35	213.21	220.64	256.04	413.63	-0.06	1.62	1.39	224.98	113.43	9.54	0.18
	10	1.15	0.30	1.45	1.42	0.14	105.36	264.50	273.67	351.21	562.06	-0.06	1.60	1.39	249.15	135.84	11.78	0.18
表格八	2	0.50	0.00	0.50	0.49	0.10	5.20	23.00	23.57	3.47	11.50	-0.10	3.32	16.01	102.61		1.02	0.25
	3	0.50	0.00	0.50	0.49	0.10	11.70	34.50	36.12	11.70	21.56	-0.03	1.84	3.07	105.83	42.95	1.52	0.25
	4	0.52	0.20	0.72	0.70	0.14	20.80	47.84	50.99	27.74	45.93	-0.01	1.66	1.85	84.78	61.06	2.25	0.20
	5	0.62	0.30	0.92	0.89	0.18	32.50	71.30	76.29	54.17	88.06	0.00	1.63	1.71	93.52	77.24	3.36	0.18
	6	0.76	0.30	1.06	1.03	0.20	46.81	104.88	112.02	93.61	149.98	0.01	1.60	1.77	113.21	104.41	4.85	0.18
	7	0.91	0.30	1.21	1.18	0.23	63.71	146.51	156.16	148.66	238.81	0.01	1.61	1.85	139.47	126.29	6.69	0.18
	8	1.06	0.30	1.36	1.32	0.26	83.21	195.04	207.57	221.90	356.92	0.01	1.61	1.92	165.38	148.91	8.84	0.18
	9	1.21	0.30	1.51	1.47	0.29	105.32	250.47	266.26	315.95	508.45	0.01	1.61	1.97	191.04	172.06	11.29	0.18
	10	1.36	0.30	1.66	1.61	0.32	130.02	312.80	332.22	433.40	697.54	0.01	1.61	2.01	216.50	195.63	14.04	0.18

续上表

表格	H (m)	b (m)	Δb (m)	B (m)	B′ (m)	Δh (m)	ΣE (kN)	ΣN (kN)	ΣN′ (kN)	ΣM[O] (kN·m)	ΣM[y] (kN·m)	E (m)	k[O]	k[C]	σ[趾] (MPa)	σ[踵] (MPa)	墙身断面 (m^2)	沟身断面 (m^2)
表格九	2	0.50	0.00	0.50	0.49	0.10	6.70	23.00	23.87	4.47	11.50	−0.05	2.57	4.06	81.80	16.50	1.02	0.25
	3	0.50	0.20	0.70	0.68	0.13	15.08	34.50	36.79	15.08	28.46	−0.02	1.89	1.61	71.14	37.07	1.67	0.20
	4	0.62	0.20	0.82	0.80	0.16	26.80	57.04	61.19	35.73	57.61	0.04	1.61	1.42	91.11	62.55	2.66	0.20
	5	0.75	0.30	1.05	1.02	0.20	41.88	86.25	92.79	69.79	112.13	0.05	1.61	1.34	108.00	73.97	4.04	0.18
	6	0.91	0.35	1.26	1.22	0.24	60.30	125.58	134.97	120.60	195.28	0.06	1.62	1.37	128.08	92.50	5.82	0.17
	7	1.08	0.35	1.43	1.39	0.27	82.08	173.88	186.60	191.51	306.90	0.08	1.60	1.41	162.15	106.56	7.96	0.17
	8	1.26	0.35	1.61	1.56	0.31	107.20	231.84	248.36	285.87	459.04	0.08	1.61	1.46	191.85	125.81	10.54	0.17
	9	1.44	0.35	1.79	1.74	0.34	135.68	298.08	318.90	407.03	654.29	0.09	1.61	1.50	222.19	144.67	13.48	0.17
	10	1.63	0.35	1.98	1.92	0.38	167.50	374.90	400.47	558.34	905.38	0.09	1.62	1.54	247.36	169.13	16.88	0.17

5.8 洞门墙抗震计算

5.8.1 地震土压力计算

当对隧道端墙和挡墙进行抗震计算时,作用于挡墙上的地震主动土压力,应按库仑理论公式计算。

墙背后土的计算摩擦角 φ 、墙背摩擦角 δ 、土的重度 γ 受地震作用的影响,应根据地震角分别按下列公式进行修正。

$$\varphi_E = \varphi - \theta \tag{5-47}$$

$$\delta_E = \delta + \theta \tag{5-48}$$

$$\gamma_E = \frac{\gamma}{\cos\theta} \tag{5-49}$$

式中:φ_E ——修正后的土的计算摩擦角(°);

δ_E ——修正后的墙背摩擦角(°);

γ_E ——修正后土的重度(kN/m^3);

θ ——地震角(°),按表 2-14 选取。

5.8.2 洞门挡墙结构的水平地震力

洞门挡墙结构的水平地震力,可根据《铁路工程抗震设计规范》(GB 50111—2006)中的规定计算如下:

$$F_{ibE} = \eta \cdot A_g \cdot \eta_i \cdot m_i \tag{5-50}$$

式中:F_{ibE} ——第 i 截面以上墙身质心处的水平地震力(kN);

η ——水平地震作用修正系数,岩石地基取值 0.2,非岩石地基取值 0.25;

m_i ——第 i 截面以上墙身的质量(t);

η_i ——水平地震作用沿墙高增大系数,其数值按表 5-8 计算,计算图示如图 5-11 所示;

A_g ——地震动峰值加速度(m/s^2)。

水平地震作用沿墙高增大系数　　表 5-8

墙　高	η_i
$H \leqslant 12m$	1
$H > 12m$	$1 + h_i/H$

注:h_i 为第 i 截面以上墙身质心至墙底的高度(m)。

5.8.3 地基抗震容许承载力验算

地基土抗震容许承载力可按下式计算:

$$[\sigma_E] = \psi[\sigma] \tag{5-51}$$

式中：$[\sigma_E]$——地基土抗震容许承载力(kPa)；

ψ——地基土容许承载力修正系数，按表 5-9 选取；

$[\sigma]$——地基土容许承载力(kPa)。

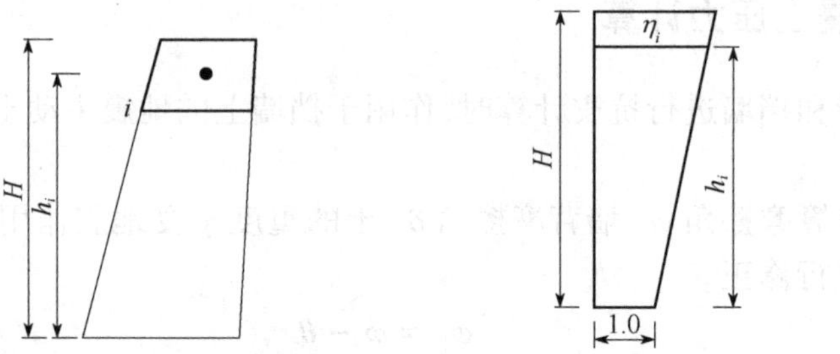

a）挡土墙验算第i截面以上墙体　　b）水平地震作用增大系数

图 5-11　水平地震作用增大系数计算图式(尺寸单位：m)

地基土容许承载力修正系数 ψ 值　　表 5-9

地　基　土	修正系数 ψ 值
未风化至强风化的硬质岩石；未风化至微风化的软质岩	1.5
基本承载力 σ_0 > 500kPa 的岩石和土	1.4
基本承载力 150kPa < σ_0 ≤ 500kPa 的岩石和土	1.3
基本承载力 100kPa < σ_0 ≤ 150kPa 的土，不包括液化土、软土、人工弃填土等	1.2

注：软质岩是指饱和单轴极限抗压强度为 15～30MPa 的岩石。

第6章

盾构法隧道设计计算

盾构法是采用盾构机施工的一种全机械化隧道施工方法，是盾构机械在地下推进，通过安装在刀盘上的切削装置进行土体开挖，开挖后通过盾壳进行支撑防止坍塌，一般采用预制管片结构作为永久支护，并集成出渣系统等形成的一种暗挖施工方法。盾构的推进、出土和衬砌拼装等均为自动化作业，开挖安全，施工速度快，对周边环境影响相对小，因此，具有与传统施工工法不同的特征。

国内外已建成了大量的盾构法隧道，逐步形成了较为成熟的结构设计计算理论与工程实践体系。目前盾构法隧道除了最为常见的单圆形外，还有双圆盾构、马蹄形盾构、矩形盾构以及其他异形盾构形式，但常见的盾构法隧道仍以单圆形为主。在我国目前城市地铁区间隧道施工中，盾构法施工已经成为主要的施工工法，技术也已非常成熟。由于单圆形断面隧道结构受力好，是目前盾构法施工采用的主要断面形状，本章介绍的内容也主要是针对单圆形盾构断面的。盾构推进不可避免地扰动土体，引起地层变形及地面沉降，在软土地层中进行施工时影响更大。引起地层变形的主要原因有开挖施工过程中的地层损失、开挖所引起的初始应力状态的改变，受扰动土体的固结、蠕变及衬砌结构变形等。这些因素对盾构法隧道的荷载都有一定的影响。在设计计算过程中，应考虑其不利的影响。

盾构法施工隧道具有不同于钻爆法（矿山法）现浇衬砌隧道的两个特点：一是采用预制装配式管片结构，接头一般采用螺栓连接，管片结构的受力计算要考虑接头的影响；二是盾构法采用单圆形结构，受力更有利，在埋深不大或者埋深大但水压力满足一定条件时，采用防水型结构形式。因此，盾构法隧道结构计算模型、方法与矿山法（钻爆法）施工采用现浇衬砌有所不同。盾构法用于城市地铁修建时，隧道往往埋深不大，沿道路下方敷设，对地面沉降要求较高，因此，地面沉降计算也是盾构法施工的一项重要内容。

工程建设提倡全寿命周期成本，盾构法隧道采用预制装配式管片结构，工厂化生产、标准化养护、机械化安装，质量更加可控，而且盾构法施工安全性更高。后期维护成本相对采用现浇衬砌隧道来讲，具有一定的优势。另外，机械化、自动化、智能化也是未来发展的趋势，采用装配式结构必然是未来隧道发展的一个重要方向。因此，将盾构法隧道采用预制管片结构的计算单列一章，对目前工程中采用的计算方法进行汇总分析，便于工程技术人员应用。由于预制结构的受力和连接方式有一定的通用性，因此，本章内容也可供TBM法施工或者钻爆法（矿山法施工）采用装配式衬砌的隧道结构设计计算参考使用。

6.1 荷载的确定

盾构法隧道预制管片结构多为防水型隧道,因此,荷载计算时要考虑水压力。这也是不同于矿山法(钻爆法)隧道现浇衬砌荷载计算的一个方面。盾构法隧道承受的荷载如图 6-1 所示。

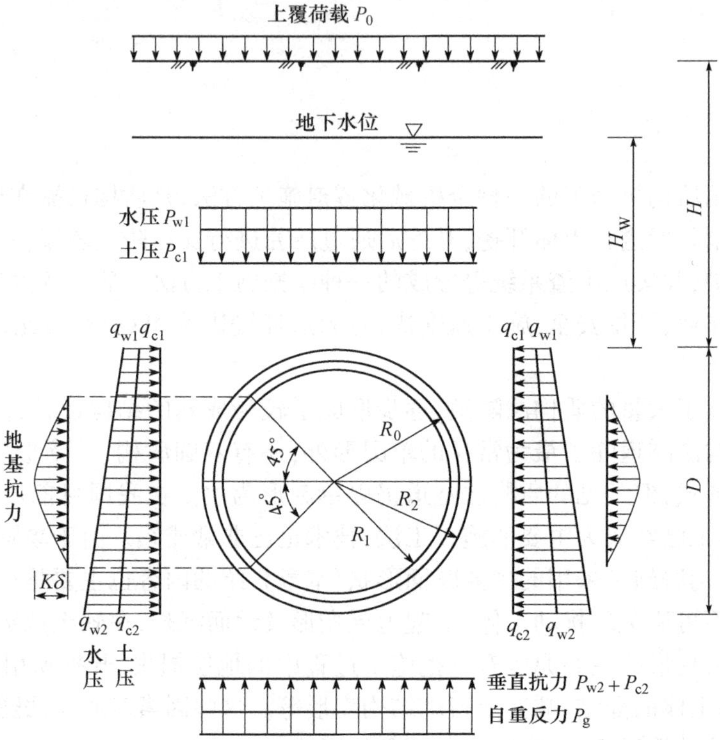

图 6-1 盾构法隧道所受荷载示意图

6.1.1 荷载种类

盾构法隧道荷载与一般隧道结构大体相同,参见表 2-1。由于采用装配式管片结构,盾构法隧道需要考虑施工期间的特殊荷载,如盾构机推杆的推力荷载、管片举重臂的操作荷载以及切削头的扭矩等设备荷载。

6.1.2 主要荷载的计算

1)垂直和水平土压力

垂直和水平土压力的计算与隧道的变形无关,隧道底部的土压力考虑为反向的地基土反力,无须加载。计算土压力前,应先确定水土压力计算方法,即采用水土压力分算还是水土压力合算。但应注意,在水土压力合算时,地下水位以上采用自然重度,地下水位以下采用饱和重度;水土压力分算时,地下水位以上采用自然重度,地下水位以下采用浮重度。

(1)垂直土压力

将垂直土压力作为作用于衬砌顶部的均布荷载来考虑,其大小宜根据隧道的覆土厚度、隧道的断面形状、外径和围岩条件来决定,见表6-1。

垂直土压力的计算 表6-1

土层类型	条件	土压力计算	备注
砂性土、黏性土	覆土厚度≤D	超浅埋:全覆土重力作为土压力	砂性土和中等固结以下的黏性土($4 \leq N<8$),深浅埋分界建议取大值,以硬质黏土($N \geq 8.0$)为主的地基,建议取小值
	$D<$覆土厚度≤$(2.0\sim2.5)D$	浅埋:采用松弛土压力	
	覆土厚度$>(2.0\sim2.5)D$	深埋:采用松弛土压力	
基岩	—	—	建议采用《铁路隧规》中的公式计算

注:D为盾构法隧道的开挖直径;N为标准贯入试验锤击数。

松弛土压力的计算一般采用太沙基公式。深浅埋的分界仍按$(2.0\sim2.5)D$进行,计算简图如图6-2所示。当地层为互层时,以地层构成中的主要地层为基础,将地层假定为单一土层进行计算,或者以互层的状态进行松弛土压力的计算。

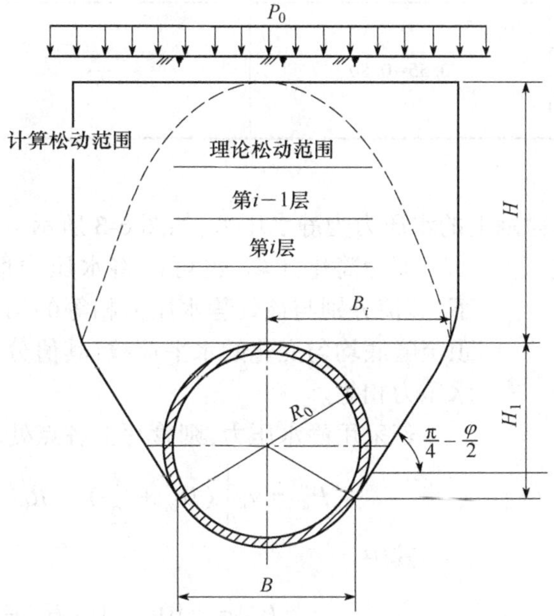

图6-2 松弛土压力计算简图

(2)水平土压力

水平土压力作用在衬砌两侧,其大小根据垂直土压力与侧向土压力系数来计算。在难以得到地基反力的条件下,可以考虑将施工条件下的静止土压力系数作为侧向土压力系数。当无试验值时,可以参照下式进行取值。

根据物理指标取值采用公式(6-1):

$$\lambda = \frac{\nu}{1-\nu} \tag{6-1}$$

砂类土计算采用公式(6-2)：

$$\lambda = 1 - \sin\varphi \tag{6-2}$$

软的黏性土计算采用公式(6-3)：

$$\lambda = 0.80 \sim 0.85 \tag{6-3}$$

上述式中：λ——侧压力系数，见表 6-2；

ν——泊松比；

φ——内摩擦角(°)。

根据标准贯入试验的 N 值而定的 λ 和 K 值　　表 6-2

土 壤 种 类	侧压力系数 λ	上层抗力系数 K(MN/m³)	标准贯入度值 N
极密实的砂	0.35~0.45	30~50	$N \geq 30$
非常硬的黏性土			$N \geq 25$
密实砂性土	0.45~0.55	10~30	$15 \leq N < 30$
硬黏性土			$8 \leq N < 25$
中硬黏性土		5~10	$4 \leq N < 8$
松砂性土	0.55~0.80	—	$N < 15$
软黏性土			$4 \leq N < 4$
非常软的黏性土			$N < 2$

2)水压力

一般情况下，作用在衬砌上的水压力为静水压力，如图 6-3 所示。

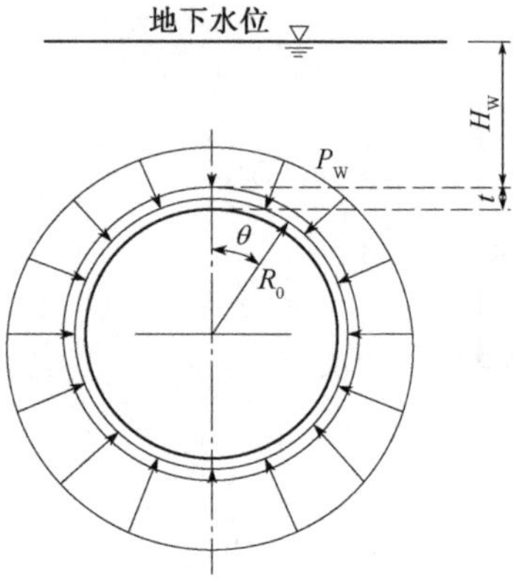

图 6-3　静水压力计算简图

但为简化计算，也可以将水压力取为拱顶以上和隧底以下，其值分别与该处静水压力相等的均布竖向水压力以及由拱顶至隧底均匀变化的水平荷载，其值分别与拱顶和隧底处的静水压力相等。

若采用静水压力，则管片上各点处的水压力 P_w 为：

$$P_w = \gamma_w \left[\left(H_w + \frac{t}{2}\right) + R_0(1 - \cos\theta) \right] \tag{6-4}$$

其中：

$$P_w \in [10H_w, 10(H_w + 2R_0)]$$

式中：H_w——盾构管片顶部外缘与地下水位的距离(m)；

t——盾构管片的结构厚度(m)。

3)水土压力合算与分算考虑方法

计算时，一般施工期间采用水土合算，运营期间采用水土分算。同时考虑到地下水位与土压力计算高度不一致，因此，土压力与水压力计算取值位置也不相同，如图 6-4 所示。

当采用水土压力合算时，水土压力计算深度取至“土压力计算深度”位置，土层重度可采用平均重度(不考虑浮重度的影响)。

当采用水土压力分算时,水压力和土压力应分开计算,其中水压力应计算至"计算地下水位"位置;土压力应计算至"土压力计算深度"位置,计算土压力时土层重度应采用浮重度。

4)地基反力

地基反力,一种是独立于地基位移的反力,它与给定荷载相平衡,可预先假定其分布是均匀的;另一种是从属于地基位移的反力,它与衬砌的地基内位移相关,并与地层的位移成比例,该比例因子即为地基反力系数,取决于围岩韧度和衬砌尺寸。地基反力计算简图如图6-5所示。

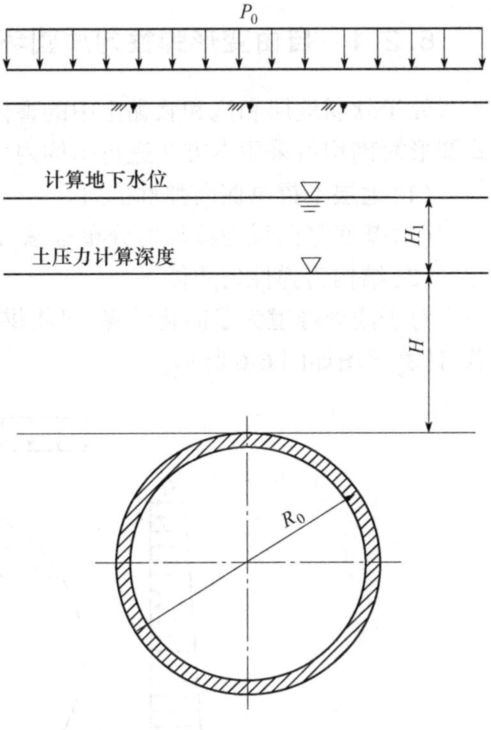

图6-4 水土压力分算/合算计算简图

地基反力的常用计算方法中,垂直方向的与地基位移无关的地基反力取与垂直荷载相平衡的均布反力;作用在隧道侧面的水平方向的地基反力,则是伴随衬砌向围岩方向的变形而产生,故在衬砌水平直径上下45°中心角范围内,采用以水平直径处为顶点,三角形分布的地基反力。按作用在水平直径点上地基反力大小与衬砌向围岩方向的水平变形成正比关系计算:

$$q = k\delta \tag{6-5}$$

式中:k——地基反力系数,根据土质条件并考虑与侧向土压力系数λ的关系确定;

δ——位移值。

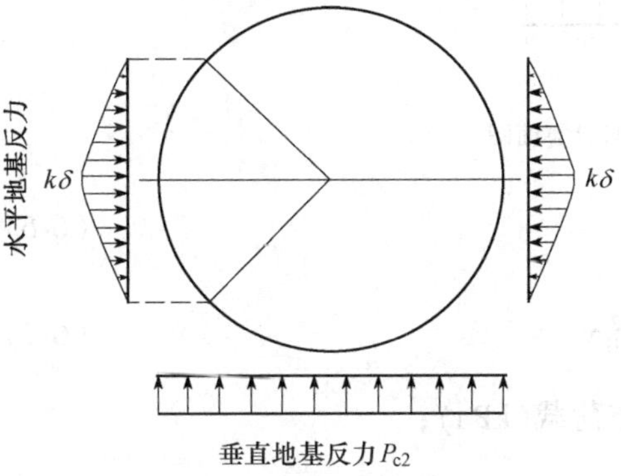

图6-5 地基反力计算简图

与常用的计算方法不同,作为伴随地基的位移确定地基反力的另一种方法,是将管片环与地基间的相互作用通过地基弹簧模型进行考虑。这一方法是将地基反力考虑为管片向地基方向变形时产生的反力。

从工程应用实例来看,施加弹簧的方式通常是只施加径向弹簧,也有一些考虑切向弹簧进行设计的例子。从计算结果来看,施加切向弹簧对计算结果的影响很小。

6.2 受力计算

对于采用盾构法修建的圆形隧道衬砌,根据所处的地层条件和结构构造特点,目前较通用的计算方法比较多。以下对工程实际中主要采用的几种计算方法进行介绍。

6.2.1 自由变形弹性匀质圆环法

处于软弱地层和饱和软黏土中的整体式圆形衬砌，或接头刚度接近结构本身刚度的装配式圆形衬砌均可采用本方法进行结构内力分析。在此方法中假定：

(1)地层不提供侧向弹性抗力。

(2)基底竖向反力按均匀分布考虑，并根据静力平衡条件计算其量值。

(3)结构为弹性匀质体。

对于浅埋隧道为了简化计算，可将拱背上的非均布的竖向地层压力近似地换算成均布荷载，计算简图如图6-6所示。

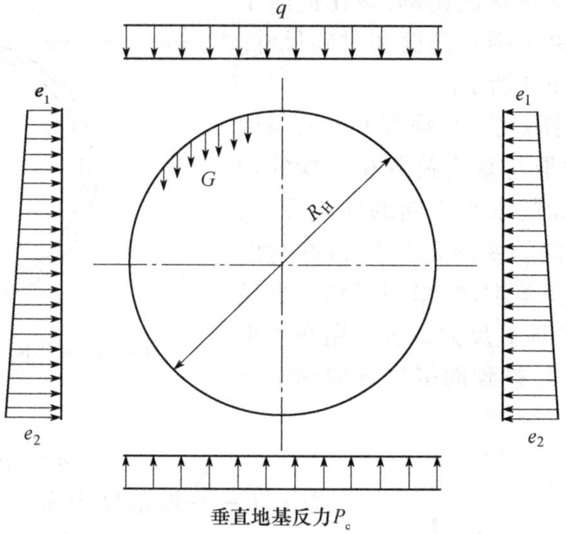

图6-6　自由变形弹性匀质圆环计算简图

$$q_2 = \frac{G}{2R_H} \tag{6-6}$$

$$G = 2\left(1 - \frac{\pi}{4}\right)R_H^2\gamma \tag{6-7}$$

上述式中：q_2——拱背上非均布竖向地层压力等效均布荷载(kPa)；

G——拱背上地层压力总值；

R_H——衬砌计算半径(m)；

γ——地层重度(kN/m³)。

竖向均布地层压力为：

$$q = q_2 + \gamma h \tag{6-8}$$

式中：h——隧道上方覆土厚度(m)。

按自由变形弹性匀质圆环法分析衬砌内力时，结构所承受的主动荷载和垂直反力如图6-6所示。衬砌中各截面的弯矩M(内缘受拉为正)和轴力N(受压为正)见表6-3。

断面内力表 表6-3

荷载	截面位置	内力	
		M(kN·m)	N(kN)
自重 g	$0\sim\pi$	$gR_H^2(1-0.5\cos\alpha-\alpha\sin\alpha)$	$gR_H(\alpha\sin\alpha-0.5\cos\alpha)$
土荷载 q	$0\sim\pi$ $\frac{\pi}{2}\sim\pi$	$qR_H^2(0.193+0.106\cos\alpha-0.5\sin^2\alpha)$ $qR_H^2(0.693+0.106\cos\alpha-\sin\alpha)$	$qR_H(\sin^2\alpha-0.106\cos\alpha)$ $qR_H(\sin\alpha-0.106\cos\alpha)$
底部反力 P_R	$0\sim\frac{\pi}{2}$ $\frac{\pi}{2}\sim\pi$	$P_RR_H^2(0.057-0.106\cos\alpha)$ $P_RR_H^2(-0.443+\sin\alpha-0.106\cos\alpha-0.5\sin^2\alpha)$	$0.106P_RR_H\cos\alpha$ $P_RR_H(\sin^2\alpha-\sin\alpha+0.106\cos\alpha)$
水压 W	$0\sim\pi$	$-R_H^3(0.5-0.25\cos\alpha-0.5\alpha\sin\alpha)$	$R_H^2(1-0.25\cos\alpha-0.5\alpha\sin\alpha)+HR$
均布侧压 e_i	$0\sim\pi$	$e_iR_H^2(0.25-0.5\cos^2\alpha)$	$e_iR_H\cos^2\alpha$
$\Delta_{侧压}$ (e_i-e)	$0\sim\pi$	$e_iR_H^2(0.25\sin^2\alpha+0.083\cos^3\alpha-0.063\cos\alpha-0.125)$	$e_iR_H\cos\alpha(0.063+0.5\cos\alpha-0.25\cos^2\alpha)$

注:参考《地下铁道设计与施工》(施仲衡等主编)。

6.2.2 考虑侧向水平弹性抗力法

处于能提供侧向弹性抗力的地层,如硬黏土、砂性土中的整体式或装配式圆形衬砌均可采用本方法进行结构内力分析。在此方法中假定:

(1)地层侧向弹性抗力为水平方向作用,并呈三角形分布,上下零点在水平直径上下45°处,最大值即在水平直径处,如图6-7所示。其余任一点的侧向水平弹性抗力 σ_i 均为 σ_k 的函数,即:

$$\alpha_t=\sigma_K\left(1-\frac{|\sin\alpha|}{\sin 45^\circ}\right)=K\delta_K\left(1-\frac{|\sin\alpha|}{\sqrt{2}}\right) \tag{6-9}$$

式中:K——地层弹性抗力系数(MPa/m);

σ_K——水平直径处,衬砌的最终水平变位。

$$\delta_K=\frac{(2q+\pi g-2e)R_H^4}{24(EJ+0.045KR_H^4)} \tag{6-10}$$

式中:E——衬砌材料的杨氏弹性模量(MPa);

J——衬砌材料的惯性矩(m^4)。

$$e=\frac{e_1+e_2}{2} \tag{6-11}$$

(2)竖向地基反力按均布考虑,并根据静力平衡条件计算其量值。

(3)在装配式衬砌中,若接头刚度较小,则衬砌的整体刚度也将有所减弱,有助于充分发挥地层的承载力,改善结构受力状态。为了使设计经济、合理,在进行内力分析时应考虑接头

对刚度的影响。目前,较适用的方法为:

①按缪尔伍特(Muir wood)经验公式决定装配式衬砌的有效惯性矩 J_e:

$$J_e = J_i + \left(\frac{4}{n}\right)^2 J_0 \tag{6-12}$$

式中:J_i——接头惯性矩(m^4),常视作零值;

J_0——管片的惯性矩(m^4);

n——环中接头数量(个)。

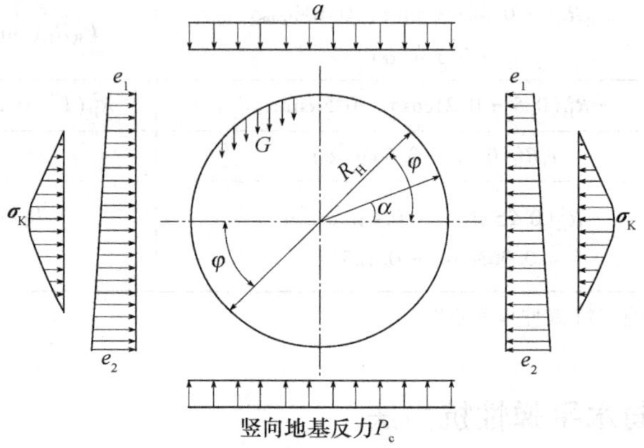

图 6-7 考虑侧向地层弹性抗力的圆环计算图式

②按日本土木协会《盾构用标准管片》(1982)中的规定,如为错缝拼装的平板型管片,其计算刚度取:

$$(EJ)_{计} = \eta\,(EJ)_0 \tag{6-13}$$

式中:η——弯曲刚度有效率,建议取 0 8;

$(EJ)_0$——管片的原有刚度。

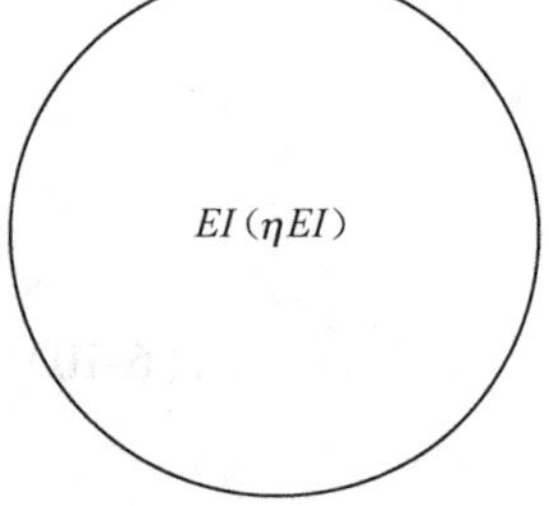

图 6-8 惯用法计算模型

6.2.3 匀质圆环模型——惯用法

惯用法假设管片环是弯曲刚度均匀的环,不考虑管片接头部分的柔性特征和弯曲刚度下降,管片环是具有和管片主截面同样的刚度 EI,并且弯曲刚度均匀的环(完全均匀刚性环),如图 6-8 所示。这种方法计算出的管片环变形量偏小,导致在软弱地层中计算出的管片截面内力过小,而在良好地基条件下计算出的内力又过大。地层反力假设仅在水平方向上下 45°范围内按三角形规律分布。这种模型可以计算出解析解。

6.2.4 η-ζ 法(修正惯用法)

1)计算方法说明

在软土地层中错缝拼装的衬砌结构,必须考虑接头部位抗弯刚度的下降、环间剪切键等对隧道结构总体刚度的补强作用。一般采用比较成熟的 $\eta-\zeta$ 法进行设计计算。

修正惯用法是在惯用法的基础上,引入刚度有效系数 η(也称抗弯刚度折减系数)来评价接头的存在造成的衬砌结构刚度的降低,将管片环看作具有 ηEI,并且弯曲刚度均匀的环(平均刚度均匀环);进一步考虑到错接头部位弯矩的分配,引入弯矩提高率 ζ(也称弯矩调整系数),取接头的弯矩为 $(1-\zeta)M$,管片主截面的弯矩为 $(1+\zeta)M$,M 为按照平均刚度均匀环计算得到的弯矩值。一般情况下:$\eta=0.8$(通常在 0.6~0.8 范围内),$\zeta=0.3$(通常在 0.3~0.5 范围内)。

本计算方法首先将单环以匀质圆环计算,但考虑环向接头存在,圆环整体的弯曲刚性降低,取圆环抗弯刚度为 ηEI,算出圆环水平直径处变位 y 后,计入两侧抗力 $PP=k\cdot y$。然后考虑错缝拼装后整体补强效果,进行弯矩的重分配,如图 6-9 所示。

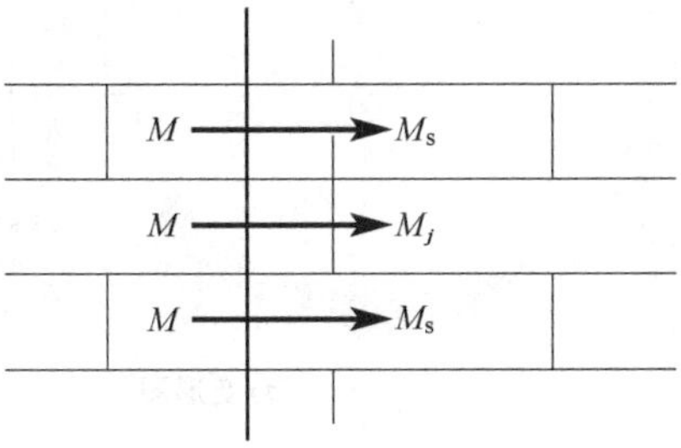

图 6-9 错缝拼装弯矩分配示意图

接头处内力:

$$M_{ji}=(1-\xi)M_i \tag{6-14}$$

$$N_{ji}=N_i \tag{6-15}$$

管片内力:

$$M_{si}=(1+\xi)M_i \tag{6-16}$$

$$N_{si}=N_i \tag{6-17}$$

式中:ξ——调整系数,取 0.3;

M_i、N_i——匀质圆环模型的计算弯矩和轴力;

M_{ji}、N_{ji}——调整后的接头弯矩和轴力;

M_{si}、N_{si}——调整后管片本体的弯矩和轴力,其原因是接头不能传递全部弯矩,其一部分要通过错缝拼装的相邻管片传递。

按本方法分析衬砌内力时,衬砌环中各截面的弯矩 M 和轴力 N 仅需在表 6-3 所示的量值上叠加表 6-4 所示的值。

σ_K 引起的圆环内力表 表 6-4

内力	$0\leqslant\alpha\leqslant\frac{\pi}{4}$	$\frac{\pi}{4}\leqslant\alpha\leqslant\frac{\pi}{2}$
M	$(0.2346-0.3536\cos\alpha)\sigma_K R_H^2$	$(-0.3487+0.5\sin^2\alpha+0.2357\cos^2\alpha)\sigma_K R_H^2$
N	$0.3536\sigma_K R_H$	$\left(-\sqrt{2}\cos\alpha+\cos^2\alpha+\sqrt{2}\sin^2\alpha\cos\alpha\right)\sigma_K R_H$

注:α 为计算截面与垂直轴的夹角。

2)修正惯用法的不足之处

未考虑管片间接头的影响,但是实际上盾构管片之间因互相接触存在显著的空间效应。

3)计算实例及步骤

按照常用的荷载-结构法中隧道荷载的确定方法计算衬砌结构承受的水、土压力、自重等荷载,计算出盾构的受力和变形。计算中取管片的刚度为 $\eta EI = 0.8EI$。

图 6-10 和图 6-11 分别为某浅埋盾构隧道在基本组合和准永久组合工况下,管片内侧的变形图及内力图。

结构关键部位配筋、最大裂缝宽度及安全系数计算进行汇总,见表 6-5。

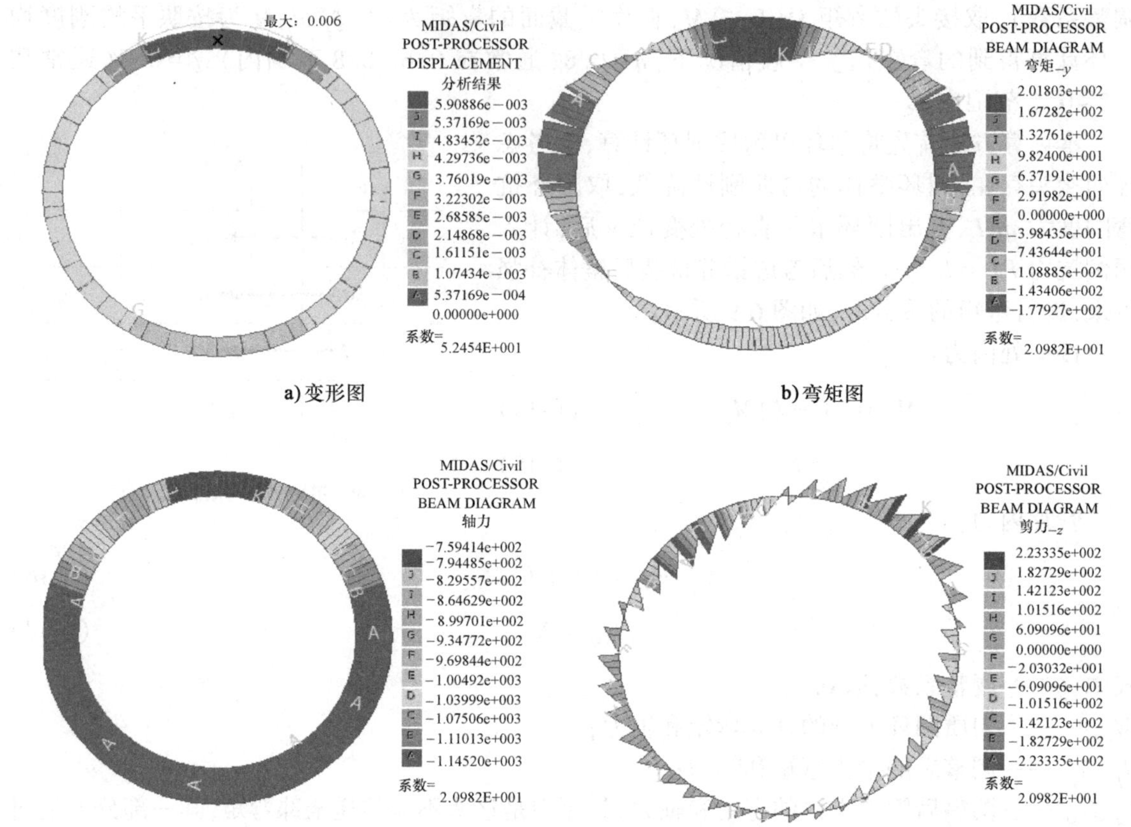

a)变形图　　b)弯矩图

c)轴力图　　d)剪力图

图 6-10　变形及内力图(基本组合)

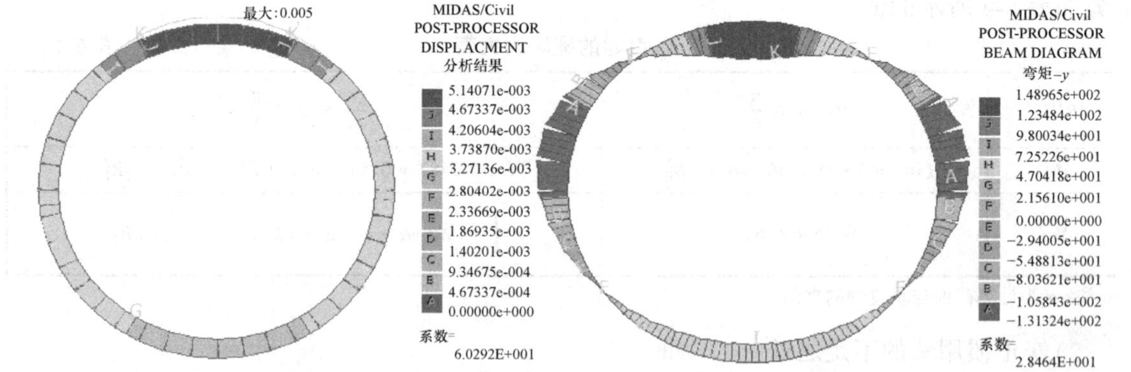

a)变形图　　b)弯矩图

图　6-11

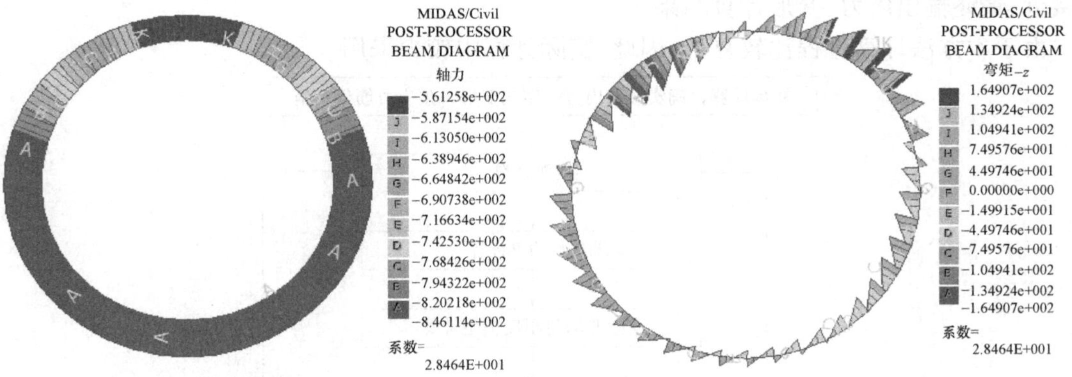

c)轴力图　　d)剪力图

图 6-11　变形及内力图(准永久组合)

结构关键部位安全检算　　表 6-5

位置	基本组合		准永久组合		配筋	裂缝宽度(mm)	安全系数
	弯矩(kN·m)	轴力(kN)	弯矩(kN·m)	轴力(kN)			
内侧	201.8	-761.0	148.9	-562.4	$4\phi22+4\phi25$	0.156	2.01
外侧	-172.9	-1128.0	-127.6	-829.7	$4\phi20+4\phi16$	$e_0 \leq 0.55h_0$,可不验算	5.30

管片配筋计算按压弯构件计算。

实际配筋弯矩取：$M_{实配} = (1+\zeta)M_{实际} = (1+0.3)M_{计算}$，考虑到最不利弯矩一般发生在拱顶位置，且侧压力一般为有利荷载，对计算轴力进行折减，一般取 $N_{实配} = (0.6 \sim 0.8)N_{计算}$。

以内侧为例：

基本组合，计算弯矩及轴力取：$M=1.3\times201.8=262.3$kN·m，$N=761$kN(压力)。

所需配筋：

准永久组合，计算弯矩及轴力取：$M=1.3\times148.96=193.7$kN·m，$N=562.4$kN(压力)。

内侧实际配筋取 $4\phi22$mm+$4\phi25$mm，裂缝宽度计算值为 0.156mm。

6.2.5　盾构隧道衬砌连续-非均匀刚度模型结构计算法

1)计算流程

本方法的计算可参照发明专利“盾构隧道衬砌连续-非均匀刚度模型结构计算方法”(专利申请号 200710044665.2)进行。计算流程如图 6-12 所示。

2)计算步骤

(1)首先按照常规方法进行荷载计算，初步计算结构内力，接着计算出接头区域等效刚度系数，根据计算出的变形确定结构的地层抗力荷载。

(2)确定盾构隧道衬砌的连续-非均匀刚度模型，将地层抗力荷载及其他荷载作用在确定的连续，将地层抗力荷载及其他荷载作用在所确定的连续-非均匀刚度结构模型上，计算结构的内力和变形。

(3)根据计算出的变形迭代计算地层抗力荷载，直至前后两次的结果足够接近；

(4)接下来根据接头处的内力，迭代计算各接头区域的等效刚度，直至前后两侧的结果足够接近,最终输出内力、变形计算结果。

由于本方法计算过程比较复杂,因此,实际计算中较少采用。

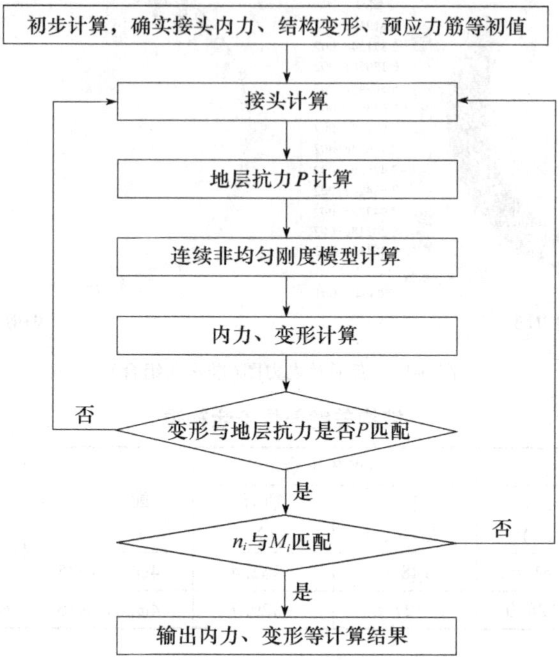

图 6-12　连续-非均匀刚度模型计算流程图

6.2.6　错缝双环弹簧模型法

错缝拼装的衬砌环由于接头(低刚度部位)的存在,将弯矩传递给相邻的管片本体,从而产生环与环之间的相互作用。通用楔形环不止一种形式,衬砌环会有多种不同旋转角度和不同相对位置。考虑较为不利的一种模式,该模式将错缝拼装中相邻两环(A 环和 B 环)简化为一个计算单元,如图 6-13 所示。每一圆环均为多铰圆环,在管片块与块间纵缝内设回转弹簧。而在相邻环与环间设径向剪切弹簧、切向剪切弹簧。

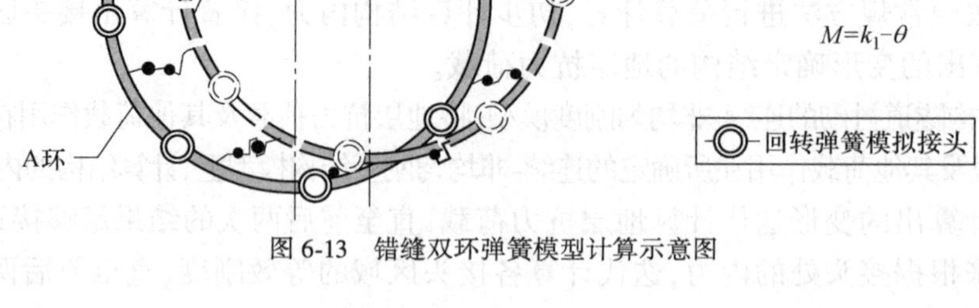

图 6-13　错缝双环弹簧模型计算示意图

6.3 抗浮计算

6.3.1 运营期间抗浮计算

盾构隧道位于水位线以下、河底时，管片受到水浮力作用。为了防止管片上浮，需对穿越段河底最小覆土厚度进行计算。

(1)管片所受浮力计算：

$$F_{浮} = \gamma_w V_{排} = 10 \times \frac{\pi D^2}{4} = 7.85D^2 \quad (\text{kN}) \tag{6-18}$$

(2)管片自重计算：

$$G = 25 \times \frac{\pi(D^2 - d^2)}{4} = 19.63(D^2 - d^2) \quad (\text{kN}) \tag{6-19}$$

(3)上覆土压重计算：

$$F = \gamma h D \tag{6-20}$$

(4)抗浮安全系数计算：

$$K = \frac{G + G_1 + F}{F_{浮} + 10h \times D} \tag{6-21}$$

即：

$$K = \frac{19.63(D^2 - d^2) + G_1 + \gamma h D}{7.85D^2 + 10hD} \tag{6-22}$$

上述式中：D、d——盾构隧道管片外径及内径(m)。

G_1——轨道道床、填充或内衬等结构的重力(kN)。

h——隧道覆土厚度(m)。

γ_w——水的重度，取1.0kN/m³。

γ——管片上覆土重度(kN/m³)，水位以下取饱和重度，水位以上取自然重度，当土体分多层时，按分层计算求和。

K——抗浮安全系数，当仅考虑结构自重，不考虑侧摩阻力时，取1.05；当计及地层侧摩阻力时，取1.10~1.15；当采取其他辅助抗浮措施且计算考虑侧摩阻力时，应取大值。

为了计算方便，当地层重度相差不大时，可先计算出地层的平均重度(保守考虑时，也可计算出最小平均重度)，反推最小覆土厚度，只要控制盾构的最小覆土厚度，即可满足计算要求，而无须再一一计算，从而节省计算工作量。

假定，盾构上覆土平均重度为 $\gamma_{平均}$，最小覆土厚度应满足下式的要求：

$$h \geqslant \frac{KF_{浮} - G - G_1}{\gamma_{平均} D} = \frac{(7.85K - 19.63)D^2 + 19.63d^2 - G_1}{(\gamma_{平均} - 10K)D} \tag{6-23}$$

取 $K=1.05$ 时，最小覆土厚度计算公式可以简化为：

$$h \geqslant \frac{-11.39D^2 + 19.63d^2 - G_1}{(\gamma_{平均} - 10.5)D} \tag{6-24}$$

式中符号意义同前。

如果满足计算，则隧道不会发生上浮的灾害性事故，处于安全深度范围。

注：计算时宜采用抗浮设防水位或最高水位计算抗浮。

6.3.2 施工期间抗浮计算

盾构隧道施工中（图 6-14），对于刚脱离盾尾的管片，同步注浆未及时施作或初期强度不足时，经常会出现局部或整体上浮，表现为管片错台、裂缝、破损乃至轴线偏位等现象。广州、上海、南京等地铁盾构施工注浆过程中，都不同程度地出现过管片脱出盾尾后的上浮现象。在某城市盾构施工中，管片脱出盾尾后，最大上浮量达 170mm。上海大连路隧道使用直径为 11.22m 的泥水平衡盾构，在施工中，管片在出盾尾后即有上浮，在 10 环后达到最大值，平均上浮量约 80mm，但盾构机未见明显上浮。在上海翔殷路隧道施工中，发现了盾构机上浮现象。南方某城市地铁施工过程中局部管片上浮量也达到 100mm 以上。

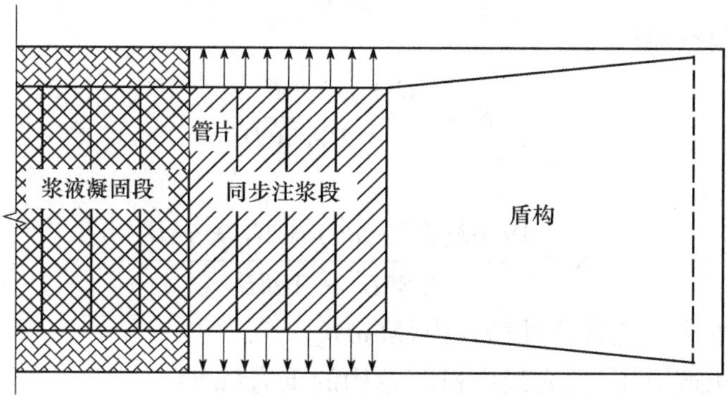

图 6-14 盾构法施工示意图

管片上浮原因，通常的看法是管片脱离盾尾时，由于存在建筑间隙等，注浆浆液、泥浆或水包裹住了刚脱离盾尾的管片，从而产生了向上的浮力，当该浮力克服了管片上覆土重力时，就有可能产生上浮现象；或是由于盾构施工中控制不当，产生了“蛇行”现象，从而造成管片局部向上偏位，如图 6-15 所示。

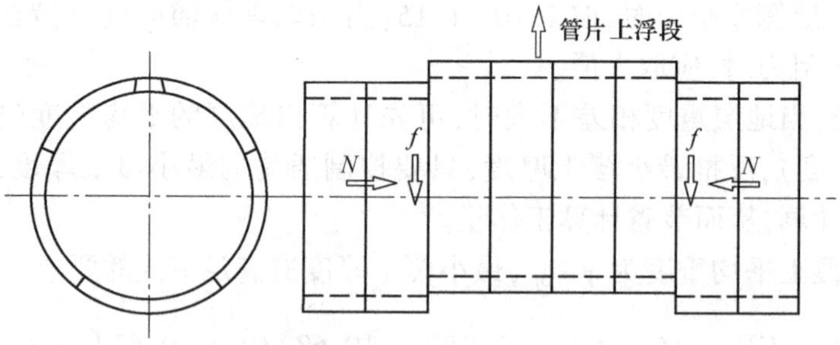

图 6-15 受浮段管片错动上浮分析模型

关于开挖后土体回弹作用的影响：盾构推进挖出土方会导致地基卸载，从而还产生地基回弹作用。通常情况下，这种回弹作用和水浮力或者浆液浮力共同形成了盾构的上浮作用力。但考虑盾构推进时产生的地层损失与地基回弹对隧道影响的抵消作用，抗浮计算中可不考虑地基回弹作用。

对于接头对抗浮的作用问题，将环缝接头的抗浮效应分为端面摩擦效应和螺栓抗剪效应，考虑在因注浆压力产生的上浮力作用下，环缝接头与上覆土共同抗浮。

螺栓接头结构是利用螺栓将接头板(肋)紧固起来，是管片接头和管片环接头最为常用的接头结构。地铁管片接头螺栓目前基本上都采用弯螺栓。

此时的抗浮力分为四部分：

(1)管片自重 G。

(2)螺栓紧固力产生的管片接触面间的抗滑力 F_p 。

(3)螺栓之间能提供的抗剪力 F_s 。

(4)管片结构内部的压重(根据计算是否需要设)。

螺栓紧固力产生的管片接触面间的抗滑力计算：

$$F_P = \mu n N_P \tag{6-25}$$

式中：μ ——管片间的摩擦系数，通常取0.6。

n ——管片环间纵向螺栓的数量(个)；

N_P ——每个螺栓的预紧力(kN)，地铁盾构隧道通常取2.0kN。

注：通常情况下，整体一次现浇的混凝土之间摩擦系数为1.4；表面打毛后浇筑的混凝土施工缝摩擦系数取1.0(粗糙程度不得低于6cm)；表面未打毛的混凝土施工缝摩擦系数取0.6；混凝土和抗剪钢栓钉或者钢筋之间摩擦系数取0.7。

因为管片安装以后，螺栓与螺栓孔壁之间有一定距离，一般有5mm左右，这个距离允许管片环受不均匀力之后，发生一定的错台，记为 S_P，当错台量达到该允许距离 S_P 之后，螺栓就要受到剪切作用。当 $S < S_P$ 时，管片虽然在浮力作用下有所上浮，但仍然是安全的，此时纵向螺栓未受到剪力作用；而当 $S > S_P$ 时，管片之间的纵向连接螺栓将受到剪力作用。

每个螺栓承担的最大抗剪力可通过下式进行计算：

$$\frac{F_s}{A_e} \leqslant [\tau] \tag{6-26}$$

式中：A_e ——螺栓的有效面积(mm)，见表6-6；

$$F_s \leqslant [\tau] A_e \tag{6-27}$$

$[\tau]$ ——螺栓的抗剪强度设计值(N/mm^2)，见表6-7；

F_s ——每个螺栓的抗剪承载力(N)，通常情况下总的承载力计算不能多于3个螺栓。

常用螺栓的有效直径及有效面积表 A_e 表6-6

螺 栓 型 号	螺栓有效直径 D_e(mm)	螺栓有效面积 A_e(mm^2)
M14	12.12	115
M16	14.12	156.7
M18	15.65	192.5

续上表

螺栓型号	螺栓有效直径 D_e(mm)	螺栓有效面积 A_e(mm^2)
M20	17.65	244.8
M22	19.65	303.4
M24	21.19	352.5
M27	24.19	459.4
M30	26.72	560.6
M33	29.72	693.6
M36	32.25	816.7
M39	35.25	975.8
M42	37.78	1121

注：螺栓的有效直径 $D_e = d - \frac{13}{24}\sqrt{3} - t$，有效面积 $A_e = \frac{\pi}{4}D_e^2$。

常用螺栓等级的抗剪强度设计值[τ]　　表 6-7

普通螺栓性能等级	抗剪强度设计值(N/mm^2)	备　注
4.6 级、4.8 级(C 级)	140	《钢结构设计标准》(GB 50017—2017)
5.6 级(A 级、B 级)	190	
5.8 级(A 级、B 级)	190	《钢结构设计标准》(GB 50017—2017)已无此等级
8.8 级(A 级、B 级)	320	《钢结构设计标准》(GB 50017—2017)

综合以上因素：

$$\frac{G + F_p + n_1 F_s + G'}{K} \geqslant F_{浮} \tag{6-28}$$

式中：n_1——螺栓抗剪承载力的计算个数，通常情况下计算不能多于 3 个螺栓；

G'——管片临时压重(kN)；

$F_{浮}$——管片所受浮力(kN)，取 $\rho g V = \rho \times \pi R^2 \times l$，$\rho$ 一般取注浆液的密度(比水的密度稍大)，当无实测数据时，可取 $12.5kN/m^3$(即 $1.25g/cm^3$)。

为了更准确地计算管片上浮数值，也可对刚脱出盾构机但同步注浆强度还不满足要求的几环(通常为 3~5 环，盾构机型号不同有所区别)进行整体计算分析，与实际结果更为接近。

6.4　沉降变形计算

盾构施工会扰动地层而引起地面沉降，只是采用不同的盾构机和施工技术，对地面沉降的控制效果不同。因此，有必要研究盾构施工时引起的地层移动，弄清造成地面沉降的机理，并对地面沉降量和影响范围进行预测，以便更有针对性地采取相应的防治对策和措施。

6.4.1　沉降原因

盾构法隧道开挖过程中，周围土体为弥补地层损失向隧道内侧变形，从而引起地面沉降。

当盾构掘进时,若开挖面受到的支护力小于开挖地层的原始应力,则开挖面土体向盾构内移动,引起地层损失和地面沉降。反之,当支护力大于原始应力时,则开挖面土体向上、向前移动,引起负地层损失和地面隆起;盾构在暂停推进时,千斤顶可能漏油回缩引起盾构后退,而使开挖面坍塌,引起地层损失;盾尾后面的建筑间隙未能及时、有效地进行充填,从而使周围土体挤入建筑间隙,引起地层损失(在含水的不稳定地层中,这往往是引起地层损失的主要因素);盾构在曲线推进和修正蛇行时的超挖和扰动引起地层损失;在土压力作用下,隧道变形或沉降也会引起地层损失;施工中盾构操作失误,而引起开挖面坍塌,或前方地质条件骤变,而使开挖面土体急剧流动或崩坍而造成不正常的地层损失等。

隧道周围地层受到盾构掘进的扰动后,便在隧道周围形成承压力(正值或负值)区,随着盾构掘进离开,土体表面应力释放,超孔隙水压力逐渐消失,引起地层固结变形而带来地面沉降。超孔隙水压力消失后,土体骨架还会因流变而引起次固结变形(沉降),在孔隙比和灵敏度较大的软塑和流塑性黏土中,次固结沉降往往要持续几年以上,所占总沉降量比例达35%以上。

地层损失引起的地面沉降,大都在施工期间呈现出来。再固结引起的地面沉降,在砂性土中发展较快,但在黏性土中则要延续较长时间。

地层损失量是指盾构施工中实际开挖的土体体积与竣工隧道体积之差。地层损失率以占理论排土体积的百分比表示,即:

$$V_l = \frac{V_L}{V} \times 100\% \tag{6-29}$$

式中:V_l——地层损失率;

V——盾构隧道单位长度的理论体积(m^3);

V_L——盾构隧道单位长度的地层损失量(m^3/m),取决于地层条件、隧道埋深、施工技术水平、盾构类型等诸多因素,目前尚难给出确定的解析式,根据统计,在采用适当技术和良好操作的正常施工条件下,$V_L = (-1.1\% \sim 11.0\%)V$。对于黏性土尚可根据其稳定系数$N$进行估算。

$$V_L = 2VC_u \frac{1+\mu}{E_u}\exp(N-1) \tag{6-30}$$

式中:C_u——黏土地层的不排水抗剪强度(kg/m^2);

E_u——黏土的弹性模量(MPa);

μ——黏土的泊松比;

N——开挖面的稳定系数。

关于地层损失率的估算:

地层损失率与开挖面的稳定有直接关系,开挖面的稳定可用稳定系数N来定量描述,N值定义为:

$$N = \frac{\gamma H - P}{C_u} \cdot n \tag{6-31}$$

式中:H——地面至开挖面中心的距离(m);

γ——地层重度(kN/m^3):

P——开挖面支护压力(kN/m^2);

n——系数0.7~0.8；

C_u 意义同前。

当$N=1\sim2$时，地层损失率可控制在1%以下(目前机械及施工水平均可达到)；当$N=2\sim4$时，地层损失率可控制在0.5%~11.0%(一般网格盾构)；当$N=4\sim6$时，地层损失量最大。

随着盾构施工技术手段的进步，地层损失率在高水平施工管理情况下，目前一般可控制在5‰以内，下穿建(构)筑物时，应采用更严的地层控制率，一般可控制在3‰以内。

6.4.2 单洞沉降计算

早在1969年墨西哥召开的国际土力学地基基础会议上，就"隧道掘进引起地表沉陷"议题，美国派克(Peck R. B.)做了题为"State of the Art Report"(前沿技术)的报告，报告在研究了盾构隧道开挖引起的地层沉降实测数据的基础上，提出了地表沉降槽的形状与概率论中正态分布曲线相近的理论。并且提出了计算盾构施工引起的地表沉降值的Peck公式。后来，国内的学者根据具体地层条件进行了修正，已成为目前应用广泛预测隧道施工施工地层沉降的方法，Perk横向沉降曲线如图6-16所示。

$$S(x)=S_{max}\exp\left(-\frac{x^2}{2i^2}\right) \tag{6-32}$$

式中：$S(x)$——距隧道中线x处的地面沉降量(m)；

S_{max}——隧道中线处(即$z=0$)的地面沉降量(m)，也是横向地面最大沉降量；

x——距隧道中线的距离(m)；

i——反弯点距离隧道中线的距离(m)。

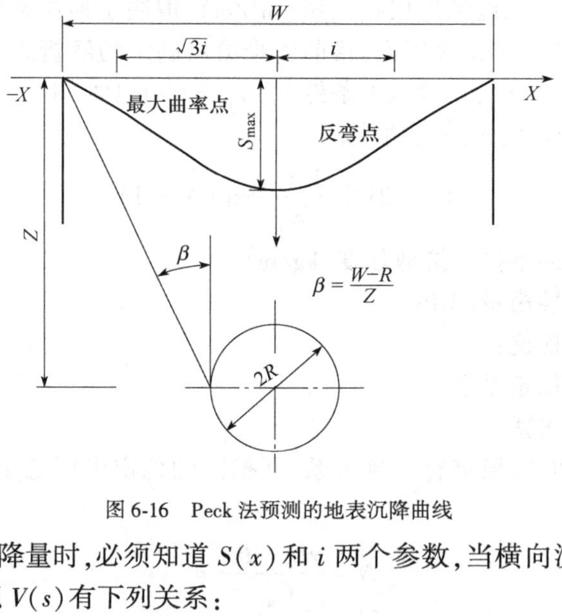

图6-16 Peck法预测的地表沉降曲线

在利用上式确定沉降量时，必须知道$S(x)$和i两个参数，当横向沉陷曲线为正态分布曲线时，S_{max}和沉降槽体积$V(s)$有下列关系：

$$S_{max}=\frac{V(s)}{\sqrt{2\pi}i}=\frac{V(s)}{2.5i} \tag{6-33}$$

Cording 和 Hansmire(1970)对紧密砂层做的统计分析,可以认为横向沉降槽体积等于地层损失,即 $V_S = V_L = V_l V$, V_l 为地层损失率, V 为开挖土体体积。

Peck 公式计算沉降的关键是参数的选取,这种方法在一定的程度上直观地反映了土的性质、隧道的特点对地层沉降的影响,对于一些土质较好的,施工技术、施工设备比较完善,且已经有类似工程实测资料的情况,现场量测结果与计算结果相比较接近。我国在大量城市建设中,基本都采用 Peck 公式进行预测计算,积累了大量的数据和资料,结果经现场施工检验,是比较可靠的。

横向沉降槽宽度系数 i 取决于接近地表的地层的强度、隧道埋深和隧道半径。根据在均匀介质中的试验,可以从几何关系中近似地得出:

$$i = K\left(\frac{Z}{2R}\right)^n \tag{6-34}$$

式中:Z——隧道开挖面中心至地面的距离(m);

R——盾构外半径(m);

K、n——试验系数,K=0 63~0 82,n=0 36~0.97。

O'Reilly 和 New(1982)根据英国盾构隧道的现场实测数据进行多元线性回归分析,发现沉降槽宽度系数 i 和隧道外半径无关,他们给出的关系式为:

黏性土: $i = 0.43Z + 1.1$

非黏性土: $i = 0.38Z - 0.1$

i 值的简化计算:

$$i = \frac{Z}{\sqrt{2\pi}\tan\left(45° - \frac{\varphi}{2}\right)} \tag{6-35}$$

周文波(1993)在潘文杰(1989)工作的基础上根据 120 余座已竣工的隧道的实测数据,用统计方法整理出横向最大沉降量的估算公式:

在砂砾土中:

$$S_{max} = 140.6242\exp\left(\frac{Z}{2R}\right)^{-2.2574} \tag{6-36}$$

在砂性土中:

$$S_{max} = 1.032\exp\left(\frac{7.8655^*}{Z/2R}\right) \tag{6-37}$$

在黏性土中:

$$S_{max} = 29.0806 - \frac{12.173}{\ln\left(\frac{Z}{2R}\right)} + 7.4223\text{OFS}^{1.1556} \tag{6-38}$$

注:式中 * 表示周文波原文为 7.8655,潘杰梁(1989)原文为 2.8655。

沉降影响范围估算公式:

$$W = 1.5RK\left(\frac{Z}{2R}\right)^n \tag{6-39}$$

上述式中：Z——地面至开挖面中心距离(m)；

R——隧道外半径(m)；

OFS——简单超载系数，即 N 值；

其余符号意义同前。

自 Peck 提出地层损失的概念以来，不少人做了大量的工作，使之不断完善。纵向沉降的计算主要是运用正态分布函数进行估算(图 6-17)。

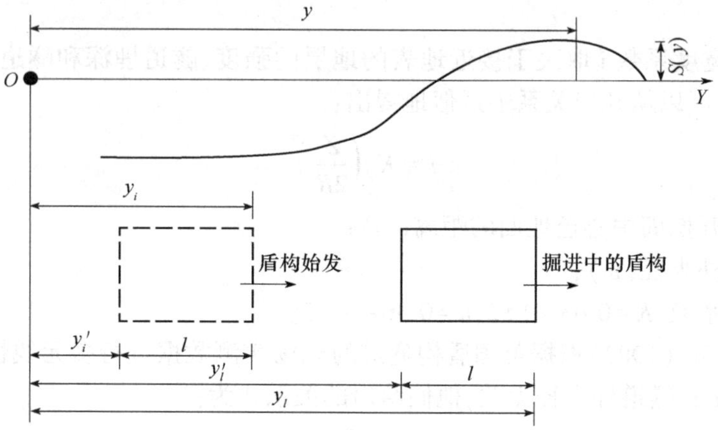

图 6-17　地面纵向沉降量及范围预测

地面沉降纵向曲线估算公式，是根据 Peck 原理由实测数据回归所得。

$$S(y)=\frac{V_{l_1}}{\sqrt{2\pi}i}\left[\Phi\left(\frac{y-y_i}{i_x}\right)-\Phi\left(\frac{y-y_l}{i_x}\right)\right]+\frac{V_{l_2}}{\sqrt{2\pi}i}\left[\Phi\left(\frac{y-y'_i}{i_y}\right)-\Phi\left(\frac{y-y'_l}{i_y}\right)\right] \tag{6-40}$$

式中：$S(y)$——地面沉降量(m)；

y——沉降点至坐标原点的距离(m)；

y_i——盾构推进起点处盾构开挖面至坐标原点的距离(m) $y_i = y'_i + l$；

y_l——盾构开挖面至坐标原点距离(m)，$y_l = y'_l + l$；

l——盾构长度(m)；

Φ——正态分布函数；

i_x——取值与横向沉降槽宽度一致；

i_y——与横向沉降槽宽度有一定的区别，可通过修正系数 K 联系起来，即 $i_y = i_x K$，当 $K>1$ 时曲线变得平缓，当 $K<1$ 时曲线变陡，一般情况下，盾构封闭条件差时，取 $K=0.5 \sim 1.0$，当盾构封闭条件好时，取 $K=1.0 \sim 1.4$。

上式中包含了两部分组合而成，前边是含有负地层损失 V_1 正态分布函数，是横向曲线最大地面沉降量估算公式；后边是含有盾尾地层损失 V_2 正态分布函数。

V_1、V_2 和 i 三个参数在原沉降纵向曲线估算公式中对沉降曲线的形状起着关键作用。其中，V_1、V_2 的数值在很大程度上取决于施工参数的匹配和施工设备本身。

$$\Phi(U)=\frac{1}{\sqrt{2\pi}}\int_{-\infty}^{\alpha}\exp\left(\frac{-\beta^2}{2}\right)\mathrm{d}\beta \tag{6-41}$$

$\Phi(U)$ 为标准正态分布函数，其中 $\Phi(0)=1/2$，$\Phi(\infty)=1$。

6.4.3 双洞沉降计算

依据 Peck 公式计算隧道的沉降数值，以隧道中线为竖轴，每隔单位长度计算出一个沉降值，双洞距离较小时，双洞之间的土体会受到左右线施工的双重影响，需要将沉降重叠部分的值进行叠加，可得到考虑双洞间施工相互影响的横向地表沉降槽曲线。

6.4.4 沉降变形控制

施工阶段的地面沉降大致发生在 5 个阶段：盾构到达前、到达时、通过后、管片脱出盾尾时及长期变形。关于各个阶段地面沉降的预测，一般可结合前一施工阶段地面沉降的实测资料，进行反馈推求。

虽然地表沉降形态是大体相同或相似的，但其最大沉降量总是随着施工工况和地质条件的改变而千差万别，目前控制沉降的主要手段是同步注浆和二次注浆，而注浆的环节常有各种各样的问题发生，如缺量、过量、滞后、漏浆等。不同的沉降情况常是施工工况和工作状态的反映，同时不同的地质条件沉降亦有所不同，如粉砂土较黏土隆起量要少，沉降速率要快，淤泥质黏土后期固结沉降则要大点。以上这些都要求盾构施工时要加强监测工作，以随时了解地面沉降信息，以便及时采取有效措施，以达到控制沉降和减少损失的目的。

6.4.5 控制地层变形保护建筑物的措施

1）地表、建筑物沉降控制标准

根据盾构方面的规范要求，目前盾构施工水平下，沉降量一般控制在-30～+10mm 之间。

变形、沉降要求严格时，通过采取相应的施工措施，可控制在-16～+4mm 之间。地表沉降变形预警值、报警值和控制值分别为 10mm、13mm 和 16mm。地表隆起变形控制值为 4mm。

地表建筑物沉降不大于 20mm、隆起不大于 4mm、倾斜不大于 4%。建筑物变形的预警值、报警值、控制值分别为 12mm、16mm 和 20mm。

2）施工中采取的措施

（1）盾构前方的隆陷控制

地表隆起的主要原因是盾构正面对土体的推应力大于原始侧向地应力，因此在实时监测的情况下可以根据地表隆起状况调整推进速度及出土量（或出泥量），降低正面土仓压力达到降低地表隆起的目的。地表沉降过大则是由于开挖面推力小于原始应力而引起的，应通过调整推进速度及减少出土量，提高正面土仓压力方式来控制沉降。

（2）盾构通过时的沉降控制

这一沉降是无法避免的，但是如果沉降超限可以采取控制掘进速度和出土量，调整土仓压力，控制同步注浆的压力及注浆量，从而达到有效控制地层的弹塑性变形。

保持盾构开挖面的稳定，防止地层失水。主要通过掘进速度和出土量等参数的控制，保证工作面的合适压力，施工中要避免地层失水，尤其在断层破碎带应通过向工作面加注膨润土浆或泡沫保持好土压平衡，防止在敞开、半敞开状态下出现涌水突泥发生，必要时可加气压施工。

(3)固结沉降的控制

盾构通过后,由于应力松弛影响,地层还会发生固结沉降,为此应根据地面实时监测结果进行实时控制,在管片衬砌背后实施二次注浆,尤其对拱部120°范围进行地层固结注浆是非常重要的。主要控制参数为注浆量和注浆压力。二次(或多次)压浆是弥补同步注浆不足,减少地表沉降的有效辅助手段,可使盾构在穿越建筑物、道路、地下管线时,大大降低地面沉降。

(4)信息化管理

在建筑物设置系统的观测网,进行变形监测并及时反馈信息,做到信息化施工。

根据建筑物的结构类型及对沉降的敏感程度、沉降的允许值,制定建筑物及地面变形警戒值。根据反馈信息,及时进行跟踪注浆或补充注浆。

(5)其他措施

盾构在曲线推进、纠偏、抬头或叩头推进过程中,实际开挖断面不是圆形而是椭圆,从而会引起附加变形,此时应调整掘进速度与正面土压,达到减少对地层的扰动度和减少超挖的效果,从而减少地层的变形。盾构暂停推进时,可能会引起盾构后退,而使开挖面松弛造成地表沉陷,此时应做好防止盾构后退措施,并对开挖面及盾尾采取封闭措施。加强机械检修养护,建筑物下进行快速匀速掘进。防止螺旋输送机喷、涌砂,以及盾尾和铰接部位漏砂等,造成地层损失,加大沉降。在曲线地段施工时,减少超挖。

6.4.6 某盾构施工隧道横向、纵向沉降槽算例

工程实践表明,尽管盾构法施工隧道技术已发展得很成熟,但不可避免地产生对土体的扰动,引发不同程度的地层位移和变形(通常表现为地表沉降)。当地层位移和变形超过一定的限度时,就会危及周围邻近建筑物及其基础和地下管线的安全,引起一系列岩土环境工程问题。

某地铁区间下穿某商贸城,位于较为繁华的老城区地段,周边环境条件复杂,要求也较高。

1)区间下穿商贸城段的地质条件

区间下穿段的纵剖面图如图6-18所示。

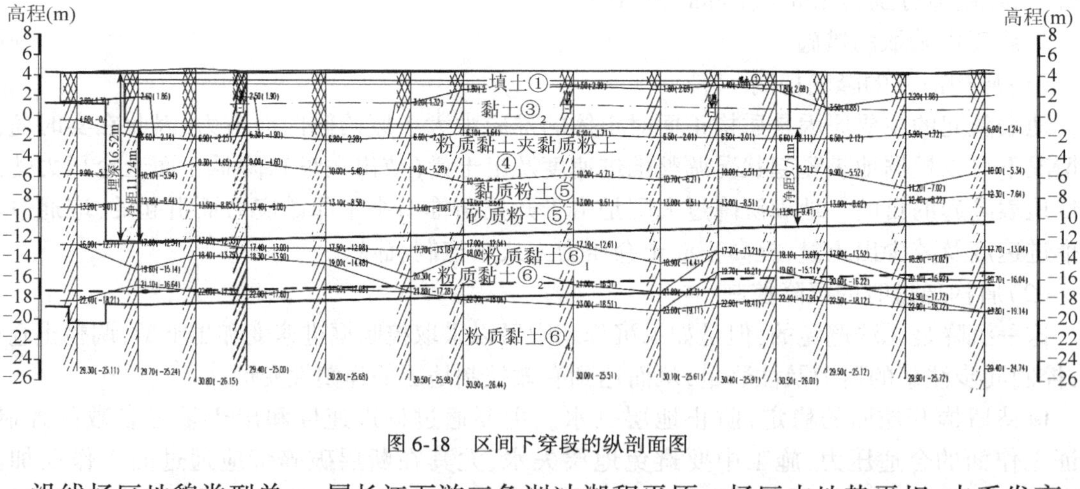

图6-18 区间下穿段的纵剖面图

沿线场区地貌类型单一,属长江下游三角洲冲湖积平原。场区内地势平坦、水系发育,系典型的江南水网化平原,场地属冲湖积高亢平原区。

区间下穿商贸城段所处地层从上到下主要为：③$_2$ 黏土、④$_1$ 粉质黏土夹黏质粉土、⑤$_1$ 黏质粉土、⑤$_2$ 砂质粉土，各土层特性描述如下：

③$_2$ 黏土（Q_3^{al+l}）：黄褐色，可塑~硬塑，含铁锰质结核和灰白色高岭土团块，切面光滑，韧性和干强度高，摇振反应无，土性均匀，为中压缩性土，压缩系数为 0.21MPa^{-1}，平均标贯击数 13 击，锥尖阻力 1.7MPa，侧摩阻力 85kPa。

④$_1$ 粉质黏土夹黏质粉土（Q_3^{al+l}）：灰黄色~灰色，软塑~可塑，切面稍有光泽，韧性和干强度中等，具层理，夹稍密黏质粉土层，摇振反应中等，土性较均匀，为中压缩性土，压缩系数为 0.21MPa^{-1}，平均标贯击数 10 击，锥尖阻力 1.8MPa，侧摩阻力 47kPa。

⑤$_1$ 黏质粉土（Q_3^{al+l}）：黄色~灰色，稍密~中密，很湿，切面无光泽，韧性及干强度低，摇振反应迅速，具层理，偶夹薄层粉砂层及黏性土，土性较均匀，为中压缩性土，平均厚度 3.03m，压缩系数为 0.21MPa^{-1}，平均标贯击数 16 击，锥尖阻力 5.5MPa，侧摩阻力 75kPa。

⑤$_2$ 砂质粉土（Q_3^{al+l}）：黄色~灰色，中密，很湿，切面无光泽，韧性及干强度低，摇振反应迅速，具层理，局部夹黏性土，偶见姜石，粒径一般不超过 5mm，土性较均匀，为中压缩性土，压缩系数为 0.18MPa^{-1}，平均标贯击数 23 击，锥尖阻力 8.4MPa，侧摩阻力 100kPa。

其中④$_1$ 层土层相对软弱，在动力作用下，土体结构较易破坏，使强度降低，变形增加，在盾构掘进过程中，应控制速率，减少扰动；⑤$_1$、⑤$_2$ 层粉土为承压水层（第 $\text{I}_{上}$ 层承压水），稳定水位埋深为 3.3~5.2m，水位高程为-0.60~1.00m，平均水位约为 0.50m，在一定的水动力作用下，可能产生流土和管涌现象。其主要补给来源为地表径流、上层滞水越流补给，以人工排泄为主。且⑤层中分布有不均的钙质胶结物，砂土胶结成板块状，盾构穿越该地层时，盾构面稳定性比较差。

2）横向沉降槽的计算

根据地质条件，计算如下：

$$N = \frac{\gamma H - P}{C_u} \cdot n = \frac{19 \times 9.7 - 160}{10.2} \times 0.75 = 1.8$$

参考以往工程类似经验，按不利情况考虑，计算时，地层损失率取 1%。

对埋深 $H = 9.7$m 的沉降槽曲线进行计算分析，计算中选用的相关参数、计算结果见表 6-8。

相关计算参数汇总表 表 6-8

埋深 H(m)	单位长度地层损失 V_L(m^3/m)	盾构管片外半径 r(m)	反弯点 i(m)	土体内摩擦角 ψ(°)	最大沉降值 S_{max}(mm)
9.7	0.316(10‰)	3.1	6.6	14.5	-19.1

$$i = \frac{9.7 + 3.1}{\sqrt{2\pi}\tan\left(45° - \dfrac{14.5}{2}\right)} = 6.6\text{m}$$

$$S_{max} = \frac{0.316}{\sqrt{2\pi} \times 6.6} = 0.0191\text{m} = 19.1\text{mm（沉降）}$$

根据地质条件和埋深等，计算得 $i = 6.6$m，由此根据以往的工程实践及经验公式，沉陷槽

宽度 $B\approx(5\sim6)i$,可得单个隧道盾构推进引起的地表横向沉陷槽宽度约为40m,两座隧道盾构推进引起的地表横向沉陷曲线叠加后其沉陷槽宽度约为55m,并且沉陷槽的主要范围在隧道轴线两侧6.6m范围内,沉降量约为最大沉降量的50%以上。最大倾斜斜率 $Q_{max}=0.0019$。

依据Peck公式计算隧道上方商贸城底板处的沉降数值,底板位置处的横向地表沉降槽曲线如图6-19所示。

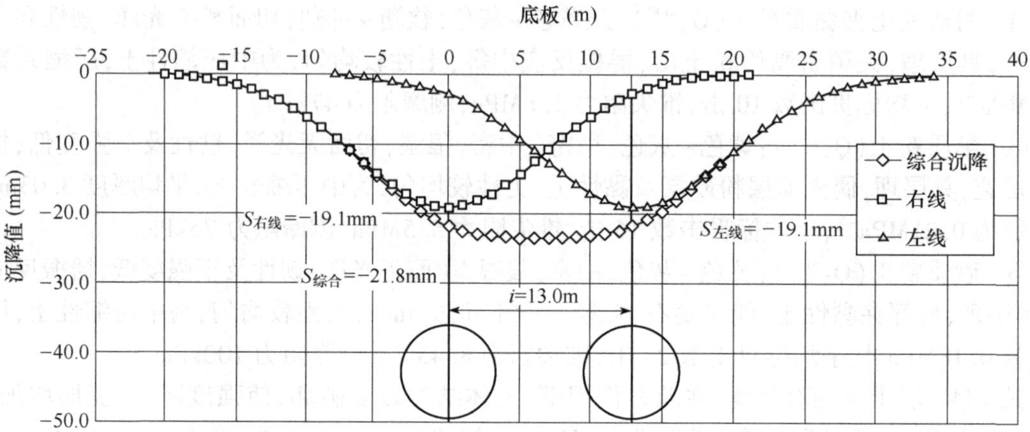

图6-19　埋深9.7m处(底板位置)横向沉降槽曲线
(本图可配合Excel编制计算表使用)

当地层损失率控制在1%时,通过计算可知,埋深 $H=9.7$m处的最大沉降量为−19.1mm,位于隧道正上方,考虑两管隧道相互施工影响,叠加后的沉降量为−21.8mm,基本位于两管隧道的中间上方位置,与实际情况吻合。

3)纵向沉降曲线计算

纵向沉降曲线一般采用累计概率曲线来描述沿隧道开挖方向沉降曲线,假定地层中任一点的位移可以看作隧道在推进过程中产生的位移增量的积累。

通过分析计算,并结合类似工程经验,在不考虑隧道相互之间的影响时,盾构施工区间的纵向沉降曲线如图6-20所示。

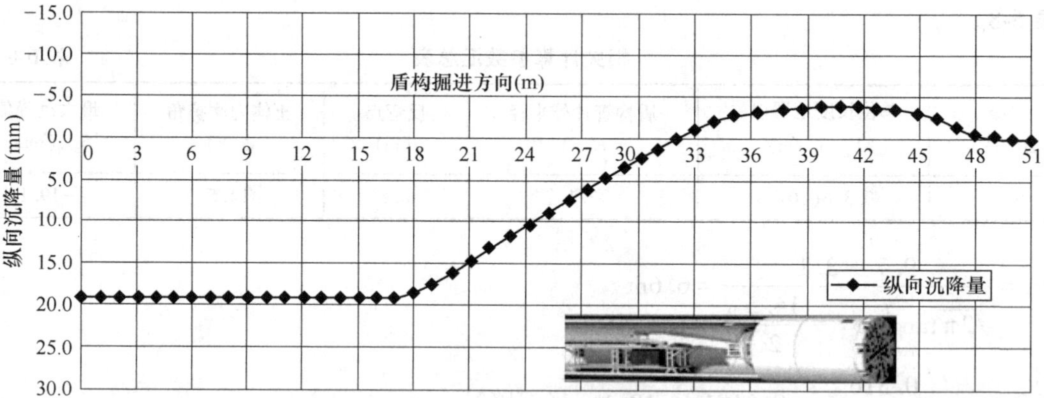

图6-20　盾构施工纵向沉降曲线

第7章

基坑支护结构计算

近年来随着我国城市建设的发展,基坑开挖深度越来越深、面积越来越大。在软弱富水土层中开挖基坑时,基坑支护结构设计是一个难点。基坑开挖后,一侧形成临空面,由于水、土压力的卸载作用,如果超过基坑边坡自身的承载能力,就会发生失稳现象。需要外部支护结构来提供反力,保持基坑开挖施工的稳定。基坑施工支护结构的形式有很多种,如放坡+锚喷防护、重力式水泥土墙、土钉墙和支挡式结构等。基坑支护结构类型如图 7-1 所示。

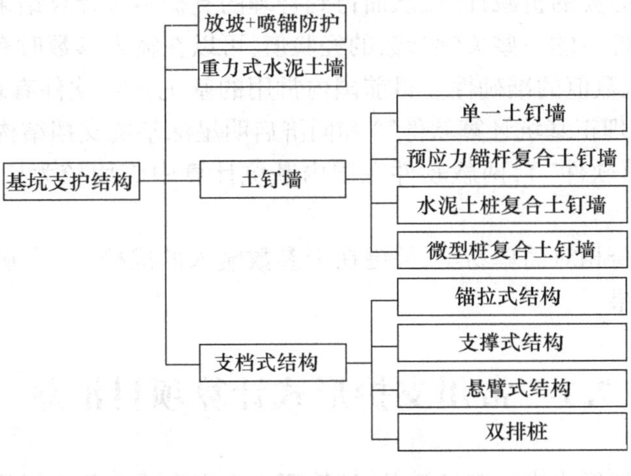

图 7-1　基坑支护结构类型分类

(1)放坡+喷锚防护

放坡开挖对施工场地要求比较高,一般与其他支护结构形式结合使用。

(2)水土墙

水泥土墙是一种非主流的支护形式,适用的土质条件范围较窄,一般用在深度不大的软土基坑,锚杆没有合适的锚固土层,不能提供足够的锚固力,内支撑又会增加主体地下结构的施工难度。水泥土墙一般采用搅拌桩(或者旋喷桩),墙体材料是水泥土,其抗拉、抗剪强度较低,按梁式结构设计性能较差,只有按重力式结构设计时,才会有有一定的优势。当水泥土墙用于淤泥质土、淤泥基坑时,基坑深度不宜大于 7m。随着基坑深度的增加,墙的宽度和深度都增大,经济性较差,施工成本高,工期也没有优势。搅拌水泥土墙可用于黏性土、粉土、砂土等土类基坑,但一般选择其他支护形式更优。

(3)土钉墙

土钉墙支护形式具有经济、简便、施工快速、不需要大型施工设备。土钉墙与预应力锚杆、水泥土桩及微型桩组合形成的复合土钉墙,主要有下列几种形式:土钉墙+预应力锚杆、土钉墙+水泥土墙、土钉墙+水泥土墙+预应力锚杆、土钉墙+微型桩+预应力锚杆。由于通常土钉墙不施加预加力,只有在基坑变形后被动受力,因此导致土钉墙的位移和变形会比较大,当基坑周边有建构筑物或者重要地下管线时,不宜采用土钉墙。

(4)支挡式结构从结构类型上可分为锚拉式、支撑式、悬臂式和双排桩等形式,是深大基坑施工中采用较多的支护形式,特别是在城市地铁基坑施工中,往往周边建构筑物较多,多采用工法桩、钢板桩、钢管桩、排桩(钻孔灌注桩、咬合桩)或地下连续墙+内支撑的支护结构体系,内支撑可以施加一定的预加力,对控制基坑周边土体变形作用明显。

说到基坑支护,就不得不提基坑支撑系统,支撑系统的形式主要有钢筋混凝土支撑、钢管或H型钢构成的钢支撑等。虽然基坑支护结构的结构形式多种多样,但计算过程基本类似。工程地质、水文地质条件、基坑深度是选择基坑支护形式主要考虑的因素,目前主要是根据经验类比法进行选取,再通过软件进行计算验证,获取合适的设计参数。关于基坑支护形式的选择有较多的资料进行参考,本章不再赘述。本章的重点是如何选取合理的计算输入参数,并对相关的支护参数进行必要的折减计算,从而得到合理的支护结构计算结果,用于工程设计。还提供了不同的地层条件下的一些关键参数的经验值,可以在输入参数时有一定的概念,避免参数输入错误,确保输入数值的准确性。目前国内常用的基坑计算软件有理正深基坑支护结构设计软件(以下简称"理正基坑计算软件")和同济启明星深基坑支挡结构分析计算软件(以下简称"启明星基坑计算软件"),两款软件在国内基坑计算中应用较为广泛,均获得了普遍的应用。

基坑计算软件本身相对简单易学,关键在于参数输入的准确,只有基本输入条件准确,才能获得准确的计算结果。

7.1 常用支护形式计算项目汇总

对基坑常用的支护形式进行归纳汇总,计算项目及安全系数要求详见表7-1。

常用支护形式计算项目汇总表 表7-1

支护形式	需验算项目及安全系数要求	备注
地下连续墙+内支撑 围护桩+内支撑	(1)嵌固深度满足坑底隆起稳定性的要求。 (2)抗隆起安全系数 K_b:安全等级一级、二级、三级时,分别不应小于1.8、1.6、1.4。当挡土构件底面以下有软弱下卧层时,坑底抗隆起稳定性的验算部分尚应包括软弱下卧层。 (3)当坑底以下为软土时,其嵌固深度应符合下列以最下层支点为轴心的圆弧滑动稳定性。圆弧滑动稳定性系数 K_r:安全等级一级、二级、三级时,分别不应小于2.2、1.9、1.7。 (4)抗倾覆稳定性验算:验算绕下道支撑或锚拉点的抗倾覆稳定性。安全等级一级、二级、三级时,分别不应小于1.20、1.10、1.05。可参考上海市地方标准《基坑工程技术标准》(DG/TJ 08-61—2018)执行	安全系数参考《建筑基坑支护技术规程》(JGJ 120—2012) 有内支撑时无须验算倾覆稳定性

续上表

支护形式	需验算项目及安全系数要求	备注
悬臂式支挡结构	(1)嵌固稳定安全系数 K_e：安全等级一级、二级、三级时，分别不应小于1.25、1.20、1.15。 (2)当挡土构件底端以下存在软弱下卧层时，整体稳定性验算滑动面中应包括由圆弧与软弱土层层面组成的复合滑动面。 (3)可不进行隆起稳定性验算	
单层锚杆和单层支撑的支挡式结构	嵌固稳定安全系数 K_e：安全等级一级、二级、三级时，分别不应小于1.25、1.20、1.15	
锚拉式支挡结构	(1)整体稳定性：可采用圆弧滑动条分法进行验算，整体稳定性 K_s：安全等级一级、二级、三级时，分别不应小于1.25、1.20、1.15。 (2)当挡土构件底端以下存在软弱下卧层时，整体稳定性验算滑动面中应包括由圆弧与软弱土层层面组成的复合滑动面。 (3)嵌固深度满足坑底隆起稳定性的要求，抗隆起安全系数 K_b：安全等级一级、二级、三级时，分别不应小于1.8、1.6、1.4	
双排桩	(1)整体稳定性：可采用圆弧滑动条分法进行验算。 (2)整体稳定性系数 K_s：安全等级一级、二级、三级时，分别不应小于1.25、1.20、1.15。 (3)当挡土构件底端以下存在软弱下卧层时，整体稳定性验算滑动面中应包括由圆弧与软弱土层层面组成的复合滑动面。 (4)可不进行隆起稳定性验算	
嵌固深度要求	(1)对悬臂式结构，不宜小于0.8h。 (2)对单支点支挡式结构，不宜小于0.3h。 (3)对多支点支挡式结构，不宜小于0.2h	h 为基坑深度
水泥土重力式支护结构	(1)抗倾覆稳定性验算：验算墙体绕前趾A的抗倾覆稳定性，抗倾覆分项系数不应小于1.1，当基坑边长不大于20m时，不应小于1.0。 (2)验算沿墙底面的抗滑动稳定性，抗水平滑动分项系数不应小于1.2，当基坑边长不大于20m时，不应小于1.0。 (3)可参考上海市地方标准《基坑工程技术标准》(DG/TJ 08-61—2018)执行	

7.2 基坑计算中的关键问题

7.2.1 基坑稳定性验算物理力学参数取值

不同地层条件下，基坑稳定性计算应选取相应的物理力学指标，详见表7-2。

基坑稳定性验算指标取值　　表 7-2

水位情况	地　层	抗剪强度指标	计算模式
地下水位以上	黏性土、粉质黏土	采用三轴固结不排水指标 c_{cu}、φ_{cu} 或直剪固快指标 c_{cq}、φ_{cq}	—
	砂质粉土、砂土、碎石土	采用有效应力强度指标 c'、φ'	—
地下水位以下	黏性土、粉质黏土	正常固结土和超固结土,采用三轴固结不排水指标 c_{cu}、φ_{cu} 或直剪固快指标 c_{cq}、φ_{cq};欠固结土,采用有效自重压力下预固结的三轴不固结不排水指标 c_{uu}、φ_{uu}	水土合算
	砂质粉土、砂土、碎石土	采用有效应力强度指标 c'、φ',对砂质粉土,缺少有效应力强度指标时,也可采用三轴固结不排水抗剪强度指标 c_{uu}、φ_{uu} 或直剪固快指标 c_{cq}、φ_{cq} 代替	水土分算

注:1.上述表格中内容主要参考《建筑基坑支护技术规程》(JGJ 120—2012)中的规定。
2.通常情况下,三轴试验指标要高于直剪固快指标;如地勘参数表中值异常,应与地勘单位沟通核实。
3.砂土、碎石土,有效应力强度指标贯入试验实测击数和水下休止角等物理力学指标取值。
4.水土分算时,水压力可按静水压力计算。
5.当地下水渗流时,宜按渗流理论计算水压力和土的竖向有效应力。
6.当存在多个含水层时,应分别计算各含水层的水压力。

7.2.2 支锚刚度和内撑材料抗力

1)支锚刚度

根据《建筑基坑支护技术规程》(JGJ 120—2012)第 4.1.10 条进行计算。

支撑式支挡结构的弹性支点刚度系数宜通过对内支撑结构整体进行线弹性结构分析得出的支点力与水平位移的关系确定。对水平支撑,当支撑腰梁或冠梁的挠度可忽略不计时,计算宽度内弹性支点刚度系数可按下式计算:

$$k_R = \frac{\alpha_R EA}{\lambda l_0} \cdot \frac{b_a}{S} \tag{7-1}$$

式中:k_R——计算宽度内弹性支点刚度系数。

α_R——支撑松弛系数,对混凝土支撑和预加轴向压力的钢支撑,取 1.0,对不施加预加轴向压力的钢支撑,取 0.8~1.0。

E——支撑构件材料的弹性模量(kPa)。

A——支撑断面面积(m^2)。

l_0——支撑构件的受压计算长度(m)。

S——支撑的水平间距(m)。

b_a——挡土结构的计算宽度(m),对单根支护桩,取排桩间距,对单幅地下连续墙,取包括接头的单幅墙宽度,通常取 1.0m。

λ——支撑不动点调整系数;支撑两对边基坑的土性、深度、周边荷载等条件相近,且分层对称开挖时，取 0.5；支撑两对边基坑的土性、深度、周边荷载等条件或开挖时间有差异时，对土压力较大或先开挖的一侧，取 0.5~1.0，且差异大时取大值，反之取小值；对土压力较小或后开挖的一侧，取 $(1-\lambda)$；当基坑一侧取 $\lambda=1$ 时，基坑另一侧应按固定支座考虑；对竖向斜撑构件，取 $\lambda=1$。

软件中的支锚刚度界面如图 7-2 所示。

支锚道号	支锚类型	水平间距(m)	竖向间距(m)	入射角(°)	总长(m)	锚固段长度(m)	预加力(kN)	支锚刚度(MN/m)	锚固体直径(mm)	工况号	锚固力调整系数	材料抗力(kN)	材料抗力调整系数
1	内撑	8.000	0.850	—	—	—	0.00	7875.00	—	2~21	—	5300.00	1.00
2	内撑	3.000	6.000	—	—	—	0.00	560.00	—	4~19	—	3390.00	1.00

图 7-2 软件中的支锚刚度界面

注：不同的软件在计算时，由于不同的输入方法，对支锚刚度的输入值会有所不同，主要在于软件自身是否考虑支撑的水平间距 S。理正基坑软件计算时，取值为 $\dfrac{\alpha_R EA}{\lambda l_0}$，支撑水平间距 S 软件会根据输入条件进行计算。启明星基坑软件计算时，取值为 $\dfrac{\alpha_R EA}{\lambda l_0 S}$，需要输入支锚刚度时手动计算，软件不再考虑 S 的影响。由于软件版本不同时可能会有变化，在软件计算时，建议将水平间距值输入调整一下，看支锚刚度是否变化，如果不变，说明支锚刚度输入时应考虑水平间距 S 的影响；如果有变化，说明软件计算时已经考虑了水平间距 S 的影响；使用前一定要核实，对应起来，确保输入数值的准确性。

2）内撑材料抗力

（1）混凝土材料抗力按下式计算

$$T=\xi\varphi Af_c \tag{7-2}$$

（2）钢材材料抗力按下式计算：

$$T=\xi\varphi Af_y \tag{7-3}$$

式中：T——内撑的材料抗力（kN）；

A——内撑截面积（mm^2）；

f_c——混凝土抗压强度设计值（N/mm^2）；

f_y——钢材抗压强度设计值（N/mm^2）；

φ——与内撑长细比有关的调整系数；

ξ——与工程形式有关的调整系数，对于完全对称的深基坑，采用对称时，可取 $\xi=1.0$。

混凝土支撑（矩形）时：$\lambda=l_0/b$，b 为矩形支撑中的较小边，稳定系数可查《混凝土结构设计规范（2015 年版）》（GB 50010—2010）表 6.2.15 求出。

钢管撑：$\lambda=l_0/\sqrt{I/A}$，稳定性系数可查《钢结构设计标准》（GB 50017—2017）b 类截面得到。

由于钢筋混凝土中钢筋含量占比较小，一般情况下，近似用混凝土的弹性模量来代替钢筋混凝土的弹性模量。若需要用到精确的钢筋混凝土弹性模量的话，可按钢筋与混凝土各自截面积的权重进行计算。

7.2.3 基坑支护冠梁水平计算刚度

在基坑的计算中,冠梁(腰梁)起到一定的支护作用。特别是在基坑面积较小或者支撑边距离较小的基坑中,冠梁起到的作用比较大。因此,冠梁对支护结构的影响应考虑到基坑支护结构的设计和计算中,在国内目前常用的基坑支护计算软件计算中也考虑了冠梁的作用,通常是采用“冠梁水平侧向计算刚度”的参数来参与到支护结构计算中。

冠梁水平侧向计算刚度直接决定了支护结构的变形计算结果,因此,此参数的取值至关重要。

理正深基坑计算软件中桩顶冠梁刚度取值计算方法如下:

图 7-3 为理正基坑水平侧向刚度计算简图。

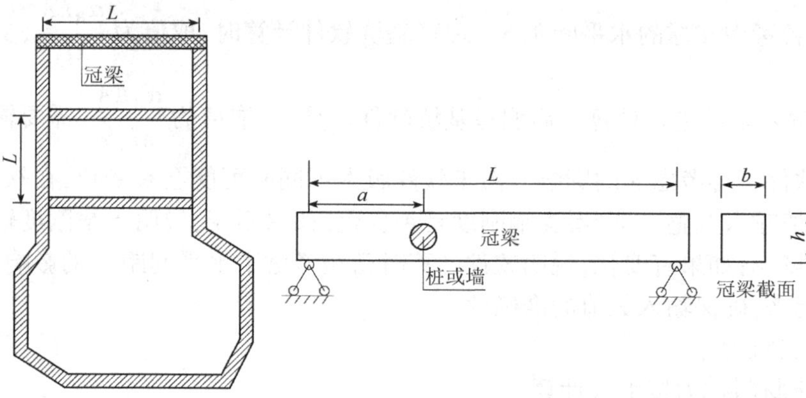

图 7-3 理正深基坑水平侧向刚度计算简图

$$K = \frac{\frac{1}{3}LEI}{a^2\ (L-a)^2} \tag{7-4}$$

当 $a = L/2$ 时:

$$K = \frac{16}{3} \times \frac{EI}{L^3} = 0.111 \times \frac{48EI}{L^3} \tag{7-5}$$

式中: K ——冠梁水平侧向计算刚度估算值(MN/m);

a ——桩位置(m);

L ——冠梁计算跨度(m);

EI ——冠梁截面刚度(MN · m^2);其中,I 为水平方向的截面惯性矩,$I = bh^3/12$。

K 值的意义是支护桩在 a 点产生单位位移时,冠梁对桩顶产生的反力 F。计算时一般取最不利值跨中(即 $a = L/2$)进行计算,此时 K 值最小。

按简支梁计算,计算跨度 L ,F 作用下的变形理论计算如图 7-4 所示。

当 $c = d = L/2$, 作用在跨中时:

$$f_{\max} = \frac{FL^3}{48EI} \tag{7-6}$$

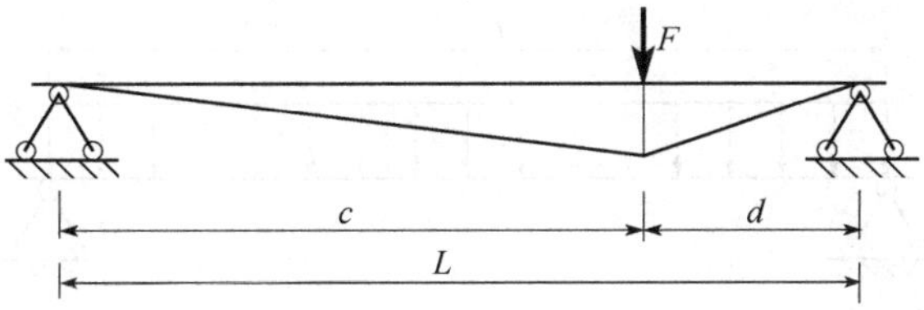

图 7-4 单个集中荷载简支梁计算模型

$$K = \frac{48EI}{L^3} \tag{7-7}$$

通过上式计算可知,深基坑软件估算值与理论计算值约差 9 倍。

以上集中力模型仅考虑了一根桩和整个冠梁的相互作用,而没有考虑冠梁下其他桩的作用,因此上述冠梁计算刚度的计算模型与实际情况是有出入的。冠梁的水平计算刚度应考虑影响范围内的所有支护桩对冠梁的作用。当支护桩等间距布置时,计算如图 7-5 所示。

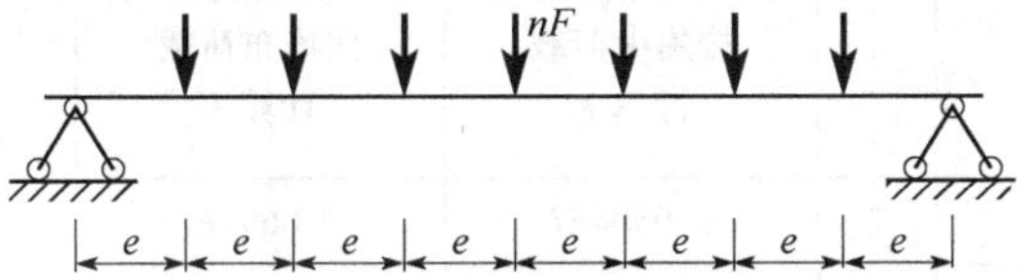

图 7-5 多个集中荷载简支梁计算模型

当 n 为奇数时:

$$f_{\max} = \frac{5n^4 + 2n^2 + 1}{384n^3EI}FL^3 \tag{7-8}$$

当 n 为偶数时:

$$f_{\max} = \frac{5n^2 + 2}{384nEI}FL^3 \tag{7-9}$$

汇总计算结果见表 7-3。

计 算 刚 度 表 表 7-3

项目	$n=1$	$n=2$	$n=3$	$n=4$	$n=5$	$n=6$	$n=7$	$n=8$	$n=9$	$n=10$
$K\left(\times\frac{EI}{L^3}\right)$	48.00	34.91	24.45	18.73	15.11	12.66	10.88	9.54	8.49	7.65

从上表中可以,在不考虑桩间土体的作用下,其他条件相同时,冠梁计算刚度随桩数量的增加而降低。

在地墙支护形式,或者桩间距相对较密,可以作用均布荷载考虑时,冠梁中部的最大变形如图 7-6 所示。

$$f_{\max} = \frac{5}{384EI}qL^4 \tag{7-10}$$

冠梁的刚度 K 计算如下:

$$K = \frac{384}{5} \times \frac{EI}{L^4} \tag{7-11}$$

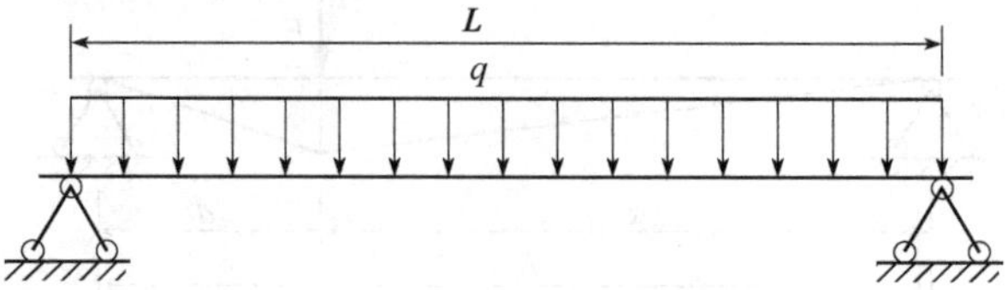

图 7-6　均布荷载简支梁计算模型

在冠梁作用总荷载相同条件下，即 $qL = nF$ 情况下，刚度计算结果如下：

$$K = \frac{384}{5} \times \frac{EI}{L^4} \times \frac{n}{L} \tag{7-12}$$

不同的排桩设计计算见排桩计算结果汇总对比表表 7-4。

排桩计算结果汇总对比表　　表 7-4

计算跨度（mm）	排桩设计参数（mm）	n	两端铰接，按集中荷载计算 K	两端铰接，按均布荷载计算 K	理正 K 计算值	两端刚接，按均布荷载计算 K
6000	ϕ800@ 800	7	0.0504EI	0.0691EI	0.0247EI	0.346EI
	ϕ800@ 1200	4	0.0867EI	0.0395EI		0.198EI
	ϕ800@ 1500	3	0.113EI	0.0296EI		0.148EI
9000	ϕ800@ 800	10	0.0105EI	0.0130EI	0.0073EI	0.065EI
	ϕ800@ 1200	7	0.0149EI	0.0091EI		0.0455EI
	ϕ800@ 1500	5	0.0207EI	0.0065EI		0.0325EI

从上表中可以看出，排桩布置越密，理论上按集中荷载计算得到的 K 值越接近按均布荷载计算的 K 值。理正计算得到的 K 值普遍偏小，基坑支护结构变形的计算偏于安全。

实际情况下，冠梁的水平变形也不是均匀的，中间的变形最大，两端支点的变形小，因此，冠梁的实际作用力为两边支点大，中间变形小，呈 V 形分布。

如果基坑尺寸比较大，通常情况下，冠梁沿基坑四周是连续分布的，冠梁两端一般可认为是刚接，是可以承受转动变形的，故其水平侧向计算刚度的计算模型还应考虑刚接的影响（图 7-7）。计算如下：

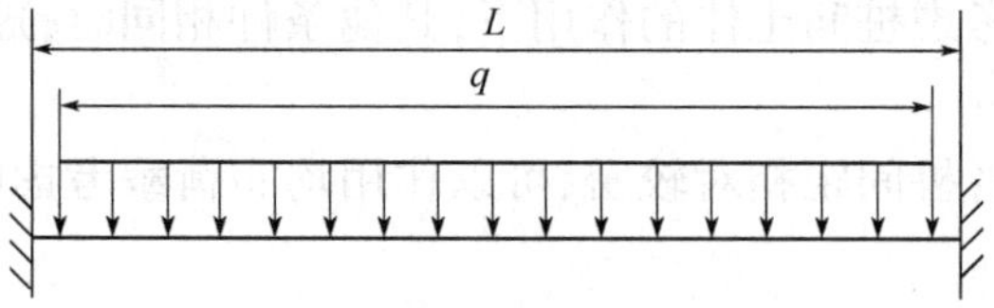

图 7-7　固结模型均布荷载计算模型

此时，在均布荷载作用下，冠梁跨中最大位移为：

$$f_{\max} = \frac{1}{384EI} qL^4 \tag{7-13}$$

在冠梁作用总荷载相同条件下，即 $qL = nF$ 情况下，计算刚度计算结果如下：

$$K = 384 \times \frac{EI}{L^4} \times \frac{n}{L} \tag{7-14}$$

两端刚接情况下，相比两端铰接，刚度增加5倍。

冠梁支点处的水平变形也对冠梁的计算刚度产生影响。

冠梁水平侧向计算刚度的计算模型考虑得越全面，模型就会越复杂，公式的精度也越高。实际情况下，由于岩土性质的不均匀性，可根据冠梁实际受力情况，进行适当的简化，适当提高计算的安全性。

对于悬臂支护结构，或者支撑间距过大，对冠梁的变形约束能力较差时，应取 $K = 0$。

7.3 围护桩刚度折减

7.3.1 钻孔灌注桩刚度折减计算方法

钻孔灌注桩与地墙的等刚度转化，采用抗弯刚度等效转化的原则，计算中可等效为相应厚度的地墙，以便于比较。

考虑短期作用时，刚度折减取值待进一步研究。

考虑长期环境作用下刚度折减一般取50%~70%（刚度折减系数需要进一步研究）。

当折减系数取50%时，计算如下：

$$\frac{0.5}{a} \times \frac{\pi D^4}{64} = \frac{1.0 \times h^3}{12} \tag{7-15}$$

得到等效厚度为：

$$h = 0.665 \frac{D^{4/3}}{\sqrt[3]{a}} \tag{7-16}$$

当折减系数取70%时，计算如下：

$$\frac{0.7}{a} \times \frac{\pi D^4}{64} = \frac{1.0 \times h^3}{12} \tag{7-17}$$

得到等效厚度为：

$$h = 0.931 \times \frac{D^{4/3}}{\sqrt[3]{a}} \tag{7-18}$$

式中：h ——等效厚度（mm）；

D ——钻孔灌注桩桩径（mm）；

a ——桩间距（mm）。

对常用桩径、不同间距情况下的钻孔灌注桩进行总结计算，汇总结果（表7-5），可供设计计算时参考。

钻孔灌注桩等效墙厚度表 表 7-5

序　　号	排桩参数 (mm)	等效墙厚度(50%) (mm)	等效墙厚度(70%) (mm)
1	600@ 800	376	376×1. 4=526
2	800@ 1000	494	494×1. 4=691
3	1000@ 1200	607	607×1. 4=850
4	1200@ 1500	692	692×1. 4=968

7. 3. 2　钻孔咬合灌注桩刚度折减计算方法

咬合桩等效为同刚度的地下连续墙的原则是:在考虑配筋桩与素混凝土桩材料、截面等差异的基础上,按照抗弯刚度 EI 等效原理,将钻孔咬合灌注桩等代为材料、截面相同的板式地下连续墙,然后按照地下连续墙的设计方法进行围护结构的变形与内力计算。计算单元如图 7-8 所示。

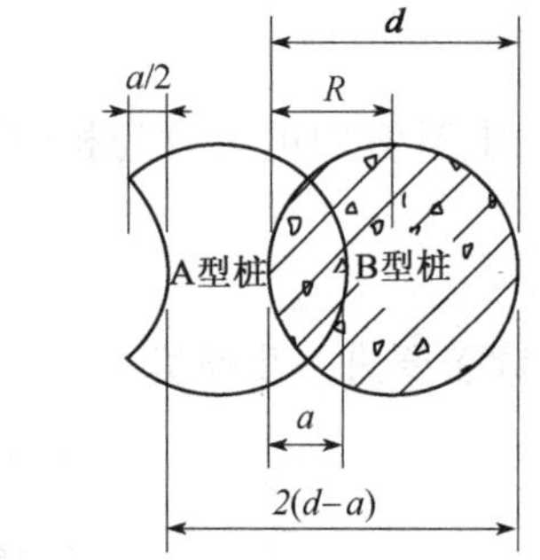

图 7-8　钻孔咬合灌注桩计算单元图

图 7-8 中,R、d 分别为桩的半径和直径,a 为桩身咬合宽度,一个单元长度为 $2(d-a)$。等代后地下连续墙的厚度为 b,根据刚度等代原理:

$$kE_{A}I_{A}+E_{B}I_{B}=\frac{E\times 2(d-a)b^{3}}{12} \tag{7-19}$$

$$b=\sqrt[3]{\frac{12(kE_{A}I_{A}+E_{B}I_{B})}{E\times 2(d-a)}} \tag{7-20}$$

式中:E_A、I_A ——素混凝土桩(A 型桩)的弹性模量(N/mm^2)和截面惯性矩(mm^4);

E_B、I_B ——配筋桩(B 型桩)的弹性模量(N/mm^2)和截面惯性矩(mm^4);

k ——素混凝土桩刚度折减系数,本节按 0. 15 取;

E ——等代地下连续墙的弹性模量(N/mm^2)。

注:等代地下连续墙混凝土宜与配筋桩同等级。

截面惯性矩计算示意图如图 7-9 所示。

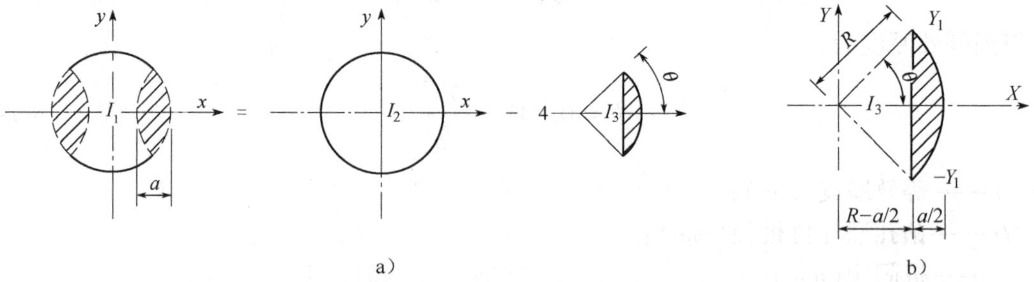

图 7-9　素混凝土桩的截面惯性矩计算示意图

根据图 7-9：
$$I_2=\frac{\pi d^4}{64}=\frac{\pi R^4}{4} \tag{7-21}$$
$$I_1=I_2-4I_3$$
$$I_3=\int_{-y_1}^{y_1}y^2[x-(R-a/2)]\mathrm{d}y=2\int_0^{y_1}y^2\sqrt{R^2-y^2}\,\mathrm{d}y-2(R-a)\int_0^{y_1}y^2\mathrm{d}y \tag{7-22}$$
$$I_3=\frac{R^4\times\theta}{4}-\frac{R^4\times\sin2\theta}{8}-\frac{R^4\times\sin^2\theta}{12} \tag{7-23}$$

式中：θ——弧度。

$$\sin\theta=\frac{\sqrt{R^2-\left(R-\frac{a}{2}\right)^2}}{R} \tag{7-24}$$
$$\theta=\arcsin\frac{\sqrt{R^2-\left(R-\frac{a}{2}\right)^2}}{R} \tag{7-25}$$
$$\sin2\theta=\frac{(2R-a)\sqrt{R^2-\left(R-\frac{a}{2}\right)^2}}{R^2} \tag{7-26}$$

通过等代成地下连续墙后，可运用通用基坑计算软件，按杆系有限元进行围护结构的内力位移计算。计算通常取 1.0 延米单宽等代地下连续墙进行计算，可得计算弯矩 M(kN·m/m)。

对于钻孔咬合灌注桩，应是 A 型桩、B 型桩共同承担外部荷载引起的弯矩，由于其刚度的差异，A 型桩与 B 型桩各自分担的弯矩应按其刚度比进行调配。

不考虑桩配筋时，其刚度比： $\eta=kE_AI_A/(E_BI_B)$

按刚度比分配弯矩，则：

A 型桩分担弯矩：
$$M_A=\frac{\eta}{\eta+1}2(d-a)M$$

B 型桩分担弯矩：
$$M_B=\frac{1}{\eta+1}2(d-a)M$$

严格来说桩配筋后会引起桩身刚度变化，故应重新进行配筋后的桩身刚度计算，调整等代墙及各自桩身弯矩，进行多次迭代计算。但由于钢筋截面在整个结构截面所占比例很小，桩身刚度的变化较小，根据相关文献研究成果，配筋后桩刚度增大约 10%。

7.4 钢支撑承载力

基坑支护结构中，常用的钢支撑有 ϕ609mm×14mm、ϕ609mm×16mm、ϕ800mm×18mm、ϕ800mm×20mm 钢管撑，本节计算时对常用的几种钢管撑形式进行计算，给出其在不同长度时的承载力值,设计时可参考使用。

1)钢支撑计算注意事项

(1)钢支撑的偏心距取值不宜小于支撑长度的0.1%,对钢支撑不宜小于40mm。

(2)钢支撑受压构件的长细比不应大于150。

(3)钢支撑弯矩主要考虑以下几部分:

①自重产生的弯矩,两侧支撑按简支考虑。

②施工期间钢支撑上可能的局部堆土产生的附件弯矩,按作用在钢支撑中部5kN集中荷载考虑,计算时简化为两侧简支考虑。

③施工偏心安装带来的附加弯矩,按0.1%且不小于40mm考虑。

④温度变化引起的钢支撑附加轴力(设计值N_t),根据《建筑基坑支护技术规程》(JGJ 120—2012)4.9.6条文说明,温度变化引起的钢支撑轴力改变,尚无成熟的计算方法,温度变化对钢支撑的影响程度与支撑构件的长度有较大的关系,根据经验,对长度超过40m的支撑,一般认为可考虑10%~20%的支撑内力(初始计算轴力标准值N_0)变化。本节计算中,根据经验按轴力标准值的10%考虑。

2)温度变化引起的钢支撑附加轴力计算方法探讨

计算温度作用时,应根据当地的具体情况和施工情况等因素计算由温度作用引起的结构效应。钢结构的线膨胀系数可取$\alpha_t = 1.2 \times 10^{-5}(1/℃)$。温度力计算如下:

$$F = \delta EA \times \frac{\Delta l}{l} \tag{7-27}$$

$$\Delta l = \alpha_t \times l \times (T_{max} - T_{set,1}) \tag{7-28}$$

式中:Δl—温度作用下钢支撑的变形值(m)。

E——钢材弹性模量,取$206 \times 10^6 kN/m^2$。

δ——钢支撑约束调整系数,由于钢支撑承受温度作用力时,两端并非完全固定约束,温度力作用下,钢支撑两侧支护结构会产生变形,温度应力会释放一部分。当钢支撑轴力小时,支护结构变形释放一般会比较大,钢支撑约束调整系数取小值;反之,则取大值。

A——钢支撑截面面积(m^2)。

l——钢支撑计算长度(m)。

$T_{set,1}$——钢支撑安装时的温度值(℃)。

T_{max}——当地最高有效气温值(℃)。

钢支撑约束调整系数可根据试验确定,此数值的确定与地层、支护结构形式等有很大关系,因此,取值难度比较大。

3)钢支撑强度及平面内、外稳定性计算

强度:

$$\frac{N}{A_n} + \frac{M}{\gamma_x W_{nx}} \leqslant f \tag{7-29}$$

平面内稳定性：

$$\lambda = \frac{l}{i} \leqslant [\lambda] = 150 \tag{7-30}$$

$$\frac{N}{\phi_x A_n} + \beta_{mx} \frac{M}{\gamma_x W_{nx}\left(1 - \frac{0.8N}{N_{ex}}\right)} \leqslant f \tag{7-31}$$

平面外稳定性：

$$\lambda = \frac{l}{i} \leqslant [\lambda] = 150 \tag{7-32}$$

$$\frac{N}{\phi_y A_n} + \eta \frac{\beta_{tx} M}{\phi_b W_{nx}} \leqslant f \tag{7-33}$$

常用钢支撑主要参数见表 7-6。

常用钢支撑主要参数 表 7-6

尺寸 (mm)	外径 D (mm)	壁厚 t	内径 d (mm)	α d/D	面积 A (mm^2)	抗弯刚度 Ix (mm^4)	i (mm)	[λ]	[L] (m)
Φ609×14	609	14	581	0.954	26169	1158721838	210.4	150	31.6
Φ609×16	609	16	577	0.947	29807	1311173005	209.7	150	31.5
Φ800×18	800	18	764	0.955	44221	3382070752	276.6	150	41.5
Φ800×20	800	20	760	0.950	49009	3729573135	275.9	150	41.4

取基本组合进行计算，作用基本组合的分项系数不应小于 1.25。安全等级取一级，则其中的自重和施工荷载引起的附加弯矩计算如下：

(1) 自重产生的弯矩

计算公式为：

$$M = \gamma_0 \gamma_F M_k \tag{7-34}$$

式中：γ_0——安全系数，安全等级为一级、二级、三级分别取 1.1、1.0、0.9；

γ_F——基本组合的综合分项系数；

M_k——作用标准组合的弯矩值；

L——钢支撑的长度。

故安全等级取一级时有：

$$M = 1.1 \times 1.25 \times \frac{1}{8} q \times L^2 = 0.1719 qL^2$$

(2) 施工期间附加荷载产生的弯矩

$$M = 1.1 \times 1.25 \times \frac{1}{4} \times 5 \times L = 1.7188L$$

安全等级按一级，即 $\gamma_0 = 1.1$，钢管材质 Q235 时，对计算结果进行汇总整理，见表 7-7。

钢管支撑轴力承载力设计值(单位:kN)　　表 7-7

钢管长度(m)	钢管参数($D_{外}\times t$)(mm)			
	ϕ609×14	ϕ609×16	ϕ800×18	ϕ800×20
6	2810	3200	4930	5460
8	2660	3040	4760	5260
10	2480	2830	4560	5040
11	2400	2730	4440	4920
12	2290	2610	4350	4810
13	2180	2490	4200	4650
14	2060	2350	4060	4500
15	1960	2220	3940	4360
16	1830	2100	3790	4190
17	1710	1950	3650	4020
18	1590	1810	3480	3860
19	1480	1670	3310	3680
20	1360	1560	3160	3520
21	1250	1430	2990	3320
22	1140	1310	2810	3120
25	870	1000	2350	2580

注:1.中间长度可近似按内插值计算,上表数值按 10 进位。
2.钢管材质采用 Q235 钢。当壁厚 16mm 时,$f=215\text{N/mm}^2$;当壁厚>16mm 时,$f=205\text{N/mm}^2$。

4)钢支撑预加轴力

根据相关规范规定,预加轴力一般取支撑轴力标准值的 0.5~0.8 倍比较合适,一般不会导致基坑开挖后支撑轴力的增大。特殊条件下,不受此限制。

预加轴力可减小基坑开挖后支护结构的水平位移、检验支撑连接点的可靠性。但如果预加轴力过大,可能会使支挡结构产生反向变形,增大基坑开挖后的支撑轴力。

7.5 格构柱设计

格构柱一般由肢件和缀材组成,肢件主要承受轴向力,缀材主要抵抗侧向力。缀材形式主要有缀条和缀板。格构式构件可以通过调整肢件的间距,将材料面积向距离惯性轴远的地方布置,保证相同轴向抗力条件下增强构件抗弯性能,从而节省材料。

基坑开挖工程设计时,格构柱常用作竖向支撑结构,支撑在基坑水平支撑结构上(钢筋混凝土支撑和钢管撑),从而增加水平支撑结构的承载力。常用的格构柱形式由双肢格构柱(双槽钢+缀材)和四肢格构柱(角钢+缀材)。一般来说,四肢格构柱截面总的刚度比双肢格构柱差,构件截面形状保持不变的假定不一定能完全做到,而且分肢的受力也较为不均匀,设计时应适当增大安全系数。

双肢格构柱一般用于两个方向受力不对称的压弯构件中，四肢格构柱一般用于轴心受压或者弯矩相对较小的压弯构件中。

缀条柱在缀材平面内的抗剪与抗弯刚度比缀板柱好，故对缀材面剪力较大的格构式柱宜采用缀条柱。但缀板柱构件简单，故常用作轴心受压构件。

7.5.1 双肢格构柱计算(双槽钢)

本节主要对较为常用的双槽钢+缀板形式的双肢格构柱进行分析，并给出常用的双肢格构柱的常用相关设计参数。双槽钢格构柱计算图式如图 7-10 所示。

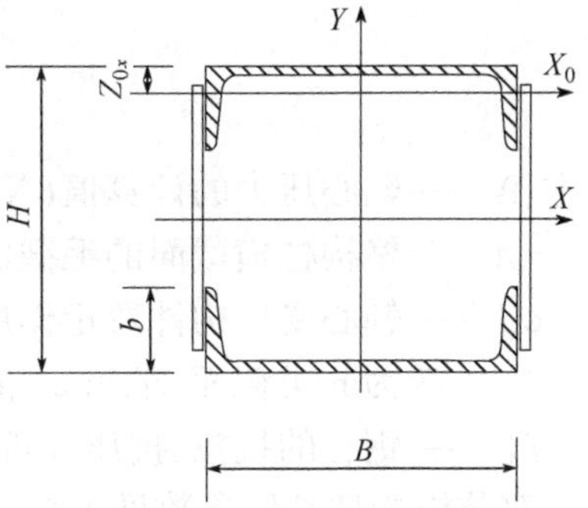

图 7-10 槽钢双肢格构柱计算图式

1)格构柱力学截面特性的计算

(1)格构柱沿实轴 Y 轴截面总惯性矩

$$I_y = 2I_{y0} \tag{7-35}$$

(2)格构柱沿虚轴 X 轴截面总惯性矩

$$I_x = 2\left[I_{x0} + A_0\left(\frac{H}{2} - Z_{0x}\right)^2\right] \tag{7-36}$$

式中：A_0——槽钢单肢截面面积；

I_x、I_y——格构柱的截面惯性矩；

I_{x0}、I_{y0}——单肢槽钢沿 X、Y 轴的惯性矩；

H——格构柱的总计算长度；

Z_{ox}——槽钢单肢 X_0 轴距离肢背的距离。

(3)格构柱沿实轴 Y 轴截面总惯性矩

格构柱惯性矩 I_y 与单肢槽钢的惯性矩相同。

2)格构柱的长细比计算

格构柱主肢的长细比计算如下：

$$i_x = \sqrt{\frac{I_x}{2A_0}} \tag{7-37}$$

$$i_y = \sqrt{\frac{2I_{y0}}{2A}} = \sqrt{\frac{I_{y0}}{A}} \tag{7-38}$$

$$\lambda_x = \frac{l_x}{i_x} \tag{7-39}$$

$$\lambda_y = \frac{l_y}{i_y} \tag{7-40}$$

上述式中：A_0——格构柱主肢的截面面积。

根据《钢结构设计标准》(GB 50017—2017)，当缀件采用缀板时：

$$\lambda_{0x} = \sqrt{\lambda_x^2 + \lambda_1^2} \tag{7-41}$$

当缀件采用缀条时：

$$\lambda_{0x} = \sqrt{\lambda_x^2 + 27\frac{A}{A_{1x}}} \tag{7-42}$$

式中：λ_1——分肢对最小刚度轴 X_0 的长细比，$\lambda_1 = l/i_1$，其计算长度取为：焊接时，为相邻两缀板的净距离；螺栓连接时，为相邻两缀板边缘螺栓的距离。

A_{1x}——构件截面中垂直于 X 轴的个斜缀条毛截面面积之和。

3）稳定性的计算

格构柱轴心受压时，整体稳定性计算：

$$\sigma = \frac{N}{\varphi_x A} \leqslant [f] \tag{7-43}$$

$$\sigma = \frac{N}{\varphi_y A} \leqslant [f] \tag{7-44}$$

式中：N——轴心压力的计算值（N）；

A——格构柱横截面的毛截面面积；

φ_x——轴心受压构件弯矩作用平面内的稳定系数，根据换算长细比 λ_{0x}，双肢槽钢格构柱为 b 类截面，求出 φ_x、φ_y，按不利值计算。

$[f]$——钢材的抗拉、抗压和抗弯强度设计值。

双肢格构柱常用参数见表 7-8。

双肢格构柱常用参数表 表 7-8

序号	双肢格构式构件主要尺寸（mm）（$H \times B$）	槽钢型号	槽钢钢肢背距离（mm）	缀板（mm）	缀板中对中距离（mm）	Q235 钢，10m 高度轴心受压极限压力（kN）
1	360×360	[36c	360	300×300×10	800	1700
2	400×400	[40c	400	320×300×12	800	2100
3	500×400	[40c	500	420×300×12	800	2100

注：1.焊缝高度取值按不大于 10mm。

2.缀板间距为 800mm 时，支撑系杆应直接焊在格构柱肢上，如遇缀板可适当调整缀板间距。

3.轴心受压极限压力包括结构自重，由轴心受压稳定性控制。

4.立柱桩的加强箍筋直径一般采用 ϕ16～22mm，当桩基主筋直径较大、桩长较长时采用大值，反之取小值。间距宜采用 1500～2000mm。

对较为常用的双槽钢格构柱的缀板尺寸等进行计算，计算汇总详见表 7-9，实际工程设计时可参照采用。

4）格构柱的缀板设置计算

双肢格构柱缀板的设置要求如下：

（1）缀板柱的分肢长细比 λ_1 不应大于 $40\varepsilon_k$，并不应大于 $0.5\lambda_{max}$，其中当 $\lambda_{max} < 50$ 时，取 $\lambda_{max} = 50$。Q235 钢，$\varepsilon_k = 1.0$，$40\varepsilon_k = 40.0$；Q345 钢，$\varepsilon_k = 0.825$，$40\varepsilon_k = 33.0$。分肢长细比计算时，缀板焊接时，取缀板间净距；缀板采用螺栓连接时，取缀板间相邻螺栓的距离。

双肢格构柱对弱轴（虚轴）的长细比一般为大值。

缀板线刚度计算表(Q235)

表 7-9

序号	主要尺寸 (H×B) (mm)	槽钢型号	槽钢钢肢背距离 (mm)	缀板宽度 (mm)	缀板中对中距离 (mm)	缀板高度 (mm)	缀板厚度 (mm)	计算高度 (mm)	缀板线刚度(双侧设置) (N·mm²/mm)	分肢线刚度的6倍(平面内) (N·mm²/mm)	分肢线刚度的6倍(平面外) (N·mm²/mm)	分肢长细比 λ_{max}	最大长细比的一半，最小取25	是否满足要求
1	360×360	[36c	360	300	800	405	10	6000	138396E	40230E	134292E	14.8	25	满足
					850	390	10	7000	116312E	37866E	115104E	17.2	26	满足
					900	380	10	8000	101615E	35760E	100716E	19.5	30	满足
					950	375	10	9000	92516E	33876E	89526E	21.5	33.5	满足
					1000	365	10	10000	81045E	32184E	80574E	23.8	37.5	满足
					1050	360	10	11000	74057E	30654E	73248E	25.8	41	满足
					1100	365	10	11000	73677E	29256E	73248E	27.5	41	满足
					1200	375	10	11000	73242E	26820E	73248E	30.9	41	满足
					1300	390	10	11000	76050E	24756E	73248E	34.1	41	满足
					1400	395	10	11000	73369E	22986E	73248E	37.6	41	满足
					1500	405	10	11000	73811E	21456E	73248E	41.0	41	满足
2	400×400	[40c	400	320	800	355	12	6000	201074E	51588E	197112E	16.2	25	满足
					850	350	12	7000	171500E	48552E	168954E	18.2	25	满足
					900	345	12	8000	147977E	45852E	147834E	20.2	27	满足
					950	345	12	9000	135748E	43440E	131406E	22.0	30.5	满足
					1000	340	12	10000	119103E	41268E	118266E	24.0	34	满足
					1050	340	12	11000	110715E	39300E	107514E	25.8	37.5	满足
					1100	340	12	12000	103432E	37518E	98556E	27.6	41	满足
					1200	350	12	12000	100882E	34392E	98556E	30.9	41	满足
					1300	360	12	12000	99268E	31746E	98556E	34.2	41	满足
					1400	375	12	12000	102896E	29478E	98556E	37.3	41	满足
					1500	400	12	12000	116364E	27510E	98556E	40.0	41	满足

续上表

序号	主要尺寸（$H \times B$）（mm）	槽钢型号	槽钢钢肢背距离（mm）	缀板宽度（mm）	缀板中对中距离（mm）	缀板高度（mm）	缀板厚度（mm）	计算高度（mm）	缀板线刚度（双侧设置）（$N \cdot mm^2/mm$）	分肢线刚度的6倍（平面内）（$N \cdot mm^2/mm$）	分肢线刚度的6倍（平面外）（$N \cdot mm^2/mm$）	分肢长细比 λ_{max}	最大长细比的一半，最小取25	是否满足要求
3	500×400	[40c	500	420	800	355	12	6000	201074*E*	51588*E*	197112*E*	16.2	25	满足
					850	350	12	7000	171500*E*	48552*E*	168954*E*	18.2	25	满足
					900	345	12	8000	147977*E*	45852*E*	147834*E*	20.2	27	满足
					950	345	12	9000	135748*E*	43440*E*	131406*E*	22.0	30.5	满足
					1000	340	12	10000	119103*E*	41268*E*	118266*E*	24.0	34	满足
					1050	340	12	11000	110715*E*	39300*E*	107514*E*	25.8	37.5	满足
					1100	345	12	12000	108778*E*	37518*E*	98556*E*	27.5	41	满足
					1200	350	12	12000	100882*E*	34392*E*	98556*E*	30.9	41	满足
					1300	360	12	12000	99268*E*	31746*E*	98556*E*	34.2	41	满足
					1400	375	12	12000	102896*E*	29478*E*	98556*E*	37.3	41	满足
					1500	400	12	12000	116364*E*	27510*E*	98556*E*	40.0	41	满足

注：1.上表计算是基于Q235钢进行的，当采用Q345钢时，上表中的分肢长细比不应大于33.0。
2.表中仅提供了部分比较常用的数值。
3.缀板按焊接考虑。
4.*E* 为钢材弹性模量参数，因考虑到可能采用不同等级的钢材，其值有所不同，此处以符号表示，不影响对比结果，下同。

(2)缀板柱中同一截面处缀板或型钢横杆的线刚度之和不得小于柱较大分肢线刚度的 6 倍。计算简图如图 7-11 所示。

图中缀板的线刚度之和为 $\left(\frac{1}{12}t_b \times h_b^3 \times E\right)/(s + h_b) \times 2$，其中 E 为钢材弹性模量，计算长度取缀板中对中距离。

为了方便使用，将几种常用格构柱进行计算汇总（表中尺寸长度均以“mm”为基准进行计算），详见表 7-9。

其中槽钢[36c：强轴 $I_x = 134290000\text{mm}^4$，$i_x = 133.6\text{mm}$；弱轴 $I_y = 5364000\text{mm}^4$，$i_y = 26.7\text{mm}$。

槽钢[40c：强轴 $I_x = 197112000\text{mm}^4$，$i_x = 147.1\text{mm}$；弱轴 $I_y = 6878000\text{mm}^4$，$i_y = 27.5\text{mm}$

5)格构柱对应立柱桩直径选择

格构柱与立柱桩相互关系如图 7-12 所示。

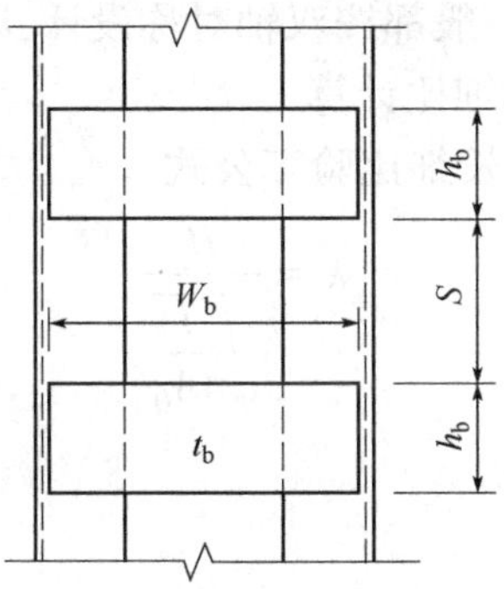

图 7-11　缀板计算简图

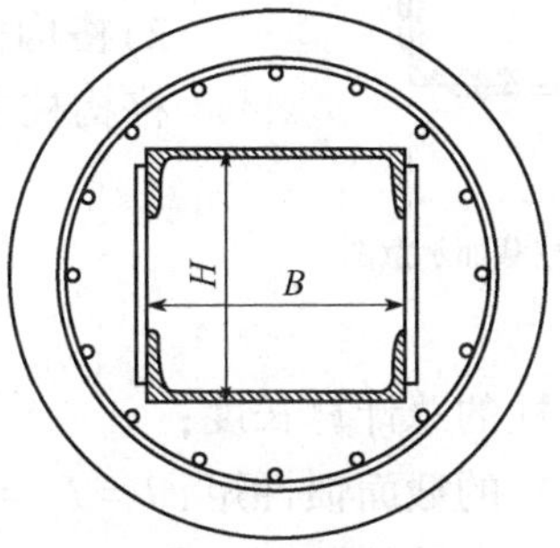

图 7-12　格构柱与立柱桩相互关系示意图

格构柱尺寸与最小桩径 D_{min} 的关系见表 7-10。

格构柱尺寸与桩径对照表　　表 7-10

序　号	d_1 (mm)	d_2 (mm)	B (mm)	H (mm)	D 最小值 (mm)
1	10	16	360	360	750
2	10	18	400	400	800
3	10	20/22	400	500	900

注：1. d_1 为箍筋直径，d_2 为主筋直径，钢筋保护层厚度按 70mm。
2.考虑施工空间 5mm。
3.B 值取 5mm 的整数倍，D 取 50mm 的整数倍，满足 $D > \sqrt{B^2+H^2}+2(d_1+d_2+70+5)$。
4.钢筋直径仅供计算参考，不代表实际配筋。

7.5.2　四肢格构柱计算

目前现场常用的格构柱形式主要是由角钢和缀板组成的四肢格构柱，这种格构柱的特点是双向对称，刚度一致，受力比较有利，而且一定程度上能起到节约钢材的作用，且易于施工。

四肢格构柱（角钢+缀板的形式）的计算（主要根据钢结构设计标准进行计算）。

1)格构柱力学截面特性的计算

四肢格构柱截面示意图如图 7-13 所示。

(1)格构柱的 Y-Y 轴截面总惯性矩

$$I_y = 4\left[I_{y0} + A_0\left(\frac{a}{2} - Z_{0y}\right)^2\right] \tag{7-45}$$

(2)格构柱的 X-X 轴截面总惯性矩

$$I_x = 4\left[I_{x0} + A_0\left(\frac{a}{2} - Z_{0x}\right)^2\right] \tag{7-46}$$

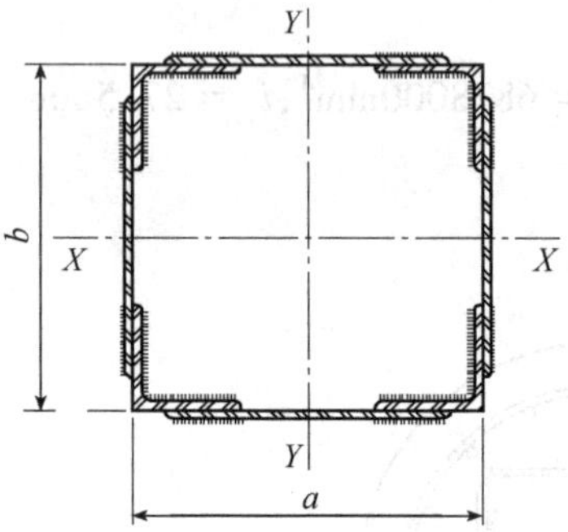

图 7-13　四肢格构柱截面示意图

式中：A_0——等边角钢单肢截面面积；

I_{x0}、I_{y0}——等边角钢单肢惯性矩，$I_{x0} = I_{y0}$；

Z_{0x}、Z_{0y}——等边角钢单肢 X 轴、Y 轴距离肢背的距离，$Z_{0x} = Z_{0y}$。

实际情况下，一般都按双轴对称设计，以上两式的值相等。

2)格构柱的长细比计算

格构柱主肢的长细比验算公式：

$$\lambda = \frac{H}{\sqrt{\frac{I}{4A_0}}} \tag{7-47}$$

式中：H——格构柱的总计算长度；

I——格构柱的截面惯性矩，$I = I_x = I_y$；

A_0——格构柱主肢的截面面积。

根据《钢结构设计标准》(GB 50017—2017)，当缀件采用缀板时：

$$\lambda_{0x} = \lambda_{0y} = \sqrt{\lambda_x^2 + \lambda_1^2} \tag{7-48}$$

式中：λ_1——分肢对最小刚度轴 1-1(图 7-13)的长细比，$\lambda_1 = l/i_1$，其计算长度取为：焊接时，为相邻两缀板的净距离；螺栓连接时，为相邻两缀板边缘螺栓的距离；

λ_x——格构柱长细比。

3)稳定性的计算

(1)格构柱轴心受压时，整体稳定性计算

$$\sigma = \frac{N}{\varphi_x A} \leqslant [f] \tag{7-49}$$

式中：N——轴心压力的计算值(N)；

A——格构柱横截面的毛截面面积(mm^2)；

φ_x——轴心受压构件弯矩作用平面内的稳定系数，根据换算长细比 λ_{0x}，查 b 类截面，求出 φ_x 值；

$[f]$——钢材的抗拉、抗压和抗弯强度设计值(N/mm^2)。

注：根据《钢结构设计标准》(GB 50017—2017)表 3.4.1-1，Q235 钢，厚度≤16mm 时，抗拉、抗压和抗弯强度设计值 f=215MPa；16mm<厚度<40mm 时，f= 205MPa。

(2)格构柱压弯构件时,整体稳定性计算

弯矩作用平面内的整体稳定性按下式计算:

$$\sigma = \frac{N}{\varphi_{0x}A} + \frac{\beta_{mx}M_x}{W_{1x}\left(1 - \frac{N}{N'_{Ex}}\right)} \leqslant [f] \tag{7-50}$$

$$W_{1x} = \frac{I_x}{y_0} \tag{7-51}$$

$$N'_{Ex} = \frac{\pi^2 EA}{1.1\lambda_{0x}^2} \tag{7-52}$$

式中:W_{1x} ——对虚轴的毛截面惯性矩(mm^4);

y_0 ——由 X 轴到压力较大分肢翼缘外边缘的距离(mm);

N'_{Ex} ——参数,四肢格构柱为绕虚轴计算,由换算长细比确定(N);

β_{mx} ——等效弯矩系数;

φ_{0x} ——X 轴换算长细比求得的轴心受压构件稳定系数。

①等效弯矩系数 β_{mx} 按下式计算。

a.无横向荷载作用时:

$$\beta_{mx} = 0.6 + 0.4\frac{M_2}{M_1} \tag{7-53}$$

式中:M_1、M_2——端弯矩(N·mm),构件无反弯点时取同号,有反弯点时取异号,$|M_1| \geqslant |M_2|$。

b.无端弯矩但有横向荷载作用时:

跨中单个集中荷载:

$$\beta_{mx} = 1 - 0.36\frac{N}{N_{cr}} \tag{7-54}$$

全跨均布荷载:

$$\beta_{mx} = 1 - \frac{0.18N}{N_{cr}} \tag{7-55}$$

$$N_{cr} = \frac{\pi^2 EI}{(\mu l)^2} \tag{7-56}$$

式中:N_{cr} ——弹性临界力(N);

μ ——构件的计算长度系数。

②缀板柱弯矩作用平面内换算长细比 λ_{0x} 按下式计算。

$$\lambda_{0x} = \sqrt{\lambda_x^2 + \lambda_1^2} \tag{7-57}$$

式中:λ_x ——整个构件对 X 轴的长细比;

λ_1 ——分肢对最小刚度轴 1-1 的长细比,$\lambda_1 = l_1/i_1$,缀板采用焊接时,l_1 为两缀板间的净距,i_1 为分肢对最小刚度轴 1-1 的长细比。

4)格构柱分肢的长细比验算

对格构式轴心受压构件:当缀件为缀板时,分肢的长细比 λ_1 不应大于 $40\varepsilon_k$,并不应大于构件两方向长细比(对虚轴取换算长细比)较大值 λ_{max} 的 0.5 倍(当 $\lambda_{max} \leqslant 50$ 时,取 $\lambda_{max} = 50$)。

$$\lambda_1 = \frac{l_1}{i_1} \leqslant [\lambda_1] \tag{7-58}$$

上式中，$[\lambda_1]$ 可以简化表示为，$[\lambda_1]=\min\{40\varepsilon_k,\max\{0.5\lambda_{max},25\}\}$，$\varepsilon_k$ 为钢号修正系数，Q235 时为 1.0；Q345 时为 0.825；Q420 时为 0.748。

5）缀板的线刚度计算

根据《钢结构设计标准》（GB 50017—2017）8.4.1 条，缀板柱中，同一截面处缀板（或型钢横杆）的线刚度之和不得小于柱较大分肢线刚度的 6 倍，四肢格构柱，缀板按 4 块计算。即：

$$\frac{4I_b}{a}\geqslant 6\frac{I_1}{l_1} \tag{7-59}$$

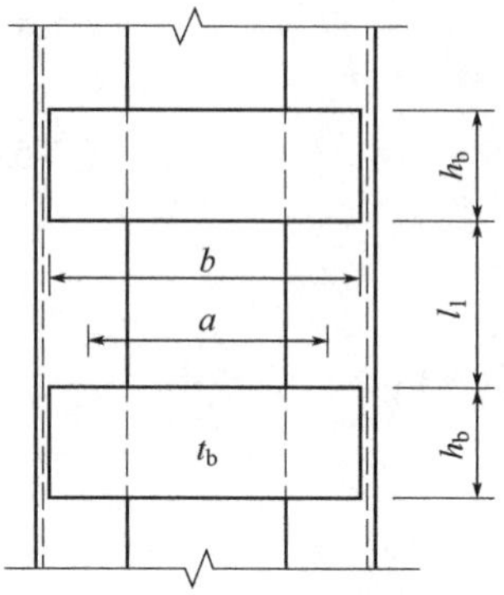

图 7-14　缀板线刚度计算参数示意图

式中：I_b ——缀板截面惯性矩，$I_b=t_b h_b^3/12$；

t_b ——缀板厚度（mm）；

h_b ——缀板高度（mm）；

a——缀板柱分肢轴线间的距离（mm）；

I_1 ——分肢截面对自身形心轴 1-1 轴的惯性矩（mm^4）。

根据推算，通常情况下，若使缀板高度 $h_b\geqslant 2a/3$（图 7-14），缀板厚度 $t_b\geqslant h_b/4$ 及 $t_b\geqslant 6mm$，就可以满足规范对缀板线刚度的要求。

对目前在设计中常用到的四肢格构柱进行汇总，主要尺寸统计见表 7-11。

常用四肢格构柱参数表　　　　表 7-11

序号	格构柱高度（mm）	角钢型号	角钢肢背距离（mm）	缀板（mm）	缀板中对中距离（mm）	立柱桩桩径（mm）	立柱桩主筋
1	400	∟140×12	400	350×190×10	450	800	10ϕ16
2	420	∟140×12	420	370×190×10	450	800	10ϕ16
3	420	∟160×12	420	370×200×12	450	800	10ϕ16
4	420	∟160×14	420	370×210×12	450	800	10ϕ16
5	450	∟160×14	420	400×210×12	450	800/850	10ϕ16
6	460	∟160×14	460	410×250×12	800	850/900	16ϕ16
7	460	∟160×14	460	410×250×12	800	850/900	16ϕ16
8	460	∟160×16	460	410×250×12	600	850/900	16ϕ18
9	500	∟160×16	500	450×250×12	550	900/1000	16ϕ18
10	500	∟180×18	500	450×250×14	550	900/1000	16ϕ18
11	550	∟200×18	550	500×250×12	450	1200	18ϕ18
12	550	∟200×24	550	500×250×16	450	1200	18ϕ18
13	600	∟200×18	600	540×300×14	800	1100	12ϕ25
14	610	∟180×18	610	550×300×16	800	1000/1200	12ϕ25

注：1.上表中摘自以往工程设计中用到的四肢格构柱参数，可供设计时参考，根据地质条件及设计荷载情况选用。

2.焊缝高度一般取不大于 10～12mm。

3.缀板间距为 800mm 时，支撑系杆应直接焊在格构柱肢上，如遇缀板可适当调整缀板间距，但间距不得大于 870mm。

4.当缀板采用三面围焊和柱分肢相连，缀板在分肢上的搭接长度一般取 20～30mm。

5.立柱桩的加强箍筋直径宜采用 ϕ16～22mm，当桩基主筋直径较大、桩长较长时采用大值，反之取小值；间距宜采用 1500～2000mm。

6.立柱桩主筋仅供参考，具体设计配筋需要根据计算确定。

根据上文中的计算过程，四肢格构柱对应不同型号角钢，不同缀板间距时，对缀板高度及厚度进行汇总计算，计算结果详见表 7-12，实际工程设计时可参照选用。

常用四肢格构柱缀板计算汇总表 表 7-12

序号	尺寸 (H×B) (mm)	角钢 (mm)	角钢肢背距离 (mm)	缀板宽度 (mm)	缀板中对中距离 (mm)	缀板高度 (mm)	缀板厚度 (mm)	计算高度 (mm)	重心距 (mm)	缀板线刚度 (N·mm^2/mm)	分肢线刚度6倍 (N·mm^2/mm)	分肢长细比 λ_{max}	最大长细比一半,最小取25
1	400×400	∟140×12	400	350	450	190	10	4000	39	87936E	80490E	6.0	25
	420×420		420	370	500	190	10	5000	39	73753E	72444E	7.2	25
					550	195	10	6000	39	69623E	65856E	8.2	25
					600	195	10	7000	39	61028E	60366E	9.4	27.5
					650	200	10	8000	39	59259E	55722E	10.4	31
					700	200	10	9000	39	53333E	51744E	11.6	35
					750	200	10	10000	39	48485E	48294E	12.8	39
					800	205	10	10200	39	48264E	45276E	13.8	40
2	420×420	∟160×12	400	370	450	200	12	4000	43.9	128000E	122208E	5.1	25
					500	205	12	5000	43.9	116815E	109992E	6	25
					550	210	12	6000	43.9	108953E	99990E	6.9	25
					600	210	12	7000	43.9	94985E	91656E	7.9	28.5
					650	215	12	8000	43.9	91387E	84606E	8.8	32.5
					700	215	12	9000	43.9	81966E	78564E	9.8	36.5
					750	215	12	9800	43.9	74306E	73326E	10.8	40
					800	220	12	9800	43.9	73434E	68742E	11.7	40
3	420×420	∟160×14	420	370	450	205	12	4000	44.7	140655E	139782E	5	25
	450×450		450	400	500	210	12	5000	44.7	127738E	125802E	5.9	25
	460×460		460	410	550	215	12	6000	44.7	118667E	114366E	6.8	25
					600	220	12	7000	44.7	112084E	104838E	7.7	29

续上表

序号	尺寸（$H \times B$）（mm）	角钢（mm）	角钢肢背距离（mm）	缀板宽度（mm）	缀板中对中距离（mm）	缀板高度（mm）	缀板厚度（mm）	计算高度（mm）	重心距（mm）	缀板线刚度（$N \cdot mm^2/mm$）	分肢线刚度6倍（$N \cdot mm^2/mm$）	分肢长细比 λ_{max}	最大长细比一半，最小取25
3		∟160×14			650	220	12	8000	44.7	99051*E*	96774*E*	8.7	33
					700	225	12	9000	44.7	95921*E*	89862*E*	9.7	37
					750	225	12	9700	44.7	86786*E*	83868*E*	10.7	40
					800	225	12	9700	44.7	79239*E*	78630*E*	11.7	40
4	460×460	∟160×16	420	410	450	215	12	4000	45.5	169164*E*	156678*E*	4.8	25
	500×500		500	450	500	220	12	5000	45.5	152114*E*	141012*E*	5.7	25
					550	220	12	6000	45.5	129067*E*	128190*E*	6.7	25
					600	225	12	7000	45.5	121500*E*	117510*E*	7.7	29.5
					650	230	12	8000	45.5	115876*E*	108468*E*	8.6	33.5
					700	230	12	9000	45.5	103549*E*	100722*E*	9.6	37.5
					750	235	12	9600	45.5	100799*E*	94008*E*	10.5	40
					800	235	12	9600	45.5	91879*E*	88134*E*	11.6	40
5	500×500	∟180×18	500	450	450	230	14	4000	51.3	258088*E*	250014*E*	4	25
					500	235	14	5000	51.3	228541*E*	225012*E*	4.8	25
					550	240	14	6000	51.3	208103*E*	204558*E*	5.6	27
					600	245	14	7000	51.3	193320*E*	187512*E*	6.4	31.5
					650	250	14	8000	51.3	182292*E*	173088*E*	7.3	36
					700	250	14	9000	51.3	162037*E*	160722*E*	8.2	40
					750	255	14	9000	51.3	156323*E*	150012*E*	9	40
					800	255	14	9000	51.3	141981*E*	140634*E*	9.9	40

续上表

序号	尺寸 ($H \times B$) (mm)	角钢 (mm)	角钢肢背距离 (mm)	缀板宽度 (mm)	缀板中对中距离 (mm)	缀板高度 (mm)	缀板厚度 (mm)	计算高度 (mm)	重心距 (mm)	缀板线刚度 ($N \cdot mm^2/mm$)	分肢线刚度6倍 ($N \cdot mm^2/mm$)	分肢长细比 λ_{max}	最大长细比一半,最小取25
6	550×550	∟200×18	550	500	450	250	14	4000	56.2	364583E	349416E	3.3	25
					500	255	14	5000	56.2	315836E	314478E	4	25
					550	265	14	6000	56.2	304719E	285888E	4.6	28
					600	270	14	7000	56.2	278345E	262062E	5.4	32.5
					650	275	14	8000	56.2	258806E	241908E	6.1	37.5
					700	275	14	8600	56.2	228358E	224628E	6.9	40
					750	280	14	8600	56.2	217963E	209652E	7.6	40
					800	285	14	8600	56.2	209766E	196548E	8.4	40
7	550×550	∟200×18	550	500	450	240	16	4000	56.2	351086E	349416E	3.4	25
					500	250	16	5000	56.2	333333E	314478E	4.1	25
					550	255	16	6000	56.2	299776E	285888E	4.8	28
					600	260	16	7000	56.2	275702E	262062E	5.5	32.5
					650	265	16	8000	56.2	257796E	241908E	6.3	37.5
					700	265	16	8600	56.2	228164E	224628E	7.1	40
					750	270	16	8600	56.2	218700E	209652E	7.8	40
					800	270	16	8600	56.2	198068E	196548E	8.6	40
8	550×550	∟200×20	550	500	450	255	14	4000	56.9	396819E	382308E	3.2	25
	600×600		600	550	500	265	14	5000	56.9	369553E	344076E	3.8	25
	610×610		610	560	550	270	14	6000	56.9	328050E	312798E	4.6	28.5
					600	275	14	7000	56.9	298622E	286728E	5.3	33
					650	280	14	8000	56.9	276872E	264672E	6	38

续上表

序号	尺寸（$H \times B$）(mm)	角钢 (mm)	角钢肢背距离 (mm)	缀板宽度 (mm)	缀板中对中距离 (mm)	缀板高度 (mm)	缀板厚度 (mm)	计算高度 (mm)	重心距 (mm)	缀板线刚度 ($N \cdot mm^2/mm$)	分肢线刚度 6 倍 ($N \cdot mm^2/mm$)	分肢长细比 λ_{max}	最大长细比一半，最小取 25
8		∟200×20			700	285	14	8500	56.9	260311*E*	245766*E*	6.8	40
					750	285	14	8500	56.9	232321*E*	229386*E*	7.6	40
					800	290	14	8500	56.9	223167*E*	215046*E*	8.3	40
9	550×550	∟200×20	550	500	450	245	16	4000	56.9	382598*E*	382308*E*	3.3	25
	600×600		600	550	500	255	16	5000	56.9	360955*E*	344076*E*	4	25
	610×610		610	560	550	260	16	6000	56.9	323237*E*	312798*E*	4.7	28.5
					600	265	16	7000	56.9	296273*E*	286728*E*	5.5	33
					650	270	16	8000	56.9	276253*E*	264672*E*	6.2	38
					700	275	16	8500	56.9	260980*E*	245766*E*	6.9	40
					750	280	16	8500	56.9	249101*E*	229386*E*	7.7	40
					800	285	16	8500	56.9	239732*E*	215046*E*	8.4	40
10	550×550	∟200×24	550	500	450	265	14	4000	58.4	469432*E*	445098*E*	3	25
	600×600		600	550	500	275	14	5000	58.4	431343*E*	400590*E*	3.7	25
	610×610		610	560	550	280	14	6000	58.4	379417*E*	364170*E*	4.4	29
					600	285	14	7000	58.4	342950*E*	333828*E*	5.2	34
					650	290	14	8000	58.4	316154*E*	308148*E*	5.9	39
					700	295	14	8200	58.4	295813*E*	286134*E*	6.7	40
					750	300	14	8200	58.4	280000*E*	267060*E*	7.4	40
					800	300	14	8200	58.4	252000*E*	250368*E*	8.2	40

续上表

序号	尺寸（$H\times B$）（mm）	角钢（mm）	角钢肢背距离（mm）	缀板宽度（mm）	缀板中对中距离（mm）	缀板高度（mm）	缀板厚度（mm）	计算高度（mm）	重心距（mm）	缀板线刚度（$N\cdot mm^2/mm$）	分肢线刚度6倍（$N\cdot mm^2/mm$）	分肢长细比 λ_{max}	最大长细比一半，最小取25
11	550×550	∟200×24	550	500	450	255	16	4000	58.4	453508E	445098E	3.2	25
	600×600		600	550	500	265	16	5000	58.4	422346E	400590E	3.9	25
	610×610		610	560	550	270	16	6000	58.4	374914E	364170E	4.6	29
					600	275	16	7000	58.4	341282E	333828E	5.4	34
					650	280	16	8000	58.4	316425E	308148E	6.1	39
					700	285	16	8200	58.4	297499E	286134E	6.8	40
					750	290	16	8200	58.4	282771E	267060E	7.6	40
					800	290	16	8200	58.4	255048E	250368E	8.4	40
12	550×550	∟200×24	550	500	450	250	18	4000	58.4	468750E	445098E	3.3	25
	600×600		600	550	500	255	18	5000	58.4	406074E	400590E	4	25
	610×610		610	560	550	265	18	6000	58.4	391782E	364170E	4.7	29
					600	270	18	7000	58.4	357873E	333828E	5.4	34
					650	270	18	8000	58.4	310784E	308148E	6.3	39
					700	275	18	8200	58.4	293603E	286134E	7	40
					750	280	18	8200	58.4	280238E	267060E	7.7	40
					800	280	18	8200	58.4	253292E	250368E	8.6	40

注：1.采用同一尺寸角钢时，格构柱尺寸不同时，表格中计算数值采用了最小尺寸进行计算。

2.缀板高度取5mm的整数倍，具体设计时可参考选用。

6)格构柱对应立柱桩直径选择

格构柱尺寸与立柱桩径的关系如图 7-15 所示,尺寸对照见表 7-13。

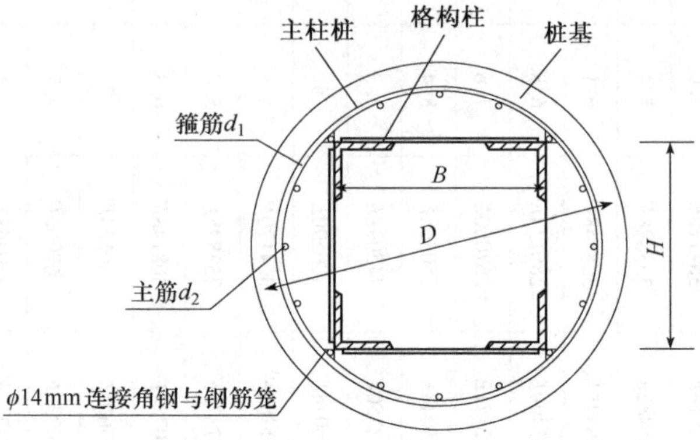

图 7-15 格构柱与立柱桩关系示意

格构柱尺寸与桩基直径对照表(单位:mm) 表 7-13

序号	d_1 (mm)	d_2 (mm)	D (mm)	B 最大值 (mm)
1	10	16	700	350
2	10	16	750	385
3	10	16	800	420
4	10	18	850	455
5	12	18	900	485
6	12	20	950	520
7	12	20	1000	555
8	12	22	1100	620
9	12	22	1200	690

注:1.钢筋保护层厚度按 70mm 计算。

2.考虑施工空间 5mm。

3. $B \leqslant \dfrac{D-2(d_1+d_2+70+5)}{\sqrt{2}}$ B 值取 5mm 的整数倍。

4.钢筋直径仅表示计算的参考,不代表实际配筋。

7.5.3 格构柱荷载取值

格构柱常见荷载及取值见表 7-14。

格构柱常见荷载及取值汇总表　　表 7-14

序号	荷载名称	计算方法
标准值计算		
①	钢立柱自重	立柱及缀板或缀条自重
②	混凝土支撑及联系梁自重	荷载分担范围内的自重
③	钢支撑及联系梁自重	荷载分担范围内的自重
④	盖板自重	当基坑上方设置盖板时
⑤	汽车荷载	根据车辆荷载计算
⑥	附加横向力	一般取最不利工况下每根钢立柱所承担的各层支撑轴力之和的 10%,各层支撑轴力之和可根据计算软件的最不利工况取值
标准值之和:F_k = ①+②+③+④+⑤+⑥		
设计值:$1.25\gamma_0 \times F_k$		

注:单根立柱荷载可按分担范围计算。

7.6　*m* 值法、*K* 值法、*c* 值法说明

桩在水平荷载作用下,其水平位移越大时,侧压力(土体的弹性抗力)也越大。侧压力的大小取决于:土的性质和桩自身性质和参数,包括桩的截面形状、刚度大小和桩的入土深度。

桩在横轴向荷载作用下桩身的内力和位移计算,国内外学者提出了许多方法。目前较为普遍的是桩侧土采用温克尔(Winkler)假定,通过求解挠曲微分方程,再结合力的平衡条件,求出桩各部位的内力和位移,该方法称为弹性地基梁法。

桩侧岩土体的弹性抗力系数简称为地基反力系数,是地基承受的侧压力与桩在该位置处产生的侧向位移的比值。也即单位土体或岩体在弹性限度内产生单位压缩变形时所需施加于其单位面积上的力,单位为"kN/m^3"或"MN/m^3"。

以 Winkler 假定为基础的弹性地基梁法从土力学观点看不够严谨,但其基本概念明确,方法简单,所得结果一般较安全,在国内外工程界得到广泛应用。我国公路、铁路在桩基础的设计中常用的"*m* 值法"就属此种方法。

地基系数 C 值是通过对试桩在不同类别土质及不同深度进行实测 x_z 及 σ_{zx} 后反算得到。大量的试验表明,地基系数 C 值不仅与土的类别及其性质有关,而且也随着深度而变化。由于实测的客观条件和分析方法不尽相同等原因,所采用的 C 值随深度的分布规律也各有不同。常采用的地基系数分布规律如图 7-16 所示的 4 种形式,因此也就产生了与之相应的基桩内力和位移的计算方法,见表 7-15。

上述的 4 种方法各自假定的地基系数随深度分布规律不同,其计算结果是有差异的。试验资料分析表明,宜根据土质特性来选择恰当的计算方法。

目前常采用的有以下三种方法:

(1)假定地基系数随深度而呈直线变化的 m 值法；

(2)假设地基系数不随深度而变化,即地基系数为常数的 K 值法；

(3)地基反力系数沿深度按凸抛物线增大的 c 值法。

以上三种方法的区别如图 7-17 所示。

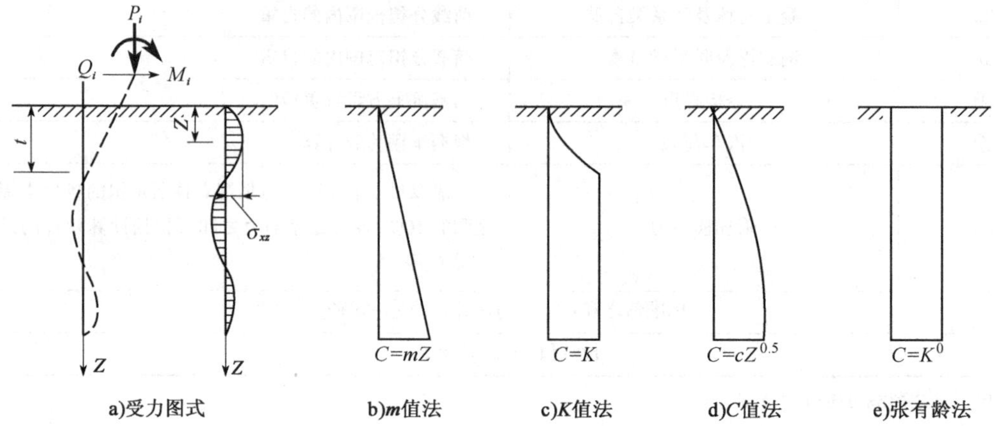

图 7-16　桩基计算方法示意

桩的几种典型弹性地基梁法计算　　表 7-15

计算方法	地基系数随深度分布	地基系数 C 表达式	说　明
m 值法	与深度成正比	$C=mZ$	m 为地基土比例系数
K 值法	桩身第一挠曲零点以上抛物线变化,以下不随深度变化	$C=K$	K 为常数
c 值法	与深度呈抛物线变化	$C=cZ^{0.5}$	为地基土比例系数
张有龄法	与深度均匀分布	$C=K_0$	K_0 为常数

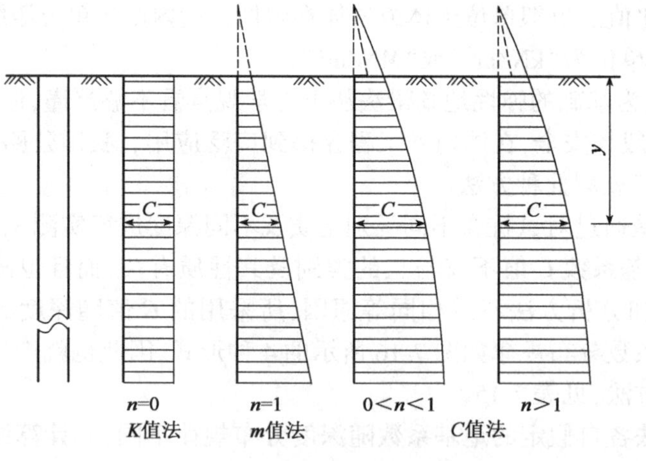

图 7-17　K 值法、m 值法、c 值法计算图式

对以上几种方法进行归纳总结，y 深度处的计算如下：

$$C = m(y_0 + y)^n \tag{7-60}$$

式中：y_0——桩在地面处的水平位移允许值。

地基反力系数 K、m 应通过桩的水平静载试验确定。但由于试验费用、时间等原因，试验资料不易获得，某些建筑物不一定进行桩的水平静载试验。因此，在方案设计或者估算时，可采用相关规范提供的经验值，如《建筑地基基础设计规范》(GB 50007—2011)、《建筑桩基技术规范》(JGJ 94—2008)等规范。

一般情况下，较完整岩层的地基系数 K 值可根据岩石的饱和单轴抗压强度取值，取值范围 $1\times10^5 \sim 2\times10^6 kN/m^3$；非岩石地基的 m 值，$3\times10^3 \sim 1\times10^5 kN/m^3$，其他可参考《建筑桩基技术规范》(JGJ 94—2008)。

当采用 c 值法时，c 为地基反力系数的比例系数，x 为深度。研究表明，当 x 达到一定深度时，地基反力系数 c 渐趋于常数。

注：一般情况，由于桩基周边为原状土，$K_H = (0.6 \sim 0.8)K_V$；岩层为厚层或块状整体时，$K_H = K_V$。

当地基土为多层土时，采用按层厚以等面积加权求平均的方法求算地基反力系数。

$$m = \frac{m_1h_1^2 + m_2h_2^2 + \cdots + m_nh_n^2}{h_1^2 + h_2^2 + \cdots + h_n^2} \tag{7-61}$$

式中：m_1、m_2、…、m_n——第1、2、…、n 层地基土的 m 值。

h_1、h_2、…、h_n——第1、2、…、n 层地基土的厚度。

土质地层的比例系数 m、k、c 参考值见表7-16，水平向基床系数 K_H 见表7-17。

土质地层的比例系数 m、K、c 参考值 表7-16

土层分类	m 或 m_0(kN/m^4)	K(kN/m^3)	c(kN/m^3)
流塑黏性土 $I_L \geqslant 1$，淤泥	$(3\sim5)\times10^3$	$(100\sim200)\times10^3$	$(2\sim6)\times10^3$
软塑黏性土 $1 > I_L \geqslant 0.5$，粉砂	$(5\sim10)\times10^3$	$(200\sim450)\times10^3$	$(7\sim11)\times10^3$
硬塑黏性土 $0.5 > I_L > 0$，中砂	$(10\sim20)\times10^3$	$(450\sim650)\times10^3$	$(13\sim23)\times10^3$
坚硬、半坚硬黏性土 $I_L > 0$，粗砂	$(20\sim30)\times10^3$	$(650\sim1000)\times10^3$	$(20\sim27)\times10^3$
砾砂，角砾砂，圆砾砂碎石、卵石	$(30\sim80)\times10^3$	$(1000\sim1300)\times10^3$	$(50\sim100)\times10^3$
密实粗砂夹卵石，密实漂卵石	$(80\sim120)\times10^3$	$(1300\sim2000)\times10^3$	—

注：1.本表中 m 值适用于桩在地面处最大位移不超过6mm，位移较大时适当降低表中数值。

2.m_0 为 m 值法相应于深度 h 处基础底面土的竖向地基系数 $C_0(=m_0h)$ 随深度变化的比例系数，当 $h \leqslant 10m$ 时，$C_0 = 10m_0$，这是因为根据相关研究分析认为自底面至10m深度处土的竖向抗力几乎没什么变化，所以 $C_0 = 10m_0$；当 $h > 10m$ 时，土的竖向抗力几乎与水平抗力几乎与竖向抗力相等，所以10m以下时，取 $C_0 = m_0h = mh$。

水平向基床系数 K_H 表7-17

土层分类	$K_H(\times10^3 kN/m^3)$
流塑的黏性土	3~15
软塑的黏性土和松散的粉质土	15~30
可塑的黏性土和稍密~中密的粉质土	30~150

续上表

<table>
<tr><th colspan="2">土 层 分 类</th><th>$K_H(\times 10^3 kN/m^3)$</th></tr>
<tr><td colspan="2">硬塑的黏性土和密实的粉质土</td><td>≥150</td></tr>
<tr><td colspan="2">松散的砂土</td><td>3~15</td></tr>
<tr><td colspan="2">稍密的砂土</td><td>15~30</td></tr>
<tr><td colspan="2">中密的砂土</td><td>30~100</td></tr>
<tr><td colspan="2">密实的砂土</td><td>≥100</td></tr>
<tr><td rowspan="2">水泥土搅拌桩加固置换率25%</td><td>水泥掺量<8%</td><td>10~15</td></tr>
<tr><td>水泥掺量>12%</td><td>20~25</td></tr>
</table>

7.7 抗渗流、抗管涌、抗突涌计算

1)抗渗流稳定性计算

可参照《建筑地基基础设计规范》(GB 50007—2011)附录 W 基坑抗渗流稳定性进行验算。

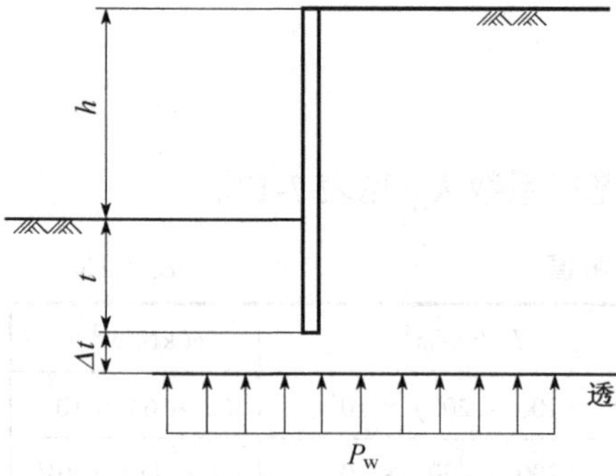

图 7-18 基底抗渗流稳定验算简图

需要验算条件:基坑内外存在水头差,上部为不透水层,坑底下某深度处有承压水层(粉土或砂土),且承压水层未用截水帷幕隔断其基坑内外的水力联系时。验算简图如图 7-18 所示。

基坑底抗渗流稳定性可按下式验算:

$$\frac{\gamma_m(t+\Delta t)}{P_w} \geqslant 1.1 \tag{7-62}$$

式中:γ_m ——透水层以上土的饱和重度(kN/m^3);

$t+\Delta t$ ——透水层顶面距基坑底面的深度(m);

P_w ——含水层水压力(kPa)。

2)抗突涌稳定性计算

可参照《建筑基坑支护技术规程》(JGJ 120—2012)附录 C.0.1 进行计算。

需要验算条件:坑底以下有水头高于坑底的承压含水层,且未用截水帷幕隔断基坑内外的水力联系时(图 7-19),承压水作用下的坑底突涌稳定性应符合下式规定。

$$\frac{D\gamma}{h_w\gamma_w} \geqslant K_b \tag{7-63}$$

式中:K_b ——突涌稳定安全系数,不应小于 1.1;

D ——承压水含水层顶面至坑底的土层厚度(m);

γ ——承压水含水层顶面至坑底土层的天然重度(kN/m^3),多层土时取土层厚度加权平均重度;

h_w ——承压水含水层顶面的压力水头高度(m);

γ_w ——水的重度（kN/m^3）。

根据《建筑基坑支护技术规程》（JGJ 120—2012）附录C.0.3的要求，当坑底以下为级配不连续的砂土、碎石土含水层时，应进行土的管涌可能性判别。

3）地下水渗流的流土稳定性

悬挂式截水帷幕底端位于碎石土、砂土或粉土含水层时（图7-20），对均质含水层，地下水渗流的流土稳定性应符合下式规定（对渗透系数不同的非均质含水层，宜采用数值方法进行渗流稳定性分析）。

$$\frac{2l_d + 0.8D_1\gamma'}{\Delta h\gamma_w} \geqslant K_f \tag{7-64}$$

式中：K_f ——流土稳定性安全系数；安全等级为一、二、三级的支护结构，应分别不小于1.6、1.5、1.4；

l_d ——截水帷幕在坑底以下的插入深度（m）；

D_1 ——潜水面或承压水层顶面至基坑底面的土层厚度（m）；

γ' ——土的浮重度（kN/m^3）；

Δh ——基坑内外的水头差（m）；

γ_w ——水的浮重度（kN/m^3）。

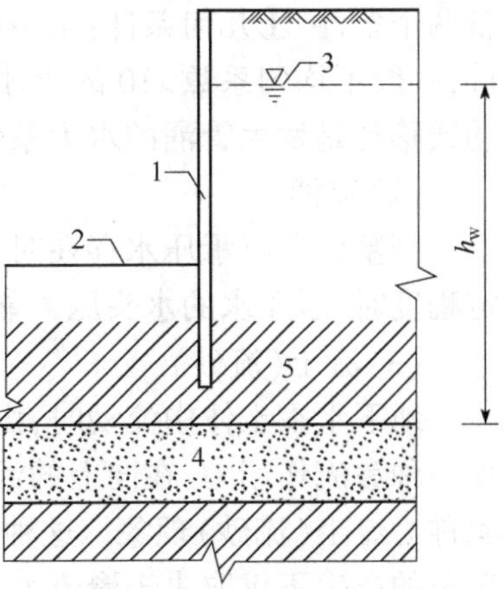

图7-19 坑底土体的抗突涌稳定性验算示意图
1-截水帷幕；2-基底；3-承压水测管水位；4-承压水含水层；5-隔水层。

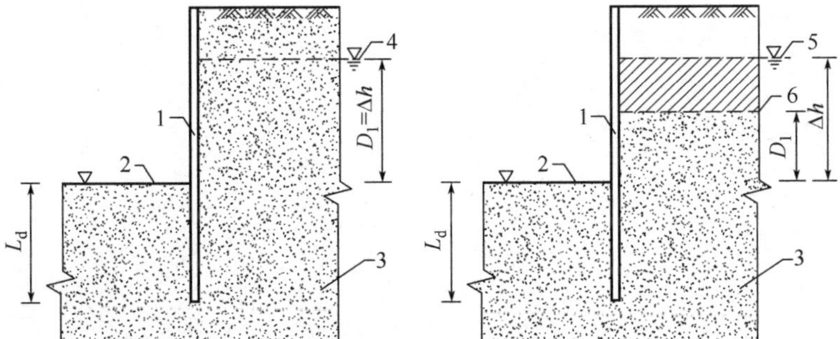

图7-20 采用悬挂式帷幕截水时的流土稳定性验算示意图
1-截水帷幕；2-基坑底面；3-含水层；4-潜水水位；5-承压水水位；6-承压水含水层顶面

4）管涌、突涌和流土（流砂）的区别

（1）管涌

在渗透水流作用下，土中的细颗粒在粗颗粒形成的孔隙中移动，以至流失；随着土的孔隙不断扩大，渗透速度不断增加，较粗的颗粒也相继被水流逐渐带走，最终导致土体内形成贯通的渗流管道，造成土体塌陷，这种现象称为管涌。可见，管涌破坏一般有个时间发展过程，是一种渐进性质的破坏。土是否发生管涌，首先取决于土的性质，管涌多发生在砂性土中，其特征是颗粒大小差别较大，往往缺少某种粒径，孔隙直径大且相互连通。无黏性土产生管涌必须具备两个条件：①几何条件：土中粗颗粒所构成的孔隙直径必须大于细颗粒的直径，这是必要条件，一般不均匀系数>10 的土才会发生管涌；②水力条件：渗流力能够带动细颗粒在孔隙间滚动或移动是发生管涌的水力条件，可用管涌的水力梯度来表示。

(2)突涌

当基坑下有承压水存在时，开挖基坑减小了含水层上覆不透水层的厚度，在厚度减小到一定程度时，承压水的水头压力能顶裂或冲毁基坑底部，造成基坑突涌现象。

(3)流土(流砂)

地下水在土体中流动时，由于受到土粒的阻力，而引起水头损失，水流经过时对土颗粒施加一种渗流作用力，在向上的渗流力作用下，粒间有效应力为零时，颗粒群发生悬浮、移动的现象称为流土(流砂)现象。这种现象多发生在颗粒级配均匀的饱和细、粉砂和粉土层中。流砂现象的产生不仅取决于渗流力的大小，同时与土的颗粒级配、密度及透水性等条件相关。

第8章

地下箱形结构计算

地下箱形结构受力不如拱形结构好，但空间利用率高，一般应用于埋深较浅的明挖法施工中。比较典型的是城市管廊和明挖地铁车站施工，由于埋深较浅，一般采用箱形结构形式。明挖箱形结构的施工一般分为顺作法和逆作法两种：逆作法施工结构受力与施工工序有关，受力相对较为复杂；顺作法工序相对简单，先开挖基坑，基坑开挖到结构底部后，从底部向上依次施工结构，然后回填结构上方土体。回填土层厚度一般不大，虽经压实，一定时间内也难以像原状土一样，侧向提供的弹性抗力有限。顺作法结构受力相对明确，占明挖施工中的绝大部分，因此，本章的计算主要是基于顺作法施工的结构设计计算；逆作法施工的箱形结构也可根据具体的施工步骤参照使用。

地下箱形结构较为常见的有单层单跨结构、单层双跨结构、单层多跨、双层双跨、多层多跨等断面形式。虽然断面形式多种多样，但计算方法和过程大同小异，本章以较为典型的双层双跨箱形结构明挖地铁车站为例，进行地下箱形结构的计算说明，并结合较为常用的 SAP2000 结构计算软件，给出具体的计算操作步骤，以便实际计算参考应用。

由于城市明挖施工对道路影响比较大，一般在道路交叉口需要设置栈桥板(盖板)结构形式，以满足车辆通行要求，本章同时对常用的两种栈桥板结构形式进行设计计算说明。

对于结构内部，楼梯是常用的结构形式，对其进行总结计算，并汇总成表，便于设计参考引用。

8.1 荷载计算与荷载组合

典型地铁明挖箱形车站荷载计算参数取值见表 8-1。

荷载类型及取值表 表 8-1

永久荷载(kPa)							可变荷载(kPa)	
顶板水土压力	侧墙水土压力	结构自重	装修层自重	底板水浮力	隔墙荷载	设备荷载	地面超载	中板人群荷载
据实计算			23	根据水位计算	8.0	8.0	20/30	公共区 4.0, 设备区 2.5

1)荷载计算

(1)自重按实际重力计算。

(2)设计采用的侧向水、土压力:施工阶段对于黏性土地层可采用水土合算,对于砂性土地层应采用水土分算的办法,介于砂性土和黏性土之间的地层宜采用水土分算;使用阶段无论砂性土或黏性土,根据设计水位全水头和水土分算原则确定。

(3)地层的物理力学指标根据工程地质勘察报告取值。

(4)设备区楼面荷载一般按 $8kN/m^2$ 计算;特殊区域按设备实际重力、动力影响及其安装运输路线计算。

(5)楼面装修荷载:站厅层公共区装修层厚度按 150mm 计,设备区厚度按 100mm;站台装修层厚度按 100mm 计,重度为 $22kN/m^3$。以上厚度数值为一般值,具体以设计值为准。

(6)站台、站厅、楼梯、车站管理人员用房等部位的人群活荷载标准值为 $4kN/m^2$。

(7)地面活荷载:使用阶段 $20kN/m^2$,盾构井在施工阶段 $30kN/m^2$。

(8)地震荷载可采用反应位移法、反应加速度法进行计算。

(9)砌体墙荷载:填充墙 $15kN/m^3$。

2)荷载组合

一般情况下,需要验算的荷载组合及其系数见表 8-2。

荷载组合及其系数　　表 8-2

序号	荷载组合	永久荷载	可变荷载	地震荷载	偶然荷载
					人防荷载
1	基本组合构件强度计算	1.35(1.0)	1.4×0.7	—	—
		1.20(1.0)	1.4	—	—
		1.3*	1.5*	—	—
2	构件裂缝宽度验算	1.0	1.0	—	—
3	构件变形计算	1.0	1.0	—	—
4	抗震荷载作用下构件强度验算	1.2(1.0)	1.2×0.5	1.3	—
5	人防荷载作用下构件强度验算	1.2(1.0)	—	—	1.0
6	抗浮稳定验算	1.0	—	—	—

注:1.括号内数字表示该荷载在对结构有利时的分项系数取值,* 号表示按《建筑结构可靠性设计统一标准》(GB 50068—2018)取值。

2.基本组合可变荷载应考虑年限调整系数,设计年限为 50 年时,无须调整;设计年限为 100 年时,调整系数为 1.1;设计年限为 5 年时,调整系数为 0.9。

由于地下工程结构自重及土压力荷载一般比较大,基本组合一般为永久荷载控制。考虑水压力时,不同的水位对结构的影响不同,应同时计算最高水位、最低水位以及水反力工况,取包络设计。以下按恒载控制时,单独列出三种水位工况情况下的组合值系数(表 8-3、表 8-4),便于工程使用。

基本组合组合值系数表 表8-3

组合	工　况	永久荷载					可变荷载		备　注
		水土压力	自重	浮力	隔墙荷载	设备荷载	地面超载	中板人群荷载	
基本组合	最高/最低水位工况	1.35	1.35	1.35	1.35	1.35	1.35	1.4	永久荷载控制
	水反力工况	1.0	1.0	1.35	0	0	0	0	
标准组合	最高/最低水位工况	1.0	1.0	1.0	1.0	1.0	1.0	1.0	
	水反力工况	1.0	1.0	1.0	0	0	0	0	

注：按《建筑结构可靠性设计统一标准》(GB 50068—2018)取值时，表中的1.35和1.4分别调整为1.3和1.5。

地震组合及偶然组合值系数 表8-4

组合	工　况	永久荷载					可变荷载		偶然荷载	地震荷载
		水土压力	自重	浮力	隔墙荷载	设备荷载	地面超载	中板人群荷载	人防荷载	
地震组合	最高/最低水位工况	1.0	1.0	1.0	1.0	1.0	0.7/0.4	0.6/0.5	—	1.0
人防组合	最高/最低水位工况	1.0	1.0	1.0	1.0	1.0	0.7/0.4	0.6/0.5	1.0	—

注：×/×，前边数字表示准永久值系数，后边数字表示频遇值系数。

8.2 SAP2000软件在地下箱形结构计算中的应用

8.2.1 计算具体步骤

SAP2000软件在矩形框架箱形结构计算时，使用方便，荷载施加易于实现，同时还有两个计算方面的优势：

(1)可对各同类工况组合进行包络计算，便于结构检算。

(2)可以考虑梁柱节点、板墙节点处刚域的影响，进行端长度偏移位置处弯矩的输出，获取结果方便。

由于以上的两个优势，因此，目前在框架箱形结构如地铁车站结构、箱涵等计算中可以考虑优先采用SAP2000软件进行计算。

为了节约工程技术人员学习时间，以下将软件在箱形结构计算中的具体步骤进行总结归纳，对其关键参数的取值给出详细的讲解，便于使用者上手。以下内容主要应用于平面框架计算,其他类型计算也可参考使用,并建议结合 SAP2000 软件方面的书籍一并使用。

1)研究图纸,选取典型代表性计算断面

典型断面的选择要有代表性,满足计算要求,尽量减少不必要的计算,节约计算时间,毕竟工程设计人员的工作量还是比较繁重的。

构件的模型一般取结构的中线,如图 8-1 所示的某单柱双跨车站,建模时取顶板、中板、底板和侧墙的中线进行计算。

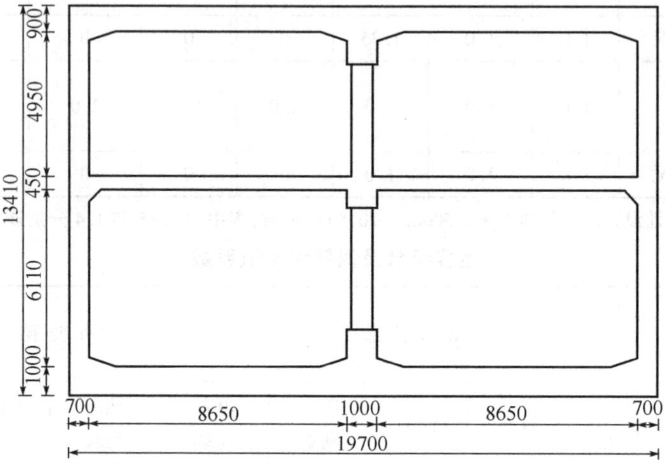

图 8-1　二层标准站计算模型(尺寸单位:mm)

2)绘制计算简图,建立几何模型

在 CAD 中绘制平面框架计算简图,需要注意以下几点:

(1)将每跨度、高度范围内的构件绘制为一个线单元,在导入程序后会自动生成节点。

(2)不要在 CAD 的"0"图层绘制,计算简图绘制完毕后另存为 . dxf 文件。

(3)绘图应以"米"为单位。

(4)曲线,应分段为直线,再导入,曲线导入会出现不显示的问题。

3)导入 CAD 软件的 dxf 文件

(1)打开 SAP2000 程序,在导入 . dxf 文件之前,先将右下角的单位一栏里的 默认单位制改为"kN,m,C",否则导入文件后易造成单位出错。

(2)选择"文件-新模型",选择相应的模板模型,如与模板模型没有相似性,或者直接从 CAD 导入建模时,可选择"空"。

(3)选择"文件-导入-AutoCAD. dxf 文件"菜单导入 . dxf 文件,在随之打开的菜单中选择坐标系向上方向为"*Y*"方向,由于上一步已将单位制改为"kN,m,C",此步中不需再做修改,直接点击"确定"。弹出"DXF 导入"对话框,"指定层-框架(frame)"选项中,选中模型所在图层名称。

(4)导入完成后点击"*XZ*"视图,即可在 SAP2000 中看到计算简图。

(5)也可以在 SAP2000 里面直接绘制计算模型,点击"绘制特殊节点"先画出需要的节点, 然后点击"绘制框架/索单元",选择不同的截面连接框架。

4)定义材料

点击"定义-材料",在对话框中选择"Concrete"(混凝土),点击"添加新材料",在"材料属性数据”对话框中，填写各项参数见表 8-5。钢筋材料参数见表 8-6。

混凝土材料参数 表 8-5

类型	C30	C35	C40	C45	C50	备注
	Concrete(混凝土)					
重度 γ (kN/m^3)	25					
弹性模量 E (×10^{4}N/m^2)	3.00	3.15	3.25	3.35	3.45	
泊松比 μ	0.2					
线膨胀系数(℃$^{-1}$)	1×10^{-5}					
剪切模量(N/m^2)	12750	13387.5	13812.5	14237.5	14662.5	
混凝土抗压强度 f'_c (N/mm^2)	30	35	40	45	50	立方体抗压强度标准值

钢筋材料参数 表 8-6

强度等级	HPB300	HRB400	备注
类型	Steel(钢)	Steel(钢)	
重度 γ	78.5 kN/m^3	78.5 kN/m^3	
弹性模量 E (×10^{4}N/m^2)	2.1×10^5	2.0×10^5	
泊松比 μ	0.30	0.30	
线膨胀系数(℃$^{-1}$)	12×10^{-6}	12×10^{-6}	
剪切模量(N/m^2)	80850	85000	
最小屈服应力 f_y (N/mm^2)	300	400	屈服值
最小拉应力 f_u (N/mm^2)	300/0.75=400	400/0.75=530	屈服强度除以屈强比，钢筋屈强比一般可取 0.75
有效屈服应力 f_{ye} (N/mm^2)	300×1.1=330	400×1.1=440	取最小屈服应力乘以分项系数，分项项数 1.1~1.2，一般取 1.1
有效拉应力 f_{us} (N/mm^2)	400×1.1=440	440×1.1=484	取最小拉应力乘以分项系数，分项项数 1.1~1.2，一般取 1.1

注：1.混凝土剪切模量 G 与弹性模量的关系：$G = E/2(1+\mu)$，近似取 $G = 0.425E$。

2.钢材泊松比 $\mu = 0.3$，一般近似取 $G = 0.385E$。

3.混凝土线膨胀系数一般取 4.76~12.1×10^{-6}，一般可取默认值 1×10^{-5}，计算过程中不考虑温度作用时，此参数无影响。

4.钢筋的屈强比是指材料的屈服点(屈服强度)与抗拉强度的比值。屈强比太高则结构为脆性破坏，没有明显的变形产生即破坏，难以预防，是不允许的。一般钢材的抗拉强度可以留有余地，并且可以按照实际情况进行考量。屈强比值最好在 0.60~0.75 之间。

5)定义框架截面

点击"定义—截面属性—框架截面",在"框架属性"对话框中点击"添加新属性",在弹出的对话框中选择相应的Concrete(混凝土)、Steel(钢)等相应的属性类型,并添加截面矩形、工形等相应截面,定义截面名称、材料、高度、宽度。

截面名称可自定义,为便于使用,可取材料+厚度,如C35+30cm。当然,也可根据自身使用习惯定义。

6)指定框架截面

首先点选需要定义截面的构件,然后点击"指定—框架/索/筋—框架截面",在弹出的"框架属性"对话框中选择之前定义好的框架名称。

框架截面全部指定完毕后,可点击"视图—设置显示选项",在"激活窗口选项"对话框中,选上"常规"一栏里的"拉伸",检查截面是否指定正确。

7)定义荷载模式

点击"定义—荷载模式"进行荷载定义(图8-7)。

车站计算中通常要考虑的荷载及定义 表8-7

序号	荷载形式	建议命名	自重乘数	备　注
1	自重	DEAD	1	计算中,也可按序号进行命名,简化计算过程中输入值
2	土压力	TSOILPRESS	0	
3	顶板及侧墙水压力(高水位)	HWPRESS	0	
4	顶板及侧墙水压力(低水位)	LWPRESS	0	
5	底板水浮力	BFLOAT	0	
6	地面超载	FLOORPRESS	0	
7	中板装修荷载	MDECOR	0	
8	中板隔墙荷载	MWALL	0	
9	中板设备荷载	MEQUIPMENT	0	
10	中板风道荷载	MWIND	0	
11	中板人群荷载	MCROWD	0	
12	人防荷载	DEFENCE	0	
13	地震荷载	EARTHQUAKE	0	

注:不要给多个荷载模式定义非0的自重系数。一个为1的自重乘数表示在荷载模式中包括结构的全部自重。在静力荷载模式中只指定一个为1的自重乘数,通常为DEAD自重荷载,其他荷载模式自重乘数均为0。

8)指定荷载

重力荷载的施加:点选所有的计算构件,然后点击"指定—框架荷载—重力(G)",弹出重力荷载施加对话框,如图8-2所示。

施加自重荷载时，坐标系一般选择 GLOBAL 坐标系，本计算方法中全局 Z 轴的负方向即为重力方向，因此，在全局 Z 框中输入-1。荷载模式名称可以根据自己命名习惯进行修改。

均布荷载的施加：首先选择好需要施加的单元，然后点击“指定—框架荷载—分布”，选择需要布置的荷载工况名称，填写之前计算好的荷载数值，注意荷载的方向。

节点集中力的施加：选择好需要施加节点力的节点，然后依次点击“指定—节点荷载—力”。

其他荷载的施加类似。

注：加载梯形荷载时，需要先选择单元，然后点击“编辑—编辑线—合并框架”对需要加载的单元合并成一条线，然后才能加载。

注：在“指定—框架荷载—分布”的“选项”中，一般点击“替换现有荷载”，不是一个位置处的荷载，默认不是现有荷载，不会替换。

均布荷载可以直接输入在“均布荷载”选项中，均匀梯形荷载时可只输入前两个荷载项里面。

9）设置土弹簧

（1）分割框架

因为弹簧只能设置在节点处，需要在底板构件中增加许多节点。首先点选需要设置土弹簧的底板构件，然后点击“编辑—编辑线—分割框架”，根据想要设置的弹簧间距，设置分割框架的数目。实际计算过程中，节点间距也就是弹簧间距宜设为 1m 左右，如图 8-3 所示。

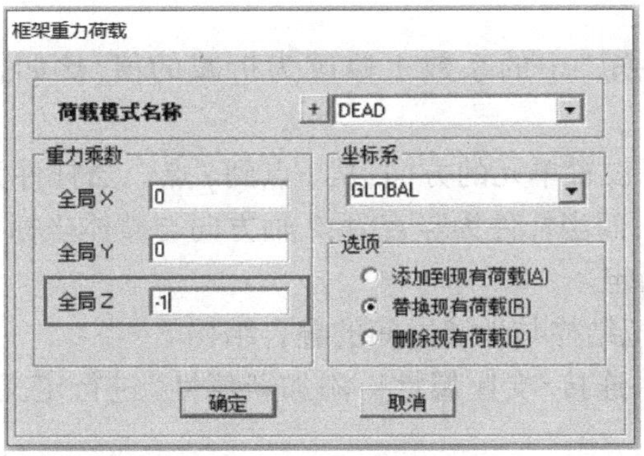

图 8-2 框架截面属性修改页面

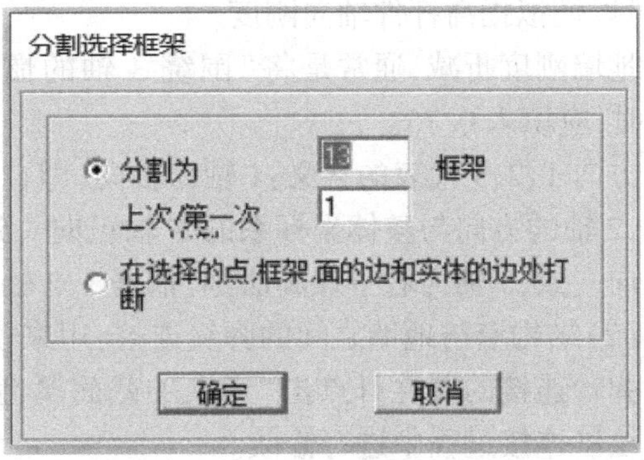

图 8-3 分割选择框架

注：如果为地下连续墙+内衬墙的复合墙结构，可以选中侧墙分割好的框架，然后点击“编辑—带属性复制”生成地墙模型，然后再增加侧墙以下部分的地墙。需要重新指定地墙单元属性，地墙刚度通常折减为 70%~80%。

框架属性修正有以下两种方法。

方法一：点击“选中单元—指定—框架—属性修正”调出属性修正框架对话框（图 8-4），这种方法的作用只是修正所指定单元的刚度修正。

方法二：点击“定义—截面属性—框架截面”，选中“截面—修改/显示属性—设置修正”进行修改，这种方法与方法一的区别是，所有具有这种属性的截面都会被修正。

本方法与点击“指定—框架—框架截面”效果一样。

建议采用方法二,但地下连续墙的参数需单独定义。

图 8-4 中右侧显示的是修正系数,系统参与计算的截面特性值等于属性数据中显示的各截面特性值乘以这一对话框中显示的各对应项的系数。

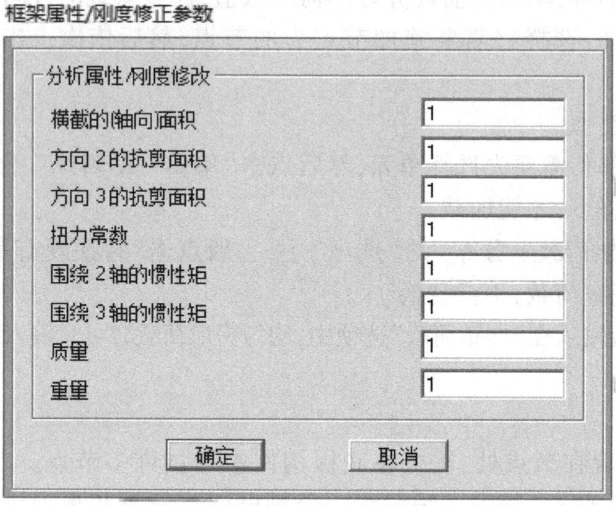

图 8-4　框架截面属性修改页面

例如将惯性矩指定为 0,可以模拟弯矩释放;在横截面面积中输入 3,将截面面积放大 3 倍,可以模拟提高杆件轴向刚度。

地墙刚度折减,通常是将“围绕 3 轴的惯性矩”中的系数 1 修改为折减的值,比如折减 75%时,应填入 0.75。

方向 1、2、3 代表的含义:1 轴为轴向,即自己设置单元的方向,从 i 点到 j 点。当杆件为水平时,2 轴的方向与整体坐标系的 Z 轴正向一致;而当杆件为竖直时,2 轴方向与整体坐标系 X 轴正向一致;3 轴为右手螺旋法则,依据 1、2 轴而定。

(2)结构墙与地墙之间的弹簧连接,用来模拟结构与地墙之间的叠合结构

弹簧连接的属性可点击“定义—截面属性—连接/支座属性—添加新属性”进行定义,也可在绘制连接过程中进行修改。

点击“绘图—绘制 2 节点连接”,把所有的地墙与结构之间的连接绘出来,点击“指定—连接/支座属性—添加新属性/修改/显示属性”弹出对话框,如图 8-5 所示。

注:向属性中,应选择 U1,表示为弹簧轴向。连接/支座属性数据见表 8-8。

点击“方向属性”项中的对应项中的属性“修改/显示”,弹出对话框,如图 8-6 所示。

有效刚度,也就是土层的弹性抗力系数,弹簧刚度由持力土层的垂直基床系数乘以弹簧所占面积得来,即弹簧刚度为基床系数乘以弹簧单元宽度。

图 8-6 中的有效刚度为 500MPa/m,此时如果建模纵向取单位长度,横向单元长度为 1m 时,实际地层弹性抗力系数为 500MPa/m;横向单元长度为 0.5m 时,实际地层弹性抗力系数为 1000MPa/m;横向单元长度为 2m 时,实际地层弹性抗力系数为 250MPa/m。

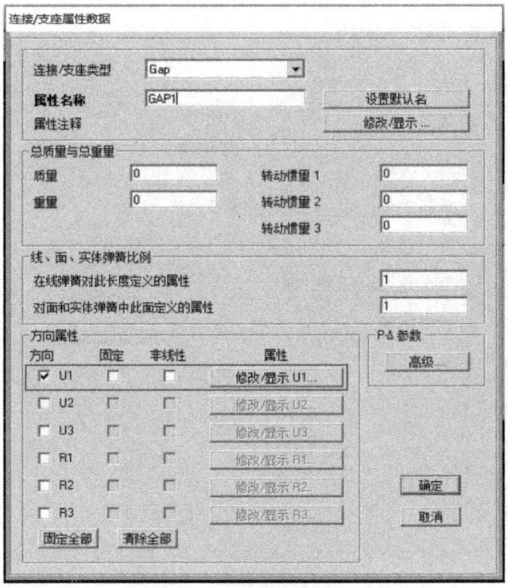

图 8-5　连接/支座属性修改

连接/支座属性数据　　表 8-8

项 目 意 义		作用或模拟对象	备　注
	damper	黏弹性阻尼	
	Gap	(Compression only)	土层通常采用
	hook	(tension only)	
连接/支座类型	Plastic(wen)	单轴弹性	
	Rubber isolator	双轴弹性基础隔离	
	Friction isolator	摩擦摆动基础隔离	
	T /C friction isolator	内部非线性弹簧	
总质量与总重力	质量	弹簧质量,一般取 0	
	重力	弹簧重力	
线、面、实体弹簧比例	在线弹簧对此长度定义的属性	一般输入 1	
	对面和实体弹簧中此面定义的属性	平面计算不管	
	U1	弹簧轴向	一般点选此项
	U2	杆件水平时,为全局坐标系 Z 轴;杆件竖直时,为全局坐标系 X 轴	一般空着
	U3	右手螺旋法则,由 1 轴、2 轴确定	一般空着
方向属性	R1\\R2\\R3	旋转	
	固定与非线性	一般不用选	
	属性	点击后出现如图 8-6 所示界面	

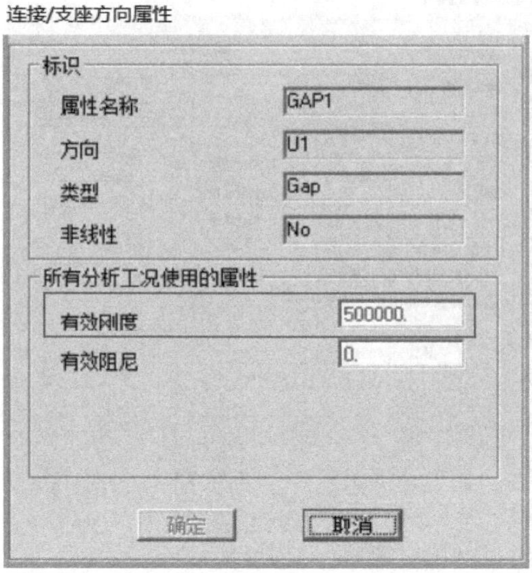

图 8-6 连接/支座方向属性

注:纵向计算一般取单位长度,有效刚度应取实际单位长度弹性抗力系数×弹簧间距。

静力分析时有效阻尼输入 0。

注:Nllink 单元用于模拟局部结果非线性行为。此非线性行为仅于非线性应时分析才显现,其余分析 Nllink 单元为线性行为。每一 Nllink 单元可为一节点的接地弹簧或两节点的链杆(Link)。两者性质定义方法相同。

如下情况时考虑为零长单元。

①单节点单元。

②两节点单元其距离小于定义的零长容许值,Zero。

(3)设置弹簧

方法一:设置仅受压弹簧,用于模拟围岩与土相互作用时采用,通常均采用此项。

弹簧仅受压时,需要首先绘制弹簧的另外一端节点,可采用“编辑—复制”命令批量完成,然后点击“定义—截面属性—连接/支座属性”,设置弹簧为 GAP 单元,然后点击“绘图—绘制两节点连接”。

注:GAP 单元是一种连接单元属性,用来模拟构件“只受压,不受拉”的情况,与 HOOK 单元的作用刚好相反。

方法二:当弹簧既可受压,又可受拉时,可框选底板上所有的节点,然后点击“指定—节点—弹簧”,弹出“节点弹簧”对话框。

10)定义荷载工况

(1)基本组合,详见本章第一节。

(2)准永久组合,详见本章第一节。

(3)水反力工况,详见本章第一节。

(4)人防工况。

(5)地震工况。

定义荷载工况窗口如图 8-7 所示。

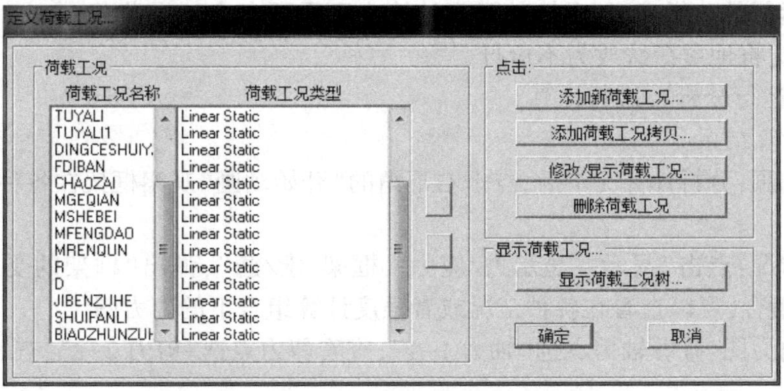

图 8-7　定义荷载工况窗口

点击“添加新荷载工况”,弹出窗口,如图 8-8 所示。

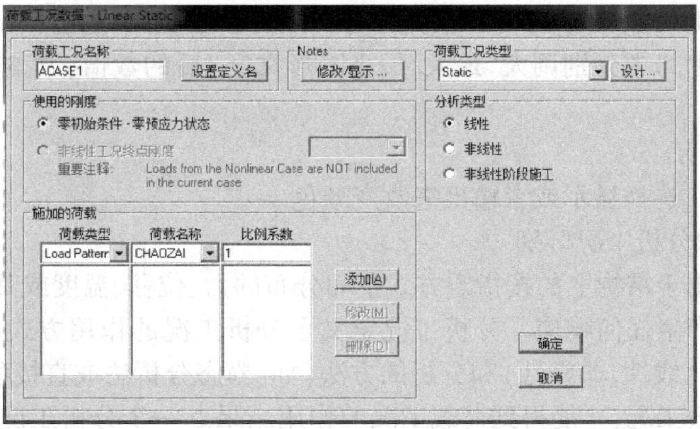

图 8-8　荷载工况数据窗口

荷载工况名称:自行输入;

荷载类型:静力计算,一般不变;

荷载名称:按前边输入的荷载名称;

比例系数:荷载组合系数×分项系数(活载时还应考虑年限调整系数)。

11)定义荷载组合,进行包络设计

有时需要将几种不同的工况组合在一起进行最不利情况的包络设计,点击“定义—荷载组合—添加新荷载”,荷载组合类型“Envelope”,添加需要组合的荷载工况名称,比例为 1.0,进行组合。

注:本部分主要目的是生成包络图,切记不要各个工况都生成弯矩、轴力、剪力图,增加计算工作量。

12)分析计算

(1)设置分析选项:由于本例模型为平面框架模型,点击“分析—设置分析选项”,在“快速自由度”中选择“平面框架”即可。

(2)设置运行的分析工况:在构件强度计算中不需要考虑地震荷载,点击“分析—设置运行的分析工况”,将地震荷载改为不运行。

(3)点击“运行分析”,进行计算。

13)查看计算结果

(1)变形动画:分析计算完毕后,点击右下角的“开始动画”观察框架在各种荷载工况下的变形情况。

(2)应力情况:点击“显示—显示力/应力—框架/索/筋”,弹出“框架的受力图”对话框,通过选择工况组合,可以查看在各种工况或者强度计算组合下的内力图。

(3)查看内力图:查看轴力点选“轴力 1-1”,查看剪力点选“剪力 2-2”,查看弯矩点选“弯矩3-3”。

8.2.2 注意事项

(1)文字大小修改

中文版在黑背景处点鼠标右键弹出菜单窗口,鼠标左键点选最下端的“编辑尺寸首选项”,在弹出的菜单窗口中分别调大“最大/最小图形文字”后的数值,调整完毕点击“确定”按钮,即可实现。

(2)改变颜色显示

点击选项>颜色,选择显示或者输出来改变颜色。

(3)荷载工况和分析工况区别

荷载工况是作用于结构上的按指定方式空间分布的力、位移、温度或其他作用。荷载工况本身不能在结构上产生任何响应。分析工况定义了分析工况的作用方式(如:静力或动力)、结构的反应方式(如:线性、非线性)和分析的方法(如:模态分析法或直接积分法)。只有在分析工况中包含了荷载工况,才能得到荷载工况的作用结果。一个分析工况可以对应一个荷载工况或者几个荷载的组合。对于模态分析或线性静力分析,分析工况会自动生成。但对于动力分析、非线性分析、屈曲分析、移动荷载分析、多步静力分析等,需要人为定义相应的分析工况。

(4)查看已加荷载

选中需要查看的对象,点击鼠标邮件,将弹出该对象的信息框,其中有一栏为“荷载”将列举出已施加在该对象上的荷载。

(5)查看框架内力时,内力曲线没有显示到杆件边缘的原因

这是端部偏移造成的。有时考虑节点区刚域的影响,需要对杆件指定端部偏移(指定>框架>端部偏移)。指定了端部偏移后,视图中绘制内力图将起始并结束于端部偏移的位置。若想查看完整杆件的内力图,可以在选中杆件上点击鼠标右键查看详细内力图。

(6)室内外的温差效应如何施加

一般采用温度梯度的方式,对于框架需要明确局部坐标。

8.3 盖挖法栈桥板结构计算实例

8.3.1 某车站施工期间栈桥板整体受力计算

1)栈桥板结构布置

某车站位于十字路口,整体呈南北走向,南北向、东西向道路均为城市交通主干道,南北向道路通过车站施工期间围挡进行交通疏解。由于施工期较长,在十字路口处,为了降低施工期间对交通的影响,设置钢筋混凝土结构栈桥板,具体如图 8-9 所示。

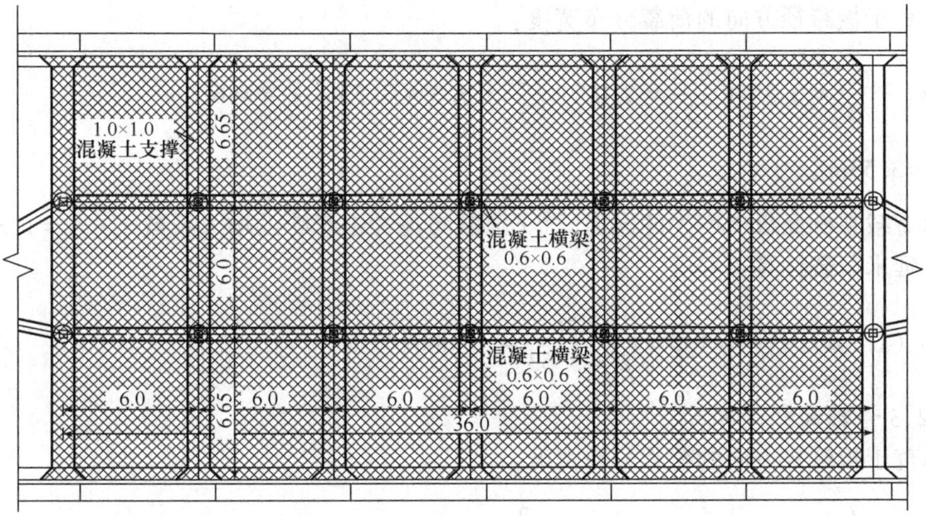

图 8-9 栈桥板设计图(尺寸单位:m)

基坑铺盖段第一道支撑为钢筋混凝土支撑,支撑间距加密至 6.0m,截面尺寸为 1.0m×1.0m,支撑中部设置中立柱,路面板厚 400mm。计算中不考虑连系梁作用,按单向桥面板进行计算,不设铺装层,纵向取单位宽度,按车辆荷载进行计算。

2)受力计算

受力计算简图如图 8-10 所示。

根据《城市桥梁设计规范(2019 年版)》(CJJ 11—2011),车轮着地长度 $a_1=0.25\text{m}$,着地宽度 $b_1=0.6\text{m}$,即轮压区域:$a_2\times b_2=(0.25+2\times0)\text{m}\times(0.6+2\times0)\text{m}=0.25\text{m}\times0.6\text{m}$。

受弯作用计算跨度:$l=l_0+t=6.0-1.0+0.4=5.4\text{m}\leqslant6.0\text{m}$。

剪力作用计算跨度:$l=6.0-1.0=5.0\text{m}$。

(1)恒载(自重)计算

①C30 混凝土桥面板:$g=0.4\times1.0\times25=10\text{kN/m}$。

②简支条件下每米宽度上恒载产生弯矩标准值为:

$$M_{gk} = \frac{ql^2}{8} = 10 \times \frac{5.3^2}{8} = 35.12\text{kN}\cdot\text{m}$$

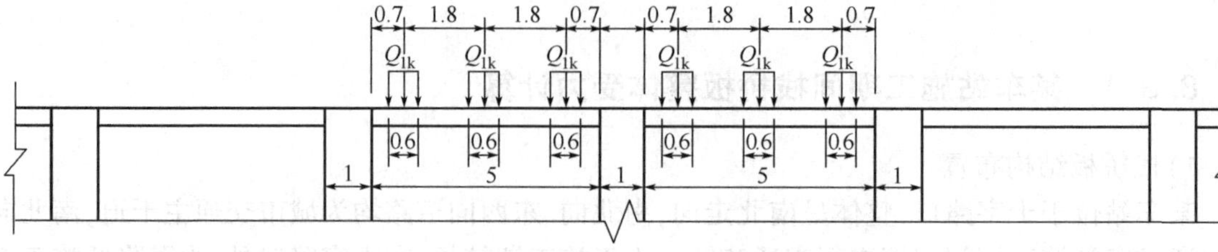

图 8-10 荷载计算简图(局部)(尺寸单位:m)

(2)4 号轴荷载计算

①垂直于板跨径方向的荷载分布宽度:

$$a = a_1 + \frac{l}{3} = 0.25 + \frac{5.3}{3} = 2.02 < \frac{2}{3} \times 5.3 = 3.53\text{m} < d = 6.0\text{m}$$

取 $a=3.53$m。

车辆荷载在桥面板中产生的内力,汽车荷载考虑冲击影响的增大系数 $1+\mu=1.3$。

②每延米荷载计算:

$$q_{1K} = (1+\mu) \times \frac{P}{2a} = 1.3 \times \frac{200}{2 \times 3.53} = 36.8\text{kN}$$

(3)2、3 号轴荷载计算

①垂直于板跨径方向的荷载分布宽度:

$$a = a_1 + \frac{l}{3} = 0.25 + \frac{5.3}{3} = 2.02 < \frac{2}{3} \times 5.3 = 3.53\text{m} > d = 1.2\text{m}$$

故取 $a=3.53+1.2=4.73$m。

车辆荷载在桥面板中产生的内力,汽车荷载考虑冲击影响的增大系数 $1+\mu=1.3$。

②每延米荷载计算:

$$q_{1K} = (1+\mu) \times \frac{2P}{2a} = 1.3 \times \frac{2 \times 140}{2 \times 4.73} = 38.5\text{kN}$$

(4)车辆荷载计算

取车辆计算不利荷载 $q_{1K}=38.5$kN。

①按与梁肋整体连接板计算:

$$M_{1k} = 1.5 \times 38.5 \times \frac{5.4}{2} - 38.5 \times 1.8 = 155.9 - 69.3 = 86.6\text{kN}\cdot\text{m}$$

②等效均布荷载(作为荷载估算的参考值):

$$Q_{1eq} = \frac{8 \times 86.6}{5.4^2} = 23.8\text{kPa}$$

(5)车辆荷载支点及跨中弯矩计算

①支点弯矩:

$M=-0.7M_0=-0.7\times86.6=-60.6\text{kN}\cdot\text{m}$

②跨中弯矩(板厚与梁肋高度比0.4/0.6=0.67>0.25时):

$M=0.7M_0=0.7\times86.6=60.6\text{kN}\cdot\text{m}$

3)荷载组合

(1)支座弯矩

$M_{支}=1.2\times0.7\times(-35.12)+1.8\times(-60.6)=-138.6\text{kN}\cdot\text{m}$

(2)跨中弯矩

$M_{中}=1.2\times0.7\times35.12+1.8\times60.6=138.6\text{kN}\cdot\text{m}$

(3)支座剪力

$V_{支}=1.2\times10\times5/2+1.8\times1.2\times(1.5\times38.5)=154.7\text{kN}$

4)配筋计算

具体配筋计算可采用相关结构配筋计算软件进行,此处不再给出具体的计算过程,直接给出参考计算结果,见表8-9。

配筋计算参考 表8-9

位　　置	计算配筋(mm^2)	实际配筋(mm^2)	拉　　筋
板上部主筋	1268	ϕ20@150mm=2094	ϕ8@300mm×300mm 梅花形
板下部主筋	1268	ϕ20@150mm=2094	ϕ8@300mm×300mm 梅花形
架立筋	ϕ16@150		

8.3.2 某车站施工期间悬挑栈桥板受力计算

1)计算基本参数

混凝土采用C30(重度$\gamma=25\text{kN/m}^3$),钢筋采用HRB400,HPB300,混凝土保护层厚度取30mm,无铺装层,车轮直接作用在混凝土板上,如图8-11所示。

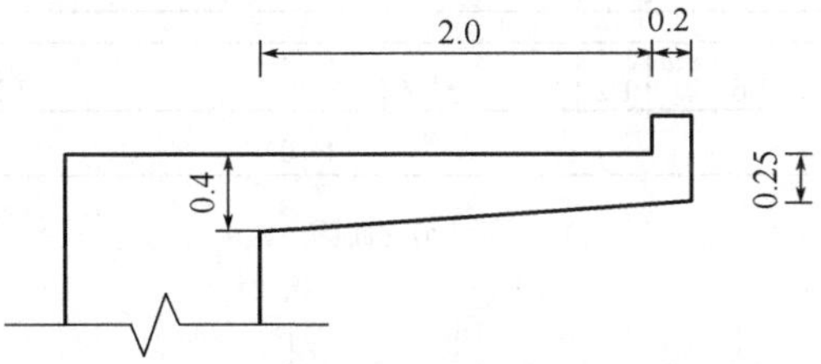

图8-11 悬挑板结构示意图(尺寸单位:m)

悬挑板作用的墙宽度比较大,不考虑墙体自身稳定性。

2)盖板作用荷载计算

盖板按悬挑板计算,计算取单位宽度。

(1)结构自重

①盖板自重(按平均厚度计算):

$h=(0.4+0.25)/2=0.325\text{m}$

$g_{1k}=25\times0.325\times1.0=8.125\text{kN/m}$

②挡墙自重(集中荷载):

$F_{1k}=0.2\times0.2\times25=1.0\text{kN}$

栏杆荷载按每延米 1.0kN。

$$M_{gk}=\frac{1}{8}\times8.125\times2.2^2-(1.0+1.0)\times2.1=-9.1\text{kN}\cdot\text{m}$$

$$V_{gk}=-8.125\times2.2-1.0-1.0=-19.9\text{kN}$$

(2)汽车荷载

根据规范规定,整体计算采用车道荷载,局部加载采用车辆荷载,两者不得叠加。因此采用车辆荷载进行计算,城-A 级荷载,荷载计算简图如图 8-12、图 8-13 所示。

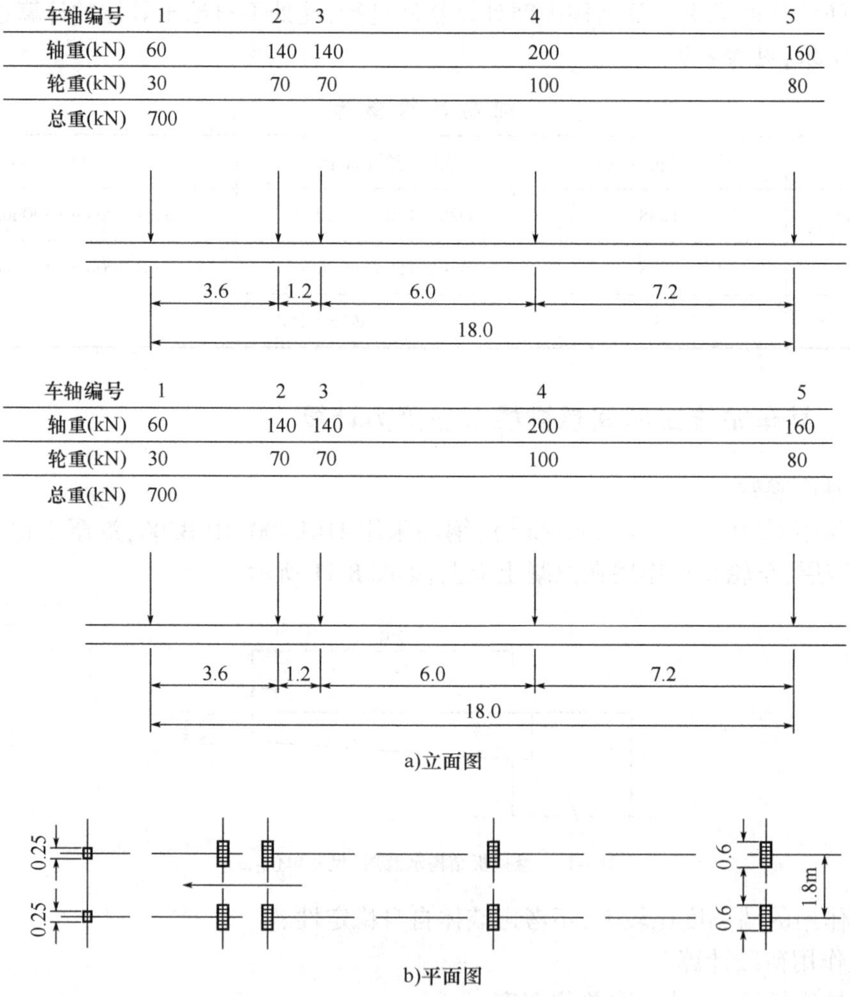

图 8-12

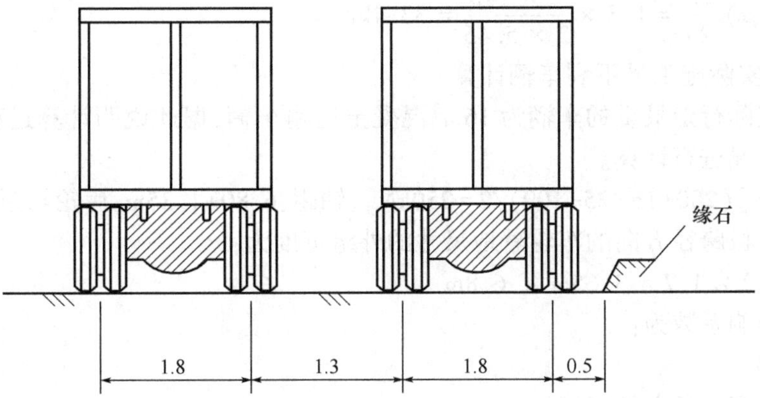

c)横向布置

图 8-12 城-A 级车辆荷载计算简图(尺寸单位:m)

车轮的着地范围为 0.25m×0.6m(长度×宽度)。

(3)按城-A 级车辆荷载 4 号轴计算

轴重:200kN;与 3 号轴距:6.0m;与 5 号轴距 7.2m;轮距 1.8m。

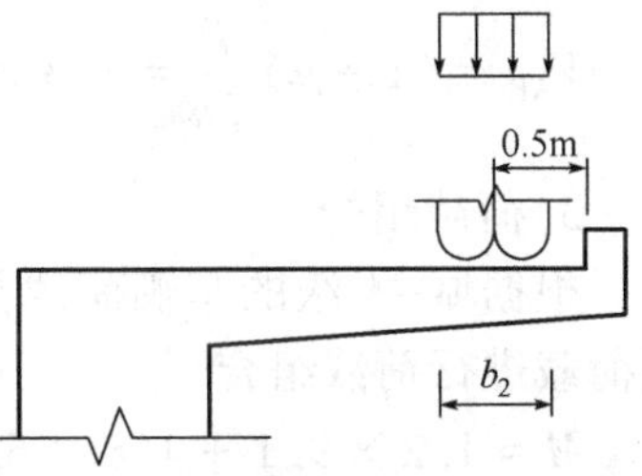

图 8-13 悬挑板荷载作用简图

车轮荷载按车轮作用范围内均布荷载考虑。

$a_2 = 0.25 + 2h = 0.25\text{m}$, $b_2 = 0.6 + 2h = 0.6\text{m}$

$$l_c = 2.2 - 0.2 - \frac{0.6}{2} = 1.7\text{m}$$

平行于悬臂板跨径方向的车轮着地尺寸的外缘宽度为:

$a = 0.25 + 2 \times 1.7 = 3.65\text{m} < 6.0\text{m}$

考虑冲击影响系数为:

$1 + \mu = 1.3$

作用于每米宽板条上的弯矩为:

$$M_{AP} = -\left(1 + \mu\right)\frac{P}{2a}\left(l_c - \frac{b}{2}\right) = -1.3 \times \frac{200}{2 \times 3.65}\left(1.7 - \frac{0.6}{2}\right) = -49.9\text{kN} \cdot \text{m}$$

$$V_{AP} = \left(1 + \mu\right)\frac{P}{2a} = 1.3 \times \frac{200}{2 \times 3.65} = 35.6\text{kN}$$

(4)按城-A 级车辆荷载 2、3 号轴计算

平行于悬臂板跨径方向的车轮着地尺寸的外缘宽度为:

$a = 0.25 + 2 \times 1.7 = 3.65\text{m} > d = 1.8\text{m}$

故 2、3 号轴车轮荷载作用范围重合。

$a = 0.25 + 2 \times 1.7 + d = 5.45\text{m}$

作用于每米宽板条上的弯矩为:

$$M_{AP} = -(1 + \mu)\frac{P}{2a}\left(l_c - \frac{b}{2}\right) = -1.3 \times \frac{2 \times 140}{2 \times 5.45}\left(1.7 - \frac{0.6}{2}\right) = -44.8\text{kN} \cdot \text{m}$$

$$V_{AP} = (1 + \mu)\frac{2P}{2a} = 1.3 \times \frac{2 \times 140}{2 \times 5.45} = 33.4\text{kN}$$

(5)按现场实际施工最不利车辆计算

现场施工实际行走最重的车辆为 16m^3混凝土运输车辆，据此说明计算过程，其他运输车辆可根据实际情况进行计算。

轴重：250kN[(200+16×25−100)/2=250kN]；轴距：6.80+1.35m；后轮轮距 1.88m。

平行于悬臂板跨径方向的车轮着地尺寸的外缘宽度为：

$a = 0.25 + 2 \times 1.7 = 3.65\text{m} < 6.8\text{m}$

考虑冲击影响系数为：

$1 + \mu = 1.3$

作用于每米宽板条上的弯矩为：

$$M_{AP} = -\left(1 + \mu\right)\frac{P}{2a}\left(l_c - \frac{b}{2}\right) = -1.3 \times \frac{250}{2 \times 3.65}\left(1.7 - \frac{0.6}{2}\right) = -62.3\text{kN} \cdot \text{m}$$

$$V_{AP} = (1 + \mu)\frac{P}{2a} = 1.3 \times \frac{250}{2 \times 3.65} = 44.5\text{kN}$$

3)荷载组合

根据城-A 级的车辆荷载及 16m^3混凝土运输车辆参数的比较，计算取 16 m^3混凝土运输车辆荷载进行荷载组合。

$M = 1.2 \times 9.1 + 1.8 \times 62.3 = 123.1\text{kN} \cdot \text{m}$

$V = 1.2 \times 19.9 + 1.8 \times 1.2 \times 44.5 = 120.0\text{kN}$

4)配筋计算

主筋采用Φ 18@200 时即可满足要求，斜截面按构造即可满足要求。

注：本次计算仅考虑混凝土强度，不再考虑其变形要求，具体设计时，应考虑其变形的影响。

5)挠跨比计算

弹性挠度计算按准永久组合，不考虑冲击作用：

$$EI = 3.00 \times \frac{1}{12} \times 1000 \times 325^2 = 8.58 \times 10^{13}\text{N} \cdot \text{mm}$$

$$f_d = \frac{5 \times 8.125 \times 2200^4}{384 \times 8.58 \times 10^{13}} + \frac{2 \times 10^3 \times 2100^3}{3 \times 8.58 \times 10^{13}} + \frac{34.2 \times 10^3 \times 1500^3}{3 \times 8.58 \times 10^{13}}$$
$$= 0.03 + 0.72 + 0.448 = 1.198\text{mm}$$

$f/l_0 = 1.198/(2 \times 2200) = 1/3670 \leqslant 1/250$，满足要求。

8.4 楼梯及休息平台计算

8.4.1 现浇斜板式楼梯计算

计算斜板时，一般取其计算宽度 b=1m，因此斜板的计算单元是宽为 1m 的斜向搁置的简支板。

1)荷载计算

(1)楼梯的荷载如图 8-14 所示。

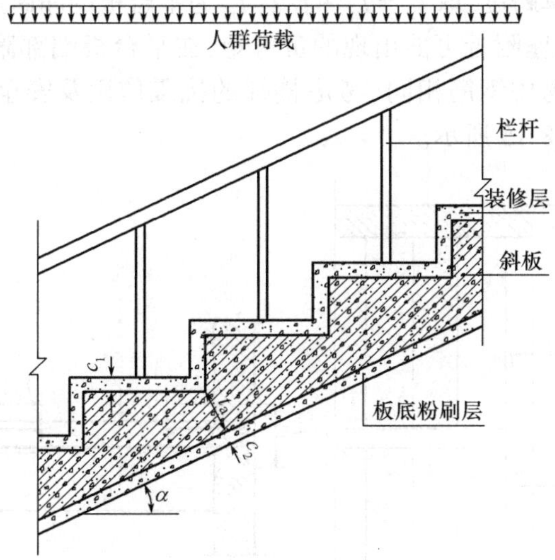

图 8-14 楼梯的荷载项目示意图

(2)楼梯的活荷载计算

楼梯活荷载是按水平投影面 1m 宽度的荷载进行计算。可按《建筑结构荷载设计规范》(GB 50009—2012)表 5.1.1 取用。以下将民用建筑等常用的楼梯活荷载标准值列举归纳(表 8-10),以便于使用。

民用建筑楼梯的均布活荷载标准值 表 8-10

序号	项目	活荷载标准值(kN/m^2)	附注
1	住宅、宿舍、办公楼、会议室、医院门诊室	2.0	活荷载分项系数 γ_Q;一般情况下取 1.4;对活荷载标准值不小于 4 kN/m^2 的工业房屋楼面结构的活荷载,应取 1.3
2	教室、食堂、餐厅、一般资料档案室	2.5	
3	教学楼及其他可能出现人员密集的地方	3.5	
4	地铁车站	4.0	

注:根据《建筑结构可靠性设计统一标准》(GB 50068—2018),恒载分项系数取 1.3,活载分项系数取 1.5。考虑到《建筑结构荷载规范》(GB 50009—2012)未进行修订,同时采用恒载 1.3 和活载 1.5 分项系数进行检算。

2)平台板设计计算

楼梯平台板通常是四边支撑或三边支撑,其中一边通常以梯梁的形式作为支撑,当一边不设置梯梁支撑时,通常为三边支撑,楼梯计算时,应考虑平台板的影响。一般近似按短跨方向的简支单向板来设计。平台板两端通常支撑在砖墙、门窗的过梁、梯梁,或者钢筋混凝土墙上。

平台板的跨中弯矩设计值可取:

$$M = \delta q l_0^2 \tag{8-1}$$

式中:δ——弯矩分配系数。当平台板两端支撑在砖墙上时,一般按简支计算,取 1/8;当平台板两端支撑在门窗的过梁或者梯梁上时，可考虑支座的部分嵌固作用，取 1/10；当平台板两端支撑在钢筋混凝土墙上时，可按固定端考虑，取 1/12。

q ——平台板均布荷载设计值（kN/m^2），包括楼梯的活荷载 q 和平台板的自重 g。

l_0 ——平台板的计算跨度，取 $l_0 = l_n + t/2$，l_n 为平台板的净跨度，t 为板厚。

为了承受在平台板支座附近可能出现的负弯矩，在平台板端部附近的上部应配置承受负弯矩的钢筋，其数量宜与跨中钢筋相同（考虑楼梯的抗震作用及安全性要求较高），伸出梁边或墙边 $l_n/4$ ~ $l_n/3$，如图 8-15 所示。

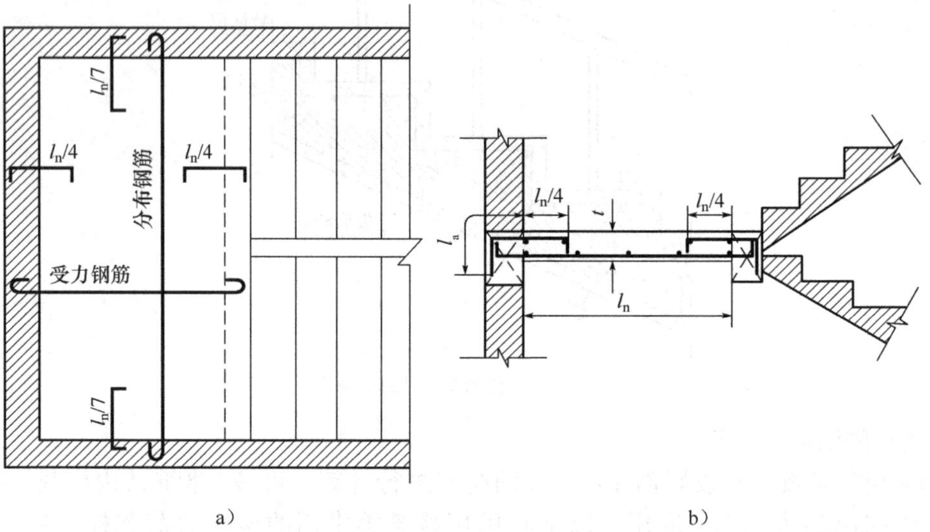

图 8-15　平台板配筋构造

在平台板跨度较大的方向，一般配置构造钢筋，构造钢筋可采用 $\phi6@200$。当平台板跨度较大，四边支撑时，两个方向跨度之比不大于 2 时，也可按双向板进行计算。

3）平台梁设计

平台梁两端搁置在楼梯两侧的墙上，或与立在框架梁上的短柱连接。

平台梁按简支梁设计，承受平台板和斜板传来的均布线荷载，计算简图如图 8-16 所示，计算时按荷载布满全跨考虑。

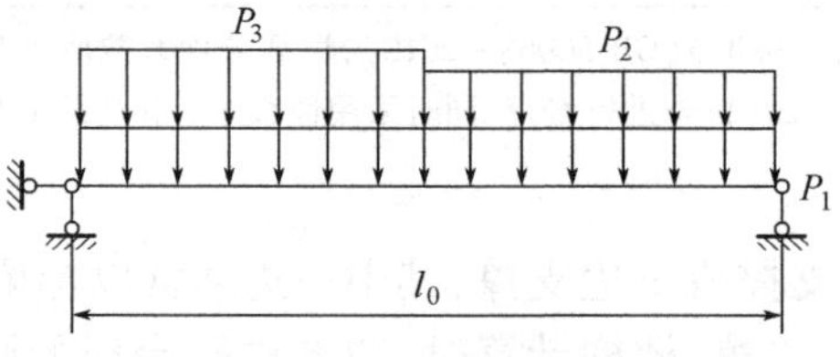

图 8-16　平台梁计算简图

图中，P_1 为平台梁自重及平台板传来的均布荷载；P_2、P_3 分别为上、下斜板传来的均布荷载，当上、下斜板传来的均布荷载，当上、下楼梯跨度相同时，可取 $P_2 = P_3$。

因此，平台梁跨中正截面弯矩设计值为：

$$M = \frac{1}{8}Pl_0^2 \tag{8-2}$$

平台梁支座截面的剪力设计值为：

$$V = \frac{1}{2}Pl_n \tag{8-3}$$

上述式中：P ——平台梁的均布线荷载，$P = P_1 + P_2$；

l_0 ——平台梁的计算跨度，当平台梁搁置在两侧砖墙上时，取 $l_0 = l_n + a$，当平台梁与立在框架梁上的端柱嵌固时，取 $l_0 = l_n$；

l_n ——平台梁的净跨度；

a ——一端的支承长度。

平台梁与梁均为现浇时，平台梁的计算跨度，平台梁的正截面为倒 L 形，由于截面不对称，为安全计，计算时可不考虑翼缘的作用，近似地按矩形截面计算。

同时，考虑到平台梁两侧的荷载不相同，会使平台梁受扭，故在平台梁内宜适当增加纵梁和箍筋的用量。

4）某楼梯计算实例

（1）计算示意图

楼梯计算示意图如图 8-17 所示。

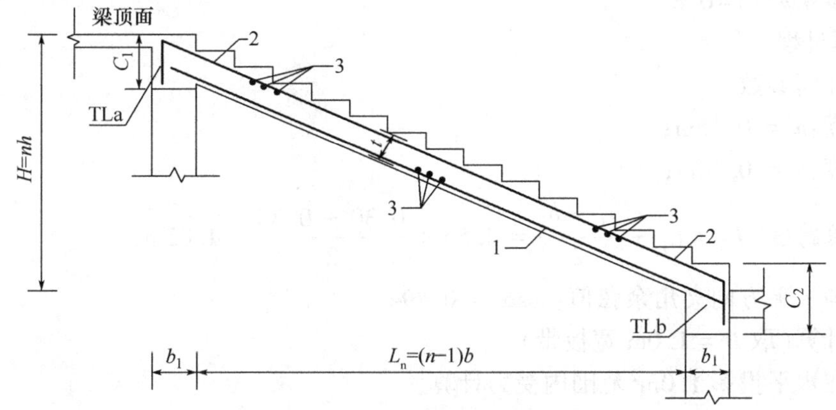

图 8-17 楼梯计算示意图

1-楼梯下部主筋；2-楼梯上部主筋；3-构造钢筋

（2）基本资料

①几何参数

楼梯净跨：$L_n = 4550$mm；

楼梯高度：$H = 2400$mm；

梯板厚：$t = 200$mm；

踏步数：$n = 15$（阶）；

上平台楼梯梁宽度：$b_1 = 300$mm；

下平台楼梯梁宽度：$b_2 = 300\text{mm}$。

②荷载标准值

可变荷载：$q = 4.00\text{kN/m}^2$；

面层荷载：$q_m = 4.00\text{kN/m}^2$；

栏杆荷载：$q_f = 0.20\text{kN/m}$；

永久荷载分项系数：$\gamma_G = 1.35$；

可变荷载分项系数：$\gamma_Q = 1.40$；

准永久值系数：$\psi_q = 0.50$。

③材料信息

混凝土强度等级 C35：$f_c = 16.70\text{N/mm}^2$；

$f_t = 1.57\text{N/mm}^2, R_c = 25.0\text{kN/m}^3$；

$f_{tk} = 2.20\text{N/mm}^2, E_c = 3.00\times10^4\text{N/mm}^2$；

主筋强度等级 HRB400：$f_y = 360\text{N/mm}^2, E_s = 2.00\times10^5\ \text{N/mm}^2$；

保护层厚度：$c = 30.0\text{mm}$；

梯段板纵筋合力点至近边距离：$a_s = 35.00\text{mm}$；

支座负筋系数：$\alpha = 0.25$；

考虑踏步系数：$\beta = 0.8$。

(3)计算过程

①楼梯几何参数

踏步高度：$h = 0.15\text{m}$；

踏步宽度：$b = 0.30\text{m}$；

水平计算跨度：$L_0 = L_1 + \dfrac{b_1 + b_2}{2} = 4.55 + \dfrac{0.30 + 0.30}{2} = 4.85\text{m}$；

梯段板与水平方向夹角余弦值：$\cos\alpha = 0.894$

②荷载计算(取 $B = 1.0\text{m}$ 宽板带)

梯段板在水平投影 1.0m^2范围内受力计算：

面层：$g_{km} = (B + B \times h/b) \times q_m = (1 + 1 \times 0.15/0.30) \times 4.00 = 6.00\text{kN/m}$

自重：$g_{kt} = R_c \times B \times (t/\cos\alpha + h/2) = 25 \times 1 \times (0.20/0.894 + 0.15/2) = 7.47\text{kN/m}$

抹灰：$g_{ks} = R_s \times B \times c/\cos\alpha = 20 \times 1 \times 0.02/0.894 = 0.45\text{kN/m}$

恒载标准值：$P_k = g_{km} + g_{kt} + g_{ks} + q_f = 6.00 + 7.47 + 0.45 + 0.20 = 14.12\text{kN/m}$

恒载控制：$P_n(G) = 1.35 \times P_k + \gamma_Q \times 0.7 \times B \times q = 1.35 \times 14.12 + 1.40 \times 0.7 \times 1 \times 4.00 = 22.98\text{kN/m}$；

活载控制：$P_n(L) = \gamma_G \times P_k + \gamma_Q \times B \times q = 1.20 \times 14.12 + 1.40 \times 1 \times 4.00 = 22.54\text{kN/m}$；

荷载设计值：$P_n = \max\{P_n(G), P_n(L)\} = 22.98\text{kN/m}$。

③正截面受弯承载力计算

计算简图和图 8-18 所示。

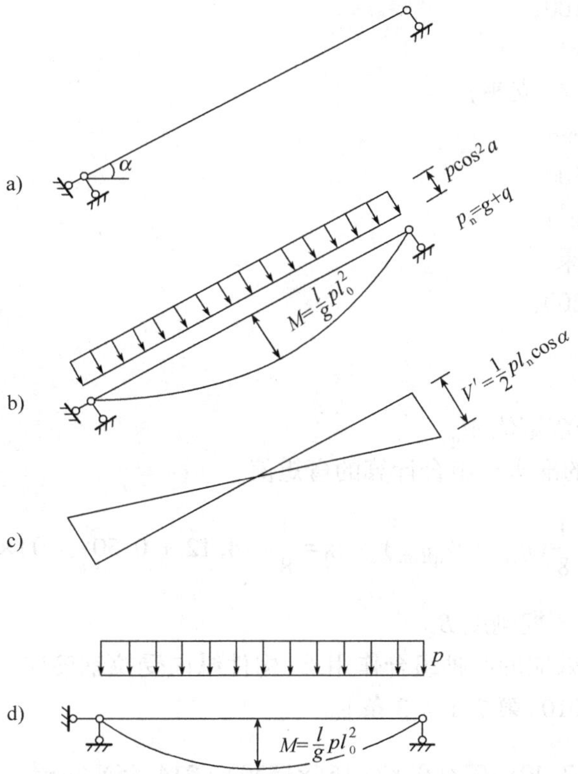

图 8-18 楼梯内力计算简图

左端支座反力：$R_l = P_n \times \frac{l_0}{2} = 22.98 \times \frac{4.85}{2} = 55.73\text{kN}$；

右端支座反力：$R_r = P_n \times \frac{l_0}{2} = 22.98 \times \frac{4.85}{2} = 55.73\text{kN}$；

最大弯矩截面与左支座的距离：$l_{max} = \frac{l_0}{2} = 2.43\text{m}$；

最大弯矩截面与左边弯折处的距离：$x = \frac{l_0}{2} = 2.43\text{m}$；

$M_{max} = P_n \times \frac{l_0^2}{8} = 22.98 \times \frac{4.85^2}{8} = 67.57\text{kN}\cdot\text{m}$；

相对受压区高度：$\zeta = 0.192$ 配筋率：$\rho = 0.763\%$；

1 号纵筋计算面积：$A_s = 1259\ \text{mm}^2$；

2、3 号支座负筋计算面积：$A_s' = \alpha \times A_s = 0.25 \times 1259 = 315\text{mm}^2$。

(4)计算结果(每米宽板带的配筋)

①1 号钢筋计算结果(跨中)

计算面积 A_s：1259mm^2；

采用方案：Φ 14@ 100；

实配面积：1539mm^2。

②2 号钢筋计算结果(支座)

计算面积 A'_s：315 mm^2；

采用方案：Φ 14@ 100；

实配面积：1539mm^2；

③3 号钢筋计算结果

采用方案：Φ 10@ 200；

实配面积：393mm^2。

(5)跨中挠度计算

①计算准永久组合弯矩值 M_q

M_q 为按荷载效应的准永久组合计算的弯矩值。

$$M_q = M_{gk} + M_{qk} = \frac{1}{8}(q_{gk} + \psi_q q_{qk}) \times l_0^2 = \frac{1}{8}(14.12 + 0.50 \times 4.0) \times 4.85^2 = 47.40\text{kN} \cdot \text{m}$$

②计算受弯构件的短期刚度 B_{sk}

a.计算按荷载荷载效应的两种组合作用下，构件纵向受拉钢筋应力[根据《混凝土结构设计规范》(GB 50010—2010)第 7.1.4-3 条]。

$$\sigma_{sq} = \frac{M_q}{0.87 h_0 A_s} = 47.40 \times 10^6 / (0.87 \times 165 \times 1539) = 214.55\text{N/mm}^2$$

b.按有效受拉混凝土截面面积计算纵向受拉钢筋配筋率。

矩形截面积：$A_{te} = 0.5 \times b \times h = 0.5 \times 1000 \times 200 = 100000\text{mm}^2$

$$\rho_{te} = \frac{A_s}{A_{te}} = \frac{1539}{100000} = 1.54\%$$

计算裂缝间纵向受拉钢筋应变不均匀系数 ψ：

$$\psi = 1.1 - \frac{0.65 \times f_{tk}}{\rho_{te} \times \sigma_{sq}} = 1.1 - 0.65 \times \frac{2.01}{1.54\% \times 214.55} = 0.705$$

计算钢筋弹性模量与混凝土模量的比值 α_E

$$\alpha_E = \frac{E_s}{E_c} = 2.00 \times \frac{10^5}{3.00 \times 10^4} = 6.667$$

计算受压翼缘面积与腹板有效面积的比值 γ_f：

矩形截面，$\gamma_f = 0.0$

计算纵向受拉钢筋配筋率 ρ：

$$\rho = As/(b \times h_0) = 1539/(1000 \times 165) = 0.933\%$$

c.计算受弯构件的短期刚度 B_{sq}。

$$B_{sq}=\frac{E_s\times A_s\times h_0^2}{1.15\times\psi+0.2+\dfrac{6\alpha_E\rho}{1+3.5\gamma_f}}=\frac{2.00\times10^5\times1539\times165^2}{1.15\times0.705+0.2+\dfrac{6\times6.667\times0.933\%}{1+3.5\times0.0}}$$

$$=6.055\times10^{12}(\mathrm{N\cdot mm^2})$$

③计算受弯构件的长期刚度 B_q

确定考虑荷载长期效应组合对挠度影响增大影响系数 θ。

当 $\rho'=\rho$ 时，$\theta=1.6$

计算受弯构件的长期刚度 B_q：

$$B_q=\frac{B_{sq}}{\theta}=\frac{6.055\times10^{12}}{1.6}=3.78\times10^{12}\mathrm{N\cdot mm^2}$$

④计算受弯构件挠度

$$f_{max}=5\times\beta\times(q_{gk}+\psi_q q_{qk})\times\frac{l_0^4}{384\times B}$$

$$=5\times0.80\times(14.12+0.5\times4.0)\times\frac{4850^4}{384\times3.78\times10^{12}}$$

$$=24.58\mathrm{mm}$$

⑤验算挠度

挠度限值：$f_0=\dfrac{l_0}{200}=\dfrac{4850}{200}=24.25\mathrm{mm}$

$f_{max}=24.58\mathrm{mm}>f_0=24.25\mathrm{mm}$，考虑到 $(24.58-24.25)/24.25=1.4\%<5.0\%$，在可接受的范围内，因此，可认为满足要求。

(6)裂缝宽度验算

①计算单位面积钢筋根数 n

$$n=\frac{1000}{s}=\frac{1000}{100}=10\text{ 根}$$

②计算最大裂缝宽度

$$\omega_{wax}=\alpha_{cr}\times\psi\times\frac{\sigma_{sq}}{E_s}\left(1.9\times c+0.08\times\frac{d_{eq}}{\rho_{te}}\right)=1.9\times0.705\times\frac{214.55}{2.0\times10^5}$$

$$\left(1.9\times30+0.08\times\frac{14}{1.54\%}\right)$$

$$=0.19\mathrm{mm}\leqslant0.30\mathrm{mm}$$

满足规范要求。

8.4.2 常用宽度楼梯计算结果汇总表

对楼梯计算有非常完整的总结，现摘录见表8-11、表8-12，便于设计时参考使用。

楼梯斜板厚度及配筋选用表 表 8-11

楼梯净跨度 l_n(mm)	斜板厚度 t(mm)	受力钢筋		
		$q_k=2kN/m^2$	$q_k=2.5kN/m^2$	$q_k=3.5kN/m^2$
2400	90	E8/10@150	E8/10@140	E8/10@120
2700	100	E10@160	E10@160	E10@130
3000	120	E10@150	E10@140	E10@125
3200	120	E10@130	E10@125	E10@110
3400	130	E10@125	E10@120	E10/12@130
3600	140	E10@120	E10/12@140	E10/12@120
3800	150	E10/12@140	E10/12@130	E10/12@110
4000	160	E10/12@130	E10/12@125	E12@130
4200	160	E12@140	E12@130	E12/14@140
4500	170	E12/14@150	E12/14@140	E12/14@125

注:E 表示 HRB400 级钢筋。每踏步角上放置 1 Φ 6 钢筋。

休息平台斜板厚度 t_1 及配筋选用表 表 8-12

楼梯净跨度 l_2 (mm)	斜板厚度 t_1(mm)	受力钢筋		
		$q_k=2kN/m^2$	$q_k=2.5kN/m^2$	$q_k=3.5kN/m^2$
1200	60	Φ6@200	Φ6@200	Φ6@200
1300	60	Φ6@200	Φ6@200	Φ6@200
1400	60	Φ6@200	Φ6@200	Φ6@200
1500	60	Φ6@200	Φ6@160	Φ6@150
1600	60	Φ6@160	Φ6@150	Φ6@130
1700	60	Φ6@150	Φ6@140	Φ6/8@160
1800	70	Φ6@150	Φ6@140	Φ6/8@160
1900	70	Φ6@140	Φ6@130	Φ6/8@150
2000	70	Φ6@130	Φ6/8@160	Φ6/8@130
2100	70	Φ6/8@160	Φ6/8@140	Φ8@160

注:1.分布钢筋:Φ6@300;

2.表中 l_2 为计算跨度。

实际使用时,可根据需要调整板厚、配筋和钢筋间距。

第9章

抗震计算

隧道及地下工程受到周围土体约束，在地震时随周围土体一起运动，一般认为地震对隧道及地下工程结构的影响较小。然而近年来国内外发生的一些大地震中，不少隧道及地下工程结构遭到一定程度的破坏。特别是在隧道洞口段、转弯等结构断面变化处、断面刚度明显变化部位、埋深较浅的地下工程结构中，地震作用下导致结构周围土体变形较大，造成隧道及地下工程结构的一些薄弱环节遭受地震破坏从而给隧道及地下工程结构造成较大的影响。因此，隧道及地下工程的抗震设计分析也是工程安全性的一个重要问题。

根据目前地震对隧道及地下工程结构的震害特点，一般认为：整体上隧道及地下工程结构的抗震性能优于地面结构；震害随结构埋深的增加而减小；结构周边土体的性质对其抗震性能表现有重要影响，如建在岩石地基上时要比建在软弱地基上的抗震性能好，特别是在穿越断层、液化地层等不良地质时更易于遭受震害；对隧道及地下工程周边土体采取注浆等改良措施时，有助于提高抗震性能；隧道及地下工程遭受破坏程度与震级、震中距及强震持续时间密切相关；地震波长为断面尺寸的1~4倍时，隧道结构的存在会对场地土的振动起到放大效应。

通常情况下，隧道及地下工程的抗震性能主要是由结构横断面方向控制的，目前我国隧道及地下工程方面规范的抗震计算也主要是注重横断面方向，对纵断面方向的抗震计算一般未做规定。工程实践中，抗震计算方法通常采用地震系数法、反应位移法、反应加速度法、时程分析法等。地震系数法方便、简明、操作实用性强，易于接受，但不能反映隧道及地下工程结构的振动特性；反应位移法、反应加速度法能较好反应地下结构的振动特性，更接近于实际工程及震害情况，但使用时需要具备加速度时程曲线，通过加速度时程曲线计算出地震荷载后，施加于模型结构上进行计算。时程分析法可以较为全面地考虑地震动的峰值、频谱特性和持续时间，得到地层和结构在地震全时段的内力和位移反应，但是，计算过程较为复杂，而且一般只能获得结构的不利位置，不具备结构配筋功能。

本章内容主要对隧道及地下工程中抗震计算的方法进行总结，并给出计算的公式和参数，以便工程技术人员参照进行隧道及地下工程结构的抗震计算，快速掌握计算流程和方法。

9.1 抗震设防目标

(1)《铁路工程抗震设计规范》(GB 50111—2006)中对隧道抗震性能进行如下要求。

①性能要求Ⅰ:地震后不破坏或轻微破坏,应能保持其正常使用功能;结构处于弹性工作阶段。

②性能要求Ⅱ:地震后可能破坏,经修补,短期内应能恢复其正常使用功能;结构整体处于非弹性工作阶段。

③性能要求Ⅲ:地震后可能产生较大破坏,但不应出现整体倒塌,经抢修后可限速通车;结构处于弹塑性工作阶段。

(2)《建筑与市政工程抗震通用规范》(GB 55002—2021)中对地下工程抗震设防目标做了如下规定。

①当遭遇低于本地区设防烈度的多遇地震影响时,主体结构系统不受损坏或不需修理可继续使用。

②当遭遇相当于本地区设防烈度的设防地震影响时,地下工程结构可能发生损伤,但经一般性修理可继续使用。

③当遭遇高于本地区设防烈度的设防地震影响时,地下工程结构不致发生倒塌或发生危及生命的严重破坏。

(3)《城市轨道交通结构抗震设计规范》(GB 50909—2014)中对抗震性能要求分成3个等级。

①性能等级Ⅰ:地震后不破坏或轻微破坏,应能保持其正常使用功能;结构处于弹性工作阶段;不应因结构的变形导致轨道的过大变形而影响行车安全。

②性能等级Ⅱ:地震后可能破坏,经修补,短期内应能恢复其正常使用功能;结构局部进入弹塑性工作阶段。

③性能等级Ⅲ:地震后可能产生较大破坏,但不应出现局部或整体倒毁,结构处于弹塑性工作阶段。

从上述各规范的要求来看,抗震性能目标虽描述上有所差别,本质上没有太大的区别。也就是我们常说的"小震不坏、中震可修、大震不倒"的抗震设防三水准目标。

9.2 地震作用

基本烈度、众值烈度、罕遇烈度和设防烈度是抗震计算中重要的基本概念,与工程的抗震计算密切相关,本节对他们之间的相互关系进行对比分析说明,以便对工程的抗震计算的基本概念有一个明确的认识。

(1)基本烈度:某一地区今后一定时期内在一般场地条件下可能遭受的较大烈度。其实质是某地区今后一定时间内的震害预报,同时也是抗震设防设计的依据。基本烈度的确定是地震主管部门以我国的地震危险区为基础,考虑了地震烈度随震中距增加而衰减的统计分析,地震烈度区划图中划定的烈度即为基本烈度。

一个地区发生的地震是随机事件,而地震烈度更是随机变量。随机变量只能用概率分布规律来描述。我国地震烈度区划图上标定的基本烈度,其概率上的定义为50年设计基准期内具有超越概率为10%的保证率。

(2)众值烈度:又称常遇烈度或多遇烈度,是该地区出现频度最高的烈度,相当于概率密度曲线上峰值时的烈度,故称众值烈度。其概率上的定义为50年设计基准期内具有超越概率为63%的保证率。

众值烈度(多遇烈度)比基本烈度低1.5度(严格地说低1.55度)。

(3)罕遇烈度:在设计基准期内,遭遇大于基本烈度的大烈度震害的小概率事件还是可能发生的。随着基本烈度的提高,大震烈度增加的幅度有所减少,不同基本烈度对应的大震烈度的定量标准也不应相同。通过对43个城市地震危险性分析,并结合我国经济实况,可粗略地将50年超越概率2%~3%的烈度作为罕遇地震的概率水平。当基本烈度为6度时众值烈度为7度强;基本烈度7度时众值烈度为8度强;基本烈度8度时众值烈度为9度弱;基本烈度9度时众值烈度为9度强。

(4)设防烈度:根据建(构)筑物所处地域的基本烈度,并根据建筑物的场地类别和建筑类型综合因素确定的。

根据相关文献,在大量数据分析的基础上,确认我国地震烈度的概率分布符合极值Ⅲ型,如图9-1所示。

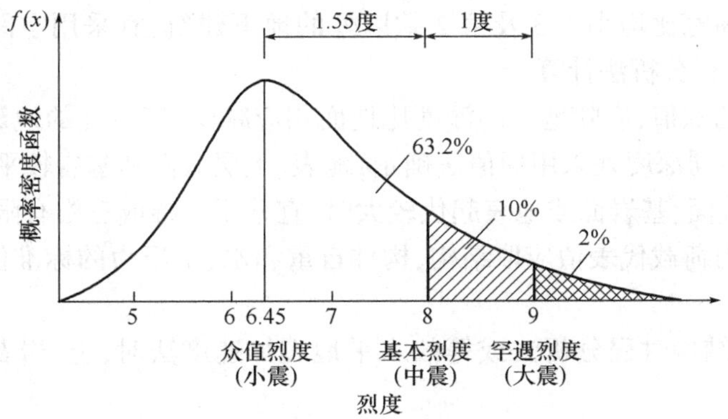

图9-1 我国地震烈度的概率分布图

基本烈度是设防的依据,多遇烈度和罕遇烈度与基本烈度相关联。水平地震影响系数最大值等见表9-1。

水平地震作用影响系数最大值 表9-1

类别	50年超越概率	重现期	水平地震作用影响系数最大值 α_{max}		
			7度	8度	9度
小震	0.632	50年	0.08	0.16	0.32
中震	0.10	约475年	0.23	0.45	0.90
大震	0.03~0.02	约2000年	0.50	0.90	1.50

结构抗震设计采用两阶段设计,第一阶段截面承载力验算取小震作用进行计算,第二阶段弹塑性变形验算取大震作用进行计算。

抗震组合是否是偶然组合:严格地讲,这是一种错误的认识。根据《建筑抗震设计规范(2016年版)》(GB 50011—2010)第5.4.1条,抗震组合是"结构构件的地震作用效应和其他荷载效应的基本组合"。《建筑结构荷载规范》(GB 50009—2012)和《建筑结构可靠度设计统一标准》(GB 50088—2018)中也没有将地震作用划归偶然组合,这些都是一致的。《建筑结构荷载规范》(GB 50009—2012)中第3.2.6条中的偶然组合的永久荷载的分项系数是1.0,而《建筑抗震设计规范(2016年)》(GB 50011—2010)中第5.4.1条中重力荷载分项系数(也是永久荷载)却并不一定是1.0,因此,也说明抗震组合并不是偶然组合。

9.3 抗震计算模型及计算参数

根据《建筑抗震设计规范(2016年版)》(GB 50011—2010)第14.2.2条,地下建筑的抗震设计模型,应根据结构实际情况确定并符合下列要求:

(1)应能准确地反映周围挡土结构和内部各构件的实际受力情况;与周围挡土结构分离的内部结构,可采用与地上建筑同样的计算模型。

(2)周围地层分布均匀、规则且具有对称轴的纵向较长的地下建筑,结构分析可选择平面应变分析模型并采用反应位移法或等效水平地震加速度法、等效侧力法计算。

(3)长宽比或高宽比均小于3及第2款以外的地下建筑,宜采用空间结构分析计算模型并采用土层-结构时程分析法计算。

(4)地震作用的取值,应随地下的深度比地面相应减少:基岩处的地震作用可取地面的一半,地面至基岩的不同深度处采用插值法确定;地表、土层截面和基岩较平坦时,也可采用一维波动法确定;土层截面、基岩面或地表起伏较大时,宜采用二维或三维有限元法确定。

(5)结构的重力荷载代表值应取结构、构件自重和水、土压力的标准值及各可变荷载的组合值之和。

(6)采用土层-结构时程分析法或等效水平地震加速度法时,土、岩石的动力特性参数可由试验确定。

9.4 地震系数法

《建筑抗震设计规范(2016年版)》(GB 50011—2010)中的计算地面结构水平地震力的底部剪力法演变而来,用于地下工程中的抗震计算,目前《铁路抗震设计规范(GB 50111—2006)》中对隧道的抗震计算一章中也是采用这种方法。

地震系数法是静力法计算,简单易行,应用较多,只要知道地震烈度即可进行计算,具体计算在本书第2章已有详细介绍,此处不再赘述。

9.5 反应位移法

地下结构不同于上部结构,地下结构随周边地层的振动而振动,受惯性力影响小。只要周边地基的动态能精确地预测,根据反应位移法或反应加速度法进行静力分析可以比较精确地算出反应值。

反应位移法的总体思路是将结构周边土体在地震作用下的荷载,通过计算得到土体位移,乘以土层弹簧刚度转化为结构上的剪切力,施加到荷载-结构模型上,从而得到结构效应。

反应位移法计算过程中主要考虑了3种荷载:地震土压力、土-结构接触产生的剪切力和惯性力。

反应位移法适的适用条件:用于不同刚度软土浅埋框架结构的抗震设计,埋深一般不大于30m的地下结构抗震设计分析(目前有部分专家、学者对反应位移法的适用计算深度有不同的观点,认为其可适用于更深的地层,深入研究请查阅相关参考文献)。

反应位移法采用荷载-结构模式建模。

9.5.1 计算路线

1)根据地震安全性评估报告重点研究的内容

(1)区域地震活动性。

(2)区域地震背景。

(3)近场及场区地震活动性和地震构造。

(4)地震危险性概率分析。

(5)场地地震动参数确定,包括:各土层的动剪切模量比及阻尼比与剪应变的关系,剪切波速、土层厚度、场地物理特征参数。

输入土层厚度、土层物理参数(密度)、剪切波速、初始阻尼比等进行场地分析,得到空间加速度曲线、顶底板相对位移、地层剪力、收敛时的剪切模量。计算时需要输入基岩波,而通常提供的是面波,需要转化为基岩波。

面波:地震波的一种,主要在地表传播,能量最大,波速约为3.8km/s,低于体波,往往最后被记录到。如果地震非常强烈,面波可能在震后围绕地球运行数日。面波实际上是体波在地表衍生而成的次生波。面波的传播较为复杂,既可以引起地表上下的起伏,也可以是地表做横向的剪切,其中剪切运动对建筑物的破坏最为强烈。

关键计算因素见表9-2。

关键计算因素表　　表9-2

项　目	说　明	备　注
参数	地震作用的基床系数	不同于地质勘察报告中给出的基床系数
荷载	自重、土压力、地震荷载	
边界条件	仅受压弹簧	
工况	重力工况、地震工况	

2)计算步骤

(1)进行一维土层地震响应分析,确定地下结构发生最大响应变形或地面与基岩发生最大变形的时刻。

(2)获取最大变形时刻的结构位移和剪切应力,并转化为结构力。

(3)建立荷载-结构模型,梁单元建模,添加土弹簧。

(4)施加自重、土压力及地震荷载(主要为结构惯性力)。

(5)分别计算自重及地震工况。

9.5.2 一维土层地震反应分析理论模型和计算模型

1)理论模型

一维波动模型假定土层沿两个水平方向均匀不变,而仅沿竖向分层变化。虽然一维分析模型是一较为理想的场地力学模型,但从工程近似的角度上分析,它能用以模拟局部范围内地面、土层界面及基岩面较平坦的场地。因此,它适用于大多数局部场地或大面积场地的局部范围。目前,对水平成层的土层,通常采用一维波动模型并用等效线性化的方法考虑土体非线性特性的影响进行土层地震反应分析。S 波在图 9-2 体系中垂直向上传播时,满足一维波动方程式(9-1):

$$\rho \frac{\partial^2 u}{\partial t^2} = G \frac{\partial^2 u}{\partial z^2} + \eta \frac{\partial^3 u}{\partial z^2 \partial t} \tag{9-1}$$

式中:ρ ——质量密度;

η ——黏滞阻尼系数;

u ——位移。

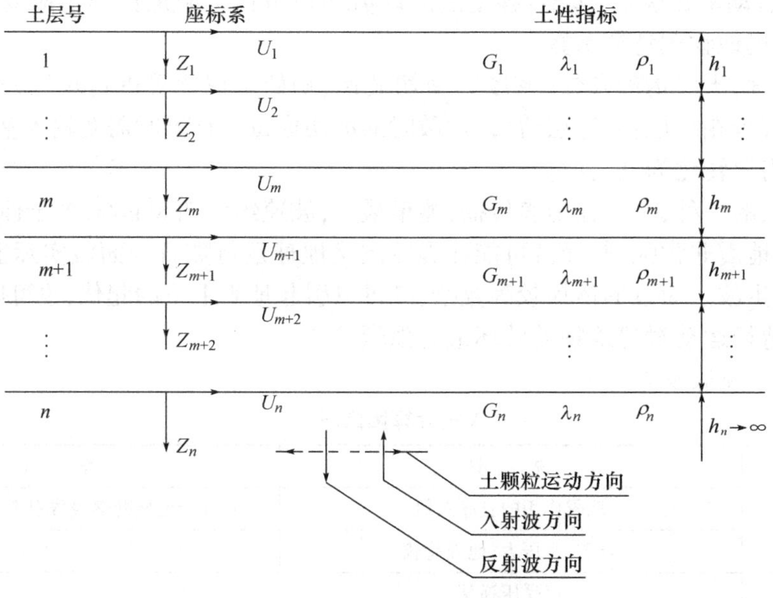

图 9-2 一维剪切波动模型计算简图

2)计算模型

采用反应位移法进行地下车站结构横向地震反应计算时,可将周围土体作为支撑结构的地基弹簧,结构采用梁单元,考虑由地震反应分析计算得到的土层相对位移、结构惯性力和结构周围剪力三种地震作用。地基弹簧刚度以地基反力系数为依据,并考虑集中弹簧间距和车站纵向计算长度的影响。计算简图如图 9-3、图 9-4 所示。

3)地基弹簧刚度

将周围土体作为支撑结构的地基弹簧,结构可采用梁单元进行模拟。

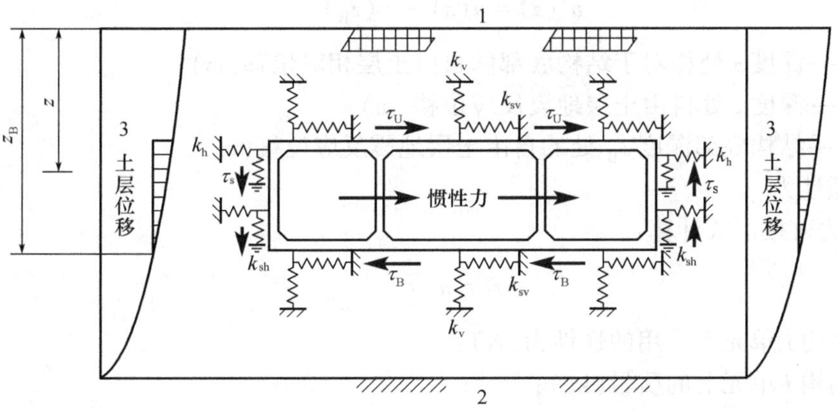

图 9-3　地下矩形结构反应位移法抗震计算简图

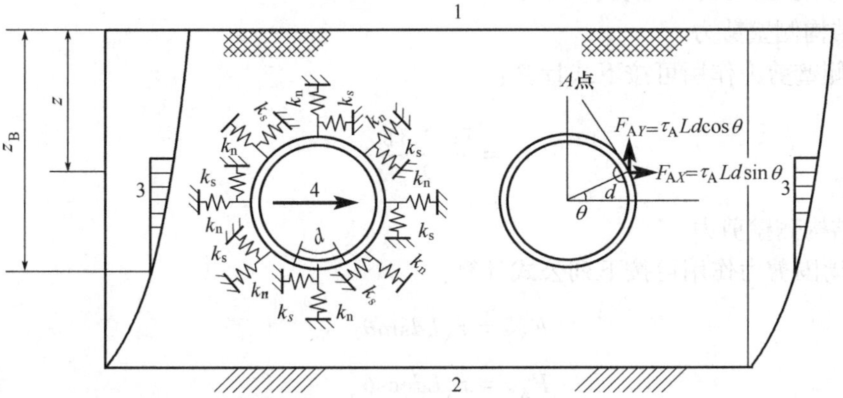

图 9-4　地下圆形结构反应位移法抗震计算简图

图 9-3、图 9-4 中：1-地面；2-设计地震作用基准面；3-土层位移；4-惯性力；k_v -结构顶底板压缩地基弹簧刚度；k_{sv} -结构顶底板剪切地基弹簧刚度；k_h -结构侧壁压缩地基弹簧刚度；k_{sh} -结构侧壁剪切地基弹簧刚度；τ_U -结构顶板单位面积上作用的剪力；τ_B -结构底板单位面积上作用的剪力；τ_S -结构侧壁单位面积上作用的剪力；k_n -圆形结构侧壁压缩地基弹簧刚度；k_S -圆形结构侧壁剪切地基弹簧刚度；τ_A -A 点处的剪应力；F_{AX} -作用于 A 点水平向的节点力；F_{AY} -作用于 A 点竖直向的节点力；θ -土与结构的截面 A 点处的法向与水平向的夹角；d -地基弹簧影响长度；L-垂直于结构横向的计算长度。

地基弹簧刚度可按下式计算：

$$k = KLd \tag{9-2}$$

式中：k ——压缩或剪切地基弹簧刚度（N/m）；

K ——基床系数（N/m^3），一般切向取垂直方向的 1/3～2/3；

L ——垂直于结构横向的计算长度（m）；

d ——土层沿隧道与地下车站纵向的计算长度（m）。

4）土层的相对位移、结构惯性力和结构与周围土层剪力的计算方法

（1）土层相对位移

土层地震反应位移法应取地下结构顶底板位置处自由土层发生最大相对位移时刻的土层位移分布，可按下式计算：

$$u'(z)=u(z)-u(z_B) \tag{9-3}$$

式中：$u'(z)$ ——深度 z 处相对于结构底部的自由土层相对位移(m)；

$u(z)$ ——深度 z 处自由土层地震反应位移(m)；

$u(z_B)$ ——结构底部深度 z_B 处的自由土层地震反应位移(m)。

(2)结构惯性力

结构惯性力可按下式计算：

$$f_i=m_i\ddot{u}_i \tag{9-4}$$

式中：f_i ——结构 i 单元上作用的惯性力(N)；

m_i ——结构 i 单元上的质量(kg)；

$\ddot{u}_i$ ——地下结构顶底板位置处自由土层发生最大相对位移时刻，自由土层对应于结构 i 单元位置处的加速度(m/s^2)。

(3)矩形结构侧壁剪力

矩形结构侧壁剪力作用可按下式计算：

$$\tau_s=\frac{\tau_U+\tau_B}{2} \tag{9-5}$$

(4)圆形结构侧壁剪力

圆形结构周围剪力作用可按下列公式计算：

$$F_{AX}=\tau_A Ld\sin\theta \tag{9-6}$$

$$F_{AY}=\tau_A Ld\cos\theta \tag{9-7}$$

对已进行工程场地地震安全性评价工作的，可采用其得到的位移随深度的变化关系；对未进行工程场地地震安全性评价工作的，可按照下文方法进行计算。

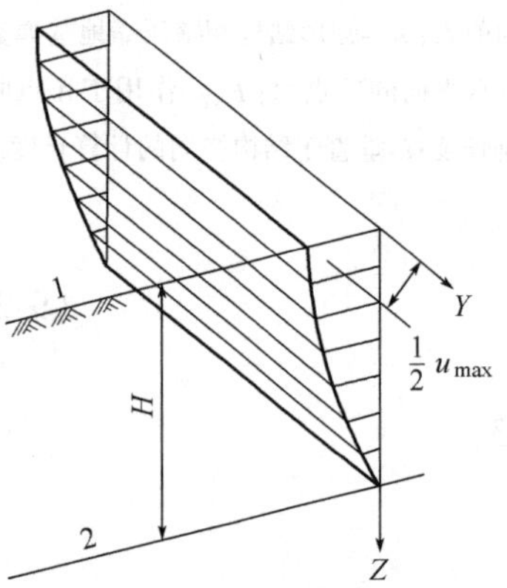

图 9-5 沿土层深度方向的土层位移
1-地表面；2-设计地震作用基准面；u_{max} -场地地表最大位移；H-设计地震作用基准面的深度

隧道或地下车站等其他地下结构沿土层深度方向土层位移同一时刻的值可按下式计算。计算图式如图 9-5 所示。

$$U(Z)=\frac{1}{2}\times u_{max}\times\cos\frac{\pi Z}{2H} \tag{9-8}$$

u_{max} 求法：

上式中 u_{max} 的计算可参考《城市轨道交通结构抗震设计规范》(GB 50909—2014)进行计算确定。

$$u_{max}=\Gamma_u\times u_{max\,\mathrm{II}} \tag{9-9}$$

式中：$u_{max\,\mathrm{II}}$ ——Ⅱ类场地设计地震动峰值位移，见表 9-3；

Γ_u ——场地地震动峰值位移调整系数，见表 9-4。

$u_{max\,\mathrm{II}}$ 应按表 9-3 采用，其他场地类型应取 $u_{max\,\mathrm{II}}$ 与场地地震动峰值位移调整系数 Γ_u 的值；场地地震动峰值位移调整系数 Γ_u 应根据场地类别和Ⅱ类场地设计地震动峰值位移 $u_{max\,\mathrm{II}}$ 按表 9-4 采用。

Ⅱ类场地设计地震动峰值位移$u_{\max Ⅱ}$(单位:m)　　表 9-3

地震动峰值加速度分区(g)	6 度	7 度	7 度+	8 度	8 度+	9 度
	0.05	0.10	0.15	0.20	0.30	0.40
E1 地震作用(g)	0.02	0.04	0.05	0.07	0.10	0.14
E2 地震作用(g)	0.03	0.07	0.10	0.13	0.20	0.27
E3 地震作用(g)	0.08	0.15	0.21	0.27	0.35	0.41

场地地震动峰值位移调整系数Γ_u　　表 9-4

场地类别	$u_{\max Ⅱ}$(m)					
	≤0.03	0.07	0.10	0.13	0.20	≥0.27
Ⅰ	0.75	0.75	0.80	0.85	0.90	1.00
Ⅱ	0.75	0.75	0.80	0.85	0.90	1.00
Ⅱ	1.00	1.00	1.00	1.00	1.00	1.00
Ⅲ	1.20	1.20	1.25	1.40	1.40	1.40
Ⅳ	1.45	1.50	1.55	1.70	1.70	1.70

注:场地地震动峰值位移调整系数 Γ_u 可按表中所给值分段线性插值确定。

隧道或地下车站等地下结构抗震设计中,土层的水平峰值位移沿深度变化应采用直线规律表达(图 9-6),地表下 50m 及其以下部分的峰值位移可取地表的 1/2,不足 50m 处的峰值位移应按深度做线性插值确定。沿与隧道延长方向垂直的水平方向土层水平位移的同一时刻的值可按下列公式计算:

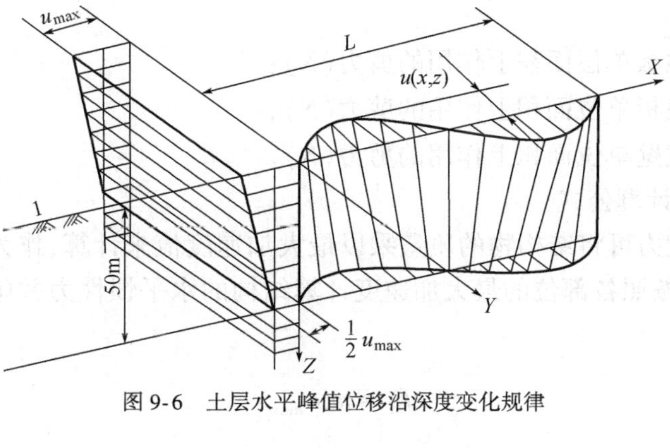

图 9-6　土层水平峰值位移沿深度变化规律

$$U(x,z) = u_{\max}\sin\frac{2\pi x}{L} \tag{9-10}$$

$$L = \frac{2L_1L_2}{L_1 + L_2} \tag{9-11}$$

$$L_1 = T_s V_{SD} \tag{9-12}$$

$$L_2 = T_s V_{SDB} \tag{9-13}$$

式中：$u(x,z)$ ——坐标(x,z)处地震时的土层水平位移(m)；

$u_{max}(z)$ ——地震时深度 z 处土层的水平峰值位移(m)；

L ——土层变形的波长，即强迫位移的波长(m)；

L_1 ——表面土层变形的波长(m)；

L_2 ——基岩变形的波长(m)；

V_{SD} ——表面土层的平均剪切波速(m/s)；

V_{SDB} ——基岩的平均剪切波速(m/s)；

T_s ——考虑土层地震应变水平的土层场地特征周期(s)。

土层与结构相互作用下的位移，也可采用软件 EERA 软件进行计算，软件的使用详见 9.5.5 节内容。

5）隧道及地下工程地震计算参数

采用反应位移法进行地下结构横截面的抗震计算时，需考虑土层相对位移、结构惯性力和结构周围剪力三种作用。

土层相对位移、结构惯性力和结构周围剪力可由一维土层地震反应分析得到。计算可采用由美国加州大学开发的 EERA 软件进行计算，通过输入地层参数及所在位置的地震加速度时程曲线，调用 Shake 或 Shake91 一维地震反应土层计算程序进行地层位移计算。

（1）顶板、底板及侧墙处土层剪力

由一维土层地震反应分析得到顶板、底板处土层剪力后，侧墙剪力可由下式近似计算得到：

$$\tau_s = \frac{\tau_U + \tau_B}{2} \tag{9-14}$$

式中：τ_U ——结构顶板单位面积上作用的剪力(N)；

τ_B ——结构底板单位面积上作用的剪力(N)；

τ_s ——结构侧壁单位面积上作用的剪力(N)。

（2）结构惯性力计算公式

结构自身的惯性力可将结构物的质量乘以最大加速度值来计算，作为集中力可以作用在结构形心上，也可以按照各部位的最大加速度计算结构的水平惯性力并施加在相应的结构部位上，按下式计算：

$$F_i = m_i a_{max} \tag{9-15}$$

式中：F_i ——结构惯性力(N)；

m_i ——结构质量(kg)；

a_{max} ——地震峰值加速度(m/s^2)。

（3）土体与结构相互作用弹簧刚度计算

计算模型中，结构周围土体采用地基弹簧表示，包括压缩弹簧和剪切弹簧。弹簧刚度按式(9-2)计算。

9.5.3 基床系数的求法及输入

基床系数可以采用静力有限元法进行计算,取值如图 9-7 所示。

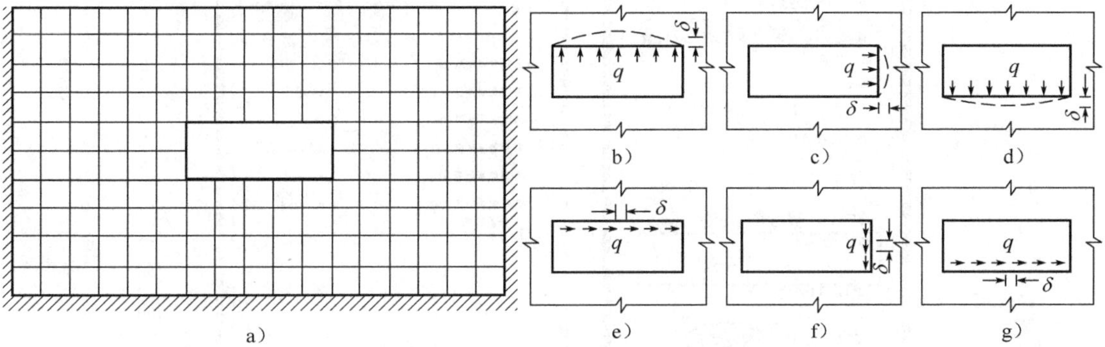

图 9-7 基床系数取值示意图

取一定宽度和深度的土层有限元模型,除去结构位置处土体,将模型侧面和底面边界固定,在此模型中土层的弹性常数根据地震反应分析或场地试验确定。在孔洞的各个方向施加均布荷载 q,然后分别计算各种荷载条件下的变形 δ ,得到基床系数 $K = q/\delta$ 。出入简化计算考虑,假设结构同一个面上的弹簧相同,即弹簧刚度一致,因此结构在均布荷载 q 作用下某一面的变形 δ 应为该面各节点变形的平均值。其中,对于矩形结构而言,顶底板位置处基床系数不同,应分别进行计算。

用该方法进行计算时,对于不同地震动水平,土体的刚度应通过一维土层反应分析得到的土体有效弹性模量作为输入参数。

以 Midas 软件为例,某项目计算模型如图 9-8 所示。

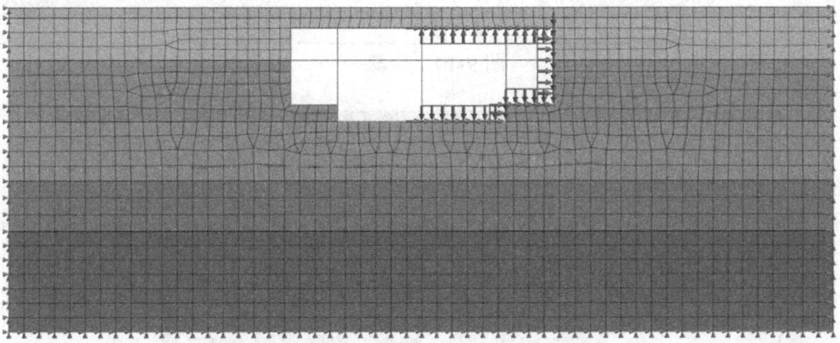

图 9-8 Midas 计算模型

求基床系数 K 时应注意:模型底面及左右都固定。计算过程为:

求出单位力下的位移→基床系数 $K = q/\delta$ →将 K 作为地基反力系数输入程序→一般程序可自动分配每个节点的仅受压弹簧。

特别提醒:一般情况下,地质勘察报告中都会给出地层的弹性抗力系数。

Midas 软件的输入界面如图 9-9 所示。

a)　　　　　　　　b)

图 9-9　Midas 软件输入界面

9.5.4　EERA 软件的使用

地层位移的计算可通过第三方软件进行,比如 EERA 软件。EERA 是整合在 Excel 中的一个调用 SHAKE 或 SHAKE91 的程序,由美国加州大学土木工程学院的 J. P. BARDET,K. ICHII,C. H. LIN 制作。

1)软件的加载

(1)打开其中的 EERAM. xls 文件,将其重命名为自己的文件名称;

(2)按图 9-10~图 9-14 所示步骤将 EERA. xla 宏文件加载至 Excel 中。

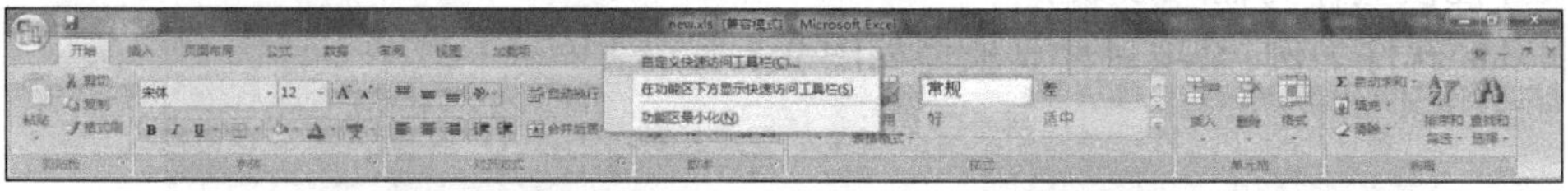

图 9-10　步骤一

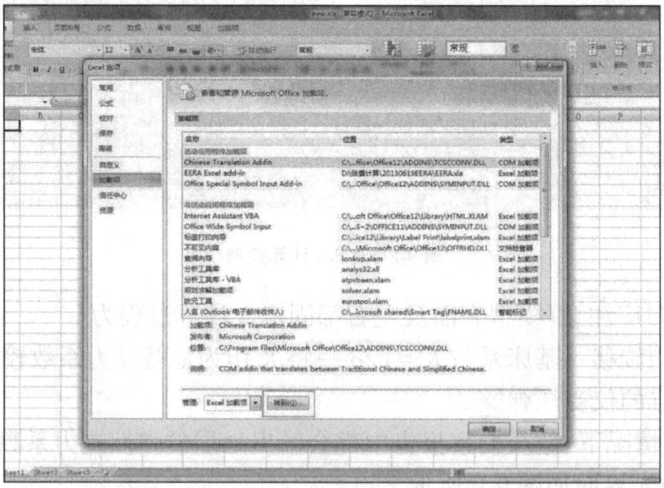

图 9-11　步骤二

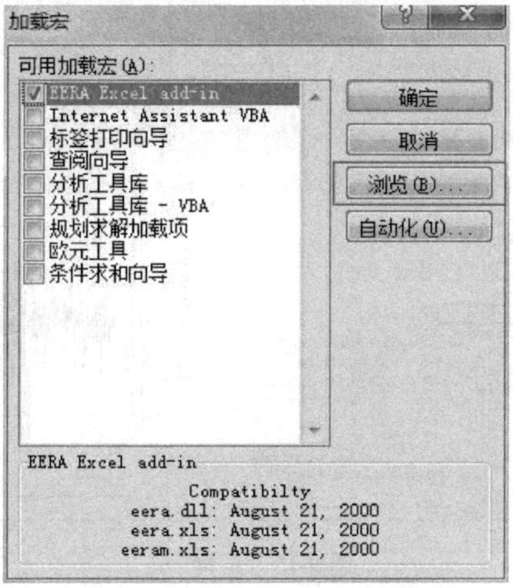

图 9-12 步骤三

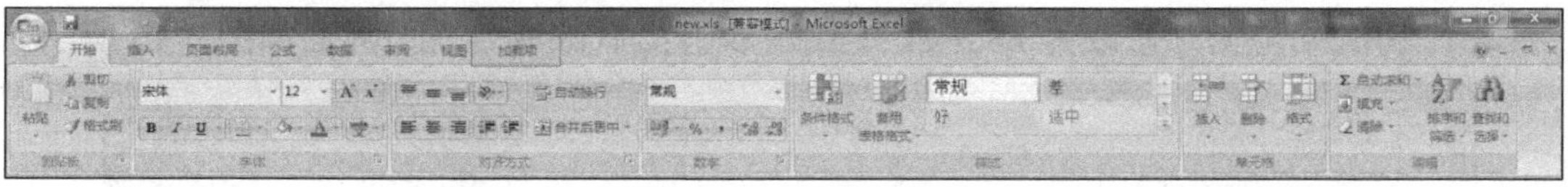

图 9-13 步骤四

宏文件加载完成后,界面如图 9-14 所示。

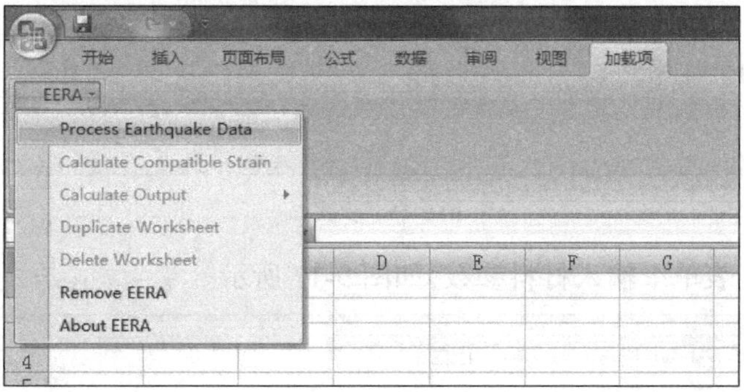

图 9-14 步骤五

2)软件的使用方法

加载完成,可以开始使用,使用过程中步骤如下。

第一步:在 Earthquack 表单中输入基本地震参数。

设置好时步间隔,峰值加速度以及一些滤波的控制条件等,选择从外部导入加速度数据文件,与一般的 Excel 导入数据方法一样,而后点击"加载项"中 EERA 中的 "Process Earthquake Data",可以看到表中的数据会发生变化,从右侧的加速度时程图中可以看到刚才输入地震波的波形,如图 9-15 所示。

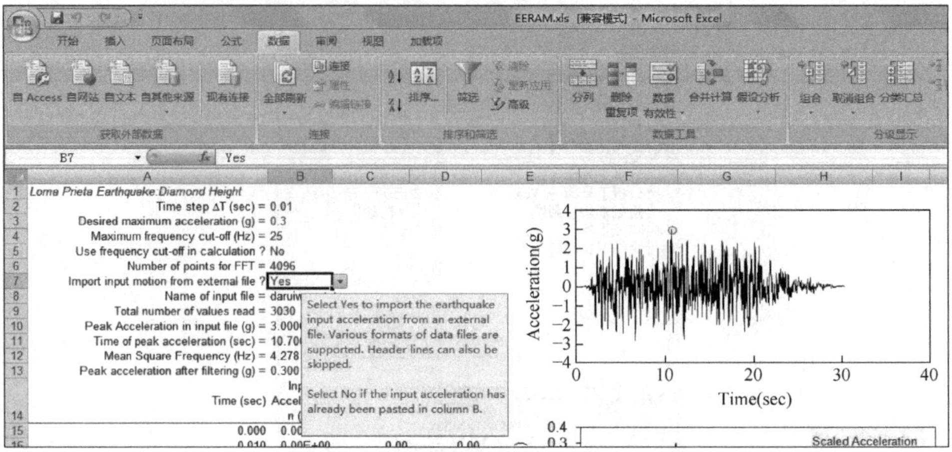

图 9-15　步骤一

第二步:在 Profile 表单中输入地层建模。

Soil Material Type:一般分为 0、1、2 三种类型。其中 0 代表最下基岩层或者可认为是基岩层,在最下一层,对应必须修改为 Bedrock;1 代表砂土;2 代表黏性土。界面如图 9-16 所示。

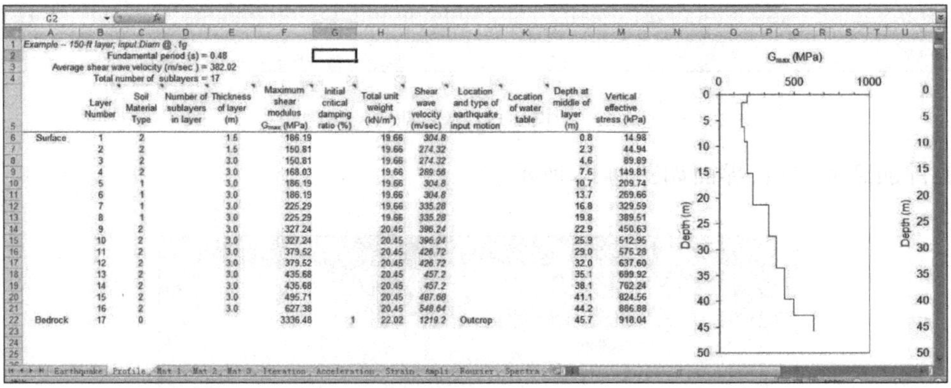

图 9-16　步骤二

第三步:在 Mat1 表单中输入材料参数,如图 9-17 所示。

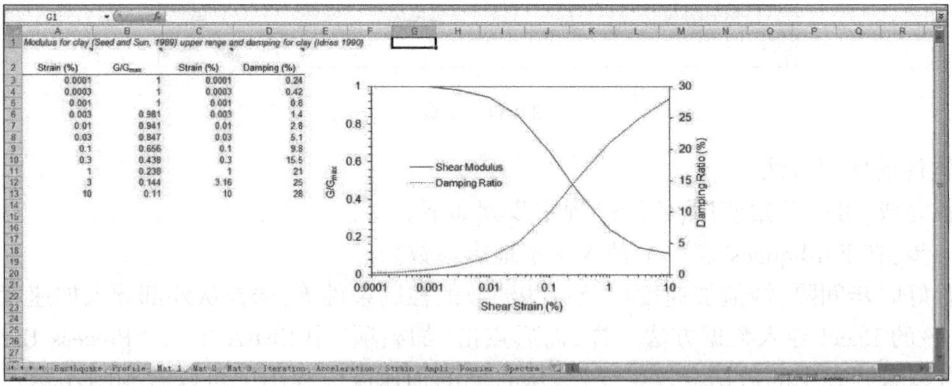

图 9-17　步骤三

第四步:在 Iteration 表单中输入迭代次数、有效与最大剪应变比等参数,如图 9-18 所示。

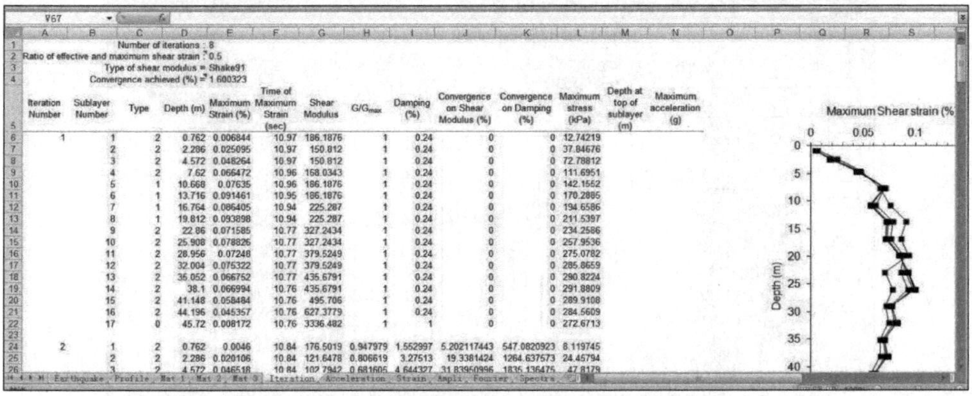

图 9-18 步骤四

接着,点击 EERA 的菜单栏中的"Calculate Compatible Strain",等完成计算后,在输出结果的 worksheets(Acceleration/Strain/Ampli…)中填入需要输出结果的地层编号,即可得到需要的结果。

9.5.5 Midas NX 计算中参数输入

采用 Midas NX 软件计算土体剪切应力等参数时,同样需要输入地层参数,地层参数输入时,一般分层厚度可按 1.0m,不同类型的土添加相应的应变相容特性函数,并输入地面加速度函数,通过软件计算即可获得相应参数。操作步骤如图 9-19~图 9-25 所示。

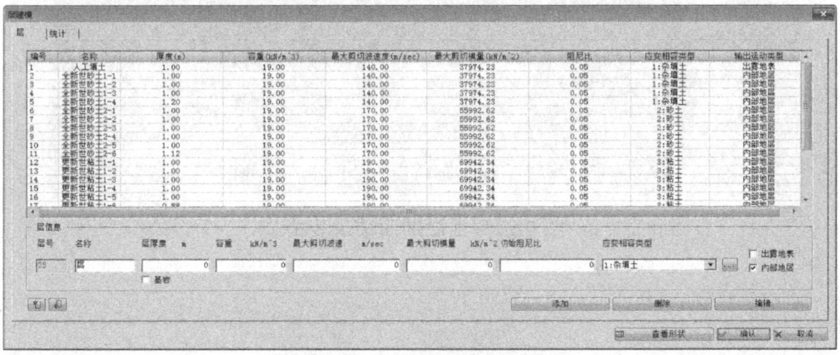

图 9-19 地层建模参数表

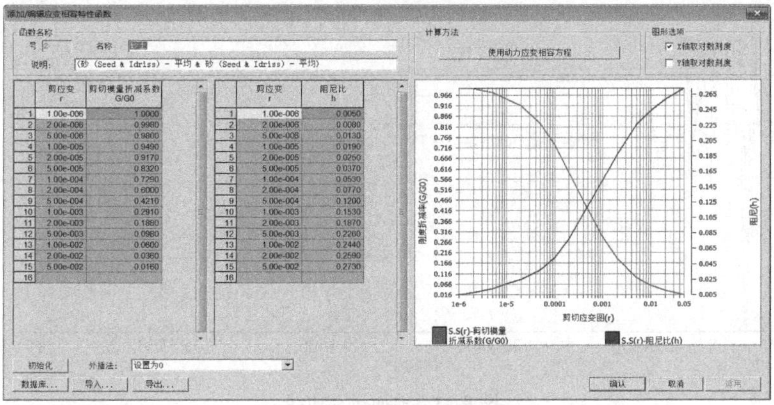

图 9-20 应变相容特性函数

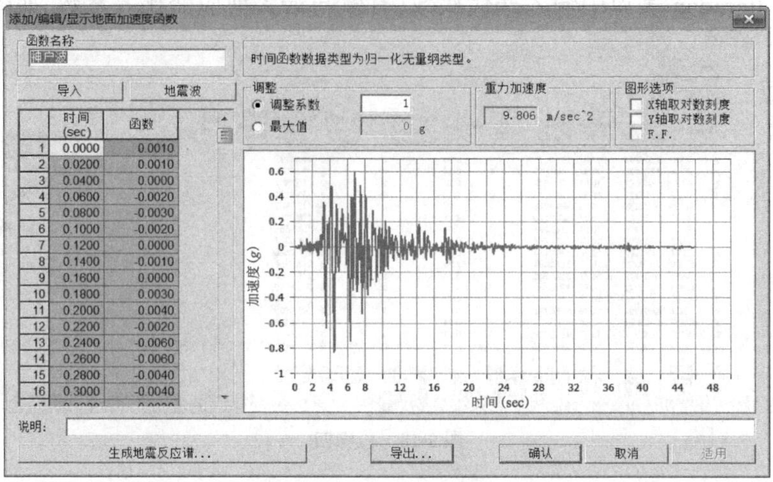

图 9-21　地面加速度函数

自由场分析1　地面运动曲线　土壤剖面结果表格

层编号	材料编号	厚度 (m)	深度 (m)	收敛的阻尼比	收敛的剪切模量 (kN/m^2)	剪切模量比	收敛的剪切波速度 (m/sec)
1:人工填土	1:杂填土	1.0000e+00	5.0000e-00	4.4645e-002	1.7935e+004	4.6982e-001	9.6213e+001
2:全新世砂	1:杂填土	1.0000e+00	1.5000e+00	1.4581e-001	4.4401e+003	1.1000e-001	4.7872e+001
3:全新世砂	1:杂填土	1.0000e+00	2.5000e+00	2.4576e-001	3.7664e+002	1.1043e-002	1.3943e+001
4:全新世砂	1:杂填土	1.0000e+00	3.5000e+00	2.4800e-001	3.4177e+002	9.0000e-003	1.3282e+001
5:全新世砂	1:杂填土	1.2000e+00	4.6000e+00	2.4800e-001	3.4177e+002	9.0000e-003	1.3282e+001
6:全新世砂	2:砂土	1.0000e+00	5.7000e+00	2.1632e-001	6.7385e+003	1.0808e-001	5.8975e+001
7:全新世砂	2:砂土	1.0000e+00	6.7000e+00	2.2511e-001	5.6017e+003	9.4058e-002	5.3771e+001
8:全新世砂	2:砂土	1.0000e+00	7.7000e+00	2.3307e-001	4.6512e+003	7.8647e-002	4.8997e+001
9:全新世砂	2:砂土	1.0000e+00	8.7000e+00	2.4371e-001	3.3935e+003	5.9064e-002	4.1851e+001
10:全新世砂	2:砂土	1.0000e+00	9.7000e+00	2.5404e-001	2.4601e+003	4.3599e-002	3.5634e+001
11:全新世砂	2:砂土	1.1200e+00	1.0760e+00	2.6270e-001	1.7197e+003	3.1657e-002	2.9793e+001
12:更新世粘	3:粘土	1.0000e+00	1.1820e+00	1.0719e-001	4.3423e+004	6.2511e-001	1.4971e+002
13:更新世粘	3:粘土	1.0000e+00	1.2820e+00	1.1298e-001	4.1876e+004	6.0248e-001	1.4702e+002
14:更新世粘	3:粘土	1.0000e+00	1.3820e+00	1.1928e-001	4.0189e+004	5.7749e-001	1.4402e+002
15:更新世粘	3:粘土	1.0000e+00	1.4820e+00	1.2554e-001	3.8515e+004	5.5235e-001	1.4099e+002
16:更新世粘	3:粘土	1.0000e+00	1.5820e+00	1.3210e-001	3.6759e+004	5.2616e-001	1.3774e+002
17:更新世粘	3:粘土	8.8000e-00	1.6760e+00	1.3852e-001	3.5042e+004	5.0037e-001	1.3449e+002
18:更新世粘	3:粘土	2.5000e+00	1.8450e+00	1.1244e-001	6.7046e+004	5.9979e-001	1.8602e+002
19:更新世粘	3:粘土	2.5000e+00	2.0950e+00	1.2626e-001	6.1148e+004	5.4590e-001	1.7765e+002
20:更新世砂	2:砂土	2.5000e+00	2.3450e+00	2.3088e-001	1.9478e+004	8.7180e-002	9.7729e+001
21:更新世砂	2:砂土	2.5000e+00	2.5950e+00	2.3897e-001	1.5684e+004	7.0183e-002	8.7695e+001
22:更新世砂	2:砂土	2.5000e+00	2.8450e+00	2.4475e-001	1.3059e+004	5.8867e-002	8.0020e+001
23:更新世砂	2:砂土	2.5000e+00	3.0950e+00	2.4558e-001	1.2765e+004	5.7540e-002	7.9113e+001

图 9-22　土层剖面结果表格

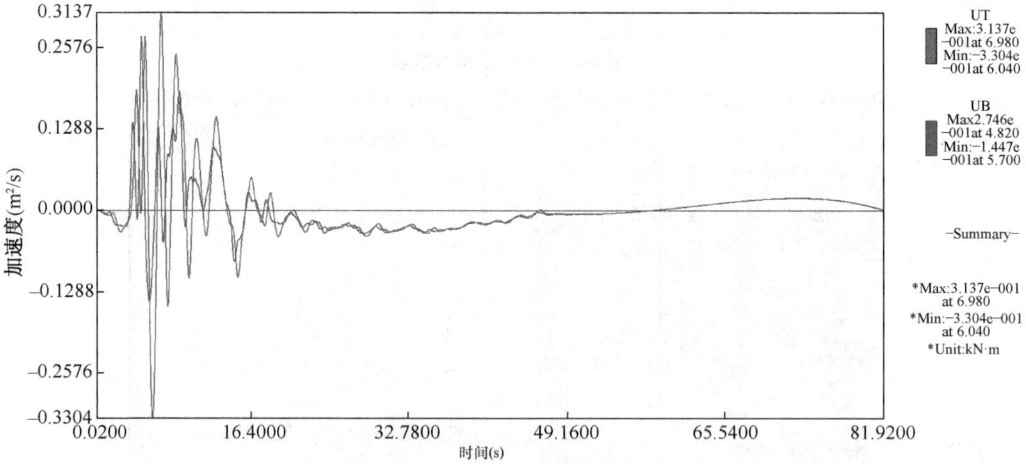

图 9-23　地面运动曲线

自由场分析1 地面运动曲线 土壤剖面表格 土壤剖面结果表格 应力应变结果表格

层编号	材料编号	厚度 (m)	深度 (m)	等应变 (%)	最大应变 (%)	最大应力 (kN/m^2)	时间 (sec)
1:人工填土	1:杂填土	1.0000e+00	5.0000e-00	2.3284e-002	3.5821e-002	6.3909e+000	5.2200e+00
2:全新世砂	1:杂填土	1.0000e+00	1.5000e+00	2.9090e-001	4.4754e-001	1.8694e+001	5.2400e+00
3:全新世砂	1:杂填土	1.0000e+00	2.5000e+00	4.5538e+000	7.0058e+000	2.9378e+001	5.2800e+00
4:全新世砂	1:杂填土	1.0000e+00	3.5000e+00	6.7294e+000	1.0353e+001	3.5383e+001	5.2800e+00
5:全新世砂	1:杂填土	1.2000e+00	4.6000e+00	6.6493e+000	1.0230e+001	3.4962e+001	7.0600e+00
6:全新世砂	2:砂土	1.0000e+00	5.7000e+00	3.9826e-001	6.1270e-001	3.7080e+001	7.0000e+00
7:全新世砂	2:砂土	1.0000e+00	6.7000e+00	4.8970e-001	7.5339e-001	3.9677e+001	6.9800e+00
8:全新世砂	2:砂土	1.0000e+00	7.7000e+00	6.5654e-001	1.0101e+000	4.4480e+001	6.8000e+00
9:全新世砂	2:砂土	1.0000e+00	8.7000e+00	9.8901e-001	1.5215e+000	5.0320e+001	6.7800e+00
10:全新世砂	2:砂土	1.0000e+00	9.7000e+00	1.5903e+000	2.4467e+000	5.9729e+001	4.9400e+00
11:全新世砂	2:砂土	1.1200e+00	1.0760e+00	2.5481e+000	3.9202e+000	6.9489e+001	4.9400e+00
12:更新世粘	3:粘土	1.0000e+00	1.1820e+00	1.1938e-001	1.8367e-001	8.0302e+001	4.8800e+00
13:更新世粘	3:粘土	1.0000e+00	1.2820e+00	1.3346e-001	2.0532e-001	8.6521e+001	4.8800e+00
14:更新世粘	3:粘土	1.0000e+00	1.3820e+00	1.5071e-001	2.3187e-001	9.3654e+001	4.8600e+00
15:更新世粘	3:粘土	1.0000e+00	1.4820e+00	1.7003e-001	2.6159e-001	1.0106e+002	4.8400e+00
16:更新世粘	3:粘土	1.0000e+00	1.5820e+00	1.9296e-001	2.9686e-001	1.0925e+002	4.8400e+00
17:更新世粘	3:粘土	8.8000e-00	1.6760e+00	2.1838e-001	3.3597e-001	1.1758e+002	4.8200e+00
18:更新世粘	3:粘土	2.5000e+00	1.8450e+00	1.3209e-001	2.0321e-001	1.3602e+002	4.7800e+00
19:更新世粘	3:粘土	2.5000e+00	2.0950e+00	1.7239e-001	2.6522e-001	1.6158e+002	4.7800e+00
20:更新世砂	2:砂土	2.5000e+00	2.3450e+00	6.0331e-001	9.2817e-001	1.7971e+002	4.4200e+00
21:更新世砂	2:砂土	2.5000e+00	2.5950e+00	8.2391e-001	1.2675e+000	1.9757e+002	4.8000e+00
22:更新世砂	2:砂土	2.5000e+00	2.8450e+00	1.0353e+000	1.5928e+000	2.0824e+002	4.8000e+00
23:更新世砂	2:砂土	2.5000e+00	3.0950e+00	1.0757e+000	1.6549e+000	2.1149e+002	4.3800e+00
*							

图 9-24　应力应变计算结果表格

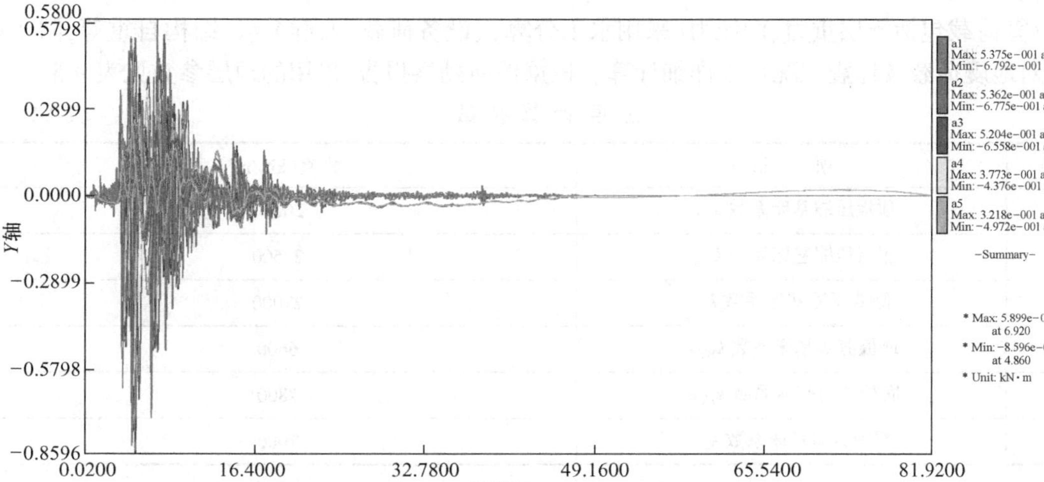

图 9-25　地面运动曲线

9.5.6　某地铁车站工程计算实例

1)工程概况

某车站为地下两层单柱双跨车站,地下一层为站厅层,地下二层为站台层。车站中心里程覆土埋深约 3.4m,基坑开挖深度约 16.9m,采用明挖法施工,支护结构采用 0.8m 地下连续墙。车站场地抗震设防烈度为 7 度,设计基本地震加速度为 0.10g,所属的设计地震分组为第一组,场地类别为Ⅲ类,属于建筑抗震不利位置。车站开挖范围内地层分别为①填土、③$_2$黏土、④$_1$粉质黏土夹粉土、⑤$_1$粉土、⑤$_2$粉土夹粉砂、⑥$_2$粉质黏土、⑥$_3$黏土和⑥$_4$粉质黏土层。取最不利水位——地面下 0.5m 进行计算。车站标准断面如图 9-26 所示。

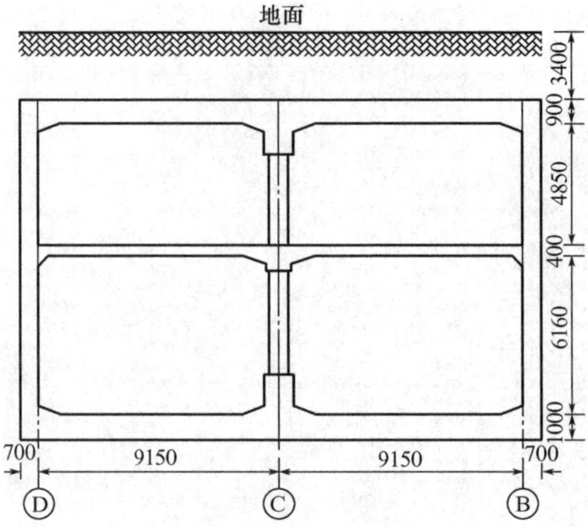

图 9-26　车站标准断面(尺寸单位:mm)

2)荷载计算

计算荷载包括土层重力、侧压力(采用水土分算)、设备荷载、人群荷载、结构自重等,限于篇幅,仅对地震荷载及地震工况加以详细计算。根据地质勘察报告,采用的地层参数见表 9-5。

土层计算参数　　表 9-5

序号	项　　目	数值(kN/m^3)
1	顶板压缩基床系数 k_{VT}	20000
2	底板压缩基床系数 k_{VB}	23500
3	侧墙压缩基床系数 k_h	27000
4	顶板剪切基床系数 k_{SVT}	6600
5	底板剪切基床系数 k_{SVB}	7800
6	侧墙剪切基床系数 k_{sh}	7000

根据车站所处地区的地质及地震情况,基岩处地震加速度时程采用 100 年超越概率 10%(峰值加速度 0.115g)和 100 年超越概率 3%(峰值加速度 0.165g)两个概率水准的基岩水平向地震动加速度时程曲线进行计算分析,如图 9-27、图 9-28 所示。

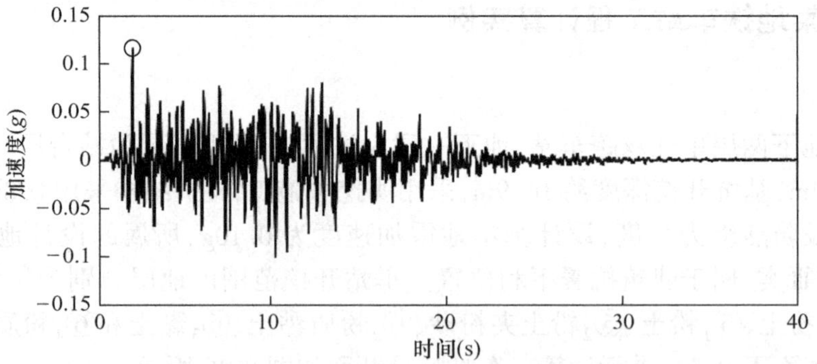

图 9-27　100 年超越概率 10%的加速度时程曲线

注:地震时程曲线可取实测曲线或人工合成曲线,但应取其最不利进行计算。

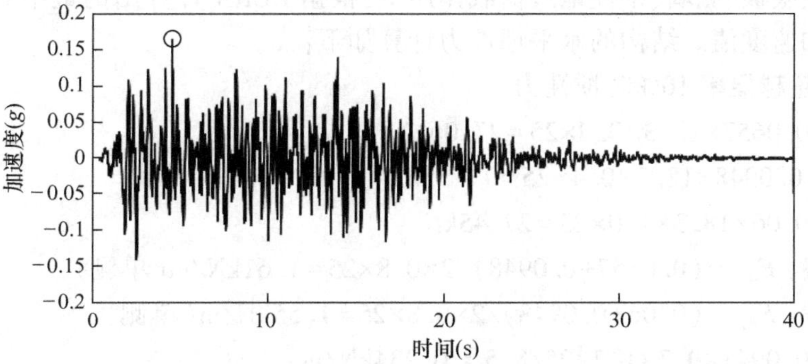

图 9-28 100 年超越概率 3%的加速度时程曲线

将以上时程曲线及地层参数带入 EERA 软件(软件使用详见 9.5.5 节内容)进行计算分析,得到地层位移及剪应力,如图 9-29、图 9-30 所示。

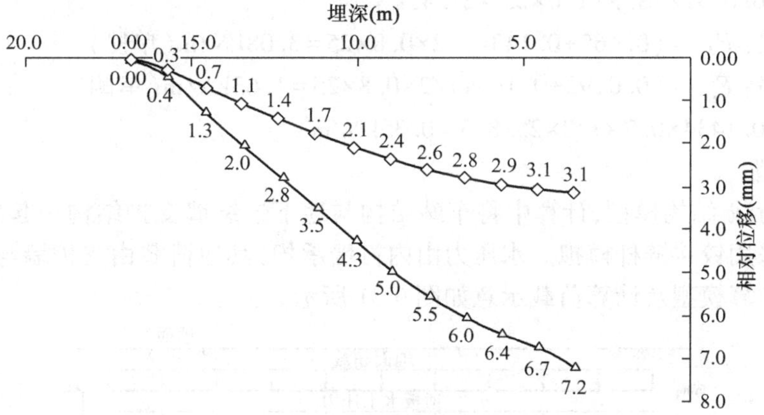

图 9-29 土层相对位移

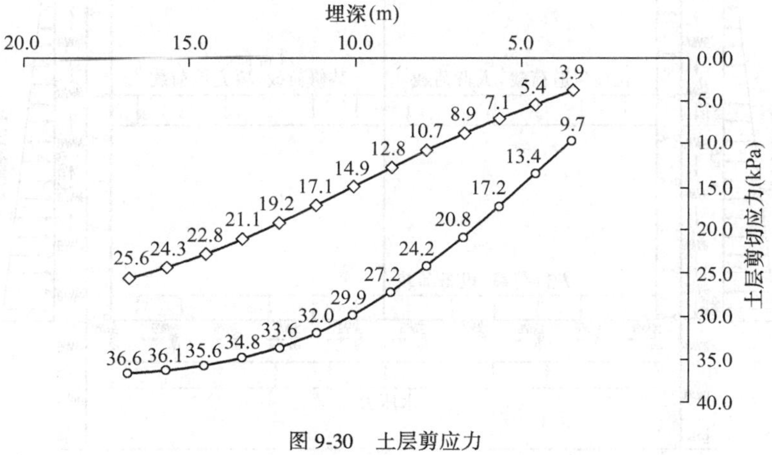

图 9-30 土层剪应力

注:图中上侧线为100年超越概率10%,下侧线为100年超越概率3%的计算结果。

顶板、中板、底板、侧墙、中柱地震荷载作用下,根据EERA计算出的最不利时刻的各单元处的平均地震加速度值。结构的水平惯性力计算如下:

(1)100年超越概率10%时惯性力

顶板:$F_1=0.0657\times18.3\times0.9\times25=27.06\text{kN}$

中板:$F_2=0.0948\times18.3\times0.4\times25=17.35\text{kN}$

底板:$F_3=0.06\times18.3\times1.0\times25=27.45\text{kN}$

下一层侧墙:$F_{41}=(0.0657+0.0948)/2\times0.8\times25=1.61\text{kN/m}$(单侧)

下二层侧墙:$F_{42}=(0.06+0.0948)/2\times0.8\times25=1.55\text{kN/m}$(单侧)

中柱:$F_5=0.0948\times0.7\times1.2\times25/8.5=0.234\text{kN/m}$

(2)100年超越概率3%时惯性力

顶板:$F_1=0.165\times18.3\times0.9\times25=67.94\text{kN}$

中板:$F_2=0.1434\times18.3\times0.4\times25=26.24\text{kN}$

底板:$F_3=0.0192\times18.3\times1.0\times25=27.45\text{kN}$

下一层侧墙:$F_{41}=(0.165+0.1434)/2\times0.8\times25=3.08\text{kN/m}$(单侧)

下二层侧墙:$F_{42}=(0.0192+0.1434)/2\times0.8\times25=1.63\text{kN/m}$(单侧)

中柱:$F_5=0.1434\times0.7\times1.2\times25/8.5=0.35\text{kN/m}$

3)计算模型

计算采用荷载-结构模型,计算中将车站结构与地下连续墙支护结构一起建模,支护结构与内衬墙之间采用铰接链杆模拟。水压力由内衬墙承担,其他荷载由支护墙与内衬墙共同承担。地震工况计算模型及计算荷载示意如图9-31所示。

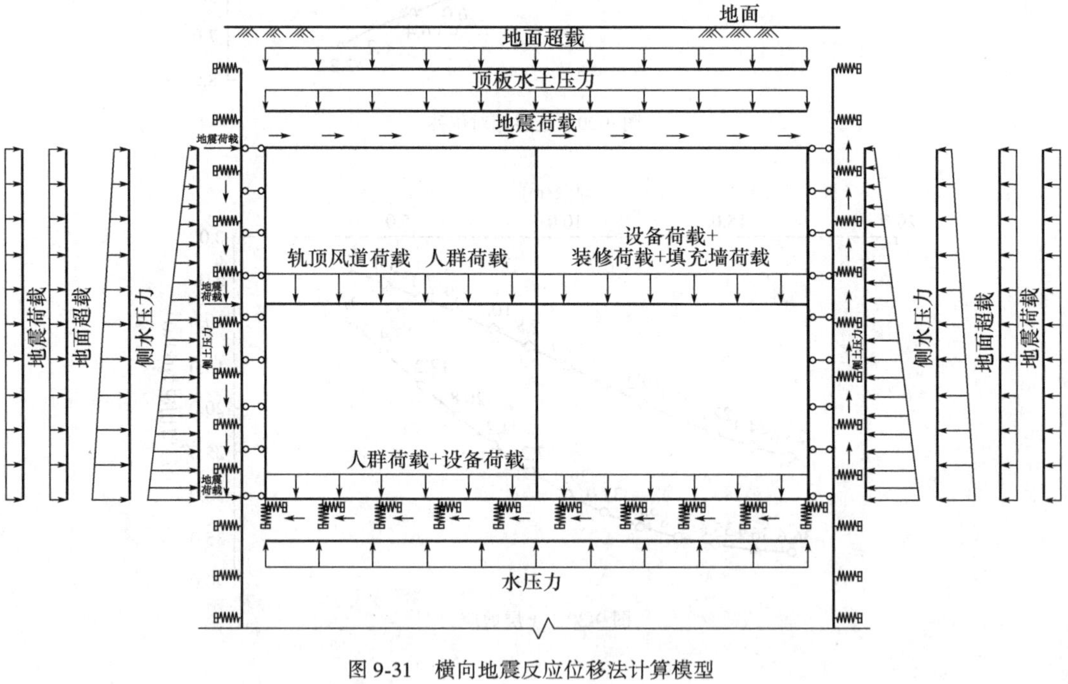

图9-31 横向地震反应位移法计算模型

4)结构变形及受力分析

将上述荷载及地震作用产生的土层相对位移、结构惯性力和结构周围剪力代入计算后的位移值见表 9-6。

结构层间相对位移值 表 9-6

<table>
<tr><th rowspan="2">位　置</th><th colspan="2">最大水平位移(mm)</th><th colspan="2">水平位移差(mm)</th><th rowspan="2">层间高差(m)</th></tr>
<tr><th>100 年超越概率 10%</th><th>100 年超越概率 3%</th><th>100 年超越概率 10%</th><th>100 年超越概率 3%</th></tr>
<tr><td>顶板</td><td>5.51</td><td>12.38</td><td rowspan="2">0.78</td><td rowspan="2">2.20</td><td rowspan="2">5.5</td></tr>
<tr><td rowspan="2">下一层板</td><td rowspan="2">6.29</td><td rowspan="2">14.61</td></tr>
<tr><td rowspan="2">6.29</td><td rowspan="2">14.61</td><td rowspan="2">6.86</td></tr>
<tr><td>底板</td><td>0</td><td>0</td></tr>
</table>

注:本表数值是根据 EERA 计算结果在顶、底板发生最大相对位移时刻提取的数值。

根据上表的计算结果可知,在顶、底板结构发生最大相对位移的时刻,地下一层与二层间的相对位移变化并不与层高成比例,这是因为,在地震过程中,结构的地震变形与结构的自振周期有密切的关系,在最不利时刻,在土层竖向发生变形一定为非线性比例关系,直接导致车站结构变形的非线性。

根据规范要求,100 年超越概率 10%层间位移限值为 $H/550$(H 为层高),100 年超越概率 3%的层间位移角限值为 $H/250$。计算结果表明各层间位移限值均能满足规范要求,结构尺寸设计比较合理。

结构受力计算结果不再赘述。

9.6 反应加速度法

反应加速度法与反应位移法不同在于,反应加速度法需要建立地层-结构模型,计算过程中主要考虑了三种荷载:地震土压力、土-结构接触产生的剪切力和惯性力。地震土压力和土体作用于结构的剪切力则属于体系的内力(一般由软件实现),此时只需要考虑惯性力的作用。

惯性力取决于体系的质量分布和加速度值,在土层-结构体系确定的情况下,体系质量分布是确定的,因而只需要确定加速度分布规律。因此,相对于反应位移法,反应加速度法的计算操作更为简单。

采用反应加速度法时,土体可采用平面应变单元,结构可采用梁单元进行有限元建模。计算模型底面应采用固定边界,两侧采用水平滑移边界,如图 9-32 所示。模型底面可取为设计地震基准面,顶面取地表面,两侧边界到结构的距离宜取结构水平有效宽度的 2~3 倍。

反应加速度法适用于弹性阶段分析和弹塑性阶段分析,采用荷载-结构模式或者地层-结构模型建模。

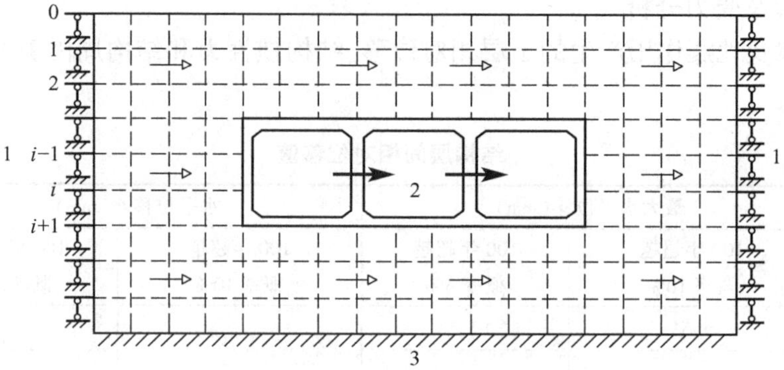

图 9-32 横向地震反应计算的反应加速度法

1-水平滑移边界;2-惯性力;3-固定边界

9.6.1 计算路线

1)计算步骤

(1)根据地震安全性评估报告研究基本情况。

(2)建立自由场模型。

(3)进行一维土层地震响应分析,确定地下结构发生最大相对变形或地面与基岩发生最大变形的时刻。

(4)根据一维计算结果中土层上下的剪应力和层厚计算每层的水平加速度。

(5)建立土体-地下结构整体计算模型(地层结构模型)。

(6)根据土的分层,计算每层土的水平加速度 a_i 。

(7)将计算得到的各层水平加速度施加在计算模型上,计算结构的内力和变形。

2)计算说明

(1)得到自由场的水平有效惯性加速度分布之后,即可在土-结构静力分析模型中按照各土层单元所在的位置施加于相应的土层上,模型中结构也按照所在土层深度位置作用水平有效惯性加速度,然后根据计算要求,按照静力有限元方法进行线弹性或弹塑性分析。用该方法进行计算时,因为结构部分仅按照其位置作用水平有效惯性加速度,因此复杂断面结构也可以采用该方法分析计算。

(2)反应加速度法以地震反应作为地震输入荷载。地震反应的大小受土层构成、土层动力特性、土层应变水平等方面的影响很大。因此,为考虑上述因素和计算简单,通过使用等效线性化法的一维土层反应分析结果。有限元分析模型中土层的剪切模量,通过自由场一维土层地震反应分析获得对应地震动水平的等效剪切模量。

(3)当计算精度要求较高时,为了避免结构角部应力畸变而引起的误差,在计算时宜直接采用土体非线性模型,进行土层非线性反应计算。

9.6.2 剪切力计算

1)软件计算法

土体单元的动剪切模量可取对应地震动水准的一维土层地震反应分析得到的等效剪切模

量,此数值可以使用“一维地基相应分析”得到,如采用等效线性化程序 SHAKE91、EERA、RSLNLM 等,或者通用有限元分析软件 MIDAS、MSC、Marc 等进行分析。其中,EERA 的使用方法可参考“反应位移法”一节的计算内容。

通过软件分析,可以得到结构顶底板之间发生最大相对位移的时刻,剪切力的计算都是基于这个最不利时刻进行的。

土体参数是动态等效剪切模量。

通过以上软件计算时,需要已知地震加速度波或者人工合成波,可以从软件中直接提取不同土层处的加速度,无须通过计算剪切力反推场地土加速度。

MIDAS 软件计算过程中主要输入参数:

材料参数的输入界面如图 9-33 所示。

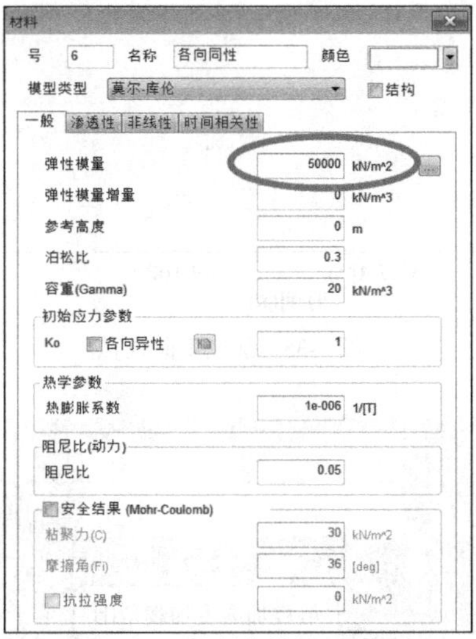

图 9-33 材料参数输入界面

通过软件计算得到剪切模量,如图 9-34 所示。

自由场分析:1 地面运动曲线 土壤剖面结果表格

层编号	材料编号	厚度 (m)	深度 (m)	收敛的阻尼比	收敛的剪切模量 (kN/m^2)	剪切模量比	收敛的剪切波速度 (m/sec)
1:人工填土	1:杂填土	1.0000e+00	5.0000e-00	4.4645e-002	1.7935e+004	4.6982e-001	9.6213e+001
2:全新世砂	1:杂填土	1.0000e+00	1.5000e+00	1.4581e-001	4.4401e+003	1.1000e-001	4.7872e+001
3:全新世砂	1:杂填土	1.0000e+00	2.5000e+00	2.4576e-001	3.7664e+002	1.1043e-002	1.3943e+001
4:全新世砂	1:杂填土	1.0000e+00	3.5000e+00	2.4800e-001	3.4177e+002	9.0000e-003	1.3282e+001
5:全新世砂	1:杂填土	1.2000e+00	4.6000e+00	2.4800e-001	3.4177e+002	9.0000e-003	1.3282e+001
6:全新世砂	2:砂土	1.0000e+00	5.7000e+00	2.1632e-001	6.7385e+003	1.0808e-001	5.8975e+001
7:全新世砂	2:砂土	1.0000e+00	6.7000e+00	2.2511e-001	5.6017e+003	9.4058e-002	5.3771e+001
8:全新世砂	2:砂土	1.0000e+00	7.7000e+00	2.3307e-001	4.6512e+003	7.8647e-002	4.8997e+001
9:全新世砂	2:砂土	1.0000e+00	8.7000e+00	2.4371e-001	3.3935e+003	5.9064e-002	4.1851e+001
10:全新世砂	2:砂土	1.0000e+00	9.7000e+00	2.5404e-001	2.4601e+003	4.3599e-002	3.5634e+001
11:全新世砂	2:砂土	1.1200e+00	1.0760e+00	2.6270e-001	1.7197e+003	3.1657e-002	2.9793e+001
12:更新世粘	3:粘土	1.0000e+00	1.1820e+00	1.0719e-001	4.3423e+004	6.2511e-001	1.4971e+002
13:更新世粘	3:粘土	1.0000e+00	1.2820e+00	1.1298e-001	4.1876e+004	6.0248e-001	1.4702e+002
14:更新世粘	3:粘土	1.0000e+00	1.3820e+00	1.1928e-001	4.0189e+004	5.7749e-001	1.4402e+002
15:更新世粘	3:粘土	1.0000e+00	1.4820e+00	1.2554e-001	3.8515e+004	5.5235e-001	1.4099e+002
16:更新世粘	3:粘土	1.0000e+00	1.5820e+00	1.3210e-001	3.6759e+004	5.2616e-001	1.3774e+002
17:更新世粘	3:粘土	8.8000e-00	1.6760e+00	1.3852e-001	3.5042e+004	5.0037e-001	1.3449e+002
18:更新世粘	3:粘土	2.5000e+00	1.8450e+00	1.1244e-001	6.7046e+004	5.9979e-001	1.8602e+002
19:更新世粘	3:粘土	2.5000e+00	2.0950e+00	1.2626e-001	6.1148e+004	5.4590e-001	1.7765e+002
20:更新世砂	2:砂土	2.5000e+00	2.3450e+00	2.3088e-001	1.9478e+004	8.7180e-002	9.7729e+001
21:更新世砂	2:砂土	2.5000e+00	2.5950e+00	2.3897e-001	1.5684e+004	7.0183e-002	8.7695e+001
22:更新世砂	2:砂土	2.5000e+00	2.8450e+00	2.4475e-001	1.3059e+004	5.8867e-002	8.0020e+001
23:更新世砂	2:砂土	2.5000e+00	3.0950e+00	2.4558e-001	1.2765e+004	5.7540e-002	7.9113e+001
*							

图 9-34 土层计算结果

空间加速度曲线输入如图 9-35 所示。

将地震作用与其他荷载同时施加到结构上，约束点或者基础是不能动的。对于不动点，地震波是加不上去的。但是根据惯性原理，整个上部结构的所有质点都同时感受到相同的地震波作用，所以，把地震加速度加载到所有上部结构的所有质点上，是可行的。计算模型如图 9-36 所示。

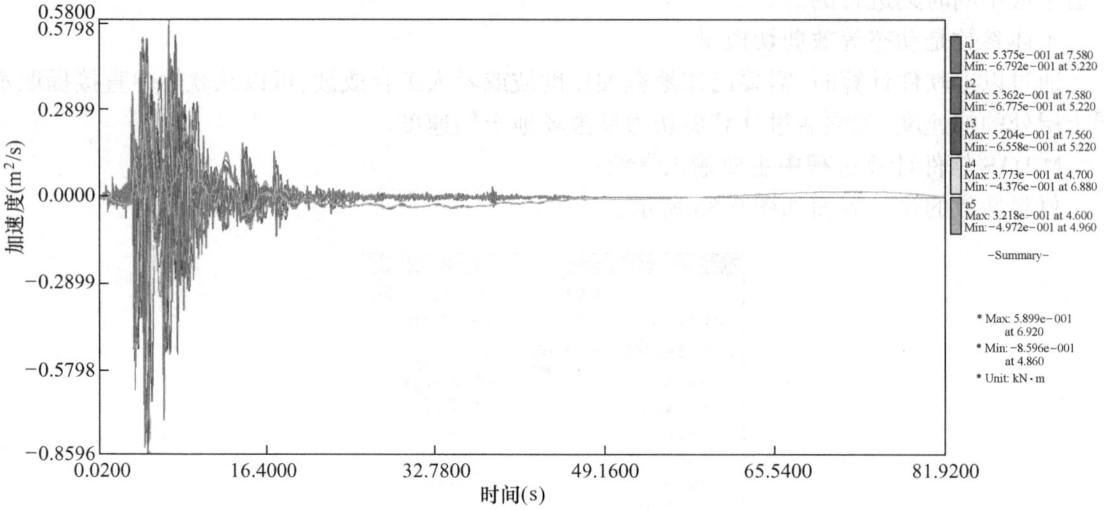

图 9-35　加速度曲线

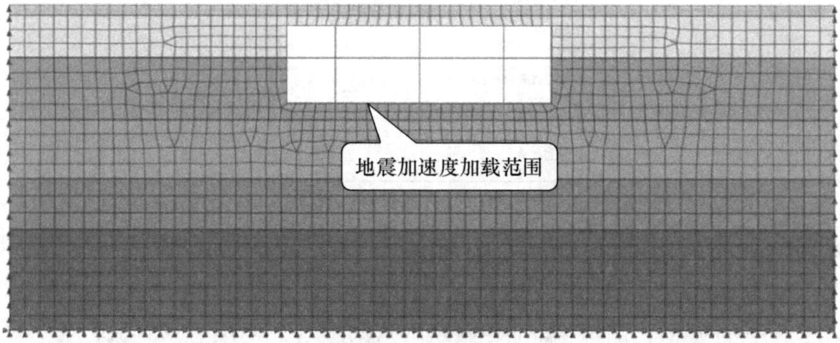

图 9-36　计算模型示意

2）公式计算法

可参考反应位移法中推荐的土层位移沿深度的变化规律以及由此确定的剪切力计算式。计算公式如下：

$$u(z)=\frac{1}{2}u_{\max}\cdot\cos\left(\frac{\pi z}{2H}\right)\tag{9-16}$$

$$\tau=\frac{G_{\mathrm{d}}}{2H}\pi\cdot\frac{1}{2}u_{\max}\cdot\cos\left(\frac{\pi z}{2H}\right)\tag{9-17}$$

式中：z ——土体深度（m）；

$u(z)$ ——土体任一深度的水平位移（mm）；

$u_{\max}$ ——地表最大水平位移（mm）；

H——土体计算深度(m);

G_d——土体的动剪切模量(MPa);

τ——土体的剪应力(MPa)。

关键计算因素见表 9-7。

关键计算因素表　　表 9-7

项　目	说　明	备　注
参数	动弹模或动剪切模量	
荷载	重力荷载、地震荷载	地震土压力和剪切力属于模型体系的内力
边界条件	左右铰接、底面固结	
工况	非线性静力分析	

采用公式法计算时,无须提供地震波,上述的参数在地震安全性评估报告或者地质勘察报告中一般都会给出,计算比较简单实用。但是,公式计算法计算中无法反应地层的土层分层情况。

9.6.3 水平加速度计算

隧道或地下车站的柱类构造采用梁单元时,应确定计算模型沿隧道或车站纵向的厚度。一般计算模型沿纵向取中柱间距的长度,而中柱取实际尺寸,计算得到的柱内力为真实内力,便于设计使用;若取纵向单位长度模型进行计算,得到的柱内力不是真实内力,设计时还需要进行换算。计算模型的底面边界采用固定边界,当仅计算地震作用下的结构反应时,模型两侧边界竖向位移约束为零,水平向自由,即为水平可滑动边界。

地下结构系统在地震作用下受力以体积力为主,土层与地下结构之间存在着动力相互作用,土层对地下结构的约束作用不可忽略。反应加速度法通过对各土层和地下结构按照其所在的位置施加相应的水平有效惯性加速度来实现在整个土-结构系统中施加水平惯性体积力。

在地震动作用下,地下结构位置的土层发生最大变形时结构受力最不利,此时结构位置的土层处于最大剪应变状态。当土层条件简单时,施加的水平加速度为地下结构顶底板位置处土层发生最大相对位移时刻的水平加速度;当土层复杂时,土层和地下结构宜根据其所在位置施加相应的水平有效惯性加速度(图 9-37),通过对土单元水平方向受力分析得到各土层的水平有效惯性加速度。

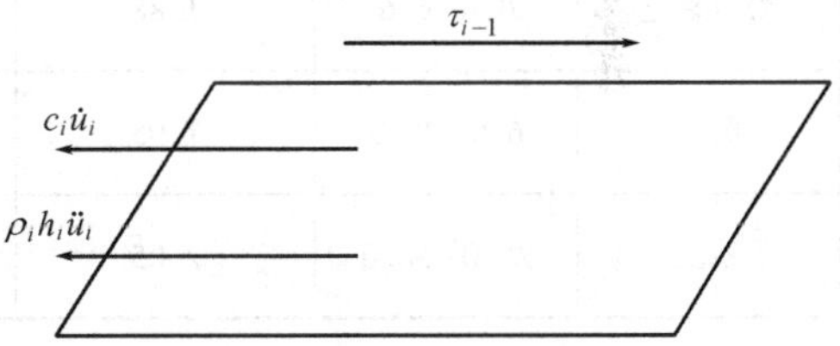

图 9-37　水平有效惯性加速度求解

(1) ρ_i 为第 i 层土单元的密度,该时刻第 i 层土单元的运动方程为:

$$\tau_i - \tau_{i-1} + \rho_i h_i \ddot{u}_i + c_i \dot{u}_i = 0 \tag{9-18}$$

式中:τ_i、τ_{i-1}——地下结构发生最大变形时第 i 层土单元顶部与底部的剪应力(MPa);

h_i——第 i 层土单元的厚度(m);

c_i——介质阻尼系数;

$\ddot{u}_i$ ——第 i 层土单元加速度(m/s^2);

$\dot{u}_i$ ——第 i 层土单元速度(m/s)。

为了反映惯性力和阻尼力的共同作用,采用土单元的变形来计算有效反应加速度,通过上式中的应力项,计算出第 i 层土单元的水平加速度为:

$$a_i = \frac{\tau_i - \tau_{i-1}}{\rho_i h_i} \tag{9-19}$$

土层和地下结构根据其所在位置施加相应的水平加速度 a_i。当土层复杂,结构深度位置土层性质和土层的刚度参数差别较大时,土层和地下结构宜根据其所在位置施加相应的水平有效惯性加速度。

土体单元的剪切模量可取对应地震动水准的一维土层地震反应分析得到的等效剪切模量。

(2)计算过程中的土体分层说明:

一般情况下,土体分层可取 1.0m,并根据土层分界位置进行划定土体的分层。土层分层越细,得到的计算结果越准确。采用公式法计算时,可取土层分层厚度进行计算。

(3)加速度计算算例:

通过软件或公式计算法得到每层分层土的剪切力,土层计算厚度按实际地层分层情况计算见表 9-8。

土层剪应力及加速度计算表　　表 9-8

土层名称	土层深度(m)	密度(g/cm^3)	土层厚度(m)	剪应力(kN/m^2)	加速度(cm/s^2)
填土	0~0.8	1.80	0.8	10.4	$a_1 = \frac{10.4 - 0}{18.0 \times 0.8} = 0.72$
粉质黏土	0.8~6.6	1.88	5.8	223.5	$a_2 = \frac{223.5 - 10.4}{18.8 \times 5.8} = 1.95$
黏土	6.6~25.0	1.95	18.4	1138.4	$a_3 = \frac{1138.4 - 223.5}{19.5 \times 18.4} = 2.55$
砂土	25.0~30.0	2.05	5.0	1315.8	$a_4 = \frac{1315.7 - 1138.4}{20.5 \times 5.0} = 1.73$

9.6.4 反应加速度法的荷载结构计算模型转换

对于反应加速度法,需要同时考虑重力作用与地震作用,也可先计算自重作用下自由土层反应,将计算得到的侧向边界条件(水平荷载+竖向位移)施加在模型侧面,建立完整的土-结构相互作用分析模型,采用静力分析方法计算模型在自重作用下的静力反应,在完成自重反应的基础上,再在土-结构相互作用模型中施加水平等效惯性加速度,以此计算结构真实地震反应。其中,侧向边界条件为混合边界条件,水平向为力边界条件,竖向为位移边界条件,施加的水平应力和竖向位移分别等于一维土层自由场模型重力反应分析得到的侧向土压力和竖向位移。

9.7 时程分析法

时程分析法即结构直接动力法，是普遍适用的一般方法。其基本原理为：将地震运动视为一个随时间而变化的过程，并将地下结构物和周边岩土体介质视为共同受力变形的整体，通过直接输入地震加速度记录，在满足变形协调条件的前提下，分别计算结构物和岩土体介质在各时刻的位移、速度和加速度，以及应变和内力，并进而验算场地的稳定性和进行结构截面设计。时程分析法具有普遍适用性，在地质条件、结构形式复杂，隧道结构宜考虑地基和结构的相互作用以及地基和结构的非线性动力特性时，应采用这一方法。

采用时程分析法时，为准确计算模型的侧面人工边界，距地下结构的距离不宜小于3倍地下结构水平有效宽度，且不宜采用完全固定或完全自由等不合理边界条件；底面人工边界宜取地震作用基准面和结构底面不小于3倍地下结构竖向有效高度两者的大值；顶面一般选取至地表。当采用波动法进行地震动输入时，模型边界应采用黏性人工边界或黏弹性人工边界等合理的边界条件，且侧向人工边界应避免采用固定或自由等不合理的边界条件，如图9-38所示。

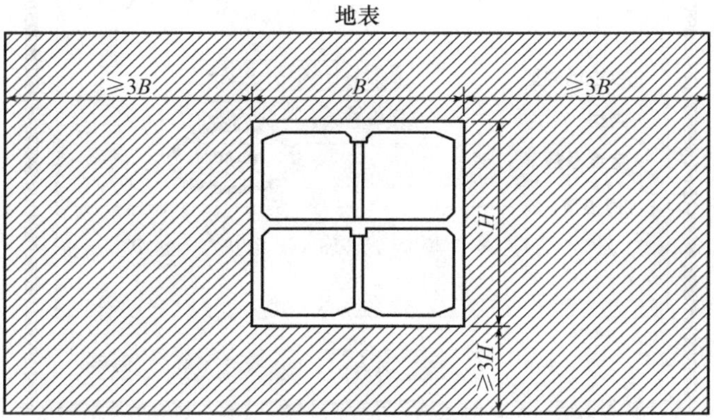

图9-38 模型边界范围

时程分析法是直接输入地震波作用，应限制土层单元尺寸。为准确模拟地震波在土层中的传播，单元在剪切波传播方向的长度宜满足$L < (1/10 \sim 1/8)\lambda_{min}$，其中$\lambda_{min}$为计算需要考虑的最短波长。通常地震波能量一般主要集中在0~10Hz的频率范围内，而土体的最小剪切波速约为100m/s，此时λ_{min}约为10m，因此，计算剪切波速传播方向的主要尺寸，即竖线的单元尺寸不大于1.0m即可满足要求。

当隧道或地下工程纵向结构形式连续、规则、断面形状变化不大，周围土层沿纵向分布一致时，可只沿横向计算水平地震作用并进行抗震计算，抗震分析可近似按平面应变问题处理。当结构形式变化较大时，土层条件不均匀时需要按空间问题进行三维建模求解。

采用土-结构动力相互作用的平面应变模型进行分析。

地震输入可采用波动法或振动法。

以 Midas NX 软件计算为例，对计算步骤进行说明。

(1)建立自由场边界

建立自由场边界,界面如图 9-39 所示;自由场属性界面如图 9-40 所示;加自由场单元如图 9-41、图 9-42 所示。

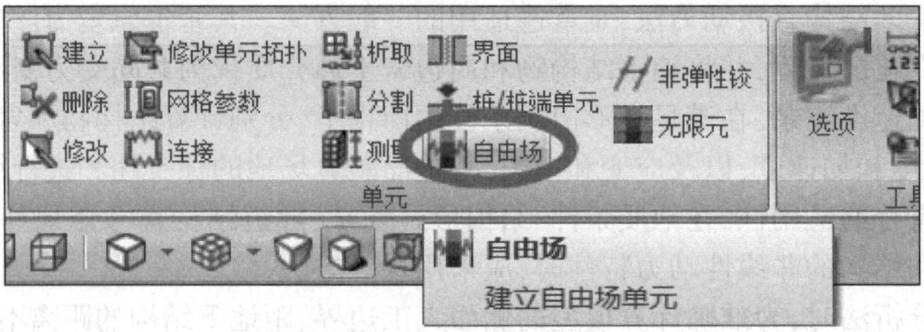

图 9-39　建立自由场

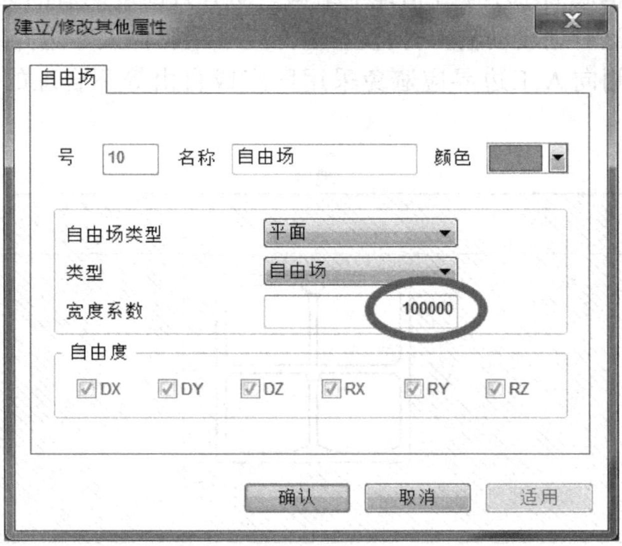

图 9-40　自由场属性

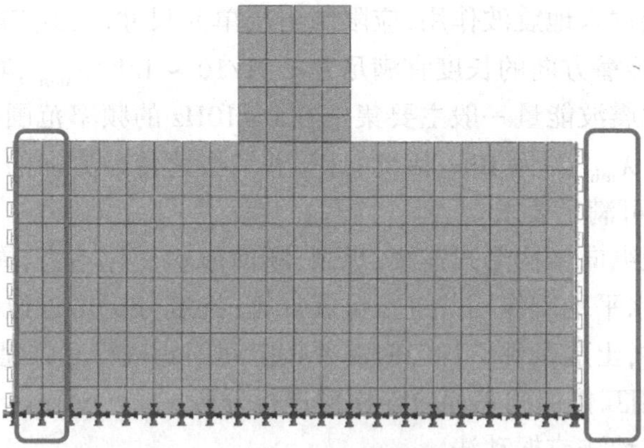

图 9-41　加自由场单元

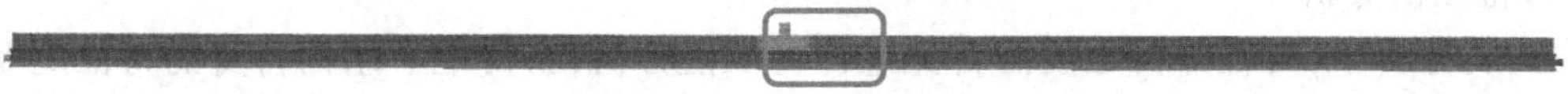

图 9-42　加自由场单元后的示意

宽度系数:为将模型尺寸的影响降至最小,宽度系数应乘以实际模型的宽度使用,数值大于 104。

(2)时程荷载函数(地面加速度)

在 GTS NX 程序中作为动力荷载使用的是时域数据,频域数据需转时域。

时域、频域数据相互转换可通过傅立叶级数进行。界面如图 9-43 所示。

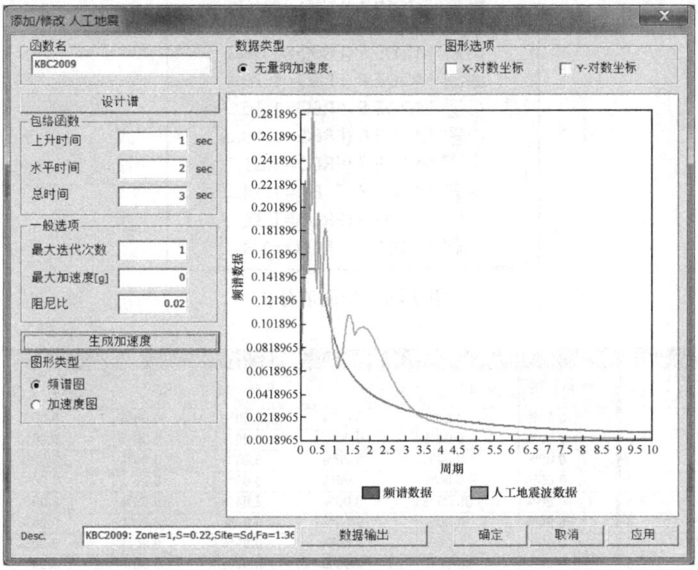

图 9-43　地震加速度输入

人工合成地震波:频域转时域。输入界面如图 9-44 所示。

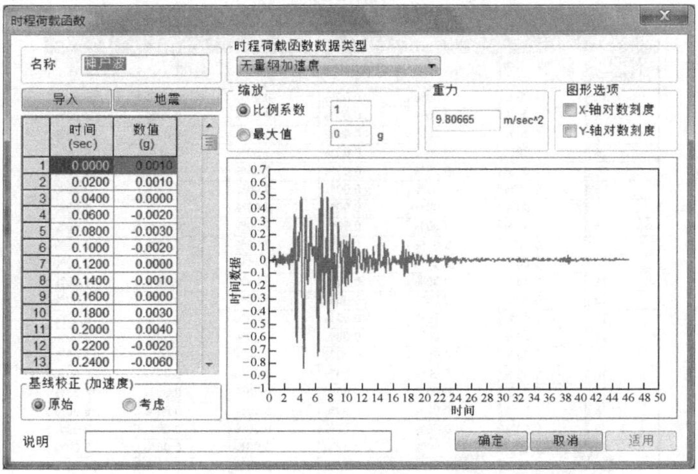

图 9-44　人工合成地震波输入

(3)特征值分析

在抗震分析中,时程分析之前需首先进行特征值分析,获得地下结构自身的特征周期。

特征值分析前,可设置特征值分析方法、振型数以及终止分析条件。抗震分析中要考虑足够数量的振型,《建筑抗震设计规范(2016 年版)》(GB 50011—2010)5.2.2 条的条文说明中要求振型个数取振型参与质量达到总质量的 90%。特征值分析结果如图 9-45~图 9-47 所示。

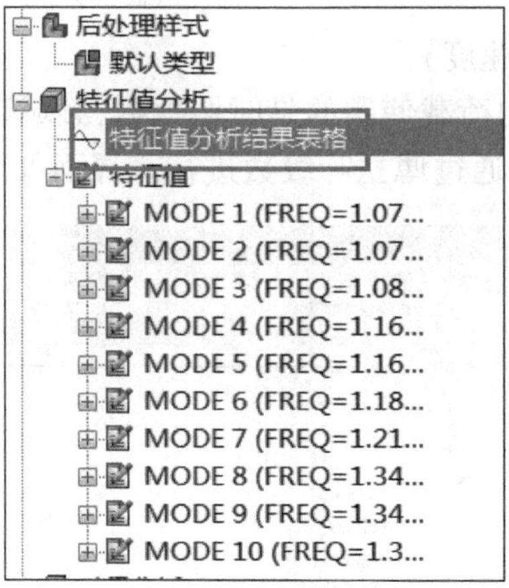

图 9-45　特征值分析

PERCENTAGE MODAL EFFECTIVE MASS						
MODE NUMBER	T1	T2	T3	R1	R2	R3
1	0.00%	0.00%	0.00%	0.00%	0.00%	0.00%
2	0.00%	0.00%	0.00%	0.00%	0.00%	0.00%
3	0.00%	0.00%	0.00%	0.00%	0.00%	53.38%
4	0.00%	0.00%	0.00%	0.00%	0.00%	0.00%
5	0.00%	35.25%	0.00%	2.04%	0.00%	0.00%
6	35.25%	0.00%	0.00%	0.00%	2.04%	0.00%
7	0.00%	0.00%	0.00%	0.00%	0.00%	0.00%
8	0.00%	0.00%	0.00%	0.00%	0.00%	0.00%
9	0.00%	0.00%	0.00%	0.00%	0.00%	0.00%
10	0.00%	38.43%	0.00%	0.44%	0.00%	0.00%
TOTAL	35.25%	73.69%	0.00%	2.48%	2.04%	53.38%

图 9-46　有效质量参与比例一

PERCENTAGE MODAL EFFECTIVE MASS						
MODE NUMBER	T1	T2	T3	R1	R2	R3
1	0.00%	0.00%	0.00%	0.00%	0.00%	0.00%
2	0.00%	0.00%	0.00%	0.00%	0.00%	0.00%
3	0.00%	0.00%	0.00%	0.00%	0.00%	53.38%
4	0.00%	0.00%	0.00%	0.00%	0.00%	0.00%
5	0.00%	35.25%	0.00%	2.04%	0.00%	0.00%
6	35.25%	0.00%	0.00%	0.00%	2.04%	0.00%
7	0.00%	0.00%	0.00%	0.00%	0.00%	0.00%
8	0.00%	0.00%	0.00%	0.00%	0.00%	0.00%
9	0.00%	0.00%	0.00%	0.00%	0.00%	0.00%
10	0.00%	38.43%	0.00%	0.44%	0.00%	0.00%
11	38.43%	0.00%	0.00%	0.00%	0.44%	0.00%
12	0.00%	0.00%	0.00%	0.00%	0.00%	0.00%
13	0.00%	0.00%	0.00%	0.00%	0.00%	0.00%
14	0.00%	0.00%	0.00%	0.00%	0.00%	0.00%
15	0.00%	0.00%	0.00%	0.00%	0.00%	0.00%
16	0.00%	0.00%	0.00%	0.00%	0.00%	0.00%
17	0.00%	0.00%	0.00%	0.00%	0.00%	18.35%
18	0.00%	0.00%	0.00%	0.00%	0.00%	0.00%
19	0.00%	0.00%	0.00%	0.00%	0.00%	0.00%
20	0.00%	0.00%	3.32%	0.00%	0.00%	0.00%
TOTAL	73.69%	73.69%	3.32%	2.48%	2.48%	71.73%

图 9-47　有效质量参与比例二

对于 GTS NX 软件,振型的质量参与系数总和一般需要考虑 T1、T2(平动)和 R3 扭转振型的质量总和要超过 90%。图 9-45～图 9-47 中计算到 20 个振型时仍然不满足要求,需要考虑更多的振型计算。通常情况下,一般计算 10 余个振型即可满足要求,如图 9-48 所示。

REAL EIGENVALUES								
MODE NUMBER	EIGENVALUE	RADIANS	CYCLES	PERIOD	GENERALIZED	GENERALIZED	ORTHOGONALITY	ERROR MEASURE
1	2.716492e+0	1.648178e+0	2.623157e-00	3.812200e+0	1.000000e+0	2.716492e+0	0.000000e+000	1.111822e-0
2	2.716968e+0	1.648323e+0	2.623387e-00	3.811866e+0	1.000000e+0	2.716968e+0	0.000000e+000	1.056935e-0
3	2.722486e+0	1.649996e+0	2.626050e-00	3.808001e+0	1.000000e+0	2.722486e+0	0.000000e+000	0.000000e+
4	2.722486e+0	1.649996e+0	2.626050e-00	3.808001e+0	1.000000e+0	2.722486e+0	0.000000e+000	0.000000e+
5	2.722486e+0	1.649996e+0	2.626050e-00	3.808001e+0	1.000000e+0	2.722486e+0	0.000000e+000	0.000000e+
6	2.722486e+0	1.649996e+0	2.626050e-00	3.808001e+0	1.000000e+0	2.722486e+0	0.000000e+000	0.000000e+
7	2.916368e+0	1.707738e+0	2.717949e-00	[illegible]	1.000000e+0	2.916368e+0	0.000000e+000	4.771717e-0
8	3.304314e+0	1.817777e+0	2.893082e-00	3.456521e+0	1.000000e+0	3.304314e+0	0.000000e+000	0.000000e+
9	3.304315e+0	1.817778e+0	2.893083e-00	3.456520e+0	1.000000e+0	3.304315e+0	0.000000e+000	0.000000e+
10	3.304320e+0	1.817779e+0	2.893085e-00	3.456518e+0	1.000000e+0	3.304320e+0	0.000000e+000	0.000000e+
11	3.304320e+0	1.817779e+0	2.893085e-00	3.456518e+0	1.000000e+0	3.304320e+0	0.000000e+000	0.000000e+
12	3.855748e+0	1.963606e+0	3.125176e-00	[illegible]	1.000000e+0	3.855748e+0	0.000000e+000	0.000000e+
13	3.941131e+0	1.985228e+0	3.159589e-00	3.164969e+0	1.000000e+0	3.941131e+0	0.000000e+000	0.000000e+
14	4.168745e+0	2.041750e+0	3.249547e-00	3.077352e+0	1.000000e+0	4.168745e+0	0.000000e+000	2.072393e-0
15	4.168745e+0	2.041751e+0	3.249547e-00	3.077352e+0	1.000000e+0	4.168745e+0	0.000000e+000	1.145414e-0
16	4.168796e+0	2.041763e+0	3.249567e-00	3.077333e+0	1.000000e+0	4.168796e+0	0.000000e+000	1.671590e-0
17	4.168803e+0	2.041765e+0	3.249569e-00	3.077331e+0	1.000000e+0	4.168803e+0	0.000000e+000	1.107118e-0
18	4.277503e+0	2.068212e+0	3.291662e-00	3.037979e+0	1.000000e+0	4.277503e+0	0.000000e+000	1.191272e-0
19	4.277825e+0	2.068290e+0	3.291786e-00	3.037865e+0	1.000000e+0	4.277825e+0	0.000000e+000	1.167201e-0
20	4.557618e+0	2.134858e+0	3.397732e-00	2.943140e+0	1.000000e+0	4.557618e+0	0.000000e+000	0.000000e+

图 9-48　实际特征值计算表

分析工况设置如图 9-49 所示。

分析控制项修改如图 9-50 所示。

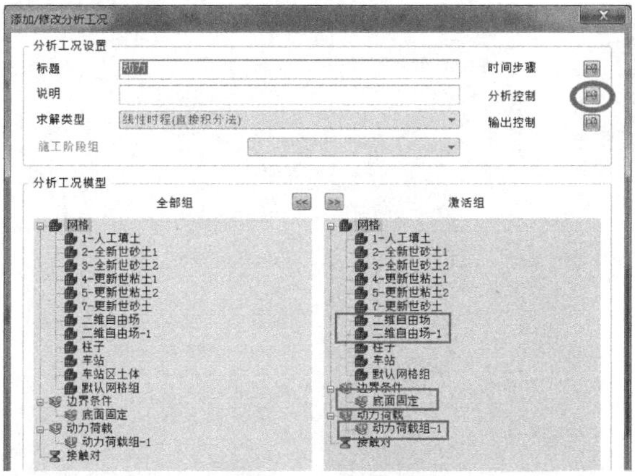

图 9-49　分析工况设置

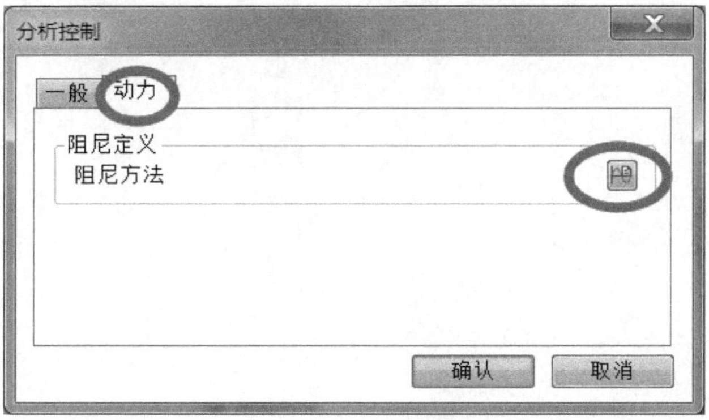

图 9-50　分析控制项

阻尼方法选择如图 9-51 所示。

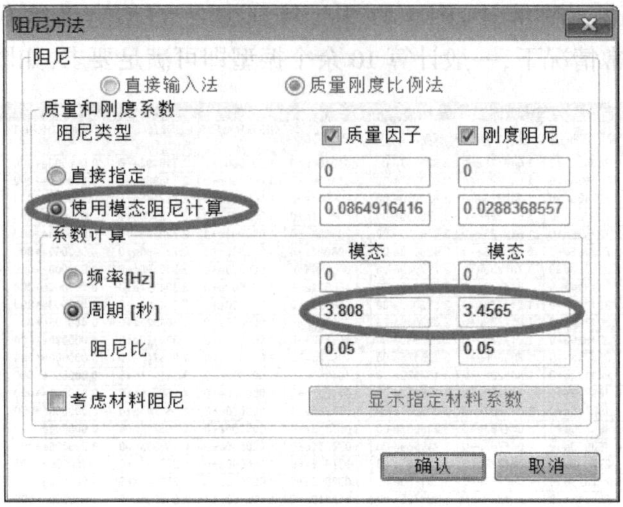

图 9-51　阻尼方法选择

第10章

人防工程计算

地面建筑完全暴露在环境中,极易遭到打击而被摧毁。隧道及地下工程具有隐蔽性,而且结构上方有一定的覆土厚度,对结构防护能起到保护作用。随着《中华人民共和国人民防空法》的颁布,在修建隧道及地下工程,特别是城市轨道交通地下工程及高层建筑地下室时,都有相应的防护要求。完善隧道及地下工程自身的防护能力,开发地下空间的防护功能,在未来的战争中造福人民,保护人民生命财产安全,也是隧道及地下工程建设者必须要考虑的问题。

隧道及地下工程的人民防空(简称"人防")计算,除需要考虑结构本身所承受的荷载外,还需要考虑爆炸冲击波的荷载,以及由于爆炸荷载导致的地基反作用力。人防荷载的计算一般需要首先计算出等效静荷载,主要包括顶板荷载、外墙荷载、底板荷载等。轨道交通地下工程人防等级一般为抗核武器五级或六级,抗常规武器五级或六级,也有部分特殊民用地下工程是按更高等级进行设计的。爆炸等效荷载的计算较为复杂,计算公式之间的交叉联系较多,为便于工程实际计算应用,本章内容以某地铁车站工程设计文件为基础,采用案例计算的形式,对几种结构形式进行人防等效静荷载计算,对于其他隧道及地下工程计算人防荷载更有实际参考价值。计算以人防六级为基准,选取一定的结构覆土埋深,计算过程主要参照《轨道交通工程人民防空设计规范》(RFJ 02—2009)及相关规范进行。

10.1 人防等效静载计算

10.1.1 车站主体结构计算

1)防核武器六级等效静载计算

(1)顶板计算

①取其中标准板块计算

顶板覆土厚度3m,板块尺寸9m(长)×8.75m(宽)×0.9m(厚)。计算公式如下

$$P_{\mathrm{h}} = \left[1 - \frac{h}{c_1 t_2} \cdot (1 - \delta)\right] \Delta P_{\mathrm{m}} \tag{10-1}$$

式中:P_{h}——压缩波峰值压力(MPa);

h——覆土厚度(m),计算取3.0m;

c_1 ——土的峰值压力波速(m/s), $c_1=\dfrac{c_0}{\gamma_c}$;

c_0 ——土的起始压力波速(m/s),取值见表 10-1;

γ_c ——波速比,取值见表 10-1;

δ ——土应变恢复比,取值见表 10-1;

t_2 ——降压时间(s),可按等冲量简化等效正压力作用时间,可取 1.04s;

ΔP_m——地面空气冲击波超压峰值(MPa)。

下文计算中,取 $c_0=200\text{m/s}$, $\gamma_c=1.5$, $c_1=c_0/\gamma_c=200/1.5=133.3\text{m}$, $\delta=0.2$。

非饱和土的 c_0、γ_c、δ 取值见表 10-1。饱和土的起始压力波速 c_0 值见表 10-2。

非饱和土的 c_0、γ_c、δ 值 表 10-1

土的类别		起始压力波速 c_0(m/s)	波速比 γ_c	应变恢复比 δ
碎石土	卵石、碎石	300~500	1.2~1.5	0.9
	圆砾、角砾	250~350	1.2~1.5	0.9
砂土	砾砂	350~450	1.2~1.5	0.9
	粗砂	350~450	1.2~1.5	0.8
	中砂	300~400	1.5	0.5
	细砂	250~350	2.0	0.4
	粉砂	200~300	2.0	0.3
粉土		200~300	2.0~2.5	0.2
黏性土(粉质黏土、黏土)	坚硬、硬塑	400~500	2.0~2.5	0.1
	可塑	300~400	2.0~2.5	0.1
	软塑、流塑	150~250	2.0~2.5	0.1
老黏性土		300~400	1.5~2.0	0.3
红黏土		150~250	2.0~2.5	0.2
湿陷性黄土		200~300	2.0~3.0	0.1
淤泥质土		120~150	2.0	0.1

注:1.黏性土坚硬、硬塑状态 c_0 取大值,软塑、流塑状态取小值。

2.抗力级别 4 级时,黏性土 γ_c 取大值。

3.碎石土、砂土土体密实时,c_0 取大值,γ_c 取小值。

饱和土的起始压力波速 c_0 值 表 10-2

含气量 α_1(%)	4	1	0.1	0.05	0.01	0.005	<0.001
起始压力波速 c_0(m/s)	150	200	370	640	910	1200	1500

注:1.饱和土的含气量 $\alpha_1=e(1-S_v)/(1+e)$。其中,S_v 为饱和度;e 为孔隙比。当无实测资料时,可取 $\alpha_1=1.0\%$。

2.地面空气冲击波超压峰值 $\Delta P_m\leqslant 16\alpha_1$ 时,$\gamma_c=1.5$,c_0 取表中值,δ 同非饱和土。

3. $\Delta P_m\geqslant 20\alpha_1$ 时,$c_0=1500\text{m/s}$,$\gamma_c=1.0$,$\delta=1.0$。

4. $16\alpha_1<\Delta P_m<20\alpha_1$ 时,c_0、γ_c、δ 按线性内插取值。

$$\Delta P_m=0.05\text{MPa}$$

ΔP_m 为地面空气冲击波超压峰值(MPa)。

$P_h = [1 - 3.0 \times (1 - 0.2)/(133.3 \times 1.04)] \times 50 = 0.049\text{MPa}$

②顶盖综合反射系数 K 的取值

a.当覆土厚度 $h=0$ 时,$K=1.0$。

b.当覆土厚度 h 大于或等于结构不利覆土厚度 h_m 时,非饱和土的 K 值可按表 10-3 取值;饱和土的 K 值可按下列规定确定。

当 $P_h \geqslant 20\alpha_1$ 时,平顶结构可取 $K=2.0$;非平顶结构可取 $K=1.8$;

当 $P_h \leqslant 16\alpha_1$ 时,K 值应按非饱和土确定;

当 $16\alpha_1 < P_h < 20\alpha_1$ 时,K 值可按线性内插确定。

α_1 为土体中的含气量。

c.当覆土厚度 h 小于结构不利覆土厚度 h_m 时,K 值可按线性内插确定,见表 10-3。

h_m 取值此处不再赘述,详见相关文件。

$h \geqslant h_m$ 时非饱和土的综合反射系数 K 值 表 10-3

工程防核武器的抗力级别	基础形式	覆土厚度 h(m)						
		1	2	3	4	5	6	7
5 级及以下	箱形、筏形、壳体基础	1.45	1.40	1.35	1.30	1.25	1.22	1.20
	条形或独立基础	1.42	1.30	1.20	1.15	1.10	1.05	1.00

注:1.双层及以上结构综合反射系数取表中数值的 1.05 倍。

2.非平顶结构综合反射系数取表中数值的 0.9 倍,但不应小于 1.0。

故根据以上计算方法,顶盖综合反射系数 K 计算见表 10-4。

顶盖综合反射系数 K 计算表 表 10-4

$h = 0$	$K = 1.0$	当 $0 \leqslant h \leqslant 2h_m$ 时, K 按线性内插取值; 当 $h = 3.0\text{m}$ 时,根据计算 $K = 1.225$
$h_m = 4.0\text{m}$	$K = 1.35$	

当工程采用明挖法施工,且顶盖覆土厚度小于或等于结构不利覆土厚度的两倍时,核爆作用下钢筋混凝土结构的动力系数 K_d 取值见表 10-5。

结构动力系数 K_d 取值表 表 10-5

结构部位	允许延性比 $[\beta]$				
	1.5	2.0	2.5	3.0	5.0
顶盖	1.50~1.40	1.33~1.20	1.25~1.15	1.20~1.05	1.11~1.00
外墙	1.35~1.26	1.20~1.08	1.13~1.04	1.08~1.00	1.00
底板	1.20	1.00	1.00	1.00	1.00

注:1.当顶盖覆土厚度为 0.0m 时,顶盖和外墙的动力系数应取大值。

2.当顶盖覆土厚度为不利覆土厚度的 2 倍时,顶盖和外墙的动力系数应取小值;其他情况按内插取值。

根据以上对结构动力系数 K_d 的取值方法说明, K_{d1} 计算见表 10-6。

结构动力系数 K_{d1} 计算表 表 10-6

结构动力系数 K_{d1}（$[\beta]=3.0$）		
$h=0$	$K_{d1}=1.2$	当 $0 \leqslant h \leqslant 2h_m$ 时，K_{d1} 按线性内插取值；
$2h_m=8.0$m	$K_{d1}=1.05$	当 $h=3.0$m 时，根据计算 $K_{d1}=1.144$

③等效静载

$q_{e1}=K_{d1}\times K\times P_h=1.144\times 1.225\times 49=69\text{kN/m}^2$

(2)外墙计算

$$P_h=1-\frac{h(1-\delta)}{c_1 t_2}\cdot \Delta P_{ms} \tag{10-2}$$

式中：h——地表至外墙中点的深度(m)，本计算取 6.5m；

其余符号意义同前。

c_1、c_0、γ_c、δ 计算与顶板计算相同，$c_1=c_0/\gamma_c=200/1.5=133.3\text{m/s}$。

$t_2=1.04\text{s}$

$\Delta P_{ms}=\Delta P_m=50\text{MPa}$

$$t_{0h}=(\gamma_c-1)\frac{h}{c_0}=(1.5-1)\times\frac{6.5}{200}=0.01625\text{s}$$

$$P_h=\left[1-h\times\frac{1-\delta}{c_1 t_2}\right]\Delta P_{ms}=\left[1-6.5\times\frac{1-0.2}{133.3\times 1.04}\right]\times 50=48\text{MPa}$$

人防荷载作用下土的侧压力系数取值见表 10-7。

土的侧压力系数 ξ 表 10-7

土的类别		侧压力系数 ξ	备注
碎石土		0.15~0.25	密实、颗粒粗的宜取小值
砂土	地下水位以上	0.25~0.35	
	地下水位以下	0.70~0.90	
粉土		0.33~0.43	
黏性土	坚硬、硬塑	0.20~0.40	非饱和黏性土液性指数低的宜取小值
	可塑	0.40~0.70	
	软塑、流塑	0.70~1.00	
老黏性土		0.20~0.33	
红黏土		0.30~0.45	
湿陷性黄土		0.25~0.40	
淤泥质土		0.70~0.90	

注：饱和土含气量 $\alpha_1 \leqslant 0.1\%$ 时宜取大致。

①土的侧压系数：按 $\xi=0.85$ 进行计算。

②结构动力系数 K_{d2} 计算（$[\beta]=1.2$，小偏心压弯构件）：

$2h_m=4\text{m}$（$h\geqslant 2h_m$）

$E_d = 3.25 \times 10^7 \times 1.2 = 3.9 \times 10^7 \mathrm{MPa}$，侧墙厚度 $d = 0.8\mathrm{m}, L = 5.0\mathrm{m}$；

外墙按单向板计算取 $b = 1.0\mathrm{m}$，查表得到 $\Omega = 22.37$；

刚度折减系数 $\psi = 0.6$；

板的单位面积质量：$m = \dfrac{\gamma d}{g} = 25 \times \dfrac{0.8}{10} = 2.0\mathrm{kg}$（近似取 $g = 10\mathrm{N/kg}$）；

$$B = \frac{\psi E_d b h^3}{12} = 0.6 \times 3.9 \times 10^7 \times 1 \times \frac{0.8^3}{12} = 9.98 \times 10^5 \mathrm{kN \cdot m^2};$$

$$\omega = \frac{\Omega\left(\dfrac{B}{m}\right)^{0.5}}{L^2} = \frac{22.37}{5^2} \times \left(\frac{9.98 \times 10^5}{2}\right)^{0.5} = 632(1/\mathrm{s});$$

$$\omega t_{0h} = 632 \times 0.01625 = 10.27 > \pi;$$

$$\varepsilon = \frac{2}{\omega t_{0h}} = \frac{2}{10.27} = 0.19;$$

$$K_{d2} = \frac{1.2 + \sqrt{1.2^2 - (2 \times 1.2 - 1)(1 - 0.19^2)}}{2 \times 1.2 - 1} = 1.373;$$

当 $K_{d2} > 1.05$ 时，取 $K_{d2} = 1.373$。

③等效静载：

$q_{e2} = K_{d2} \times \xi \times P_h = 1.373 \times 0.85 \times 48 = 56.0\mathrm{kN/m^2}$。

2）防常规武器 6 级非直接命中等效静载计算

（1）顶板计算

常规武器非直接命中结构计算简图如图 10-1 所示。

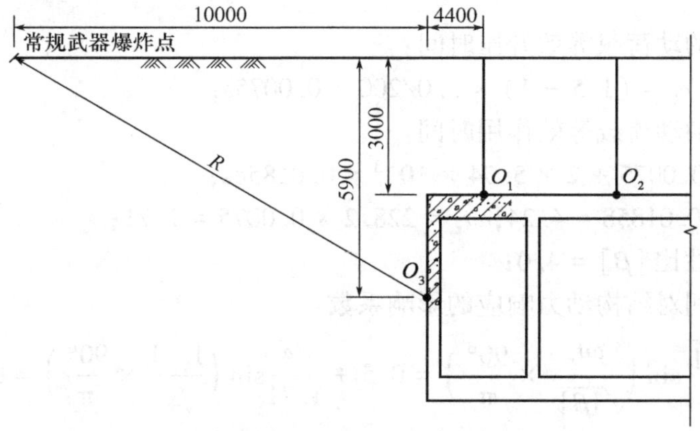

图 10-1　非直接命中等效静载计算简图（尺寸单位：mm）

常规武器等效 TNT 装药量 C 值见表 10-8。

常规武器等效 TNT 装药量 C 值表　　表 10-8

序号	工程防常规武器的抗力级别	C	打击方式	备注
1	5 级	272.7kg	非直接命中	当量 TNT 炸药
2	6 级	117.5kg	非直接命中	当量 TNT 炸药

爆炸点计算距离 $L = 14.4\text{m}$ ，$n_1 = 1$，覆土埋深 $h = 3.0\text{m}$；

$L/C^{1/3} = 14.4/117.5^{1/3} = 2.94$；

则常规武器地面爆炸时，距装药中心水平距离 L 处的地面冲击波超压值：

$\Delta P_i = 1.316(L/C^{1/3})^{-3} + 0.369(L/C^{1/3})^{-1.5}$

$\quad = 1.316 \times (14.4/117.5^{1/3})^{-3} + 0.369(14.4/117.5^{1/3})^{-1.5} = 125\text{kN}\cdot\text{m}^2$；

地面冲击波波形按等冲量突加线形衰减荷载等效的超压作用时间：

$\tau_i = 0.4 \times 10^{-3} \times (\Delta P_i)^{-0.5} \times C^{1/3} = 0.4 \times 10^{-3} \times (0.125)^{-0.5} \times 117.5^{1/3} = 5.54 \times 10^{-3}\text{s}$；

$$P_\text{h} = \Delta P_i \exp\left[-n_1\left(\frac{h}{1000\tau_i}\right)^{1/3}\right] = 125\exp\left[-1 \times \left(\frac{3}{1000 \times 5.54 \times 10^{-3}}\right)^{1/3}\right]$$

$\quad = 55.3\text{kN/m}^2$；

$E_\text{d} = 3.25 \times 10^7 \times 1.2 = 3.9 \times 10^7\text{kN/m}^2$，泊松比 $\nu = 0.2$，$d = 0.9\text{m}$；

板块尺寸取最大板块 $a = 9.0\text{m}$，$b = 8.75\text{m}$；

$a/b = 1.03$，查表得到 $\Omega_\text{b} = 33.07$，刚度折减系数 $\psi = 0.6$；

板的单位面积质量：$m = \gamma d/g = 25 \times 0.9/10 = 2.25\text{kg}$；

$B = \psi E_\text{d} bh^3/12 = 0.6 \times 3.9 \times 10^7 \times 8.75 \times 3.0^3/12 = 46.07 \times 10^5\text{kN}\cdot\text{m}^2$；

D 计算时取单位宽度：

$D = \psi E_\text{d} bh^3/12(1-\upsilon^2) = 0.6 \times 3.9 \times 10^7 \times 1 \times 0.9^3/12 \times (1-0.2^2) = 1.48 \times 10^6\text{N}\cdot\text{m}^2$；

$\omega = \Omega(B/m)^{0.5}/L^2 = 33.07 \times (46.07 \times 10^5/2.25)^{0.5}/14.4^2 = 228.2(1/\text{s})$；

$c_0 = 200\text{m/s}$，$\gamma_\text{c} = 1.5$；

作用在外墙上的动荷载等效升压时间：

$t_\text{r} = (\gamma_\text{c} - 1)h/c_0 = (1.5-1) \times 3.0/200 = 0.0075\text{s}$；

作用在外墙上的动荷载等效作用时间：

$t_0 = t_\text{r} + \theta\tau_i = 0.0075 + 2 \times 5.54 \times 10^{-3} = 0.01858\text{s}$；

$\omega t_0 = 228.2 \times 0.01858 = 4.24$，$\omega t_\text{r} = 228.2 \times 0.0075 = 1.71$；

防护门允许延性比 $[\beta] = 4.0$；

动荷载升压时间对结构动力响应的影响系数：

$$\xi_1 = \frac{1}{2} + \frac{\sqrt{[\beta]}}{\omega t_\text{r}}\sin\left(\frac{\omega t_\text{r}}{\sqrt{[\beta]}} \times \frac{90^\circ}{\pi}\right) = 0.5 + \frac{\sqrt{4}}{1.71}\sin\left(\frac{1.71}{\sqrt{4}} \times \frac{90^\circ}{\pi}\right) = 0.985;$$

同时：$\xi_1 = \dfrac{2[\beta]-1}{2[\beta]} = \dfrac{2 \times 4 - 1}{2 \times 4} = 0.875 < 0.985$；

故取 $\xi_1 = 0.985$；

$$\overline{K_\text{d}} = \left(\frac{2\sqrt{2[\beta]-1}}{\omega t_0} + \frac{2[\beta]-1}{2[\beta]} \times \frac{\omega t_0}{\omega t_0 + 4}\right)^{-1}$$

$$= \left(\frac{2\sqrt{2 \times 4 - 1}}{4.24} + \frac{2 \times 4 - 1}{2 \times 4} \times \frac{4.24}{4.24 + 4}\right)^{-1} = 0.589;$$

结构动力系数 K_{d1}：

$K_{d1}=\xi_1\times\overline{K_d}=0.985\times0.589=0.580$；

等效静载计算：

$C_a=1.0$，$K_r=1.5$；

$q_1=C_a\times K_{d1}\times K_r\times P_h=1.0\times0.580\times1.5\times55=47.9\text{kN/m}^2$；

(2)外墙 O3 点计算

$C=117.5\text{kg}$，$R=11.9\text{m}$，$\Delta P_0=0.28\text{MPa}$，$n_1=1$；

$\tau=3.7\times10^{-3}\text{s}$，$h=6.5\text{m}$；

$$P_h=\Delta P_0\exp\left[-n_1\left(\frac{h}{1000\tau_i}\right)^{1/3}\right]=280\exp\left[-1\times\left(\frac{6.5}{1000\times3.7\times10^{-3}}\right)^{1/3}\right]$$

$$=84.0\text{kN/m}^2;$$

$\omega=632(1/\text{s})$；

$c_0=200\text{m/s}$，$\gamma_c=1.5$；

$t_r=(\gamma_c-1)\times h/C_0=(1.5-1)\times6.5/200=0.01625\text{s}$；

$t_0=t_r+2\tau=0.01625+2\times3.7\times10^{-3}=0.02365\text{s}$；

$\omega t_0=632\times0.02365=14.95$，$\omega t_r=632\times0.01625=10.27$；

$[\beta]=2.5$；

$$\xi_1=\frac{1}{2}+\xi_1\frac{\sqrt{[\beta]}}{\omega t_r}\sin\left(\frac{\omega t_r}{\sqrt{[\beta]}}\times\frac{90^\circ}{\pi}\right)=0.5+\frac{\sqrt{2.5}}{10.27}\sin\left(\frac{10.27}{\sqrt{4}}\times\frac{90^\circ}{\pi}\right)=0.483$$

同时：$\xi_1=\dfrac{2[\beta]-1}{2[\beta]}=\dfrac{2\times2.5-1}{2\times2.5}=0.8>0.483$；

故取 $\xi_1=0.8$；

$$\overline{K_d}=\left[\frac{2\sqrt{2\times2.5-1}}{14.95}+\frac{2\times2.5-1}{2\times2.5}\times\frac{14.95}{14.95+4}\right]^{-1}=1.113$$

$K_{d2}=0.8\times1.113=0.89$；

等效静载计算：

土的侧压系数 ξ 取 0.85；

$q_1=K_{d2}\times\xi\times P_h=0.89\times0.85\times84=63.5\text{kN/m}^2$。

10.1.2 出入口人防防护段门框墙计算

出入口第一道防护密闭门型号为 GWSFM5026(6)，门框墙厚 500mm，计算简图如图 10-2 所示。

1)核爆作用下的荷载

出入口为单向式出入口形式：$\Delta P_c=0.12\text{MPa}$；

作用在防护密闭门的等效静载：$q_f=1.5\Delta P_c=180\text{kN/m}^2$；

作用在防护密闭门框墙的等效静载：$q_e=2\Delta P_c=240\text{kN/m}^2$；

2)常爆作用下的荷载

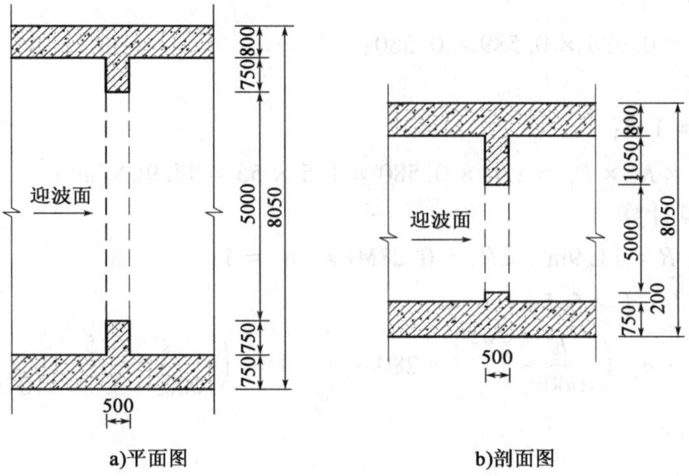

图 10-2　出入口防护密闭门框墙简图(尺寸单位:mm)

反射超压峰值:

$$\Delta P_{\mathrm{r}} = n_{\mathrm{P}} \cdot \Delta P$$

压力反射系数:

$$n_{\mathrm{P}} = 2 + \frac{6\Delta P}{0.7 + \Delta P}$$

入射冲击波峰值:

$$\Delta P = K_1 D^{-K_2} L^{-K_3}$$

出入口通道等效直径:$D = 1.128\sqrt{A} = 5.24\mathrm{m}$($A$ 为通道的净面积);

敞口处距第一道防护密闭门轴线距离:$L = 20\mathrm{m}$(常规武器,L 取 20m 计算),K_1、K_2、K_3 分别取 0.42、0.43、0.35;

计算得:$\Delta P = 0.072\mathrm{MPa}$, $n_{\mathrm{p}} = 2.56$, $\Delta P_{\mathrm{r}} = 0.184\mathrm{MPa}$ (ΔP_{r} 内插取值);

动力系数:

$$K_{\mathrm{d}} = \left[\frac{2\sqrt{2[\beta] - 1}}{\omega t_0} + \left(\frac{2[\beta] - 1}{2[\beta]}\right) \cdot \left(\frac{\omega t_0}{\omega t_0 + 4}\right)\right]^{-1}$$

反射波的等效超压时间:

$$t_0 = \left(\frac{1 + 0.86\Delta P^{1.63}}{1 + 1.58\Delta P^{1.63}}\right) t_{0i}$$

入射波的等效超压时间:

$$t_{0i} = K_4 \times 10^{-3} D^{K_5} L^{K_6}$$

式中,$D = 5.24\mathrm{m}$, $L = 20\mathrm{m}$; K_4、K_5、K_6 分别取 2.07、0.59、0.43。

在常规武器爆炸动荷载或核武器爆炸动荷载作用下,结构构件的工作状态可用结构构件的允许延性比 $[\beta]$ 表示,对砌体结构允许延性比 $[\beta]$ 值应取 1.0;对钢筋混凝土结构构件,允许延性比 $[\beta]$ 可按表 10-9 取值。

钢筋混凝土结构构件的允许延性比 [β] 取值 表 10-9

结构构件使用要求	动荷载类别	受力状态			
		受弯	大偏心受压	小偏心受压	轴心受压
密闭、防水要求高的结构或构件	核武器爆炸动荷载	1.0	1.0	1.0	1.0
	常规武器爆炸动荷载	2.0	1.5	1.2	1.0
密闭、防水要求一般的结构或构件	核武器爆炸动荷载	3.0	2.0	1.5	1.2
	常规武器爆炸动荷载	4.0	2.5	1.5	1.2
战时无人员掩蔽且无密闭和防水要求的结构或构件	核武器爆炸动荷载、常规武器爆炸动荷载	5.0	3.0	1.5	1.2

注：[β] 值越小越不利，因此，建议计算取核武器及常规武器中的小值。墙体一般为轴心受压或偏心受压构件，[β] 最小值为 1.0，此时，$K_d = 2.0$。

[β] 按防护密闭门和防护密闭门框墙均取 1.0；

计算得：$t_{0i} = 0.0199\text{s}, t_0 = 0.0197\text{s}$；

防护密闭门 ω 按防护设备自振圆频率表插值取 409（防护密闭门自振频率内插取值，门宽度 4026~7026mm，自振频率 566~515Hz）；

计算得：

$$K_d = \left[\frac{2\sqrt{2\times 1-1}}{409\times 0.0197} + \left(\frac{2\times 1-1}{2\times 1}\right)\cdot\left(\frac{409\times 0.0197}{409\times 0.0197+4}\right)\right]^{-1} = 1.717;$$

即防护密闭门动力系数：$\overline{K}_{df} = 1.717$；

$\Omega = 3.52$，刚度折减系数 $\psi = 0.6$；

$E_d = 3.25\times 10^7 \text{kN/m}^2$，$h = 0.5\text{m}$；

防护密闭门框墙：

$$\omega = \frac{\Omega}{l^2}\sqrt{\frac{\psi E_d h^2 g}{12\gamma}} = 2838\frac{h}{l^2} = 2838\times\frac{0.5}{0.75^2} = 2523;$$

$\omega t_0 = 2523\times 0.0197 = 49.7$；

计算得：

$$K_d = \left[\frac{2\sqrt{2\times 1-1}}{49.7} + \left(\frac{2\times 1-1}{2\times 1}\right)\times\left(\frac{49.7}{49.7+4}\right)\right]^{-1} = 1.988;$$

即防护密闭门框墙动力系数：$\overline{K}_{de} = 1.988$；

作用在防护密闭门的等效静载：$q_f = \overline{K}_{df}\Delta P_r = 1.717\times 184 = 315.9\text{kN/m}^2$；

作用在防护密闭门框墙的等效静载：$q_e = \overline{K}_{de}\Delta P_r = 1.988\times 184 = 365.8\text{kN/m}^2$。

3）荷载确定

经计算比较，常爆作用下的荷载为控制荷载：

作用在防护密闭门的等效静载：$q_f = \overline{K}_{df}\Delta P_r = 315.9\text{kN/m}^2$；

作用在防护密闭门框墙的等效静载：$q_e = \overline{K}_{de}\Delta P_r = 365.8\text{kN/m}^2$；

10.1.3 疏散通道人防防护段门框墙计算

疏散通道人防防护段门框墙一般为垂直式。某疏散通道第一道防护密闭门型号为GHFM1520(6)，门框墙厚500mm，以此为条件进行计算，计算简图如图10-3所示。

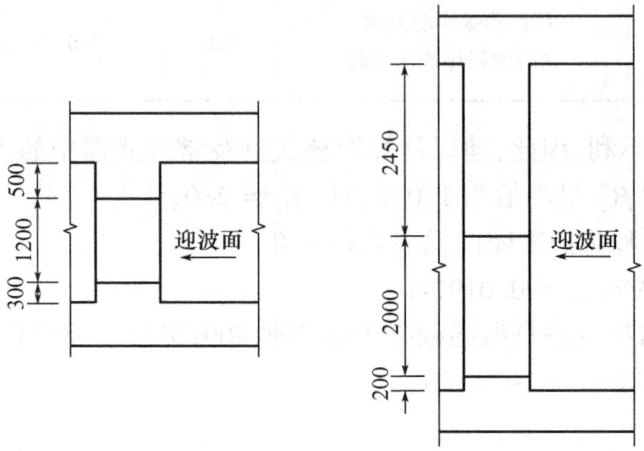

图10-3 疏散通道防护密闭门框墙简图(尺寸单位：mm)

1)核爆作用下的荷载

疏散通道出入口为单向式出入口形式，$\Delta P_c = 0.12\text{MPa}$；

作用在防护密闭门的等效静载：$q_f = 1.5\Delta P_c = 180\text{kN/m}^2$；

作用在防护密闭门框墙的等效静载：$q_e = 2\Delta P_c = 240\text{kN/m}^2$。

2)常爆作用下的荷载

$D = 5.24\text{m}$，$L = 20\text{m}$；

计算得：$\Delta P = 0.072\text{MPa}$，$n_p = 2.56$，$\Delta P_r = 0.184\text{MPa}$（$\Delta P_r$内插取值）；

$t_{0i} = 0.0199\text{s}$，$t_0 = 0.0197\text{s}$。

防护密闭门ω按防护设备自振圆频率表插值取1147(防护密闭门自振频率内插取值，门宽度4026~7026mm，自振频率566~515Hz)；

计算得：

$\omega t_0 = 1147 \times 0.0197 = 22.6$；

$$K_d = \left[\frac{2\sqrt{2\times1-1}}{22.6} + \left(\frac{2\times1-1}{2\times1}\right)\times\left(\frac{22.6}{22.6+4}\right)\right]^{-1} = 1.825;$$

即防护密闭门动力系数：$\overline{K}_{df} = 1.825$；

防护密闭门框墙：

$$\omega = \frac{\Omega}{l^2}\sqrt{\frac{\psi E_d h^2 g}{12\gamma}} = 2838\frac{h}{l^2} = 2838\times\frac{0.5}{0.3^2} = 15767;$$

$\omega t_0 = 15767 \times 0.0197 = 310.6$;

计算得:

$$K_d = \left[\frac{2\sqrt{2\times1-1}}{310.6} + \left(\frac{2\times1-1}{2\times1}\right)\times\left(\frac{310.6}{310.6+4}\right)\right]^{-1} = 2.0;$$

即防护密闭门框墙动力系数: $\overline{K}_{de} = 2.0$;

作用在防护密闭门的等效静载: $q_f = \overline{K}_{df}\Delta P_r = 1.825 \times 184 = 335.8\text{kN/m}^2$;

作用在防护密闭门框墙的等效静载: $q_e = \overline{K}_{de}\Delta P_r = 2.0 \times 184 = 368.0\text{kN/m}^2$。

3)荷载确定

经计算比较,常爆作用下的荷载为控制荷载。

10.1.4 风道人防防护段门框墙计算

取排风道进行计算,第一道防护密闭门型号为 GSFM4040(6),门框墙厚 900mm,如图 10-4 所示。

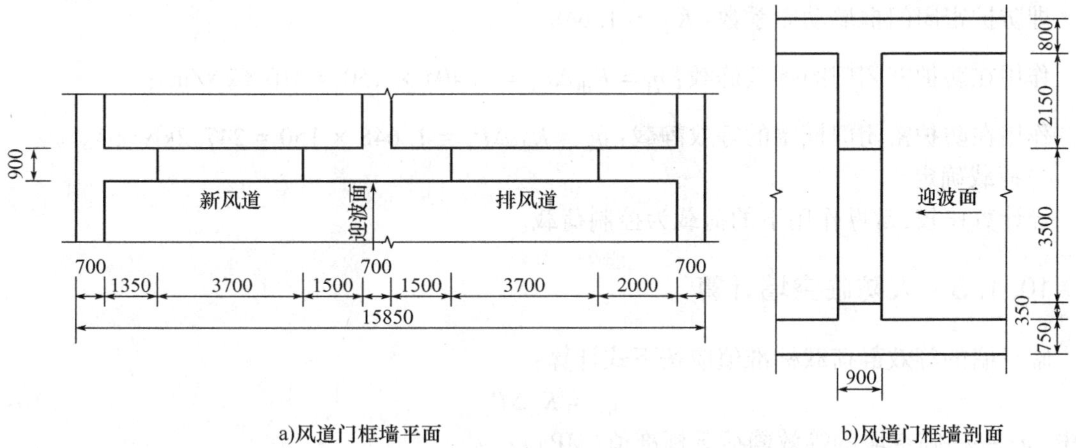

a)风道门框墙平面　　b)风道门框墙剖面

图 10-4 风道防护密闭门框墙示意图(尺寸单位:mm)

1)核爆作用下的荷载

风道为垂直式出入口形式, $\Delta P_c = 0.1\text{MPa}$;

作用在防护密闭门的等效静载: $q_f = 1.5\Delta P_c = 150\text{kN/m}^2$;

作用在防护密闭门框墙的等效静载: $q_e = 2\Delta P_c = 200\text{kN/m}^2$;

2)常爆作用下的荷载

$\Delta P_r = 0.15\text{MPa}$, $t_0 = 0.01090\text{s}$;

防护密闭门 ω 按防护设备自振圆频率表插值取 409(防护密闭门自振频率内插取值,门宽度 4026~7026mm,自振频率 566~515Hz)。

$[\beta]$ 按防护密闭门和防护密闭门框墙,按轴心受压不利值取 1.0。

计算得:

$\omega t_0 = 409 \times 0.01090 = 4.458$;

动力系数：

$$K_d = \left[\frac{2\sqrt{2\times 1} - 1}{4.458} + \left(\frac{2\times 1 - 1}{2\times 1}\right)\times\left(\frac{4.458}{4.458+4}\right)\right]^{-1} = 1.404;$$

即防护密闭门动力系数：$\overline{K}_{df} = 1.404$；

防护密闭门框墙：

$$\omega = \frac{\Omega}{l^2}\sqrt{\frac{\psi E_d h^2 g}{12\gamma}} = 2838\,\frac{h}{l^2} = 2838\times\frac{0.5}{1.5^2} = 631;$$

$\omega t_0 = 631 \times 0.01090 = 6.878$;

计算得：

$$K_d = \left[\frac{2\sqrt{2\times 1} - 1}{6.878} + \left(\frac{2\times 1 - 1}{2\times 1}\right)\times\left(\frac{6.878}{6.878+4}\right)\right]^{-1} = 1.648;$$

即防护密闭门框墙动力系数：$\overline{K}_{de} = 1.648$；

作用在防护密闭门的等效静载：$q_f = \overline{K}_{df}\Delta P_r = 1.404 \times 150 = 210.6\text{kN/m}^2$；

作用在防护密闭门框墙的等效静载：$q_e = \overline{K}_{de}\Delta P_r = 1.648 \times 150 = 247.2\text{kN/m}^2$。

3)荷载确定

经计算比较,常爆作用下的荷载为控制荷载。

10.1.5 人防临空墙计算

临空墙的等效静荷载标准值应按下式计算：

$$q_b = K_d \Delta P_c \tag{10-3}$$

式中：q_b ——临空墙的等效静荷载标准值(MPa)；

K_d ——临空墙的动力系数；

ΔP_c ——作用在临空墙上的空气冲击波超压标准值(MPa)。

第一道防护门(防护密闭门)上的核爆空气冲击波超压,按爆炸冲击波超压 ΔP_c 按表 10-10 采用。

爆炸冲击波超压 ΔP_c 　　表 10-10

口部形式	工程防核武器的抗力级别	
	6级	5级
穿廊式或垂直式	0.10MPa	0.20MPa
直通式或单向式	0.12MPa	0.30MPa

注:风道内人防临空墙的计算一般是“垂直式”。

临空墙的动力系数 K_d 应根据结构或构件的工作状态、等效单自由度体系自振圆频率 ω 和动荷载的波形确定。计算分为四种情况。

(1)当核爆动荷载的波形简化为无升压时间的三角形时,动力系数 K_d 应按下式计算:

$$K_d = \frac{2[\beta]}{2[\beta]-1} \tag{10-4}$$

式中:$[\beta]$ ——结构或构件的允许延性比。

(2)当核爆动荷载的波形简化为有升压时间的三角形时,动力系数 K_d 应按下式计算:

$$K_d = \frac{[\beta] + \sqrt{[\beta]^2 - \left(2[\beta]-1\right)\left(1-\varepsilon^2\right)}}{2[\beta]-1} \tag{10-5}$$

当 $\omega t_{0h} \leqslant \pi$ 时:

$$\varepsilon = \frac{2\sin\left(\omega t_{0h} \times \dfrac{90°}{\pi}\right)}{\omega t_{0h}} \tag{10-6}$$

当 $\omega t_{0h} > \pi$ 时:

$$\varepsilon = \frac{2}{\omega t_{0h}} \tag{10-7}$$

式中:K_d ——结构或构件的动力系数,当 $K_d < 1.05$ 时,应取 $K_d = 1.05$。

t_{0h} ——核爆土中压缩波升压时间(s)。

(3)当常规武器爆炸动荷载的波形简化为无升压时间的三角形时,动力系数 K_d 应按下式计算:

$$\overline{K_d} = \left(\frac{2\sqrt{2[\beta]-1}}{\omega t_0} + \frac{2[\beta]-1}{2[\beta]} \times \frac{\omega t_0}{\omega t_0 + 4}\right)^{-1} \tag{10-8}$$

式中:t_0——动荷载等效作用时间(s);

其余符号意义同前。

(4)当常规武器爆炸动荷载的波形简化为有升压时间的三角形时,动力系数 K_d 应按下式计算:

$$K_d = \bar{\xi}\,\overline{K_d} \tag{10-9}$$

$$\bar{\xi} = \frac{1}{2} + \frac{\sqrt{[\beta]}}{\omega t_r}\sin\left(\frac{\omega t_r}{\sqrt{[\beta]}} \times \frac{90°}{\pi}\right) \tag{10-10}$$

式中:t_r ——动荷载等效升压时间(s);

$\bar{\xi}$ ——动荷载升压时间对结构动力响应的影响系数,当 $\bar{\xi} < \dfrac{2[\beta]-1}{2[\beta]}$ 时,应取 $\bar{\xi} = \dfrac{2[\beta]-1}{2[\beta]}$;

$\overline{K_d}$——无升压时间的三角形动荷载作用下结构的动力系数；

其余符号意见同前。

10.2 配筋计算及检算

10.2.1 材料强度取值

以下的取值均根据《轨道交通工程人民防空设计规范》(RFJ 02—2009)进行。

根据第5.2.2条，在动荷载作用下的材料强度设计值、弹性模量及泊松比，应按照《混凝土结构设计规范(2015年版)》(GB 50010—2010)有关标准执行。

根据第5.2.3条，在动荷载单独作用下或动荷载和静荷载共同作用下，材料强度设计值可按下式计算：

$$f_d = \gamma_d f \tag{10-11}$$

式中：f_d——动荷载作用下材料强度设计值(N/mm^2)；

γ_d——动荷载作用下材料强度综合调整系数，取值见表10-11；

f——静荷载作用下材料强度设计值(N/mm^2)。

动荷载作用下材料强度综合调整系数 γ_d　　表10-11

材料		γ_d
钢筋	HPB300	1.50
	HRB400	1.35
	RRB400	1.20
混凝土	C55及以下	1.50
	C60~C80	1.40
砌体	料石	1.20
	混凝土预制块	1.30

注：1.同一材料的强度综合调整系数，可适用于拉、压、弯、剪、扭等不同受力状态。

2.采用蒸汽养护或掺入早强剂的混凝土，其强度综合调整系数应乘以0.9的折减系数。

当按等效静荷载进行梁、柱斜截面受剪承载力验算时，混凝土及砌体在动荷载作用下的材料强度设计值应乘以折减系数0.8。

当按等效静荷载进行墙、柱正截面受压承载力验算时，混凝土及砌体在动荷载作用下的强度设计值应乘以折减系数0.8。

10.2.2 斜截面计算

1)板及梁(反梁除外)的斜截面计算

(1)矩形截面受弯构件，其受剪截面计算如下。

$h_w/b = 0.865 \leqslant 4$时：

$$V \leqslant 0.25\beta_c\beta_k f_{cd} bh_0 \tag{10-12}$$

式中：V——梁的计算剪力(kN)。

β_c——混凝土强度影响系数，当混凝土强度等级不超过 C50 时，应取 1.0；当混凝土强度等级为 C80 时，应取 0.8；中间按线性内插确定。

β_k——动荷载效应影响系数，当构件动力系数 $K_d \geqslant 1.0$ 时可取 1.0，当构件动力系数 $K_d <$ 1.0 时可取 $\beta_k = \dfrac{K_d}{0.75K_d + 0.25}$。

f_{cd}——动荷载作用下混凝土轴心抗压强度设计值(N/mm²)。

b、h_0——梁的宽度和计算高度。

代入数据：$V \leqslant 0.25 \times 1 \times 1.0 \times 19.32 \times 1000 \times 865 = 4178\text{kN} \geqslant 633\text{kN}$

满足要求。

(2)矩形截面的一般受弯构件当仅配置箍筋时，其斜截面的受剪承载力计算如下：

$$V \leqslant 0.7\beta_h\beta_K f_{td} bh_0 + 0.95\beta_K f_{yd} \frac{A_{sv}}{s} h_0 \tag{10-13}$$

式中：A_{sv}——抗剪箍筋截面积(mm²)；

s——箍筋间距(mm)；

其余符号意义同前。

式(10-13)右侧前项为混凝土的受剪承载力，后项为箍筋的受剪承载力，一般情况下，仅计算前项即可满足要求。

因为：$0.7\beta_h\beta_K f_{td} bh_0 = 0.7 \times 0.946 \times 1.0 \times 1.824 \times 1000 \times 865 = 1045\text{kN} \geqslant 633\text{kN}$，故斜截面满足要求。

2)反梁的斜截面承载力计算

(1)受结构布置限制，经常需要设置反梁。根据《轨道交通工程人民防空设计规范》(RFJ 02—2009)附录 C 对上述反梁斜截面承载力计算如下：

$$\varphi_1 = 1 + 0.1\frac{l_0}{h_0} \tag{10-14}$$

式中：l_0——梁的跨度；

h_0——梁的截面计算高度。

$K_d \geqslant 1.0$ 时，取 $\beta_k = 1.0$。

$f_{td} = 1.5 \times 1.57 \times 0.8 = 1.884\text{N/mm}^2$，$f_{yd} = 1.2 \times 360 = 432\text{N/mm}^2$(注意应乘抗剪调整系数)。

$A_{sv} = 6 \times 153.9 = 923.4\text{mm}^2$

$$V = 0.4\varphi_1\beta_K f_{td} bh_0 + 0.95\beta_K f_{yd} \frac{A_{sv}}{s} h_0 \tag{10-15}$$

式中符号意义同前。

代入数据

$$V = 0.4 \times 1.46 \times 1.0 \times 1.884 \times 1000 \times 1857.5 + 0.95 \times 1.0 \times 432 \times \frac{923.4}{100} \times 1857.5$$

$=9083\text{kN}\geqslant 6347\text{kN}$；

满足要求。

(2)反梁的箍筋设计验算：

$$V\leqslant 0.4\beta_K f_{yd}\frac{A_{sv}}{s}l_0 \tag{10-16}$$

代入数据：

$$V=0.4\times 1.0\times 432\times\frac{923.4}{100}\times 8500=13563\text{kN}\geqslant 6347\text{kN};$$

满足要求。

3)反梁的箍筋体积配筋率验算

根据公式：$V\leqslant 0.4\beta_K f_{yd}\frac{A_{sv}}{s}l_0$（根据实际配筋进行计算）；

$$\frac{A_{sv}}{s}\geqslant\frac{V}{0.4\beta_K f_{yd}l_0}=\frac{6347000}{0.4\times 1.0\times 432\times 8500}=4.321;$$

$$\rho_{sv}=\frac{A_{sv}\times l_1}{A_{cor}s}=\frac{4.321\times(1900-70-14)}{(1900-70-28)\times(1200-70-28)}=0.00395\leqslant 1.5\frac{f_{td}}{f_{yd}}=0.00654;$$

满足要求。

第11章

抗浮计算

当地下水位高于结构底板顶面时,建筑物结构存在浮力作用,应进行抗浮计算。对于简单的浮力作用情况,结构受到的浮力可采用阿基米德原理进行计算。基础抗浮稳定性应满足下式要求:

$$K_W = \frac{G_K}{N_{W,K}} \geqslant [K_W] \tag{11-1}$$

$$N_{W,K} = \gamma_W \times V = 10V \tag{11-2}$$

式中:G_K ——建筑物自重及压重之和,不考虑水浮力的影响(kN);

$N_{w,K}$ ——浮力作用值(kN);

γ_w ——水的重度(kN/m^3),取 $10kN/m^3$;

V ——结构排水体积(m^3);

K_w ——抗浮安全系数;

$[K_w]$ ——抗浮安全系数允许值。

$[K_w]$ 取值说明当仅考虑结构自重,不考虑侧摩阻力时,取 1.05;当计及地层侧摩阻力时,取 1.10~1.15;当采取其他辅助抗浮措施且计算考虑侧摩阻力时,应取大值。

由于结构或土体计算边界处与地层之间侧阻力和地层特性有关,侧阻力准确确定的难度比较大。特别是在明挖结构中,往往结构周边及顶部采用的回填土石,与原状土侧阻力发挥不同。侧阻力的大小与相对位移有一定的关系,只有产生相对变形,侧阻力才会起作用,土体自身的相对变形发生、发展过程较为复杂,有很大的不确定性。因此,实际工程中,建议不再考虑结构及以上土体的侧阻力,而将其作为安全储备。同时,对于周边为原状土体采取的抗浮措施,如抗拔桩(墙)等可根据工程实际情况考虑侧阻力的抗浮作用。

抗浮稳定性不满足设计要求时,可采用增加压重等措施。在整体满足抗浮稳定性要求而局部不满足要求时,也可采用增加结构刚度的措施。

当结构纵向长度较大,结构较为规则时,一般取单位长度进行计算。

抗浮计算应考虑施工阶段和使用阶段的抗浮安全性,如工程施工过程中采取降水措施时,应考虑降水结束后的所有工况,进行包络设计。本章中的计算公式考虑内部设备荷载等抗浮有利作用,实际工程中可根据实际工程情况考虑。

盾构抗浮计算详见第 6 章“盾构法施工隧道设计计算”内容。

11.1 抗浮计算对象的选择

抗浮计算对象的选择与计算结果的准确性密切相关，选择不同的抗浮体，计算结果也不相同。以往部分工程计算时，往往选择结构体部分作为抗浮对象进行计算，浮力作用值也只考虑了结构本身的浮力作用值，将结构以上土体的有效重力作为压重考虑，如图 11-1 所示。

由于抗浮计算涉及结构及其以上土体，因此将结构本身及其以上土体作为抗浮计算对象进行计算，才能得到准确的计算结果。计算对象如图 11-2 所示。

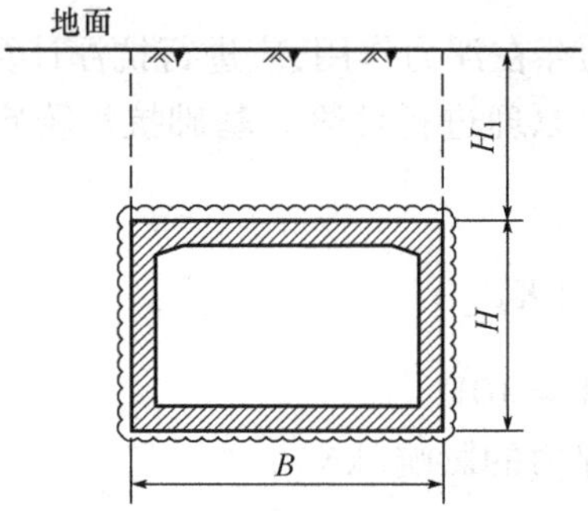

图 11-1　以往部分工程计算对象

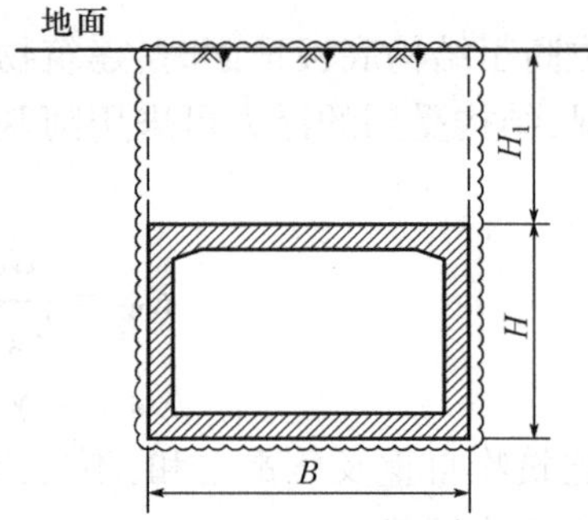

图 11-2　本书采用计算对象

为了说明以上两种计算模式的区别，对比两者计算结果的差别，在同等条件下分别进行计算。假定结构处于单一类型土体中，抗浮水位取地面位置，土体重度 $\gamma = 20\text{kN/m}^3$，结构尺寸 $B=9\text{m}$、$H=6\text{m}$，覆土深度 $H_1 = 3.0\text{m}$，结构自重标准值 $G_k = 480\text{kN}$，分别计算抗浮安全系数如下。

以往部分工程计算方法：

$$K_w = \frac{480 + 9 \times 3 \times (20 - 10)}{9 \times 6 \times 10} = \frac{750}{540} = 1.39$$

本书采用的计算方法：

$$K_w = \frac{480 + 9 \times 3 \times 20}{9 \times 6 \times 10 + 9 \times 3 \times 10} = \frac{1020}{810} = 1.26$$

从以上两种计算结果，可以得到：以往部分工程计算中采用结构本身作为抗浮研究对象，不考虑结构以上土体时，安全系数计算结果大；而将结构及其上土体作为抗浮研究对象时，安全系数计算结果小。以往部分工程中采用的研究对象的选取实际上是错误的，应将抗浮破坏体作为研究对象。虽然两者在结果上相差不大，是因为实际工程中一般抗浮有较大的富余，而且内部设备荷载往往作为安全储备，工程也不会出现问题，但是在概念上是错误的，应引起注意。

11.2 结构自重及覆土压重时抗浮计算

地下结构为封闭结构，纵向规则，取单位长度进行计算。计算方法可分为两种，其一是正向直接计算抗浮安全系数，其二是逆向根据最小安全系数推算抗浮最小覆土厚度。计算简图如图 11-3 所示。

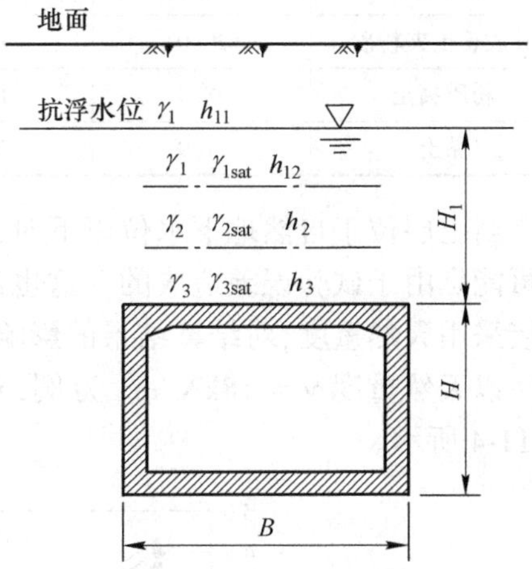

图 11-3 地下结构抗浮计算简图

11.2.1 正向直接计算抗浮安全系数

抗浮计算时，覆土重度自然水位以下应取饱和重度，以上取自然重度。一般情况下，地质勘察报告中给出的重度值均为自然重度，应进行换算，特别是自然水位与抗浮水位之间的土体部分，对计算结果的影响比较大。而自然水位以下部分土体重度一般可认为是饱和重度，影响较小。

饱和重度计算如下：

$$\gamma_{sat} = \frac{\gamma_s + e\gamma_w}{1 + e} = \frac{\gamma}{1 + w} + \frac{e\gamma_w}{1 + e} = \frac{\gamma}{1 + w} + \frac{10e}{1 + e} \tag{11-3}$$

式中：e——孔隙比；

γ_s——土体干重度（kN/m^3）；

w——含水率（%）；

γ——自然重度（kN/m^3）；

γ_w——水的重度（kN/m^3），取 $10kN/m^3$。

以某工程勘察数据为例，计算水位以下的自然重度与饱和重度，对两者的大小进行比较，见表 11-1。

某水位以下土层饱和重度计算 表 11-1

土层名称	含水率 w（%）	天然重度 γ（kN/m^3）	孔隙比 e	饱和重度 γ_{sat}（kN/m^3）	γ_{sat}/γ
黏土	25.4	20	0.717	20.05	1.00
粉质黏土	31.2	19.3	0.929	19.43	1.01
砂质粉土	28.1	19	0.822	19.26	1.01
粉质黏土	24.9	20.1	0.75	20.30	1.01
黏土	23.5	20	0.695	20.22	1.01
粉质黏土	27.6	20	0.84	20.15	1.01
砂质粉土夹粉质黏土	29.6	19	0.842	19.14	1.01
粉质黏土	32.2	19	0.894	19.00	1.00

续上表

土层名称	含水率 w (%)	天然重度 γ (kN/m^3)	孔隙比 e	饱和重度 γ_{sat} (kN/m^3)	γ_{sat}/γ
砂质粉土	32.2	18.8	0.904	18.88	1.00
砂质粉土夹粉砂	29.0	18.8	0.846	19.07	1.01
粉质黏土	28.4	19.5	0.794	19.53	1.00
黏土	21.9	20.4	0.637	20.55	1.01

当土层位于自然地下水位以下时，天然重度基本接近饱和重度，两者相差不大，数据差值也可能是由于试验误差造成的。这也说明，当地层位于水位以下时，计算采用的饱和重度可以直接采用天然重度，对结算结果的影响基本可以忽略。

以天然重度 $\gamma = 18kN/m^3$ 为例，对不同含水率情况进行数据汇总对比分析，其结果如图 11-4 所示。

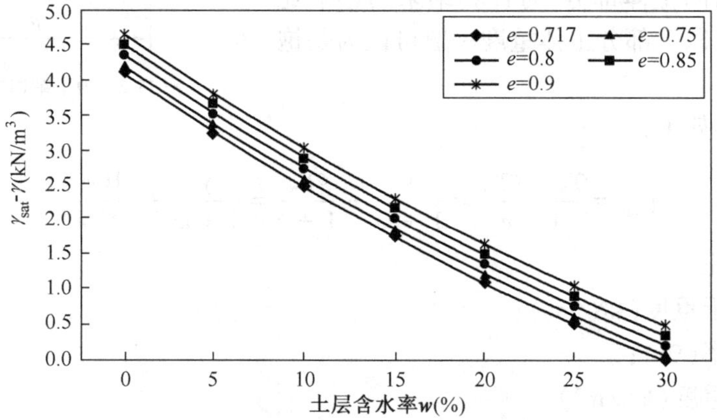

图 11-4　土层含水率 0%～30%时 γ_{sat}-γ 值对比图

从图 11-4 中可以看出，土层含水率越低，越接近于干燥土壤，则饱和重度与天然重度相差越大，在上述基本条件下，二者最大差值约 $4.5kN/m^3$。天然含水率越高，饱和重度与天然重度相差越小。实际工程应用中，在含水率比较高时，直接采用天然重度代替进行计算，结果是偏于安全的。同时，简化了计算过程。

结构顶覆土地层自然重度 γ_1、γ_2、γ_3…，对应的饱和重度分别为 γ_{1sat}、γ_{2sat}、γ_{3sat} …。

假定结构自重为 G_{ks}、设备自重为 G_{ke}（根据工程实际情况确定是否考虑），结构浮力计算如下：

$$N_{w,K} = \gamma_w \times V = 10BH \tag{11-4}$$

取结构及顶板以上土体作为抗浮分析对象，进行计算：

$$G_{K土} = \gamma_1 h_{11} + \gamma_{1sat} h_{12} + \gamma_{2sat} h_2 + \gamma_{3sat} h_3 + \cdots \tag{11-5}$$

$$N_{w,K土} = \gamma_w \times V = 10B(h_{12} + h_2 + h_3 + \cdots) \tag{11-6}$$

$$K_w = \frac{G_{Ks} + G_{Ke} + G_{K土}}{10BH + N_{w,K土}} \tag{11-7}$$

11.2.2 逆向推算最小抗浮覆土埋深

为便于工程实际应用,减少计算工作量,可采用逆向思维,根据最小安全系数要求,推算最小覆土埋深要求。此方法计算时,为了尽量简化计算,土体采用平均重度,因此,结果会存在一定的偏差,但影响一般较小。

首先需要计算顶板以上覆土平均重度,计算如下:

$$\gamma_{平均} = \frac{\gamma_1 h_{11} + \gamma_{1sat} h_{12} + \gamma_{2sat} h_2 + \gamma_{3sat} h_3 + \cdots}{h_{11} + h_{12} + h_2 + h_3 + \cdots} \tag{11-8}$$

此时:

$$K_w = \frac{G_{Ks} + G_{Ke} + G_{K土}}{10BH + N_{w,K土}} = \frac{G_{Ks} + G_{Ke} + \gamma_{平均} \times h}{10BH + N_{w,K土}} \tag{11-9}$$

式中:h ——顶板以上覆土厚度,即 $h = h_{11} + h_{12} + h_2 + h_3 + \cdots$ 。

$$h \geqslant \frac{(10BH + N_{w,K土})K_w - G_{Ks} - G_{Ke}}{\gamma_{平均}} = \frac{10B(H + H_1)K_w - G_{Ks} - G_{Ke}}{\gamma_{平均}} \tag{11-10}$$

取:

$$h_{min} = \frac{10B(H + H_1)K_w - G_{Ks} - G_{Ke}}{\gamma_{平均}} \tag{11-11}$$

在实际工程设计中,反推出最小覆土埋深 h_{min},只需要保证结构顶的覆土埋深满足最小值要求,就可认为抗浮满足安全要求,从而不再需要对不同埋深处的断面进行一一计算。

11.3 常用抗浮措施及抗浮计算

当仅靠结构自重及覆土压重进行抗浮计算,不满足要求时,应采取抗浮措施,目前最常采用的抗浮措施有:

(1)结构内部配重铁矿砂、配重铁粉、配重混凝土等。

(2)增加覆土埋深。

(3)底板外挑等结构措施。

(4)压顶梁或抗拔桩附加抗浮措施。

采用抗拔桩措施时,由于其产生抗拔力伴随位移发生,过大的位移量对基础结构是不允许的,抗拔力取值应满足位移控制条件。对变形要求严格的工程还应进行变形计算。

11.4 采取底板外挑措施时抗浮计算

当结构采取内部配重或者增加覆土埋深经济性差,或者受其他因素限制时,基坑开挖宽度具备条件时,可采取底板外挑措施进行抗浮,如图 11-5 所示。

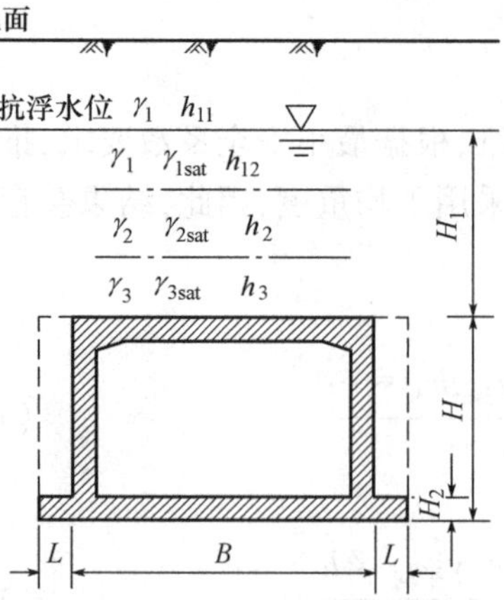

图 11-5　底板外挑抗浮措施示意图

11.4.1　正向直接计算抗浮安全系数

结构顶覆土地层自然重度 γ_1、γ_2、γ_3…，对应的饱和重度分别为 γ_{1sat}、γ_{2sat}、γ_{3sat} …。

假定结构自重为 G_{Ks}，设备自重为 G_{Ke}，结构浮力计算如下：

$$N_{w,K} = \gamma_w \times V = 10(B + 2L)H \tag{11-12}$$

外挑长度压重为 $G_{k,土侧}$：

$$G_{K,土侧} = 2L(H - H_2) \times \gamma_{3sat} + \gamma_s \times 2L \times H_2 \tag{11-13}$$

式中：γ_s ——结构重度（kN/m^3）。

顶板以上土体压重 $G_{K,土顶}$：

$$G_{K,土顶} = \gamma_{平均} \cdot h \tag{11-14}$$

压重计算时，结构以上覆土压重应取饱和重度，计算如下：

$$G_{K土} = \gamma_1 h_{11} + \gamma_{1sat} h_{12} + \gamma_{2sat} h_2 + \gamma_{3sat} h_3 + \cdots \tag{11-15}$$

$$K_w = \frac{G_{Ks} + G_{Ke} + G_{K,土侧} + G_{K,土顶}}{10(B + 2L)H + N_{w,K土}} = \frac{G_{Ks} + G_{Ke} + G_{K,土侧} + G_{K,土顶}}{10(B + 2L)(H + H_1)} \tag{11-16}$$

11.4.2　逆向推算最小抗浮覆土埋深

根据上文计算公式进行反向推导如下：

$$K_w = \frac{G_{Ks} + G_{Ke} + G_{K,土侧} + \gamma_{平均} \times h}{10(B + 2L)(H + H_1)} \tag{11-17}$$

因此：

$$h \geqslant \frac{10(B + 2L)(H + H_1)K_w - G_{Ks} - G_{Ke} - G_{K,土侧}}{\gamma_{平均}} \tag{11-18}$$

取：

$$h_{min} = \frac{10(B + 2L)(H + H_1)K_w - G_{Ks} - G_{Ke} - G_{K,土侧}}{\gamma_{平均}} \tag{11-19}$$

在实际工程设计中，最小覆土埋深只要大于 h_{min}，抗浮即可满足安全要求。

11.5　采取地下连续墙及压顶梁措施时抗浮计算

当结构采用明挖法施工，基坑采用地下连续墙等支护结构施工时，可结合地下连续墙顶部冠梁设置压顶梁，作为抗浮措施。计算示意如图 11-6 所示。

当结构纵向较为规则，长度较长时，可取单位长度进行计算。当为局部矩形基坑开挖时，也可取整体进行计算。

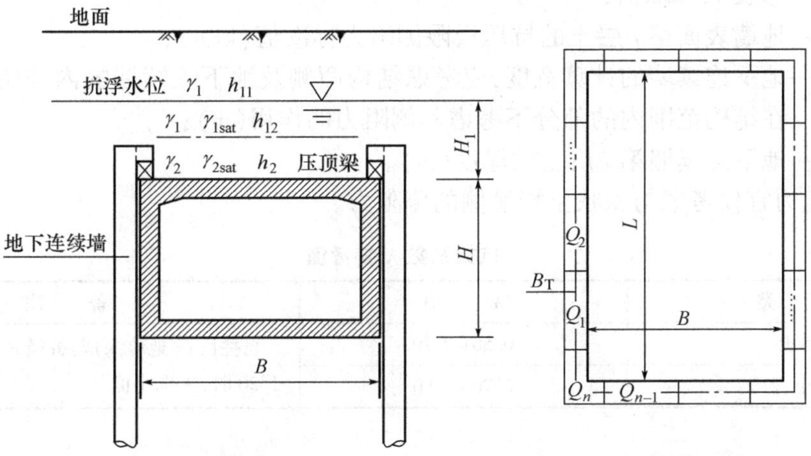

图 11-6 采取地下连续墙及压顶梁措施时的抗浮计算示意图

11.5.1 纵向单位长度抗浮计算

取纵向单位长度进行计算。

结构顶覆土地层自然重度 γ_1、γ_2…，对应的饱和重度分别为 γ_{1sat}、γ_{2sat}…。

假定结构自重为 G_{Ks}，设备自重为 G_{Ke}，压顶梁自重为 G_{Kb}，地下连续墙自重为 G_{Kw}，结构浮力计算如下：

$$N_{w,K} = \gamma_w \times V = 10BH \tag{11-20}$$

压重计算时，结构以上覆土压重应取饱和重度，计算如下：

$$G_{K,土顶} = \gamma_1 h_{11} + \gamma_{1sat} h_{12} + \gamma_{2sat} h_2 + \gamma_{3sat} h_3 + \cdots \tag{11-21}$$

当不考虑侧摩阻力时，抗浮安全系数计算如下：

$$K_w = \frac{G_{Ks} + G_{Ke} + G_{Kb} + G_{Kw} + G_{K,土顶}}{10BH + N_{w,K土}} \tag{11-22}$$

如上式安全系数 K_w 计算能满足要求，可不再计算考虑侧摩阻力的情况。

如果上式计算出的安全系数 K_w 不能满足要求时，可考虑侧摩阻力计算其安全系数。计算过程如下：

假定地墙侧摩阻力为 T_{RK}，抗浮安全系数计算如下：

$$K_w = \frac{G_{Ks} + G_{Ke} + G_{Kb} + G_{Kw} + G_{K,土顶} + T_{RK}}{10BH + N_{w,K土}} \tag{11-23}$$

考虑侧摩阻力时，抗浮安全系数应不小于 1.15。

其中，地墙侧摩阻力为 T_{RK} 计算如下：

$$T_{RK} = \frac{T_{uK}}{2} = \sum \lambda_i q_{sik} B_1 l_i \tag{11-24}$$

式中：T_{uK} ——侧壁摩阻力承载力标准值(kN)；

λ_i ——抗拔系数，当地质勘察报告中给出时应采用地质勘察报告中的值，未给出时可参考表 11-2 取值；

q_{sik} ——地墙表面第 i 层土的抗压极限侧阻力标准值(kPa)；

B_1 ——地下连续墙的计算宽度，应考虑结构两侧及地下连续墙的内外墙面，同时内侧在结构范围内的部分不考虑其侧阻力的作用(m)；

l_i ——地下连续墙第 i 层土的厚度(m)。

地墙侧阻力宜仅考虑与原状土接触侧的侧阻力。

抗拔系数 λ 参考值 表 11-2

土　类	λ　值	备　注
砂土	0.50～0.70	当桩长 l（地墙深）与桩径 d（地墙厚）之比小于 20 时，λ 取小值
黏性土、粉土	0.70～0.80	

11.5.2 整体计算

纵向长度有限时，可取一个段落单元按整体进行计算。计算方法如下：

假定整体结构自重为 G_{Ks}，设备自重为 G_{Ke}，压顶梁自重为 G_{Kb}，地下连续墙自重为 G_{Kw}，结构浮力计算如下：

$$N_{w,K} = \gamma_w \times V = 10BLH \tag{11-25}$$

压重计算时，结构以上覆土压重应取饱和重度，计算如下：

$$G_{K土} = BH(\gamma_1 h_{11} + \gamma_{1sat} h_{12} + \gamma_{2sat} h_2 + \gamma_{3sat} h_3 + \cdots) \tag{11-26}$$

当不考虑侧摩阻力时，抗浮安全计算如下：

$$K_w = \frac{G_{Ks} + G_{Ke} + G_{Kb} + G_{Kw} + G_{K,土顶}}{10BH + N_{w,K土}} \tag{11-27}$$

如上式安全系数 K_w 计算能满足要求，可不再计算考虑侧摩阻力的情况。

如果上式计算出的安全系数 K_w 不能满足要求时，应考虑侧摩阻力计算其安全系数。

假定地墙侧摩阻力为 T_{RK}，抗浮安全系数计算如下：

$$K_w = \frac{G_{Ks} + G_{Ke} + G_{Kb} + G_{Kw} + G_{K,土顶} + T_{RK}}{10BLH + N_{w,K土}} \tag{11-28}$$

考虑侧摩阻力时，抗浮安全系数应不小于 1.15。

其中，地墙侧摩阻力 T_{RK} 计算如下：

$$T_{RK} = \frac{T_{uK}}{2} = \sum \lambda_i q_{sik} B_{Ti} l_i \tag{11-29}$$

式中：B_{Ti} ——地下连续墙整体计算宽度，应考虑结构两侧及地下连续墙的内外墙面，同时内侧在结构范围内的部分不宜考虑其侧阻力的作用(m)；

其余符号含义同前。

11.6 采取抗拔桩措施时抗浮计算

当结构采取抗拔桩作为抗浮措施时，计算简图如图 11-7 所示。

当结构纵向较为规则时,可取单位长度进行计算。

沿断面横向方向每处桩数量为 n,沿纵向间距为 S。

假定结构自重为 G_{Ks},设备自重为 G_{Ke},压顶梁自重为 G_{Kb},每根桩基有效自重为 G_{Kp},结构浮力计算如下:

$$N_{w,K} = \gamma_w \times V = 10BH \tag{11-30}$$

压重计算时,结构以上覆土压重应取饱和重度,计算如下:

$$G_{K,土顶} = \gamma_1 h_{11} + \gamma_{1sat} h_{12} + \gamma_{2sat} h_2 + \gamma_{3sat} h_3 + \cdots \tag{11-31}$$

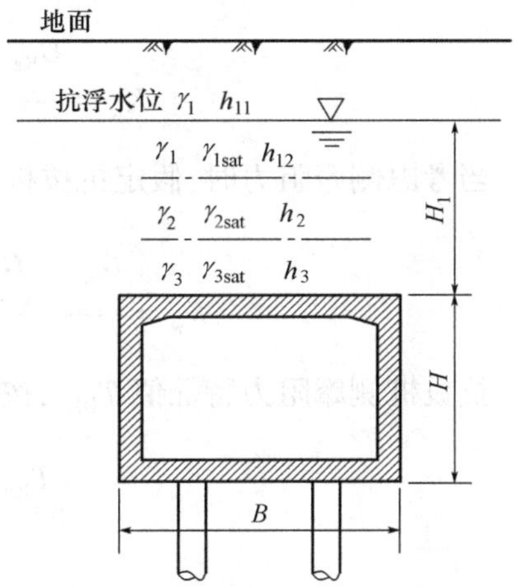

图 11-7 采取抗拔桩抗浮措施计算简图

当不考虑侧摩阻力时,抗浮安全计算如下:

$$K_w = \frac{G_{Ks} + G_{Ke} + G_{Kb} + \dfrac{nG_{Kp}}{S} + G_{K,土顶}}{10BH + N_{w,K土}} \tag{11-32}$$

如上式安全系数 K_w 计算能满足要求,可不再计算考虑侧摩阻力的情况;计算出的安全系数 K_w 不能满足要求时,可考虑侧摩阻力计算其安全系数。

假定抗拔桩侧摩阻力特征值为 T_{RK},抗浮安全系数计算如下:

$$K_w = \frac{G_{Ks} + G_{Ke} + G_{Kb} + \dfrac{nG_{Kp}}{S} + N_{w,K土} + \dfrac{nT_{RK}}{S}}{10BH + N_{w,K土}} \tag{11-33}$$

考虑侧摩阻力时,抗浮安全系数应不小于 1.15。

根据安全系数反推抗拔桩参数计算如下:

$$\begin{aligned}\frac{nT_{RK}}{S} &= (10BH + N_{w,K土})K_w - G_{Ks} - G_{Ke} - G_{Kb} + G_{K,土顶} \\ &= 10B(H + H_1)K_w - G_{Ks} - G_{Ke} - G_{Kb} + G_{K,土顶}\end{aligned} \tag{11-34}$$

当抗拔桩中心距大于 6 倍桩径时,按非整体性破坏进行计算,抗拔桩侧摩阻力为 T_{RK} 计算如下:

$$T_{RK} = \frac{T_{uK}}{2} = \sum \lambda_i q_{sik} u l_i \tag{11-35}$$

式中:q_{sik} ——桩侧表面第 i 层土的抗压极限侧阻力标准值(kPa);

u ——抗拔桩周长(m);

l_i ——抗拔桩周第 i 层土的厚度(m)。

当抗拔桩中心距小于 6 倍桩径时,可按整体性破坏进行计算(实际工程中抗拔桩一般都是疏桩),以上抗浮计算相关公式进行相应调整如下:

当不考虑侧摩阻力时,抗浮安全计算如下:

$$K_w = \frac{G_{Ks} + G_{Ke} + G_{Kb} + G_{K,\text{土顶}} + \frac{nG_{Kp}}{S}}{10BH + N_{w,K\text{土}}} \tag{11-36}$$

当考虑侧摩阻力时，假定抗拔桩侧摩阻力为 T_{RK}，抗浮安全系数计算如下：

$$K_w = \frac{G_{Ks} + G_{Ke} + G_{Kb} + G_{K,\text{土顶}} + \frac{nG_{Kp}}{S} + \frac{nT_{RK}}{S}}{10BH + N_{w,K\text{土}}} \tag{11-37}$$

抗拔桩侧摩阻力特征值 T_{RK}，按整体性计算如下：

$$T_{RK} = \frac{T_{gK}}{2} = \frac{1}{n}u_l \sum \lambda_i q_{sik} l_i \tag{11-38}$$

第12章

计算相关问题探讨

12.1 结构三维计算应力转换为内力计算方法

在交叉空间洞室、变断面结构等复杂结构洞室计算时，为了获得结构空间影响状态，往往需要采用有限元法(有限差分法)等对其进行三维分析。在应用有限元法对结构进行三维分析时，计算出的结果一般是应力状态，通过应力状态对结构做出判断。但目前结构配筋是通过结构控制截面所承受的内力进行计算，从而做出相应的结构设计。有限元法可以计算出截面应力，在截面应力的基础上，可以通过计算，得出控制截面的内力。

12.1.1 内力转换计算算法

1)基本条件

由于隧道及地下结构一般为带状结构，即三维建模时一般沿纵向进行扩展，因此，在下文的计算中，认为截面的一个坐标轴与结构纵向平行。

(1)假定控制截面的单元面是比较规则的四边形，截面与隧道及地下结构的纵向坐标轴平行，这里定义为 Z 轴，如图 12-1 所示。

(2)截面上一点的应力向量 $\{\sigma\}$ 已由有限元法计算得到，与此有关的应力分量为：

$$\{\sigma\} = (\sigma_x, \sigma_y, \sigma_z) \tag{12-1}$$

(3)内力的转换是在按有限元方法所划分的空间单元中由 Guass 积分点所构成的平面内进行，如图 12-2 所示。其中平面内任一点的坐标 (x,y,z) 可用下式表达。

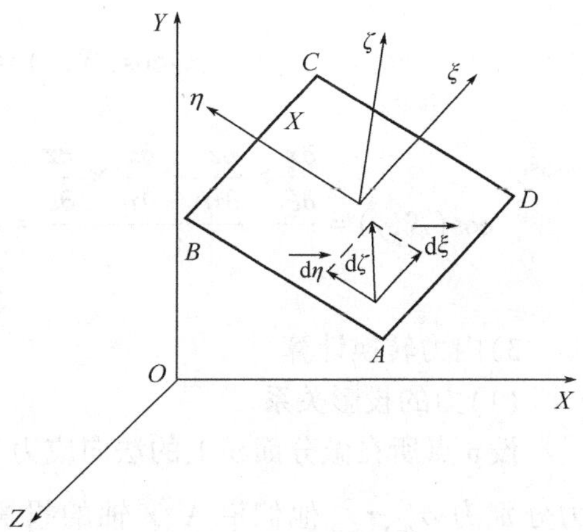

图 12-1 结构截面示意图

$$x = \sum_{i=1}^{n} N_i x_i,\ y = \sum_{i=1}^{n} N_i y_i,\ z = \sum_{i=1}^{n} N_i z_i \tag{12-2}$$

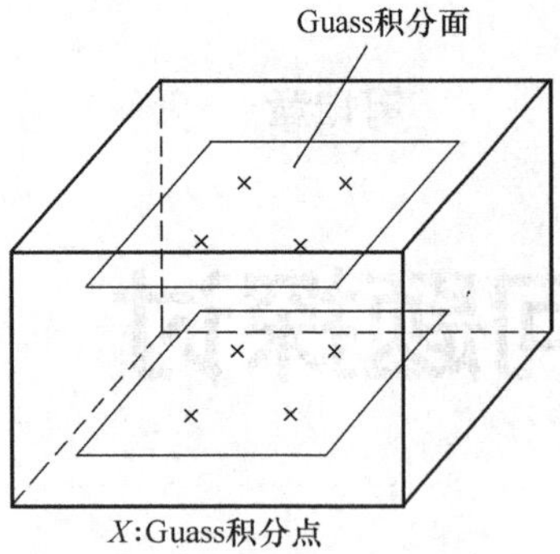

图 12-2　Guass 积分面示意图

式中：n ——每个单元内的节点数，$n=8\sim20$；

x_i、y_i ——单元中节点 i 的坐标；

N_i ——节点 i 的插值形函数，详见《弹性力学问题的有限单元法》《弹性、塑性、有限元》等书籍。

(4)弹性或弹塑性状态均可进行。

2)截面的微分面积与方向余弦

对截面 $ABCD$ 建立局部坐标系 ξ-η-ζ，根据矢量运算规则和有限元理论，截面上任一点的微分面积为：

$$d\Omega = |\overrightarrow{d\xi} \times \overrightarrow{d\eta}| = A d\xi d\eta \tag{12-3}$$

$$A = \left[\left(\frac{\partial x}{\partial \xi}\times\frac{\partial y}{\partial \eta} - \frac{\partial x}{\partial \eta}\times\frac{\partial y}{\partial \xi}\right)^2 + \left(\frac{\partial y}{\partial \xi}\times\frac{\partial z}{\partial \eta} - \frac{\partial y}{\partial \eta}\times\frac{\partial z}{\partial \xi}\right)^2 + \left(\frac{\partial z}{\partial \xi}\times\frac{\partial x}{\partial \eta} - \frac{\partial z}{\partial \eta}\times\frac{\partial x}{\partial \xi}\right)^2\right]^{\frac{1}{2}} \tag{12-4}$$

由式(12-2)可得到；

$$\frac{\partial x}{\partial \xi} = \sum_{i=1}^{n}\frac{\partial N_i}{\partial \xi}x_i,\quad \frac{\partial y}{\partial \xi} = \sum_{i=1}^{n}\frac{\partial N_i}{\partial \xi}y_i,\quad \frac{\partial z}{\partial \xi} = \sum_{i=1}^{n}\frac{\partial N_i}{\partial \xi}z_i \tag{12-5}$$

$$\frac{\partial x}{\partial \eta} = \sum_{i=1}^{n}\frac{\partial N_i}{\partial \eta}x_i,\quad \frac{\partial y}{\partial \eta} = \sum_{i=1}^{n}\frac{\partial N_i}{\partial \eta}y_i,\quad \frac{\partial z}{\partial \xi} = \sum_{i=1}^{n}\frac{\partial N_i}{\partial \eta}z_i \tag{12-6}$$

该微分面积的法线与 X、Y 轴的方向余弦为：

$$\cos(N,x) = \frac{\frac{\partial y}{\partial \xi}\times\frac{\partial z}{\partial \eta} - \frac{\partial y}{\partial \eta}\times\frac{\partial z}{\partial \xi}}{A} = l_x \tag{12-7}$$

$$\cos(N,y) = \frac{\frac{\partial x}{\partial \xi}\times\frac{\partial z}{\partial \eta} - \frac{\partial x}{\partial \eta}\times\frac{\partial z}{\partial \xi}}{A} = l_y \tag{12-8}$$

3)内力转换计算

(1)力的投影关系

设 p 点所在微分面积上的法向应力和切向应力分别为 σ_n、τ_n，他们沿 X、Y 轴的投影为 $\overline{X}_P$、$\overline{Y}_P$，根据静力平衡条件计算，如图 12-3 所示。

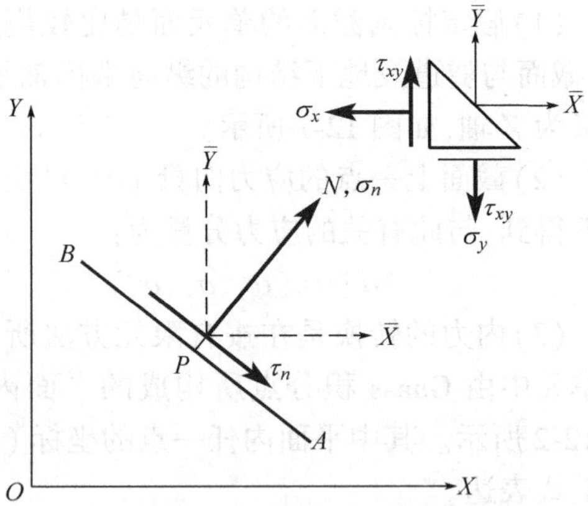

图 12-3　力的投影关系图

$$\begin{Bmatrix}\overline{X}_P\\ \overline{Y}_P\end{Bmatrix} = \begin{pmatrix}\sigma_x & -\tau_{xy}\\ -\tau_{xy} & \sigma_y\end{pmatrix}\begin{Bmatrix}l_x\\ l_y\end{Bmatrix} \tag{12-9}$$

$$\begin{Bmatrix}\sigma_n\\ \tau_n\end{Bmatrix} = \begin{pmatrix} l_x & l_y \\ -l_y & l_x \end{pmatrix}\begin{Bmatrix}\overline{X}_P\\ \overline{Y}_P\end{Bmatrix} \tag{12-10}$$

即

$$\begin{Bmatrix}\sigma_n\\ \tau_n\end{Bmatrix} = \begin{pmatrix} l_x & l_y \\ -l_y & l_x \end{pmatrix}\begin{pmatrix} \sigma_x & -\tau_{xy} \\ -\tau_{xy} & \sigma_y \end{pmatrix}\begin{Bmatrix}l_x\\ l_y\end{Bmatrix} \tag{12-11}$$

(2)内力转换

截面内力为:

$$\{F\} = \begin{pmatrix} N & Q & M_z \end{pmatrix}^{\mathrm{T}} \tag{12-12}$$

由 Guass 数值积分方法可得:

$$N = \int_\Omega \mathrm{d}N = \int_\Omega \sigma_n \mathrm{d}\Omega = \int_{-1}^{1}\int_{-1}^{1}\sigma_n A\mathrm{d}\xi\mathrm{d}\eta = \sum_{i=1}^{m}\sum_{j=1}^{m}\sigma_n A w_i w_j \tag{12-13}$$

$$Q = \int_\Omega \mathrm{d}Q = \int_\Omega \tau_n \mathrm{d}\Omega = \int_{-1}^{1}\int_{-1}^{1}\tau_n A\mathrm{d}\xi\mathrm{d}\eta = \sum_{i=1}^{m}\sum_{j=1}^{m}\tau_n A w_i w_j \tag{12-14}$$

$$M = \int_\Omega \mathrm{d}M_z = \int_{-1}^{1}\int_{-1}^{1}(x\overline{Y}_P - y\overline{X}_P)A\mathrm{d}\xi\mathrm{d}\eta = \int_{-1}^{1}\int_{-1}^{1}\tau_n A\mathrm{d}\xi\mathrm{d}\eta = \sum_{i=1}^{m}\sum_{j=1}^{m}(x\overline{Y}_P - y\overline{X}_P)Aw_i w_j$$

$$= \sum_{i=1}^{m}\sum_{j=1}^{m}\left[\left(\sum_{k=1}^{n}N_k x_k\right)\overline{Y}_P - \left(\sum_{k=1}^{n}N_k y_k\right)\overline{X}_P\right]Aw_i w_j \tag{12-15}$$

式中:m ——Guass 数值积分点数($m = 2$ 或 3)

w_i、w_j ——Guass 数值积分时的加权值,为一常数,取值可参考有限元计算资料。

在工程实际中,模型单元均为平面,无曲率,截面 $ABCD$ 上任意两点的方向余弦都是相等的,可将上式进一步简化为:

$$N = N_x l_x^2 + N_y l_y^2 - 2Q_{xy} l_x l_y \tag{12-16}$$

$$Q = (N_y - N_x) l_x l_y + Q_{xy}(l_x^2 - l_y^2) \tag{12-17}$$

其中:

$$N_x = \sum_{i=1}^{m}\sum_{j=1}^{m}\sigma_x A w_i w_j \tag{12-18}$$

$$N_y = \sum_{i=1}^{m}\sum_{j=1}^{m}\sigma_y A w_i w_j \tag{12-19}$$

$$Q_{xy} = \sum_{i=1}^{m}\sum_{j=1}^{m}\tau_{xy} A w_i w_j \tag{12-20}$$

只需分别求出上式中的 N_x、N_y、Q_{xy}、l_x、l_y,便可求出截面相应的内力。

12.1.2 理想状态下规则六面体由应力求解内力的方法

建模时,考虑到规则六面体(正方体或长方体,8 节点)单元能获得较好的计算结果,通常采用规则六面体建模。以下以控制截面为理想状态下六面体进行计算。

基本条件:

(1)假定结构的截面是比较规则的六面体,且截面与坐标轴平行,即认为结构厚度方向与 X 轴平行,控制截面的单元面与 Y 轴垂直。

(2)控制截面上的任一单元的法向、切向应力向量 σ 、τ 已按有限元法的基本过程求得。

以 10×10 单元为例进行说明,如图 12-4 所示。

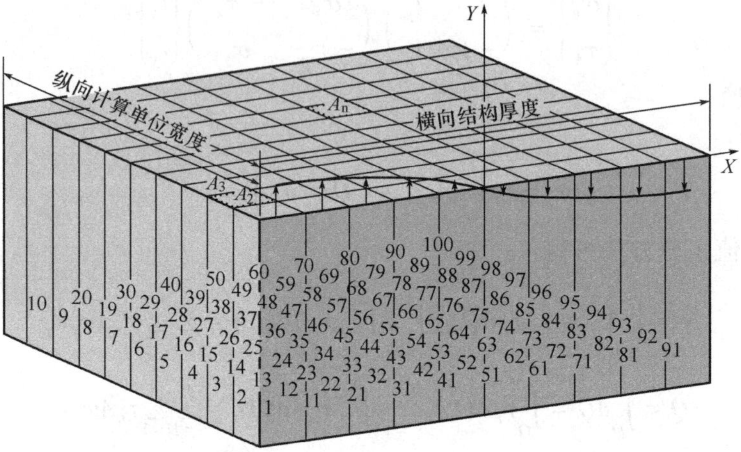

图 12-4　六面体理想状态下应力推导内力图

每个单元面上的法向应力分别为:σ_1、σ_2、…、σ_n 。

X 向切向应力分别为:τ_1、τ_2、…、τ_n 。

Z 向沿结构纵向,不考虑切应力的影响。

控制截面上每个单元面的面积分别为:A_1、A_2、…、A_n 。

单元中心至截面中心位置的距离分别为:x_1、x_2、…、x_n 。

纵向计算单位宽度可根据实际模型单元的宽度进行选取,一般应尽量选取接近单位宽度进行计算。

轴力:

$$N = \int_A \sigma \mathrm{d}A \approx \int_1^n \sigma_i \mathrm{d}A_i = A_1 \times \sigma_1 + A_2 \times \sigma_2 + \cdots A_n \times \sigma_n$$

剪力:

$$Q = \int_A \tau \mathrm{d}A \approx \int_1^n \tau_i \mathrm{d}A_i = A_1 \times \tau_1 + A_2 \times \tau_2 + \cdots A_n \times \tau_n$$

弯矩:

$$M = \int_A \sigma x \mathrm{d}A \approx \int_1^n \sigma_i x_i \mathrm{d}A_i = A_1 \times \sigma_1 \times x_1 + A_2 \times \sigma_2 \times x_2 + \cdots A_n \times \sigma_n \times x_n$$

以上述三维模型计算为例,进行有限元计算,并提取各单元的应力计算结果,控制截面处单元大小均为 0.1×0.1m,轴力、弯矩计算过程见表 12-1。

三维模型由应力计算轴力、弯矩表 表 12-1

单元号	荷载	单元位置	单元轴向应力（kN/m²）	计算轴力（kN）	单元到截面中心的距离（m）	计算单元对截面中心的弯矩（kN·m）
			σ	$\sigma \times 0.1 \times 0.1$	h	$\sigma \times 0.1 \times 0.1 \times h$
1	合力	中央	4896	49.0	0.45	22.03
2	合力	中央	4841	48.4	0.45	21.78
3	合力	中央	4871	48.7	0.45	21.92
4	合力	中央	4878	48.8	0.45	21.95
5	合力	中央	4879	48.8	0.45	21.96
6	合力	中央	4879	48.8	0.45	21.96
7	合力	中央	4878	48.8	0.45	21.95
8	合力	中央	4871	48.7	0.45	21.92
9	合力	中央	4841	48.4	0.45	21.78
10	合力	中央	4896	49.0	0.45	22.03
11	合力	中央	3676	36.8	0.35	12.87
12	合力	中央	3739	37.4	0.35	13.09
13	合力	中央	3783	37.8	0.35	13.24
14	合力	中央	3797	38.0	0.35	13.29
15	合力	中央	3801	38.0	0.35	13.30
16	合力	中央	3801	38.0	0.35	13.30
17	合力	中央	3797	38.0	0.35	13.29
18	合力	中央	3783	37.8	0.35	13.24
19	合力	中央	3739	37.4	0.35	13.09
20	合力	中央	3676	36.8	0.35	12.87
21	合力	中央	2573	25.7	0.25	6.43
22	合力	中央	2626	26.3	0.25	6.57
23	合力	中央	2651	26.5	0.25	6.63
24	合力	中央	2661	26.6	0.25	6.65
25	合力	中央	2665	26.7	0.25	6.66
26	合力	中央	2665	26.7	0.25	6.66
27	合力	中央	2661	26.6	0.25	6.65
28	合力	中央	2651	26.5	0.25	6.63
29	合力	中央	2626	26.3	0.25	6.57
30	合力	中央	2573	25.7	0.25	6.43
31	合力	中央	1454	14.5	0.15	2.18
32	合力	中央	1485	14.9	0.15	2.23
33	合力	中央	1499	15.0	0.15	2.25

续上表

单元号	荷载	单元位置	单元轴向应力 (kN/m²)	计算轴力 (kN)	单元到截面中心的距离(m)	计算单元对截面中心的弯矩(kN·m)
			σ	$\sigma \times 0.1 \times 0.1$	h	$\sigma \times 0.1 \times 0.1 \times h$
34	合力	中央	1505	15.1	0.15	2.26
35	合力	中央	1507	15.1	0.15	2.26
36	合力	中央	1507	15.1	0.15	2.26
37	合力	中央	1505	15.1	0.15	2.26
38	合力	中央	1499	15.0	0.15	2.25
39	合力	中央	1485	14.9	0.15	2.23
40	合力	中央	1454	14.5	0.15	2.18
41	合力	中央	329	3.3	0.05	0.16
42	合力	中央	336	3.4	0.05	0.17
43	合力	中央	339	3.4	0.05	0.17
44	合力	中央	340	3.4	0.05	0.17
45	合力	中央	341	3.4	0.05	0.17
46	合力	中央	341	3.4	0.05	0.17
47	合力	中央	340	3.4	0.05	0.17
48	合力	中央	339	3.4	0.05	0.17
49	合力	中央	336	3.4	0.05	0.17
50	合力	中央	329	3.3	0.05	0.16
51	合力	中央	-798	-8.0	0.05	-0.40
52	合力	中央	-815	-8.2	0.05	-0.41
53	合力	中央	-823	-8.2	0.05	-0.41
54	合力	中央	-826	-8.3	0.05	-0.41
55	合力	中央	-828	-8.3	0.05	-0.41
56	合力	中央	-828	-8.3	0.05	-0.41
57	合力	中央	-826	-8.3	0.05	-0.41
58	合力	中央	-823	-8.2	0.05	-0.41
59	合力	中央	-815	-8.2	0.05	-0.41
60	合力	中央	-798	-8.0	0.05	-0.40
61	合力	中央	-1922	-19.2	0.15	-2.88
62	合力	中央	-1963	-19.6	0.15	-2.94
63	合力	中央	-1982	-19.8	0.15	-2.97
64	合力	中央	-1990	-19.9	0.15	-2.99
65	合力	中央	-1993	-19.9	0.15	-2.99
66	合力	中央	-1993	-19.9	0.15	-2.99

续上表

单元号	荷载	单元位置	单元轴向应力（kN/m^2）	计算轴力（kN）	单元到截面中心的距离（m）	计算单元对截面中心的弯矩（kN·m）
			σ	$\sigma \times 0.1 \times 0.1$	h	$\sigma \times 0.1 \times 0.1 \times h$
67	合力	中央	−1990	−19.9	0.15	−2.99
68	合力	中央	−1982	−19.8	0.15	−2.97
69	合力	中央	−1963	−19.6	0.15	−2.94
70	合力	中央	−1922	−19.2	0.15	−2.88
71	合力	中央	−3038	−30.4	0.25	−7.60
72	合力	中央	−3101	−31.0	0.25	−7.75
73	合力	中央	−3132	−31.3	0.25	−7.83
74	合力	中央	−3144	−31.4	0.25	−7.86
75	合力	中央	−3149	−31.5	0.25	−7.87
76	合力	中央	−3149	−31.5	0.25	−7.87
77	合力	中央	−3144	−31.4	0.25	−7.86
78	合力	中央	−3132	−31.3	0.25	−7.83
79	合力	中央	−3101	−31.0	0.25	−7.75
80	合力	中央	−3038	−30.4	0.25	−7.60
81	合力	中央	−4135	−41.4	0.35	−14.47
82	合力	中央	−4208	−42.1	0.35	−14.73
83	合力	中央	−4258	−42.6	0.35	−14.90
84	合力	中央	−4275	−42.8	0.35	−14.96
85	合力	中央	−4281	−42.8	0.35	−14.98
86	合力	中央	−4281	−42.8	0.35	−14.98
87	合力	中央	−4275	−42.8	0.35	−14.96
88	合力	中央	−4258	−42.6	0.35	−14.90
89	合力	中央	−4208	−42.1	0.35	−14.73
90	合力	中央	−4135	−41.4	0.35	−14.47
91	合力	中央	−5359	−53.6	0.45	−24.12
92	合力	中央	−5300	−53.0	0.45	−23.85
93	合力	中央	−5336	−53.4	0.45	−24.01
94	合力	中央	−5345	−53.5	0.45	−24.05
95	合力	中央	−5347	−53.5	0.45	−24.06
96	合力	中央	−5347	−53.5	0.45	−24.06
97	合力	中央	−5345	−53.5	0.45	−24.05
98	合力	中央	−5336	−53.4	0.45	−24.01
99	合力	中央	−5300	−53.0	0.45	−23.85

续上表

单元号	荷载	单元位置	单元轴向应力（kN/m²）	计算轴力（kN）	单元到截面中心的距离（m）	计算单元对截面中心的弯矩（kN·m）
			σ	$\sigma\times0.1\times0.1$	h	$\sigma\times0.1\times0.1\times h$
100	合力	中央	-5359	-53.6	0.45	-24.12
合计			—	-237.5	—	940.5 sum(1:50)-sum(51:100)

注：剪力计算同轴力，此处不再赘述。

12.1.3 平面应变单元模型内力转化计算

采用平面应变单元进行计算时，以某隧道选取的计算截面处进行分析，如图12-5、图12-6所示。

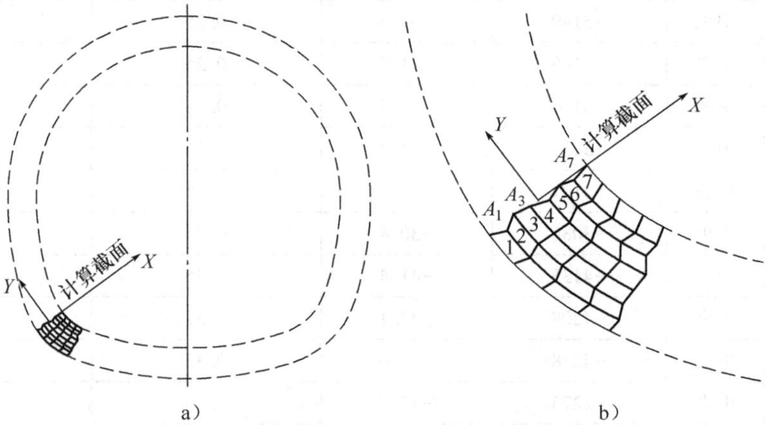

图12-5 平面应变单元模型

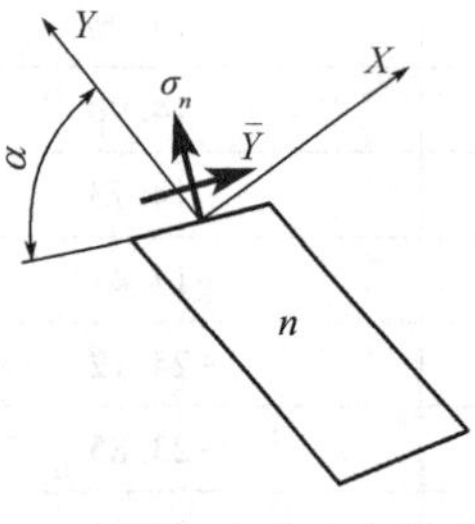

图12-6 第 n 个单元受力图示

纵向计算宽度取单位宽度1.0m。

每个单元面上的法向应力分别为 σ_1、σ_2、…、σ_n。

X 向切向应力分别为 τ_1、τ_2、…、τ_n。

Z 向沿结构纵向，按不产生切应力考虑。

单元中心至截面中心位置的距离分别为 x_1、x_2、…、x_n。

单元面上法向应力与 y 轴的夹角分别为 α_1、α_2、…、α_n。

控制截面上每个单元面的单元宽度分别为 b_1、b_2、…、b_n，对应的面积分别为 A_1、A_2、…、A_n。

$A_1=b_1\times1.0=b_1$，$A_2=b_2\times1.0=b_2\cdots$，$A_n=b_n\times1.0=b_n$。

轴力：

$$
\begin{aligned}
N &= \int_A \sigma \mathrm{d}A \approx \int_1^n (\sigma_i \sin\alpha_i + \tau_i \cos\alpha_i)\mathrm{d}A_i \\
&= A_1\times\sin^2\alpha_1\times\sigma_1 + A_2\times\sin^2\alpha_2\times\sigma_2+\cdots+A_n\times\sin^2\alpha_n\times\sigma_n + \\
&\quad A_1\times\cos\alpha_1\times\sin\alpha_1\times\tau_1 + A_2\times\cos\alpha_2\times\sin\alpha_2\times\tau_2+\cdots+A_n\times\cos\alpha_n\times\sin\alpha_n\times\tau_n
\end{aligned}
$$

剪力：

$$Q=\int_A \tau \mathrm{d}A \approx \int_1^n(\sigma_i\cos\alpha_i+\tau_i\sin\alpha_i)\mathrm{d}A_i$$

$$=A_1\times\cos\alpha_1\times\sin\alpha_1\times\sigma_1+A_2\times\cos\alpha_2\times\sin\alpha_2\times\sigma_2+\cdots A_n\times\cos\alpha_n\times\sin\alpha_n\times\sigma_n+$$

$$A_1\times\sin^2\alpha_1\times\tau_1+A_2\times\sin^2\alpha_2\times\tau_2+\cdots+A_n\times\sin^2\alpha_n\times\tau_n$$

弯矩：

$$M=\int_A\sigma x\mathrm{d}A\approx\int_1^n\sigma_i x_i\mathrm{d}A_i=(A_1\times\sin^2\alpha_1\times\sigma_1+A_1\times\cos\alpha_1\times\sin\alpha_1\times\tau_1)\times x_1+$$

$$(A_2\times\sin^2\alpha_2\times\sigma_2+A_2\times\cos\alpha_2\times\sin\alpha_2\times\tau_2)\times x_2+\cdots+$$

$$(A_n\times\sin^2\alpha_n\times\sigma_n+A_n\times\cos\alpha_n\times\sin\alpha_n\times\tau_n)\times x_n$$

通常情况下，为了获得相对准确的计算结果，建模时进行人为干预，使单元为较为规则的四边形平面单元，此时，单元面与计算截面近似于平行，如图 12-7、图 12-8 所示。

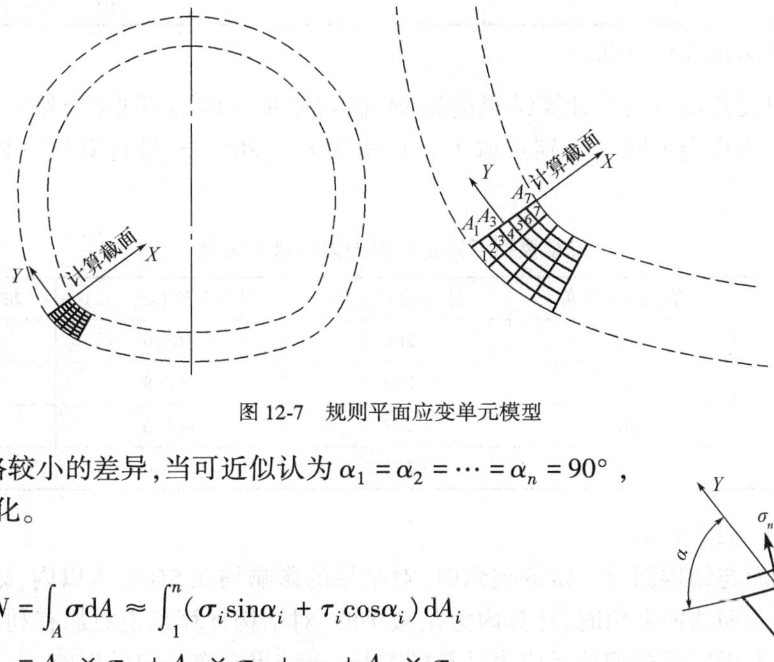

图 12-7 规则平面应变单元模型

此时，忽略较小的差异，当可近似认为 $\alpha_1=\alpha_2=\cdots=\alpha_n=90°$，计算可进行简化。

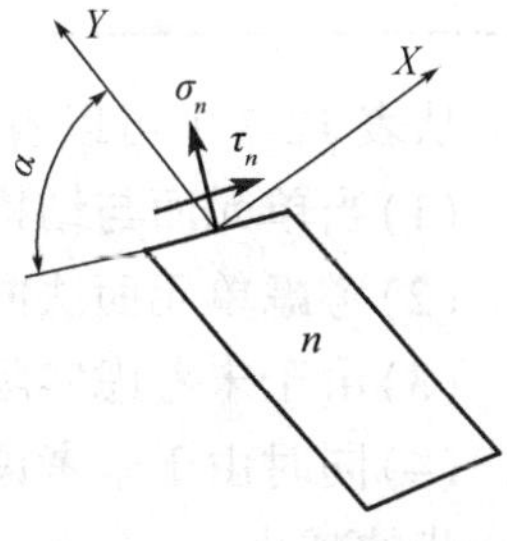

图 12-8 第 n 个单元受力图示

轴力：

$$N=\int_A\sigma\mathrm{d}A\approx\int_1^n(\sigma_i\sin\alpha_i+\tau_i\cos\alpha_i)\mathrm{d}A_i$$

$$=A_1\times\sigma_1+A_2\times\sigma_2+\cdots+A_n\times\sigma_n$$

剪力：

$$Q=\int_A\tau\mathrm{d}A\approx\int_1^n(\sigma_i\cos\alpha_i+\tau_i\sin\alpha_i)\mathrm{d}A_i$$

$$=A_1\times\tau_1+A_2\times\tau_2+\cdots+A_n\times\tau_n$$

弯矩：

$$M=\int_A\sigma x\mathrm{d}A\approx\int_1^n\sigma_i x_i\mathrm{d}A_i$$

$$=A_1\times\sigma_1\times x_1+A_2\times\sigma_2\times x_2+\cdots+A_n\times\sigma_n\times x_n$$

以某三维模型计算为例，提取各单元的应力计算结果，控制面处单元宽度均为 0.1m，轴力、弯矩计算过程见表 12-2。

三维模型由应力计算轴力、弯矩表　　表 12-2

单元号	荷载	单元位置	单元轴向应力 σ(kN/m²)	计算轴力 $\sigma\times0.1\times1.0$ (kN)	单元到截面中心的距离 h (m)	计算单元对截面中心的弯矩 $\sigma\times0.1\times1.0\times h$ (kN·m)
1	合力	中央	4411	441.1	0.300	132.34
2	合力	中央	3088	308.8	0.200	61.75
3	合力	中央	1745	174.5	0.100	17.45
4	合力	中央	-395	-39.5	0.000	0.00
5	合力	中央	-2422	-242.2	0.100	-24.22
6	合力	中央	-3828	-382.8	0.200	-76.56
7	合力	中央	-5210	-521.0	0.300	-156.30
合计			—	-261.1	—	468.6 sum(1:3)-sum(5:7)

注：剪力计算同轴力，此处不再赘述。

为了对比单元角度对内力计算结果的影响，假定原单元内力不变（当然实际计算时单位不同计算出的应力也会不同），分别选取单元夹角为85°、80°、75°进行对比分析，结果汇总见表12-3。

三维模型不同角度时内力结果对比表　　表 12-3

单元号	单元法向夹角	计算轴力(kN)	计算弯矩(kN·m)	轴力、弯矩差比例
1	90°	-261.1	468.6	0%
2	85°	-260.1	466.8	0.38%
3	80°	-257.1	461.5	1.53%
4	75°	-252.2	452.6	3.41%

从表12-3中可以看出：

(1) 当单元面与结构面有一定的夹角时，对结果的影响均在5%范围以内，影响程度有限。

(2) 考虑单元面法向夹角时，计算内力是减小的，对结构计算来说更加有利。

(3) 由于未考虑实际模型单元应力计算的差异，对结果会有一定的影响。

(4) 同时由于未考虑单元面剪切力对轴力、弯矩的贡献，如考虑，则轴力、弯矩的差值会有进一步的减小。

但总的来说，在不考虑单元应力计算的变化时，单元法向夹角在一定范围内时，对计算结果影响比较小，而且计算结果偏于安全。

12.2 隧道及地下工程设计方法的发展历程

容许应力法、破损阶段法、极限状态设计法和概率极限状态设计法四种方法，也是我国工程结构设计方法经历的四个阶段。

(1)容许应力法是建立在弹性理论基础之上的设计方法。在使用荷载作用下,规定了结构构件各截面的最大计算应力不超过材料的容许应力。缺点是没有考虑材料的非线性性能,比如低碳钢,这种方法只允许到屈服点之前,而且容许应力的取值也都是凭经验确定。

(2)破损阶段法是考虑结构在材料破坏阶段的工作状态进行结构设计的方法,考虑塑性应力分布后的结构构件截面承载力不小于外荷载产生的内力。这种方法以构件破坏时的受力状态为依据,考虑了材料的塑性性能,在表达式中引入了安全系数,使得构件有了总体安全度的概念。但是安全系数的取值仍然凭经验确定。而且没有考虑到构件在正常使用时的变形和裂缝问题。

(3)极限状态设计法明确地把结构的极限状态分为承载力极限状态和正常使用极限状态。承载力极限状态要求结构构件可能的最小承载力不小于可能的最大外荷载产生的截面内力。正常使用极限状态是指对构件的变形及裂缝的形成或开展宽度的限制。安全度的表达上有单一系数和多系数两种形式。在部分荷载和材料性能的取值上引入了概率统计的方法加以确定。该方法也叫作半概率极限状态设计法。

容许应力法、破损阶段法、极限状态设计法三种设计方法都属于定值设计法,没有把影响结构稳定的各种参数都视为随机变量,使用概率的方法确定系数值,而是把他们看作定值,用半经验半统计的方法确定系数值。

(4)概率极限状态设计法把作用效应和影响结构可靠性的主要因素都视为随机变量,依靠概率来度量结构可靠性。其设计算式是用荷载或荷载效应、材料性能和几何参数的标准值附以各种分项系数,再加上结构重要性系数来表达。相对而言,概率极限状态法是较为理想的结构设计方法,也是当今国内外工程结构设计发展的必然趋势。但由于地下结构所处的环境条件极为复杂,设计过程中存在不确定性,围岩的物理力学指标的统计特征不易获得,岩体的本构关系往往需要经过大量的假定与简化,这些都表明隧道和地下工程结构采用可靠性理论设计难度很大,所谓的理想化也只是相对而言。

12.3 抗震计算中混凝土、钢筋强度设计值取值

《混凝土结构设计规范(2015 年版)》(GB 50010—2010)规定,对偶然作用下的结构进行承载能力极限状态设计时,计算公式(3.3.2-1)中的作用效应设计值 S 按偶然作用计算,结构重要性系数 γ_0 应取不小于 1.0 的数值。公式中钢筋、混凝土设计值 f_y、f_c 应采用强度标准值 f_{yk}、f_{ck},在抗震计算中,并未采用 f_{yk}、f_{ck} 进行计算。原因是《工程结构可靠性设计统一标准》(GB50153—2008)第 4.3.2 条规定,承载能力极限状态设计时,应根据不同的设计状况采用基本组合、偶然组合或地震组合,偶然作用用于偶然设计状况,地震组合用于地震设计状况。偶然状况适用于结构出现的异常状况,如爆炸、火灾、撞击等情况。可见,偶然设计状况与地震设计状况不同。

12.4 最小配筋率与最大配筋率

梁的配筋率定义为 $\rho = \dfrac{A_s}{bh_0}$,因此,在验算最大配筋率时,应采用此式进行计算。

最小配筋率的验算比较特殊,《混凝土结构设计规范(2015 年版)》(GB 50010—2010)表 8.5.1 下的注释 3,"受弯构件、大偏心受拉构件一侧受拉钢筋的配筋率应按全截面面积扣除受压翼缘面积后的截面积计算",据此可知,对矩形截面受弯构件,验算式应是 $\rho_{\min}=\dfrac{A_s}{bh}$。但在实际计算中,采用 h_0 计算最小配筋率也未见不安全。

实际计算中,建议根据目前大家比较认可的做法,计算公式如下:

最大配筋率:$\rho=\dfrac{A_s}{bh_0}$;

最小配筋率:$\rho_{\min}=\dfrac{A_s}{bh}$。

12.5 梁柱节点处梁端负弯矩的折减及刚域

梁柱节点刚域计算简图如图 12-9 所示。

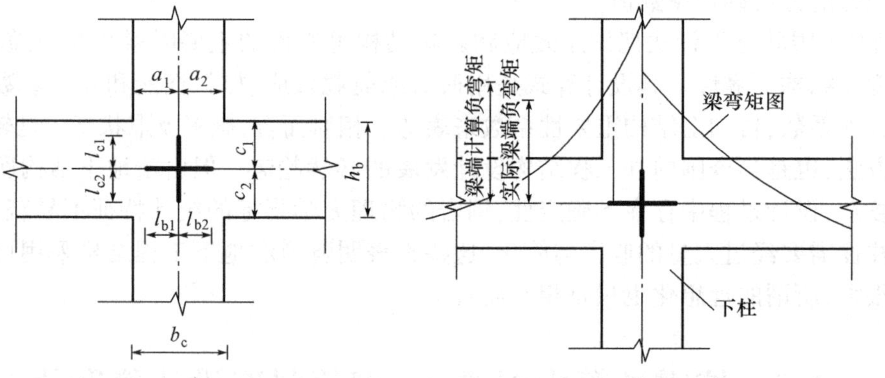

图 12-9 梁端负弯矩折减计算简图

$l_{b1}=a_1-0.25h_b\geqslant 0$(即梁端计算截面位于柱截面范围内离柱边 $h_b/4$ 处);

$l_{b2}=a_2-0.25h_b\geqslant 0$;

$l_{c1}=c_1-0.25b_c\geqslant 0$;

$l_{c2}=c_1-0.25b_c\geqslant 0$;

梁端截面弯矩可取刚域端截面弯矩设计值(考虑刚域后不再进行调幅)。

1)为什么要考虑刚域

(1)适当考虑节点刚域对构件内力的影响,能更好地反映结构的受力状态。

(2)刚域不同于构件边缘,刚域的大小与梁柱构件的截面有关,梁截面高度较大时,可能会出现刚域为 0 的现象。

2)结构设计建议

(1)抗震设计时,应考虑刚域的影响。

(2)承载能力极限状态设计时,框架结构可不考虑节点刚域的影响(由于框架节点的实际计算刚域值较小)，当框架柱截面较大时，宜考虑节点刚域的影响。对壁式框架结构宜考虑节点刚域对内力和位移的影响(壁式框架柱的截面一般比较大，节点刚域计算值也较大)。

(3)正常使用极限状态设计时，应考虑刚域的影响，有条件时，应取用构件边缘的内力值(即梁柱节点全部为刚域范围)。

弹性计算增大了梁端负弯矩，合理控制梁端实配钢筋与计算钢筋的比例关系，对强柱弱梁的实现意义很大。

结构模型计算一般是考虑柱中心处，计算应考虑柱截面尺寸对构件计算内力的影响。在裂缝计算时，内力取值和实际截面位置不统一，导致梁端计算弯矩过大，梁端裂缝宽度计算值大于实际值，同时，加大梁端配筋，对强柱弱梁的实现极为不利。

现浇楼板配筋对梁端实际承载力的影响：现浇楼板的配筋对框架梁的实际截面承载力有明显影响，在梁端截面有效翼缘宽度范围内，与框架梁跨度同向的楼板钢筋对框架梁端部实际抗弯承载力的影响很大，但在计算中没有很好地得到体现，加剧了强柱弱梁实现的难度。

实际配筋中，对梁端钢筋的超配，加剧了强柱弱梁实现的难度。

3)结构设计建议

(1)抗震设计的结构应尽量考虑结构的塑性内力重分布，采用柱边缘截面处的梁端内力设计值。

(2)构件的裂缝宽度验算中，宜采用考虑塑性内力重分布的分析方法，采用柱边缘截面处的梁端内力设计值，确保构件的裂缝宽度验算不致给结构强柱弱梁增加新的负担。建议按梁的净跨单元验算框架梁端的裂缝宽度。当软件不能自动取用时，可根据工程经验，对梁端弯矩进行适当的折减。

(3)建议根据框架梁端地面的配筋要求和框架梁跨中钢筋的差异情况，适当控制梁底钢筋进入支座的数量，当梁底有多排钢筋时，可仅考虑将第一排钢筋进入支座(控制梁底钢筋不小于计算值，满足规范对框架梁配筋的构造要求)，既有利于强柱弱梁的实现，同时也可减少过多钢筋在梁柱节点区的锚固，有利于保证节点区混凝土的质量。

(4)严格控制梁端实际配筋，对梁端负弯矩钢筋不应超配(控制实际钢筋只要满足计算钢筋面积即可)，对梁端正弯矩钢筋应控制超配比例(一般情况下，可控制超配量在10%以内)。

(5)在进行梁的配筋设计及梁端裂缝验算时，应考虑梁端实配受压钢筋的作用以及现浇楼板中的钢筋对框架梁端部实际的正截面受弯的影响，以适当减少梁顶配筋。

12.6 箱形结构腋角

为简化结构计算，在建模时，往往采用等截面建模，不考虑腋角刚度变化对结构内力的影响。

根据以往研究成果，腋角对结构支座负弯矩和跨中正弯矩的影响，与腋角宽度与跨度之比和腋角高度与梁跨中截面高度之比两个因素有很大关系，如图 12-10 所示。

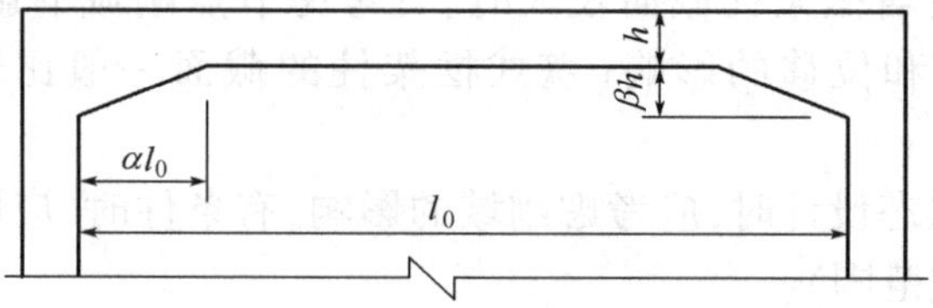

图 12-10　腋角示意图

图 12-10 中，α 为腋角宽度与跨度之比（简化取净跨）；β 为腋角高度与梁跨中截面高度。

采用等截面进行建模计算时，腋角对支座和跨中的影响如下：

（1）当 α、β 越大时，腋角对支座负弯矩的影响越大，支座负弯矩比实际计算值可能高出 10%～40%，甚至超过 40%。

（2）当 α、β 越大时，腋角对跨中正弯矩的影响越大，跨中正弯矩可能仅为实际计算值的 90%～70%，特殊情况下，甚至可能是原来的 60%以下。

总的来说，当计算模型不考虑加腋对刚度影响时，会导致高估跨中内力，低估支座内力。

由于腋角尺寸一般不大，如常用的 300mm×900mm、300mm×600mm、200×400mm 等，其影响偏差较小，可通过配筋计算适当减小支座内力调幅幅度的手段予以考虑。但在特殊断面尺寸情况下，如跨度较大、腋角尺寸较大时，可考虑腋角的影响，进行更为准确的分析。

12.7　结构裂缝限值

《铁路隧规》规定，对于钢筋混凝土衬砌结构构件，在考虑长期荷载作用的影响计算时，表面裂缝计算宽度限值不应大于 0.2mm，特殊环境条件下应符合《铁路混凝土结构耐久性设计规范》（TB 10005—2010）的要求。在裂缝计算时，最外层纵向受拉钢筋外边缘至受拉区底边的距离取值范围为 20～65mm（裂缝计算时，此值的影响比较大）。

《混凝土结构设计规范（2015 年版）》（GB 50010—2010）规定，对钢筋混凝土结构构件，最大裂缝限值详见表 12-4。

钢筋混凝土结构的裂缝控制等级及最大裂缝宽度的允许值　　表 12-4

环境类别	裂缝控制等级	裂缝宽度限值（mm）
一	三级	0.30（0.40）
二、三		0.20

注：处于平均相对湿度小于 60%的地区，一类环境下的受弯构件，其最大裂缝宽度限值可采用括号内的数值。

《地下工程防水技术规范》（GB 50108—2008）规定，对于防水混凝土结构，裂缝宽度不得大于 0.2mm，并不得贯通。

《地铁设计规范》（GB 50157—2013）规定，处于一般环境中的结构，按荷载准永久组合并计及长期作用影响时，构件的最大裂缝宽度，可按表 12-5 取值。处于冻融环境或侵蚀环境等不利条件下的结构，其最大裂缝宽度允许值应根据具体情况另行确定。

钢筋混凝土结构的最大裂缝宽度允许值　　表 12-5

结构类型		允许值(mm)
盾构隧道管片		0.2
其他结构	水中环境、土中缺氧环境	0.3
	洞内干燥环境或洞内潮湿环境	0.3
	干湿交替环境	0.2

当最大裂缝宽度计算式中的混凝土保护层实际厚度超过 30mm 时，可将保护层厚度的计算值取为 30mm。

厚度不小于 300m 的钢筋混凝土结构可不计干湿交替作用。

洞内潮湿环境指环境湿度为 45%～80%。

附录

附录 A　常用材料重度表

常用材料重度参数表　　附表 A

材料名称	重度(kN/m^3)	计算摩擦角 φ_c
喷射混凝土	22	
混凝土	23	
钢筋混凝土(配筋率≤3%)	25	
钢筋混凝土(配筋率>3%)	26 或按实际混凝土及钢筋重力计算	
钢材	78.5	
浆砌片石	22	
浆砌块石	23	
浆砌粗料石	25	
干砌片石	20	50°
回填土石	19	35°

注:砌体的弹性模量可采用 10~15GPa,砌体的剪切模量宜采用砌体弹性模量的 0.4 倍。

附录 B　混凝土基本参数表

混凝土基本参数表　　附表 B

混凝土强度等级		C20	C25	C30	C35	C40	C45	C50	C55	C60
强度设计值	f_c(N/mm^2)	9.6	11.9	14.3	16.7	19.1	21.1	23.1	25.3	27.5
	f_t(N/mm^2)	1.1	1.27	1.43	1.57	1.71	1.8	1.89	1.96	2.04
强度标准值 f_{tk}(N/mm^2)		1.54	1.78	2.01	2.2	2.39	2.51	2.64	2.74	2.85
弹性模量 E_c($\times 10^4 N/mm^2$)		2.55	2.80	3.00	3.15	3.25	3.35	3.45	3.55	3.60

附录C 钢筋基本参数表

钢筋基本参数表 附表C

钢筋强度等级		HPB300	HRB335、HRBF335	HRB400、HRBF400、RRB400	HRB500、HRBF500
强度设计值	f_y(N/mm²)	270	300	360	435
	f'_y(N/mm²)	270	300	360	410
强度标准值 f_{yk}(N/mm²)		300	335	400	500
弹性模量 E_s(×10⁵N/mm²)		2.10	2.00		

附录D 常用钢筋面积及单位长度质量

常用钢筋面积及单位长度质量 附表D

直径(mm)	钢筋面积(mm²)									单位长度质量(kg/m)
	1根	2根	3根	4根	5根	6根	7根	8根	9根	
6	28.3	57	85	113	141	170	198	226	254	0.222
8	50.3	101	151	201	252	302	352	402	452	0.395
10	78.5	157	236	314	393	471	550	628	707	0.617
12	113.1	226	339	452	565	678	791	904	1018	0.888
14	153.9	308	461	615	769	923	1077	1231	1385	1.21
16	201.1	402	603	804	1005	1206	1407	1608	1810	1.58
18	254.5	509	763	1017	1272	1527	1781	2036	2290	2.00
20	314.2	628	942	1256	1570	1884	2199	2513	2827	2.47
22	380.1	760	1140	1520	1900	2281	2661	3041	3421	2.98
25	490.9	982	1473	1964	2454	2945	3436	3927	4418	3.85
28	615.8	1232	1847	2463	3079	3695	4310	4926	5542	4.83
32	804.2	1609	2413	3217	4021	4826	5630	6434	7238	6.31

附录 E 常用板配筋面积

常用板配筋面积表(单位:mm²) 附表 E

直径(mm)	间距(mm)							
	50	75	100	125	150	200	250	300
8	1005	670	503	402	335	251	201	168
10	1571	1047	785	628	524	393	314	262
12	2262	1508	1131	905	754	565	452	377
14	3079	2053	1539	1232	1026	770	616	513
16	4021	2681	2011	1608	1340	1005	804	670
18	5089	3393	2545	2036	1696	1272	1018	848
20	6283	4189	3142	2513	2094	1571	1257	1047
22	7603	5068	3801	3041	2534	1901	1521	1267
25	9817	6545	4909	3927	3272	2454	1963	1636
28	—	8211	6158	4926	4105	3079	2463	2052
32	—	10723	8042	6434	5361	4021	3217	2680

附录 F 钢筋混凝土板、墙一侧按 0.2%、0.25%配筋率控制时不同间距最小钢筋直径

不同板厚不同钢筋间距时最小 0.2%配筋率配筋表 附表 F-1

厚度(mm)	A_{smin} (mm²)	@75(mm)	@100(mm)	@125(mm)	@150(mm)	@200(mm)	@250(mm)
100	200	6,0.38%	6,0.38%	8,0.67%	8,0.67%	8,0.67%	8,0.67%
120	240	6,0.31%	6,0.31%	8,0.56%	8,0.56%	8,0.56%	10,0.87%
125	250	6,0.3%	6,0.3%	8,0.54%	8,0.54%	8,0.54%	10,0.84%
140	280	6,0.27%	6,0.27%	8,0.48%	8,0.48%	10,0.75%	10,0.75%
150	300	6,0.25%	7,0.34%	8,0.45%	8,0.45%	10,0.7%	10,0.7%
200	400	8,0.34%	8,0.34%	10,0.52%	10,0.52%	12,0.75%	12,0.75%
250	500	8,0.27%	8,0.27%	10,0.42%	10,0.42%	12,0.6%	14,0.82%
300	600	8,0.22%	10,0.35%	12,0.5%	12,0.5%	14,0.68%	14,0.68%
350	700	10,0.3%	10,0.3%	12,0.43%	12,0.43%	14,0.59%	16,0.77%
400	800	10,0.26%	12,0.38%	14,0.51%	14,0.51%	16,0.67%	16,0.67%

续上表

厚度(mm)	A_{smin}(mm^2)	@75(mm)	@100(mm)	@125(mm)	@150(mm)	@200(mm)	@250(mm)
450	900	10,0.23%	12,0.34%	14,0.46%	14,0.46%	16,0.6%	18,0.75%
500	1000	10,0.21%	12,0.3%	16,0.54%	14,0.41%	16,0.54%	18,0.68%
550	1100	12,0.27%	12,0.27%	16,0.49%	16,0.49%	18,0.62%	20,0.76%
600	1200	12,0.25%	14,0.34%	16,0.45%	16,0.45%	18,0.57%	20,0.7%
650	1300	12,0.23%	14,0.32%	18,0.52%	16,0.41%	20,0.64%	22,0.78%
700	1400	12,0.22%	14,0.29%	18,0.48%	18,0.48%	20,0.6%	22,0.72%
750	1500	12,0.2%	14,0.27%	18,0.45%	18,0.45%	20,0.56%	22,0.68%
800	1600	14,0.26%	16,0.34%	18,0.42%	18,0.42%	22,0.63%	25,0.82%
850	1700	14,0.24%	16,0.32%	20,0.49%	20,0.49%	22,0.6%	25,0.77%
900	1800	14,0.23%	16,0.3%	20,0.47%	20,0.47%	22,0.56%	25,0.73%
950	1900	14,0.22%	16,0.28%	20,0.44%	20,0.44%	22,0.53%	25,0.69%
1000	2000	14,0.21%	16,0.27%	20,0.42%	20,0.42%	25,0.65%	28,0.82%
1100	2200	16,0.24%	18,0.31%	22,0.46%	22,0.46%	25,0.59%	28,0.75%
1200	2400	16,0.22%	18,0.28%	22,0.42%	22,0.42%	25,0.55%	28,0.68%
1300	2600	16,0.21%	20,0.32%	25,0.5%	25,0.5%	28,0.63%	32,0.82%
1400	2800	18,0.24%	20,0.3%	25,0.47%	25,0.47%	28,0.59%	32,0.77%
1500	3000	18,0.23%	20,0.28%	25,0.44%	25,0.44%	28,0.55%	32,0.71%
1600	3200	18,0.21%	22,0.32%	28,0.51%	25,0.41%	32,0.67%	32,0.67%
1700	3400	20,0.25%	22,0.3%	28,0.48%	28,0.48%	32,0.63%	—
1800	3600	20,0.23%	22,0.28%	28,0.46%	28,0.46%	32,0.6%	—
1900	3800	20,0.22%	22,0.27%	28,0.43%	28,0.43%	32,0.56%	—
2000	4000	20,0.21%	25,0.33%	32,0.54%	28,0.41%	32,0.54%	—
2200	4400	22,0.23%	25,0.3%	32,0.49%	32,0.49%	—	—
2500	5000	22,0.2%	28,0.33%	32,0.43%	32,0.43%	—	—

不同板厚不同钢筋间距时最小0.25%配筋率配筋表 附表F-2

厚度(mm)	A_{smin}(mm^2)	@75(mm)	@100(mm)	@125(mm)	@150(mm)	@200(mm)	@250(mm)
100	250	6,0.38%	6,0.28%	8,0.4%	8,0.34%	8,0.25%	10,0.31%
120	300	6,0.31%	8,0.42%	8,0.34%	8,0.28%	10,0.33%	10,0.26%
125	313	6,0.3%	8,0.4%	8,0.32%	8,0.27%	10,0.31%	10,0.25%
140	350	6,0.27%	8,0.36%	8,0.29%	10,0.37%	10,0.28%	12,0.32%

续上表

厚度(mm)	A_{smin} (mm^2)	@75(mm)	@100(mm)	@125(mm)	@150(mm)	@200(mm)	@250(mm)
150	375	6,0.25%	8,0.34%	8,0.27%	10,0.35%	10,0.26%	12,0.3%
200	500	8,0.34%	8,0.25%	10,0.31%	10,0.26%	12,0.28%	14,0.31%
250	625	8,0.27%	10,0.31%	10,0.25%	12,0.3%	14,0.31%	16,0.32%
300	750	10,0.35%	10,0.26%	12,0.3%	12,0.25%	14,0.26%	16,0.27%
350	875	10,0.3%	12,0.32%	12,0.26%	14,0.29%	16,0.29%	18,0.29%
400	1000	10,0.26%	12,0.28%	14,0.31%	14,0.26%	16,0.25%	18,0.25%
450	1125	12,0.34%	12,0.25%	14,0.27%	16,0.3%	18,0.28%	20,0.28%
500	1250	12,0.3%	14,0.31%	16,0.32%	16,0.27%	18,0.25%	20,0.25%
550	1375	12,0.27%	14,0.28%	16,0.29%	18,0.31%	20,0.29%	22,0.28%
600	1500	12,0.25%	14,0.26%	16,0.27%	18,0.28%	20,0.26%	22,0.25%
650	1625	14,0.32%	16,0.31%	18,0.31%	18,0.26%	22,0.29%	25,0.3%
700	1750	14,0.29%	16,0.29%	18,0.29%	20,0.3%	22,0.27%	25,0.28%
750	1875	14,0.27%	16,0.27%	18,0.27%	20,0.28%	22,0.25%	25,0.26%
800	2000	14,0.26%	16,0.25%	18,0.25%	20,0.26%	25,0.31%	28,0.31%
850	2125	16,0.32%	18,0.3%	20,0.3%	22,0.3%	25,0.29%	28,0.29%
900	2250	16,0.3%	18,0.28%	20,0.28%	22,0.28%	25,0.27%	28,0.27%
950	2375	16,0.28%	18,0.27%	20,0.26%	22,0.27%	25,0.26%	28,0.26%
1000	2500	16,0.27%	18,0.25%	20,0.25%	22,0.25%	28,0.31%	32,0.32%
1100	2750	18,0.31%	20,0.29%	22,0.28%	25,0.3%	28,0.28%	32,0.29%
1200	3000	18,0.28%	20,0.26%	22,0.25%	25,0.27%	28,0.26%	32,0.27%
1300	3250	18,0.26%	22,0.29%	25,0.3%	25,0.25%	32,0.31%	—
1400	3500	20,0.3%	22,0.27%	25,0.28%	28,0.29%	32,0.29%	—
1500	3750	20,0.28%	22,0.25%	25,0.26%	28,0.27%	32,0.27%	—
1600	4000	20,0.26%	25,0.31%	28,0.31%	28,0.26%	32,0.25%	—
1700	4250	22,0.3%	25,0.29%	28,0.29%	32,0.32%	—	—
1800	4500	22,0.28%	25,0.27%	28,0.27%	32,0.3%	—	—
1900	4750	22,0.27%	25,0.26%	28,0.26%	32,0.28%	—	—
2000	5000	22,0.25%	28,0.31%	32,0.32%	32,0.27%	—	—
2200	5500	25,0.3%	28,0.28%	32,0.29%	—	—	—
2500	6250	25,0.26%	32,0.32%	32,0.26%	—	—	—

参考文献

[1] 赵晓勇.地铁车站抗震计算中的应用探讨[J].铁道标准设计,2015,59(1):99-103.

[2] 叶飞,朱合华,丁文其.考虑管片环间接头效应的盾构隧道抗浮计算与控制分析[J].中国公路学报,2008,21(3):76-80.

[3] 王晖,李大勇,夏广红.盾构机盾尾注浆施工中存在的问题及其对策分析[J].苏州科技学院学报(工程技术版),2004,17(1):40-45.

[4] 沈征难.盾构掘进过程中隧道管片上浮原因分析及控制[J].现代隧道技术,2004,41(6):51-56.

[5] 叶飞,朱合华,丁文其,等.大断面盾构隧道施工抗浮计算研究[J]. 地下空间与工程学报,2007,3(5):849-853.

[6] 李文江,朱永全,刘志春.运营期间地铁隧道衬砌结构纵向温度应力分析[J].中国铁道科学,2009,30(1):74-79.

[7] 施仲衡,张弥,宋敏华,等.地下铁道设计与施工[M].2 版.西安:陕西科学技术出版社,2006.

[8] 张凤祥,朱合华,傅德明.盾构隧道[M].北京:人民交通出版社,2004.

[9] 王效文.苏州轨道交通 2 号线盾构区间隧道设计的特点与难点[J].铁道标准设计,2014,58(11):116-120.

[10] 杨亚勤,张春进,王国波.反应加速度法在地下结构抗震分析中的应用[J].路基工程,2016,186(3):144-147.

[11] 中华人民共和国住房和城乡建设部.钢结构设计标准:GB 50017—2017[S].北京:中国建筑工业出版社,2017.

[12] 中华人民共和国住房和城乡建设部.混凝土结构设计规范(2015 年版):GB 50010—2010[S].北京:中国建筑工业出版社,2011.

[13] 中华人民共和国建设部.铁路工程抗震设计规范:GB 50111—2006[S].北京:中国计划出版社,2006.

[14] 国家铁路局.铁路路基设计规范:TB 10001—2016[S].北京:中国铁道出版社,2017.

[15] 铁道部第二勘测设计院.铁路工程设计技术手册(修订版)[M].北京:中国铁道出版社,1995.

[16] 中华人民共和国住房和城乡建设部.地铁设计规范:GB 50157—2013[S].北京:中国建筑工业出版社,2014.
[17] 国家铁路局.铁路隧道设计规范:TB 10003—2016[S].北京:中国铁道出版社,2017.
[18] 中华人民共和国交通运输部.公路隧道设计规范股份有限公司 第一册 土建工程:JTG 3370.1—2018 [S].北京:人民交通出版社股份有限公司,2019.
[19] 中华人民共和国住房和城乡建设部.城市轨道交通结构抗震设计规范:GB 50909—2014[S].北京:中国标准出版社,2014.
[20] 中华人民共和国住房和城乡建设部.建筑与市政工程抗震通用规范:GB 55002—2021[S].北京:中国建筑工业出版社,2021.
[21] 中华人民共和国住房和城乡建设部.建筑结构荷载规范:GB 50009—2012[S].北京:中国建筑工业出版社,2012.
[22] 中华人民共和国交通运输部.公路桥涵设计通用规范:JTG D60—2015[S].北京:人民交通出版社股份有限公司,2015.
[23] 中华人民共和国住房和城乡建设部.城市桥梁设计规范(2019 年版):CJJ 11—2011[S].北京:中国建筑工业出版社,2012.
[24] 中华人民共和国交通运输部.公路钢筋混凝土及预应力混凝土桥涵设计规范:JTG 3362—2018[S].北京:人民交通出版社股份有限公司,2018.
[25] 中华人民共和国住房和城乡建设部.建筑结构可靠性设计统一标准:GB 50068—2018[S].北京:中国建筑工业出版社,2018.
[26] 中华人民共和国住房和城乡建设部.建筑地基基础设计规范:GB 50007—2011[S].北京:中国计划出版社,2012.
[27] 中华人民共和国建设部.建筑桩基技术规范:JGJ 94—2008[S].北京:中国建筑工业出版社,2008.
[28] 中华人民共和国建设部.给水排水工程构筑物结构设计规范:GB 50069—2002[S].北京:中国建筑工业出版社,2004.
[29] 中华人民共和国住房和城乡建设部.组合结构设计规范:JGJ 138—2016[S].北京:中国建筑工业出版社,2016.
[30] 高大钊,袁聚云.土质学与土力学[M].3 版.北京:人民交通出版社,2006.
[31] 程文瀼.楼梯、阳台和雨篷设计[M].2 版.南京:东南大学出版社,1993.
[32] 陈仲颐,周景星,王洪瑾.土力学[M].北京:清华大学出版社,1994.
[33] 伍冬.山岭隧道围岩压力计算方法及其适用性研究[D].北京:北京交通大学,2012.
[34] 孙钧,侯学渊.地下结构[M].北京:科学出版社,1988.
[35] 彭有宝,王鑫.轨道交通地下结构抗震设计相关反应加速度法分析[J].地震工程学报,2017,39(6):1037-1045.
[36] 中华人民共和国铁道部.铁路混凝土结构耐久性设计规范:TB 10005—2010[S].北京:中国铁道出版社,2011.
[37] 禹海涛,张正伟,李攀.地下结构抗震设计的改进等效反应加速度法[J].岩土力学,2020,41(7):2401-2410.

[38] 张庆贺,王慎堂,严长征,等.盾构隧道穿越水底浅覆土施工技术对策[J].岩石力学与工程学报,2004,23(5):857-861.

[39] 张海丰,马保松,周维.太沙基土拱理论计算隧道受力存在的问题[J].现代隧道技术,2017,54(2):55-60.

[40] 朱合华,廖少明,刘丰军,等.盾构隧道衬砌连续—非均匀刚度模型结构计算方法:200710044665.2[P].2014-11-20.

[41] 佟丽华.北京地铁1、2号线热环境节能控制研究[C]//第13届全国暖通空调技术信息网技术交流大会文集.北京:《暖通空调》编辑部,2005.

[42] 彭立敏.隧道结构内力转换的数值计算方法[J].长沙铁道学院学报,1994,12(1):37-44.

[43] 刘宗仁.基坑工程[M].哈尔滨:哈尔滨工业大学出版社,2008.

[44] 关宝树.隧道工程设计要点集[M].北京:人民交通出版社,2003.

[45] 肖茜,寇卫锋.反应位移法和时程分析法在地下车站抗震设计中的应用[C]//2017中国城市轨道交通关键技术论坛暨第26届地铁学术交流会论文集.北京:中国土木工程学会,2017.

[46] 叶四桥,陈洪凯,唐红梅.落石冲击力计算方法的比较研究[J].水文地质工程地质,2010,37(02):59-64.

[47] 杨其新,关宝树.落石冲击力计算方法的试验研究[J].铁道学报,1996,18(01):101-106.

[48] THORNTON C, NING Z. A theoretical model for the stick/bounce behavior of adhesive, elastic-plastic spheres[J]. Powder Technology, 1998(99):154-162.

[49] SONG S Z, KONG J M, WANG C H, et al.Analysisi of rockfall and its impact on the cut and cover tunnel in dynamics [J]. Wuhan University Journal of Nature Sciences, 2006,11 (4):905-909.

[50] 陆浩亮,丁波.加腋对矩形隧道框架的内力影响[J].城市轨道交通研究,2004,7(01):38-39,43.

[51] 耿萍.铁路隧道抗震计算方法研究[D].成都:西南交通大学,2011.